马洪文集

第 八 卷

中国社会科学出版社

作者像

作者简历

马洪，1920年5月18日出生于山西省定襄县待阳村。原名牛仁权，1938年春在延安时改名马洪。曾用名牛黄、牛中黄。

他出身贫寒，13岁时被当地小学聘为教员，开始自食其力。他自学中学课程，并协助当地著名爱国人士、族人牛诚修先生修订《定襄县志》。从那时起，他阅读了大量书籍，开始接触进步思想。九一八事变和一二•八事变爆发后，他参加了学生的抗日示威游行和集会，爱国思想日益浓厚。1936年年初，马洪经人介绍到太原同蒲铁路管理处（局）工作，先当录事（即文书），后考入同蒲铁路车务人员训练班（半工半读）。在此期间，他当过售票员、行李员、运转员等。他努力自修学业，阅读进步书刊，不断开阔眼界。

1936年冬，马洪参加了"牺盟会"，积极参与同蒲铁路职工的抗日救亡工作。1937年冬，太原失守，他跟随同蒲铁路局迁到侯马。11月，在侯马加入中国共产党，时年17岁。由于他工作努力，具有出众的组织才能，被推选为同蒲铁路总工会的负责人之一。他在同蒲铁路沿线的各段站建立和发展工会组织，展开对敌斗争，并参与统一战线的工作。

1938年，马洪到延安，先后在中央党校和马列学院学习和工作。抗日战争胜利后，马洪从延安被派往东北，在中共中央东北局工作。新中国成立以后，曾任东北局委员、副秘书长。后调任国家计划委员会委员兼秘书长。因受"高饶事件"的牵连，被下放到北京市第一和第三建筑公司工作。后又担任国家经济委员会政策研究室负责人。

1978年后，历任中国社会科学院工业经济研究所所长、中国社会科学院副院长。

1982年后，任中国社会科学院院长、国务院副秘书长、国务院技术经济研究中心总干事。同时兼任国家机械工业委员会副主任、国家计划委员会和国家经济体制改革委员会顾问、国家建委基本建设经济研究所所长。

1985年，任国务院经济技术社会发展研究中心（后更名为国务院发展研究中心）主任。1993年改任名誉主任。并任中国社会科学院研究生院教授、博士生导师，被北京大学、清华大学、中国人民大学、复旦大学、南开大学等学校聘为教授及上海交通大学聘为名誉教授。

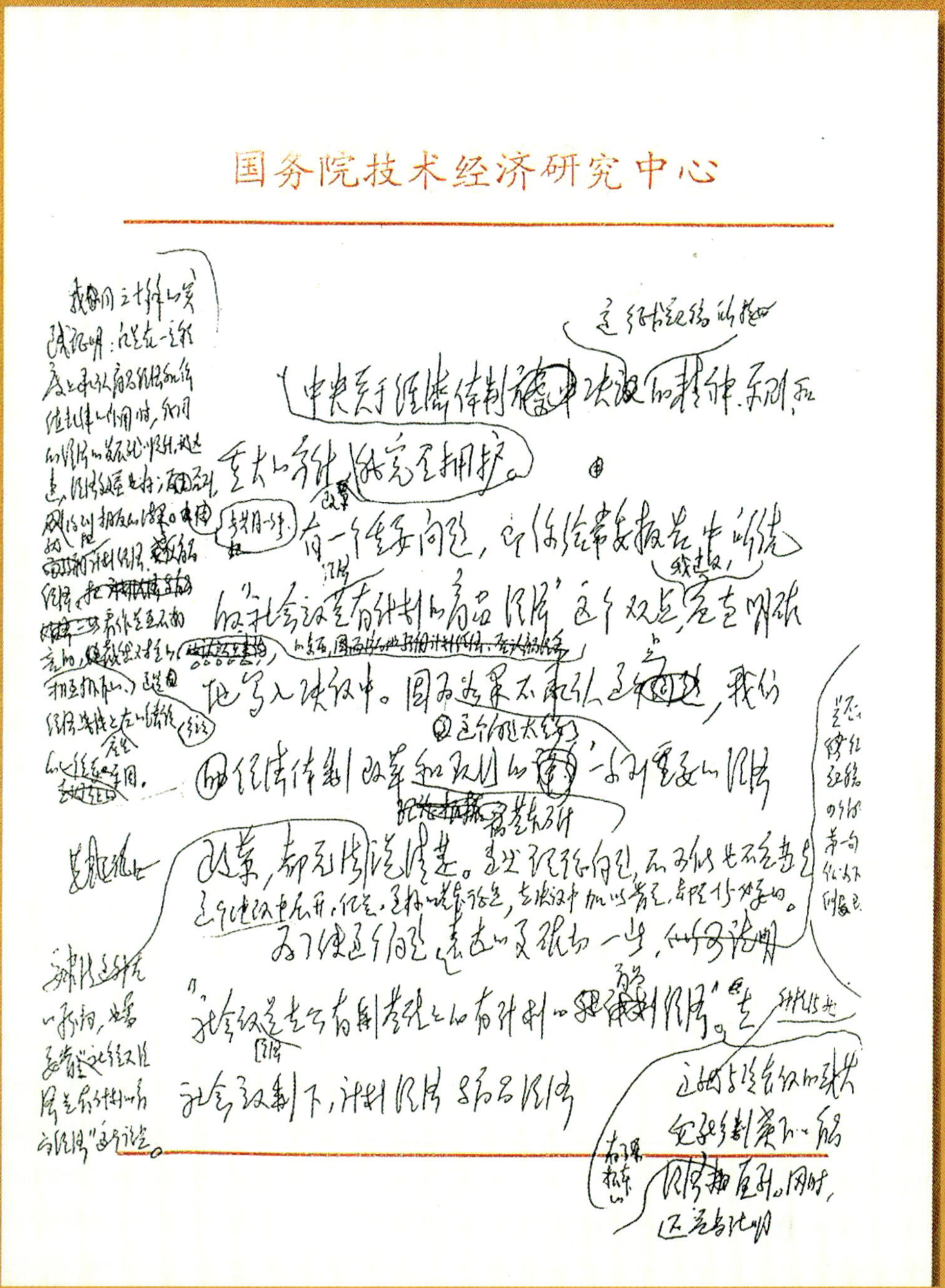

马洪手迹

目　　录

中国社会主义现代化的道路和前景（下）

七 完善社会主义生产关系，适应生产力的发展

（一）在改革过程中创造新的模式

为了尽快地实现我国社会主义现代化，必须不断地完善社会主义生产关系。我们要在马克思主义的指导下，在中国共产党的领导下，坚定不移地、有步骤地改革经济体制，建立适合中国国情、适合社会主义有计划商品经济发展的经济体制，为实现我国的社会主义现代化开拓道路。邓小平同志曾经说过，经济体制改革是我们坚持社会主义道路，集中力量进行现代化建设的重要保证。通过经济体制改革，完善社会主义生产关系，建立中国式的社会主义经济体制，这不仅是实现社会主义现代化的极其重要的条件，而且也是建设有中国特色的社会主义的重大任务。

我们强调建设有中国特色的社会主义是有针对性的。我国过去相当长的时期内，在经济工作中存在的"左"倾指导思想的一个重要特征，就是忽视中国国情，离开实际情况搞建设。例如，在生产关系方面，脱离生产力的实际状况，盲目追求"一大二公"。又如，在生产建设方面，不顾财力、物力、人力的客观情况和可能性，盲目追求高速度、"大跃进"。这种"左"倾错误思想现在还有相当大的影响。可以说，提出建设有中国特色的社会主义，首先是针对背离中国国情的"左"倾错误思想的，

是为了彻底清除这种错误思想的。

建设有中国特色的社会主义，也是针对那种认为社会主义建设只有一种模式的理论和实践而提出来的。国际共产主义运动中长期流行一种看法，把斯大林领导的、在本世纪 30 年代形成的苏联社会主义模式说成是唯一正确的模式。这种看法也长期影响了我国社会主义建设的实践。我国原有经济管理体制有很多内容就来自苏联模式。我们绝不能一概否认这种模式曾起过的积极作用。但是，从我国的实践看，这种模式确实存在着严重的缺陷，妨碍着国民经济的健康发展和经济效益的迅速提高。我国进行农业社会主义改造有很多创造，但某些方面也照搬了苏联的一些做法，如农村人民公社，生产队不顾客观条件的限制，而去实行单一的统一经营和集体劳动，就不利于生产的发展，不利于农民积极性的发挥，这是被实践所证明了的。近些年，我国实行了以家庭为单位的联产承包责任制为主的多种形式的农业生产责任制，才纠正了这方面的错误，促进了农业生产的迅速发展，并对城市的经济体制改革起到了一定的推动作用。

国外也有人至今仍认为社会主义只有一种模式，否认社会主义可以有各种各样的模式。这种看法显然是站不住脚的，它既不符合当前国际共产主义运动和社会主义各国建设的客观事实，也不符合马克思、恩格斯、列宁的理论。马克思和恩格斯总是要求人们把他们的理论当做科学，要注意结合各国工人运动的不同条件去创造性地应用。恩格斯曾经说过：马克思的历史理论是任何坚定不移和始终一贯的革命策略的基本条件；为了找到这种策略，需要的只是把这一理论应用于本国的经济条件和政治条件[1]。列宁也一再说过："我们决不把马克思的理论看做某种一成不变的和神圣不可侵犯的东西……对于俄国社会主义者来说，尤其需要独立地探讨马克思的理论，因为它所提供的只是一般的指导原理，而这些原理的应用具体地说，在英国不同于法国，在法国不同于德国，在德国又不同于俄国。"[2]我们党的十一届六中全会决议中指出：社会主义生产关系的发展并不存在

---

[1] 《致维·伊·查苏利奇（1885 年 4 月 23 日）》，《马克思恩格斯全集》第 36 卷，人民出版社 1975 年版，第 301 页。

[2] 《我们的纲领》，《列宁选集》第一卷，人民出版社 1972 年版，第 203 页。

一套固定的模式。这是一个完全符合客观事实和社会发展规律的科学论断。现在，我们对于照搬苏联的模式带来的消极后果已经有了比较深刻的体会，认识到不能把苏联的模式当成是唯一正确的社会主义模式，而把别的社会主义国家的模式当成是修正主义或资本主义的模式。但是，在近几年探讨经济体制改革理论的过程中，又有人主张照搬其他社会主义国家的经济体制模式。这种主张同样也是不对的。至于照搬西方资本主义国家的模式，那就更加荒谬了。各国有各国的国情，照搬别国模式是肯定不行的。正如邓小平同志所说："无论是革命还是建设，都要注意学习和借鉴外国经验。但是，照抄照搬别国经验、别国模式，从来不能得到成功。"[①]

　　由上可知，建设有中国特色的社会主义，关键是要把马克思主义的普遍真理同中国社会主义建设的具体情况结合起来。也就是说，一方面，我们要把马克思主义关于科学社会主义的普遍原理付诸实践，诸如以生产资料公有制为基础，实行按劳分配的原则，等等，无疑都是应该恪守的；另一方面，在建立和发展生产资料公有制、按劳分配的过程中，又要根据中国的国情，找到恰当的、合适的具体形式，使社会主义具有中国的特色，符合中国的国情，能深深地扎根于中国的国土上，在中国大地上生根、开花、结果。因此，有中国特色的社会主义经济包括三项主要内容：第一，我们要建设的是社会主义，而不是资本主义；第二，我们建设的现代化是社会主义的现代化，而不是资本主义的现代化；第三，我们的社会主义是有中国特色的社会主义，而不是照搬别国的东西。以上三点构成了这一纲领性命题的不可或缺的内容。对此要有全面的认识。

　　完善社会主义生产关系包括多方面的内容。在这里，主要论及我们必须正确处理的四个方面的关系，即国家与企业的关系、企业与职工的关系、中央与地方的关系，以及国民经济统一性与企业独立性的关系。同时也谈谈完善所有制结构的问题。当然完善社会主义生产关系还应包括正确处理企业与企业的关系。正确处理企业与企业的关系，也就是在社会主义

---

　　① 《中国共产党第十二次全国代表大会开幕词》，《邓小平文选》（一九七五——一九八二年），人民出版社 1983 年版，第 371 页。

有计划的商品经济中，企业之间要作为自主经营、自负盈亏的商品生产者和经营者来相互对待。它们之间的关系应该遵守等价补偿和等价交换的原则，即商品交换原则，也就是说社会主义企业之间只能采取以等价交换为基本特征的商品货币关系，来调节它们之间在经济利益上的矛盾。这个问题在前面已有所论述，这里就不再重复了。

（二）正确处理国家与企业的关系，调动企业的积极性

增强企业活力，必须着重处理好两方面的关系。一方面是正确处理企业与职工的关系，确立、保证劳动者在企业中的主人翁地位，进一步完善企业经济责任制，贯彻按劳分配的原则。另一方面是正确处理国家和企业的关系，明确企业的性质，确立企业自主经营、自负盈亏的商品生产者和经营者的地位，落实企业应有的经营自主权，实行政企职责分开，处理好国家与企业的分配关系，并处理好经济决策权限问题。这两个方面都是完善社会主义生产关系的极其重要的方面。在这里谈谈正确处理国家和企业的关系问题。

国家和企业的关系，从目前的现实可能来看，"国家所有，企业经营"是比较理想的形态。在这种情况下，国家基本上不参与企业微观经济活动领域内的事务，对绝大多数企业取消指令性计划，不仅简单再生产以至扩大再生产的大部分权力都交给企业。国家不再直接向企业无偿投资，企业扩大再生产所需的资金主要靠自己内部积累和通过银行贷款以及发行股票等方式筹集。企业投资方向由社会需求、预期利润率及贷款利率决定。只有少数重要部门和企业仍由国家直接经营，下达指令性计划。这实质上是国营企业所有权与经营权分开的一种比较现实可行的形式。

《中共中央关于经济体制改革的决定》指出："根据马克思主义的理论和社会主义的实践，所有权同经营权是可以适当分开的。"马克思曾对资本主义制度下的两权分离做过这样的阐述：资本主义生产本身已经使那种完全同资本所有权分离的指挥劳动比比皆是。一个乐队指挥完全不必就是乐队的乐器的所有者。同一资本实际上要通过双重的完全不同的运动。一个只是把资本贷出去，另一个则把资本用在生产上。

这个原则能否适用于社会主义制度下的国营企业呢？

应当看到，从社会主义建设的实践来看，不论中外，都存在着两个需要解决的问题。一是在社会主义全民所有制形态上，还存在国家对生产资料总体上的所有和企业局部占有与支配的矛盾；二是在社会主义全民所有制中，国家、企业和劳动者个人，三者利益在根本上是一致的，但各自又有不同的物质利益要求，即存在着各自相对独立的物质利益。基于这种种原因，就存在着全民所有制内部所有权与经营权的相对分开的问题。

基于这种认识，我们对全民所有制企业两权适当分开的具体形式做了许多探索。诸如租赁、承包、资产经营责任制、股份制，还有公有制企业之间的企业租赁以至买卖，等等。

1987 年以来，承包经营责任制普遍实行，这是以完善企业经营机制为重点的一个重要实践。它标志着我国企业改革进入了一个新阶段。承包经营责任制来自实践，符合我国现阶段生产力发展的状况，具有鲜明的中国特色，较好地体现了所有权与经营权适当分开的原则。它在坚持社会主义公有制的基础上，使企业具有明确的经济责任、充分的经营权力、独立的经济利益，能够建立和完善自我发展和自我约束的机制，使改革与发展紧密结合起来。它是调动职工积极性、挖掘企业潜力、保证国家财政收入的稳步增长的一种好的经营形式。我国的这一实践，很可能对于社会主义国家正确处理国家和企业的关系，全民所有制企业如何实现两权分离、政企分开、完善经营机制等产生重大的影响。

正确处理国家和企业的关系，必须做好相互关联的两个方面的工作。

第一，进一步明确企业的性质，确立企业作为自主经营、自负盈亏的商品生产者和经营者的地位。

关于企业的性质及其所处的地位，在前面第五章中已有论述。那么为什么要把明确企业的性质，确立企业的独立自主、自负盈亏的商品生产者和经营者的地位，作为正确处理国家和企业的关系的重要一点提出来呢？因为明确企业的性质，明确并确立企业的地位，是正确处理国家与企业的关系的一个前提条件和重要的理论依据。如果连企业的性质、地位都不明确，那么，就谈不上什么正确处理国家和企业的关系。

毛泽东同志早就说过工厂在统一指导下的独立性问题。他指出："把什么东西统统都集中在中央或省市，不给工厂一点权力，一点机动的余地，一点利益，恐怕不妥。""各个生产单位都要有一个与统一性相联系的独立性，才会发展得更加活泼。"多年来我们在这个问题上最大的教训就是否认社会主义经济是一种商品经济，从而否认企业的自主性、独立性、营利性、活力性，否认企业的自主经营、自负盈亏的商品生产者和经营者的地位，将企业视为政府行政机关的附属物。以往多次经济体制改革，都局限于中央与地方管理权限的调整，很少涉及国家与企业的关系，结果使企业这个国民经济的细胞没有活力，整个国民经济有机体也活不起来。

第二，实行政企职责分开，落实企业应有的经营自主权，处理好经济决策权限以及国家与企业的分配关系，进一步明确国家与企业的责权利关系。

长期以来，国有企业缺乏作为一个商品生产者和经营者所应有的各种经营自主权，企业的经营成果与经济利益相脱离，企业既没有什么权利，也没有什么责任，盈利全交国家，亏损由国家补贴。党的十一届三中全会以来的经济体制改革，从扩大企业自主权开始，建立各种形式的经营责任制和经济责任制，将责权利三者有机地结合起来，为正确处理国家与企业的关系，摸索出一些有益的经验。

国家与企业的关系从经济方面看，最根本的是利益关系。为了使企业能够更好地履行作为一个商品生产者、经营者和作为一个法人所应承担的经济责任，就要进一步落实企业应有的各种经营自主权。为了使企业在履行其经济责任方面既有内在的动力，又有外在的压力，并且有必要的经济力量保证，还需要正确处理国家和企业之间的分配关系。具体地说，有以下几个方面：

首先，要继续落实、扩大企业的自主权。企业的自主权主要包括以下六种：

（1）选择灵活多样的经营方式；（2）安排自己的产、供、销活动；（3）拥有和支配自留资金；（4）依照规定自行任免、聘用和选举本企业的工作人员；（5）决定用工办法和工资奖励方式；（6）在国家允许的范围内确定本企业产品的价格。

应该看到，经过这几年的经济体制改革，企业的自主权已经有所扩大，企业活力有所增强，主要是小型企业特别是集体企业的活力明显得到增强。同时，也应该看到，尽管国务院近几年颁布了一系列扩大企业自主权、增强企业活力的文件，但是，这些文件明文规定的应给企业的一部分自主权，许多企业反映还没有得到落实，更谈不上企业已经得到了作为一个自主经营、自负盈亏的商品生产者所应有的全部自主权。在这方面，一是要采取各种措施，保证已经规定要给企业的自主权得到落实，尤其要防止和制止层层截留企业的自主权；二是要进一步扩大企业的自主权。如企业应有扩大再生产的经营自主权。国务院领导同志在《关于第七个五年计划的报告》中指出："要进一步扩大企业的生产经营自主权，使企业真正具有自我积累、自我改造、自我发展的能力。"在这里，要让企业真正具有自我积累的能力，就意味着要给企业更多的财力和扩大再生产的自主权。

在计划、价格、物资、外贸等方面，也要进一步扩大企业的自主权。同时，要使企业的经营自主权法律化，以保障企业的经营自主权的落实。

在进一步扩大、落实企业经营自主权方面，有一个很重要的问题，那就是要处理好经济决策权限的划分。这个问题也是处理好国家与企业关系的一个重大问题。我们要按照产品和企业对国计民生作用的重要程度，来确定国家和企业的经济决策权限。对于大型骨干企业和少数中型企业的少数重点产品，因为对于国计民生关系重大，要由国家下达指令性计划，对于大多数中、小型企业及繁多的一般性产品以及大型企业所生产的一般性产品，国家只下达指导性计划；对于生产小商品的企业，国家一般不下达计划，实行市场调节。

其次，正确处理国家与企业的分配关系。这是正确处理国家与企业的关系的一个关键性问题。随着我国经济体制改革的深入进行，国家与企业的分配关系已经有了重大的变化。自1978年以来，国家对企业的利润分配制度进行了多次改革，先是实行企业基金的办法，再是实行利润留成、盈亏包干的办法，最后是实行利改税的办法（自1983年6月1日起，在全国全民所有制企业实行了第一步利改税，自 1984 年 10 月 1 日起，开始实行第二步利改税）。采用利改税的办法，把国家与企业的分配关系用法律的形式确定下来，通过这一系列的改革，在国家与企业的分配关系上，改变了以前那种统收统支的状况，使企业的财务方面的自主权有了扩大，国家与企业的分配关系已经逐步地向合理的方向发展。统计数据表明，这几年国家与企业对企业纯收入的分配比例大致上是八二开。

现在的主要问题，一是第二步利改税还没有彻底解决原来就存在的企业之间苦乐不均、"鞭打快牛"的问题，而且还产生了新的"鞭打快牛"和税负不均问题，没有从税收方面真正为企业创造一个平等的竞争环境（当然仅靠税收来解决平等竞争问题是不可能的，但税收至少是解决平等竞争问题的一个重要方面）。二是企业的留利水平偏低，大多数企业还不具备那种作为商品生产者和经营者所应具有的自我积累、自我改造、自我发展的能力。以 1984 年为例，国有工业企业的留利占实现利税的比重为 14.3%，国有大中型企业为 12.9%，在国有工业企业的留利中，用于发展生产的比重为 20%。这样的留利水平要使企业有自我积累、自我改造、自我发展的能力是远远不够的。

对于上述问题，我们应该采取措施逐步予以解决。当然，企业留利水平的提高不可能很快，因为提高企业的留利水平要考虑到国家的财政状况、经济效益的好坏，以及其他一些有关的因素。

总之，正确处理国家与企业的分配关系要解决的是国家与企业的责权利关系中的"利"的问题。解决这个问题的正确方向是：既要切实保证国家财政收入的增长，又要保证企业合理的留利，使企业逐步具备自我积累、自我创造、自我发展的能力，并在生产发展、经济效益提高的基础上，不断提高职工的收入。

最后，切实解决好政企职责分开的问题。应该明确一点：我们的整个经济体制改革，是以增强企业活力为中心的，处理国家与企业的责权利关系同样要以增强企业活力为中心。国家与企业的关系从权和利的方面来说，既有国家方面的权和利，又有企业方面的权和利。同样，国家与企业的关系从责的方面来说，也是既有国家的责（比如，给企业创造一个大致平等的竞争环境），又有企业方面的责（比如，产品质量要对社会负责和依法纳税，等等）。在这里，不准备详细地论述这些，而打算着重谈谈政企职责分开的问题。

国家政府机构的职责与企业职责的关系是国家与企业的关系的一个重要方面，处理好政企关系是正确处理国家与企业的关系的一个重要问题。建立在产品经济理论基础之上的原有的经济体制，是一种高度集中的、以行政管理为主的，否定企业是自主经营、自负盈亏的商品生产者和经营者的经济体制，是一种与发展商品经济要求相背离的经济体制。在这样的经济体制下，企业不称之为企业，仅是国家政府机构的附属物，国家直接管理企业，直接插手、指挥企业的生产经营，在处理国家与企业的关系上，政企不分，以政代企，政府不仅掌握企业的所有权，而且掌握企业的经营权，成为企业生产经营活动的直接管理者和参与者，在企业生产经营活动中，事无巨细，都得由政府主管部门决策。政企职责不分的弊端是十分明显的。主要的弊端一是企业缺乏生机和活力，无法成为一个自主经营、自负盈亏的商品生产者和经营者，而仅仅是政府部门的附属物，导致企业之间无法竞争，生产经营管理僵化；二是造成条块分割、自成体系、重复建设、盲目生产，人为地切断了社会化大生产和商品经济不可缺少的横向经济联系；三是政府部门忙于企业日常生产经营活动，导致政府部门工作效率低下，宏观管理被削弱。

现在，我们承认社会主义经济是有计划的商品经济，那么，政企职责分开就成为必然。在社会经济生活中，社会主义的国家政府机构与企业有着不同的职责，两方面的职责不能互相替代或混淆。要使社会主义的企业成为自主经营、自负盈亏的商品生产者和经营者，要增强企业活力，不把政企职责分开是不可能的。近几年来，我们围绕搞活企业实行政企职责分开做了不少工作，比如，发挥中心城市的作用，将中央部门及省属企业逐步地下放给中心城市，并逐步把微观决策权还给企业；再如，逐步进行政府经济管理机构的改革，对行政性公司进行整顿和清理，等等。

目前在政企职责分开方面还存在着一些问题，比如，对于行政性公司的改革，由于种种主客观原因，还难以深入彻底地进行；由于市场体系不完善，新体制和传统体制的摩擦，以及其他一些原因，企业离不开"婆婆"，等等。对于有关这一类的问题，都应在经济体制改革中逐步加以解决。应该进一步明确的是，政府经济管理机构的职责主要是搞好宏观管理，确定方针，对国民经济的发展进行指导、协调、监督。比如，根据国民经济发展的战略目标，制定有关的发展规划和计划，尤其是制定中长期计划；制定重大的经济技术政策；控制固定资产投资总规模，确定投资方向及重点；科学地运用经济杠杆引导国民经济健康发展；搞好经济立法和司法，加强经济监察；指导横向经济联合；提供经济、技术信息；搞好行业管理；搞好文化教育、卫生、社会福利事业、其他服务事业，以及建好、管好各项基础设施、公用设施，为经济发展提供良好的基础结构，等等。

总之，政企职责分开的工作还要继续努力去做，衡量政企职责分开这项工作做得好坏的主要标志应该是：企业有没有成为真正自主经营、自负盈亏的商品生产者和经营者，有没有具备自我积累、自我改造、自我发展的能力；能不能既在整体上保证国民经济的统一性，又在局部上保证企业的独立性，使企业充满活力。

（三）正确处理中央和地方的关系，充分发挥城市在现代化过程中的作用

正确处理中央和地方、条条（部门）和块块（地方）之间的关系问题，按照经济的内在联系去组织经济活动，这是改革经济体制，完善社会主义生产关系的重要问题之一。

1. 新中国成立以来中央与地方关系的变化及其经验教训

新中国成立以来，我国在处理中央和地方、条条和块块的关系上，大致经历了三收三放的过程。

第一个五年计划时期，在中央和地方、条条和块块的关系上，强调条条管理，逐步形成了以条条管理为主的、集中统一的经济体制。新中国成立初期，我们实行大区管理，全国共设六个大行政区，每个区管几个省。1954 年撤销大区，主要工业企业陆续收归中央各部直接管理，并加强了中央在计划、基本建设、财政税收、物价、物资和劳动工资等方面的集中统一管理。"一五"时期，中央财力约占 75%，地方财力约占 25%。中央直属企业 1953 年为 2800 个，1957 年增加到 9300 个。在当时的条件下，中央和地方关系中的这种高度集中统一，对当时保证重点建设的顺利进行、国民经济的有计划按比例发展、市场物价的稳定和人民生活的改善，是起过重要作用的。但是，到了"一五"末期，随着社会主义改造的完成，公有制占了统治地位，直接计划的范围和建设规模都扩大了，专业化协作有了发展，这种高度集中、统得太死的弊端就逐渐暴露出来，与生产力的发展不相适应的矛盾越来越突出。

"大跃进"时期，进行了以扩大地方权限为主要内容的改革。当时，在"左"倾错误思想指导下，为了实现"大跃进"，在处理中央和地方的关系上，把大部分中央直属企业下放给地方管理，同时下放计划管理权、基本建设项目审批权、财权和税收权，以及劳动管理权、商业管理权、银行管理权、教育管理权等。1958 年年底，中央直属企业由 1957 年的 9300 多个减少到 1200 个，中央直属企业的工业产值占整个工业总产值的比重，由原来的 39.7% 降到 13.8%，中央财力由原来的占 75% 降到 50%。

这一次改革总的来说是在"左"倾思想指导下进行的，就局部来看，虽有某些合理之处，但下放过多过急、而且废除了许多正确的规定，因此造成经济生活的混乱，从全国来看是不成功的。

60 年代初的调整时期，针对"大跃进"当中出现的问题，1961 年召开的党的八届九中全会正式批准并宣布了对国民经济实行"调整、巩固、充实、提高"的八字方针。为了搞好这次调整，重新强调集中统一，重新实行以条条管理为主。在中央和地方的关系上，进行了一系列调整，主要是重新强调集中统一。上收了一批企业，加强了对计划、基本建设、财政、信贷、物资的集中统一管理。到 1965 年，中央直属企业增加到 10533 个，其产值占工业总产值的 42.2%，其中属于生产资料的部分占 55.1%。中央直接掌握的财政收入由原来的 50% 提高到 60% 左右。1964 年第三季度开始，中央各部试办了 12 个工业、交通托拉斯，其中地区性的有 3 个，全国性的有 9 个。

到了 1964 年，随着国民经济的恢复，又逐步地扩大了地方的管理权限，为发挥中央和地方两个积极性，探索集中与分散的适度点，采取了一些措施。在基本建设投资、计划管理方面，扩大了地方的权限，并适当地扩大了地方的机动财力，扩大了地方和部门的调剂物资的权限。地方有了非工业部门的投资权以及一部分小企业的产品分配权和财权。

在"文化大革命"的十年动乱时期，又进行了一场以下放权力为主要内容的体制大变动。1970 年，把包括大庆油田、长春汽车制造厂、开滦煤矿等这些关系国计民生的大型骨干企业在内的大批中央直属企业都下放到省、市、自治区，有的又被层层下放到专区、市、县。经这次下放，中央直属工业企业只剩 142 个，中央直属企业的工业产值在全民所有制工业总产值中的比重下降为 8% 左右。另外，还对财政收支、物资分配和基本建设投资实行了"大包干"，但效果很差。

从 1977 年到现在，我们在处理好中央与地方、条条与块块的关系上做了大量的工作。先是从 1977 年开始，对中央和地方、条条与块块的关系做了局部的调整与改革，加强了对铁路、民航、邮电的集中统一领导，调整了一部分工业企业的隶属关系，上收了部分财政、税收、物资管理权。1981 年，中央直属企、事业单位由 1978 年的 1260 个增加到 2681 个，产值占全民所有制工业企业总产值的 10.2%。1978 年 12 月召开的党的十一届三中全会，为经济体制改革确立了正确的指导思想，也为处理好中央与地方、条条与块块的关系确立了正确的指导思想。全会指出，我国经济管理体制的一个严重缺点是权力过于集中，并提出应该有领导地大胆下放，让地方特别是企业在国家统一计划指导下有更多的经营管理自主权。这次全会以后，我国经济体制改革进入了一个新的发展阶段，把改革的重点，由过去从在中央与地方分权或是收权上打圈子，而变为扩大企业的自主权，包括农产品生产经营的自主权。从中央与地方的关系来看，1979年 4 月，党中央的工作会议提出的经济体制改革的原则中，有一条就是要按照统一领导、分级管理的原则，明确中央和地方的管理权限，关系到国民经济全局的计划、政策法令等的制定和颁布，权力必须集中在中央。重大的建设项目，产供销面向全国的关键性骨干企业，由中央为主进行管理。应该由地方办的事情，中央部门要帮助地方办好。从 1980 年始，实行了新的财政体制，后来还有所变动，但总的精神都是要扩大地方的财权，调动中央和地方的两个积极性。从 1983 年开始，在试点的基础上，大规模地实行了市管县的体制，为条块结合、城乡结合，充分发挥中心城市在现代化过程中的作用，充分利用农村资源，促进城乡经济协调发展闯出了一条新路子。另外，国务院还批准成立了上海经济区规划办公室、山西能源基地规划办公室和东北能源交通办公室等，对在更大的范围内实行条块结合、合理组织经济活动的问题进行探索。从此，对于正确处理中央与地方、条条与块块的关系问题，开始逐步走上一条以城市为中心、按经济区域合理组织经济的新路子。

我国在处理中央与地方、条条与块块的关系上的经验教训主要有以下几点：

第一，在处理中央与地方、条条与块块的关系时，首先要处理好国家与企业的关系，中央与地方关系的处理应以搞活企业、调动企业的积极性、合理组织经济为中心。

第二，在处理中央与地方、条条与块块的关系时，应明确划清中央与地方、条条与块块的职责和权限，做到条块合理分工、合理结合、趋利避害，调动中央、地方两个积极性，片面地强调哪一方都不妥当。

第三，在处理中央与地方、条条与块块的关系时，应跳出单纯围绕中央与地方如何分权的框框，探索如何使这两方面结合的路子。

第四，在处理中央与地方、条条与块块的关系时，应在总结实践经验并经理论分析的基础上，把中央与地方、条条与块块各自的职责和权限以法律的形式确定下来。这一方面可使中央与地方明确自己的职责与权限，并有法可依；另一方面也可避免以前那种上收下放频繁，造成交替过程中经济运行混乱。

第五，在处理中央与地方、条条与块块的关系时，要因地制宜、因事制宜，不要"一刀切"，要分清不同情况，区别对待。

2. 发挥城市在现代化过程中的作用，是正确处理中央与地方、条条与块块关系的重要问题

辽宁省从 1958 年就开始试行市管县的体制。湖北沙市市和江苏常州

市经国务院批准，分别在 1981 年 10 月和 1982 年 3 月进行经济体制综合改革的试点。1983 年 2 月，中共中央和国务院批准重庆市进行经济体制综合改革试点。在试点取得经验的基础上，更多的城市实行了市管县的体制，期望通过改革走出一条新路子。这条路子就是：围绕搞活企业，搞活经济，以中心城市为依托建立经济区，城乡结合，条块结合，充分发挥中心城市的各方面优势，发展横向经济联合，逐步完善市场体系，发展社会主义有计划的商品市场，建立、健全间接控制体系，把企业从条条、块块的束缚下解脱出来。从实践的经验看，这是一条正确处理中央与地方、条条与块块关系的好路子。

第一，城市是工业生产的中心，也是流通的中心，城市经济在整个国民经济中具有举足轻重的地位。城市工商业提供了国家财政收入的 80% 以上。据 1982 年全国 232 个城市的统计，城市人口占全国的 14.2%，而城市的工业固定资产原值、职工人数都占全国的 2/3 左右，工业总产值占全国的 68%，利税占全国的 73%。这就是说，抓住了城市，就抓住了工业生产的主要部分。又由于城市是交通运输的枢纽和信息的中心，有较为发达的服务业，这就自然使城市成为商品的集散地，成为商品流通的中心。抓住了城市，也就抓住了流通的主要部分。我们应该充分利用城市在组织商品生产和商品流通方面的中心作用，把商品生产和商品流通合理地组织起来。

第二，城市又是文化的中心。现代工业的发展除了要有商业、服务业、交通运输业、信息情报等的配合、协作外，还要有科学技术、教育文化作为基础，而城市恰恰是科学技术的中心、文化的中心和教育、人才培训的中心。

第三，现代经济的发展，离不开金融业的发达，而城市又是金融的中心。

第四，城市相对于农村的发达经济，使它成为带动农村商品经济的发展、实现农业现代化的重要基地，成为带动周围地区经济发展的重要基地。

第五，由于大部分工商企业集中在城市，城市又是科学技术、教育的中心，使得城市又成为企业与企业、企业与科研单位或大专院校进行横向经济联合的枢纽或中心。

最后，现代城市客观上具有开放性的特征，是条条与块块的结合点。以城市为中心组织经济活动，容易使企业摆脱条条、块块的束缚，容易打破那种条条之间、块块之间、条块之间、城乡之间的分割和封锁，从而较好地处理中央和地方的关系。

3. 正确处理中央和地方的关系要注意的几个问题

第一，在处理中央与地方的关系时，应遵循以下原则：

一是要坚持以增强企业活力、搞活经济为中心的原则。前面已经说过企业是自主经营、自负盈亏的商品生产者和经营者，是国民经济的基本单位，是发展社会主义有计划的商品经济的主体。企业没有活力，社会主义商品经济也不可能发展，处理好中央与地方的关系，归根到底是为了发展社会主义商品经济。所以正确处理中央和地方的关系要围绕增强企业活力这个中心来进行。

二是要坚持集中领导、分级管理的原则。社会主义经济是有计划的商品经济，我国又是一个经济比较落后的国家。我们应该充分发挥社会主义商品经济有计划发展的优越性，适当地集中人力、物力、财力，进行有计划的建设，尤其是要集中力量，保证重点建设，集中力量才能办大事，力量过于分散就什么也办不成。国民经济中还有许多只有全国相对集中统一管理，才能较好地运行，发挥较好的效益的部门，如邮电、铁路、航空等，另外还有一些面向全国关系到国计民生的大企业，也宜全国统筹，才能较好地发挥效益。整个国民经济的发展，也需要有统一的领导、综合平衡。因此，我们在处理中央与地方的关系时，要反对片面强调分散，适当统一和集中。同时，我国是个有着 10 亿人口的大国，各地经济发展很不平衡，各地区根据本地区条件进行产业结构、产品结构的调整，发挥地区性的产业优势，并在此基础上广泛发展地区之间的商品交换，促进生产要素的合理流动和市场体系的发育、成长，对于整个国民经济的发展也具有十分重要的作用。因此，各项经济活动不应该也不可能都集中到中央管理。所以我们又要反对片面强调集中，要坚持集中领导，分级管理的原则。

三是要坚持因地制宜、因事制宜的原则。这也就是要坚持一切从实际出发。由于各个部门、各个地区具体情况不可能一样，因此，在处理中央与地方的关系时，切忌搞"一刀切"。

第二，应该适当地划分中央与地方的经济管理权限，并在条件成熟时用法律的形式确定下来。

我们应该研究集中与分散的适度点，并在总结实践经验的基础上，适当地划分中央与地方的经济管理权限。要明确地规定在经济管理中，哪些是各级政府应该共有的职责和权限，哪些是中央政府专有的职责和权限，哪些是地方政府专有的职责和权限，在条件成熟的时候，应该用法律的形式予以确定。

第三，要适应城市经济体制改革，进行相应的政府经济管理机构的改革，并适应发展社会主义有计划的商品经济的需要，相应转变政府经济管理部门的职能。

第四，要采取措施，防止城市成为新的"块块"。

我们说城市客观上具有开放性的特征，以城市为中心组织经济活动，容易使企业摆脱条条、块块的束缚，容易打破条条、块块的各种分割和封锁，是说城市的开放性为打破条块分割和封锁，使企业摆脱条条、块块的束缚提供了较大的可能性。但要把这种可能性转化为现实性是要创造、提供其他的条件去配合的。从现实情况看，如果不创造一些条件，城市成为新的"块块"进行封锁、分割不是不可能的。比如，有的城市想自成体系；有的中断原来与外地的协作关系，由本市工厂来配套生产，使一些工厂无法在全国或较大范围内择优选择协作厂，等等。

解决这类问题的办法可以考虑以下两点：

一是真正做到政企职责分开。要通过法律的形式，并采取其他相应措施，切实维护、保障企业的经营自主权。如果企业遇到政府有关部门违反法律规定，干涉企业在应有的自主权的范围内的正常经营活动，企业有权诉诸法律。

二是要逐步完善市场体系。现在企业之所以怕"婆婆"，又离不开"婆婆"，纵然"婆婆"无理，企业也不敢违抗，一个重要原因就是市场体系还不完善，许多物资、能源的分配还掌握在"婆婆"的手中。如果市场体系逐步完善了，企业在经营上能够离开有关的政府管理部门，企业就能自主经营，不再成为"小媳妇"了。

第五，要改变基本建设拨款主要由中央财政负担的格局。

随着经济体制的改革，放权搞活，地方的财力增加，企业的留利也由少到多，这必然会相应地减少中央财政收入。但是，基本建设主要由中央财政负担的格局没有改变，使得中央财政负担过重。以 1985 年为例，当年中央财政收入占全国财政收入的比重为 37%，而负担的基本建设拨款却占整个基本建设拨款的 70%。因此，随着经济体制的改革，基本建设投资和财政基本建设拨款的管理体制，也应该进行相应的调整和改革，以改变目前这种基本建设主要由中央财政负担的格局。

（四）正确处理国民经济统一性和企业独立性的关系，在增强企业活力的基础上，使国民经济协调发展

国民经济统一性和企业独立性的关系，国家和企业的关系，这两对关系是紧密联系的，但它们又是有区别的。后者涉及的主要问题，在前面已经论述过。前者涉及的主要问题是国民经济协调发展和企业自主经营的关系，即在社会主义有计划的商品经济条件下，如何做到既保证企业作为一个商品生产者和经营者的独立性，又在发挥企业活力的基础上，搞好国民经济的宏观管理，使国民经济有计划按比例地协调发展。

1. 发展社会主义有计划的商品经济，实现社会主义现代化，必须正确处理国民经济统一性和企业独立性的关系

我们之所以要处理好国民经济统一性和企业独立性的关系问题，主要是基于以下一些理由：

第一，国民经济是一个有机的整体。

整个国民经济就像一部大机器，要使这部大机器正常地运转，离不开各个组成部分的协调。我国的工业企业就有 40 多万个，这些工业企业又分属于冶金、电力、煤炭、石油、化学、机械、建材、森林、食品、纺织、造纸等各个不同的工业行业，这些工业行业，还可细分为各个不同的行业，如食品工业可分为粮油加工业、制盐工业、屠宰及肉类加工工业、

制糖工业、卷烟工业，等等。另外，国民经济中除了工业部门外，还有农业、商业、服务业、交通运输业、邮电通信业、金融业，等等。这些部门中也有大量各有不同分工的企业。这些企业在自主经营中，客观上也离不开国家在宏观上的指导，比如，企业与企业之间的活动要协调，行业与行业之间要协调，国民经济各部门之间也需要协调，等等。各个企业、行业、部门的活动，都要服从国民经济发展的战略目标。国民经济作为一个大系统，具有全局性、关联性、择优性等一些特点。国民经济的全局性，也就是整体性，要求国民经济的各个子系统必须从全局出发，而不能仅从某个子系统出发来思考和解决问题。国民经济的关联性，即国民经济的各个子系统存在着相互作用、相互依赖的有机联系，也决定各个子系统不能违反规律、各行其是。国民经济的择优性，就是国民经济系统运行的目的是要完成它的特定功能，它客观上要求完成的效果最好，即要求达到最优计划、最优控制、最优组织、最优管理。企业是国民经济的基本单位，也是各个部门、各个行业的基本单位，部门、行业内部的协调，部门之间和行业之间的协调，整个国民经济的协调，最终都要落实到对企业活动的协调。而企业作为一个商品生产者和经营者，要自主经营、自负盈亏，具有其独立性。这样，客观上就要求我们正确处理好国民经济的统一性和企业的独立性的关系问题。

第二，社会主义经济是有计划的商品经济，不能盲目发展，而应有计划按比例发展。

社会主义商品经济区别于资本主义商品经济的一个重要特征就是它的全社会的计划性，而资本主义商品经济则只有企业内的计划性。这也是社会主义的优越性之一。在社会主义商品经济中，只有充分发挥社会主义的这一优越性，才有可能克服资本主义商品经济发展的那种盲目性和无政府状态，并避免由此而造成的社会财富的巨大浪费。然而，社会主义生产资料公有制占主导地位，虽然适应社会化大生产的客观要求，给社会主义商品经济有计划按比例发展提供了必要性和可能性，但这并不是说，只要生产资料公有制占主导地位，社会主义商品经济就必然地、自然而然地或自动地有计划地按比例地发展了。大量的实践经验告诉我们，要把这种有计划按比例发展的客观上的可能性转化为现实性，还需要我们做出主观上的努力。

第三，企业的自主经营离不开国民经济的协调发展。

我们说过，国民经济是一个有机的整体，它需要协调地、有计划按比例地发展。强调企业应自主经营，具有作为一个商品生产者和经营者的独立性，这是正确的。但是，对自主经营和独立性要有正确的理解，自主经营不是盲目经营，独立性不是生产的无政府状态，我们说的自主经营是在国家统一政策、统一方针、统一计划、统一目标指导下的自主经营，是符合客观经济规律的自主经营。我们说的独立性是在服从国民经济发展的整体利益及目标，服从社会主义生产目的，服从国家宏观管理的前提下的独立性。企业的自主经营离不开国民经济的协调发展，片面强调企业的独立性，忽视国民经济的统一性是错误的。企业活力的增强，企业独立性的发挥，需要有正常的外部环境，这个外部环境就包括国民经济的基本比例关系保持大致的协调和平衡。离开国民经济的统一性，离开国民经济的协调发展，在一个紊乱的、比例失调的经济环境中，企业的自主经营很难收到好的经济效益，企业很难得到发展，而且还会给企业的正常生产经营活动带来种种困难，甚至导致企业的亏损以致破产。而且，在很多的情况下，企业的微观经济活动，如产品结构的调整、生产规模的改变等，只有从国民经济统一性的角度去考虑才能做出正确的决策。往往有这样的情况，尽管是从单个企业看效益是好的，是合理的，但从国民经济全局看，效益就不一定好，不一定是合理的。从这一方面说，我们也应该正确处理国民经济统一性和企业独立性的关系。

第四，国民经济的协调发展也离不开企业的自主经营。

企业是国民经济的基本单位，是生产力的直接发挥者，企业作为一个商品生产者和商品经营者有没有必需的自主经营、自负盈亏的独立性，决定了整个国民经济有没有生机和活力，所以社会主义有计划的商品经济的发展，国民经济的协调发展也不能离开企业的自主经营。

第五，资本主义国家的状况和我国过去的经验教训，也证明社会主义国家应该正确处理国民经济统一性和企业独立性的关系。

从资本主义国家的状况来看，生产资料的资本主义私有制决定了资本主义各个企业中的生产有组织性和全社会生产的无政府状态之间的矛盾，决定了资本主义无法克服其固有的生产的社会化和生产资料的资本主义私人占有之间的矛盾，这一基本矛盾的具体表现就是生产的无限扩大趋势和劳动群众有支付能力的需求相对缩小的矛盾。当资本主义的矛盾尖锐化，社会再生产的实现条件遭到根本破坏的时候，就会爆发危机。在资本主义条件下，只能通过周期性爆发的危机，通过社会生产力的破坏，有时甚至是极大的破坏，强制地使社会再生产的比例达到暂时的平衡。所以，在资本主义条件下，虽然其国民经济在客观上同样存在一个统一性的问题，存在国民经济统一性和企业的那种完全独立性关系的协调问题，但生产资料私有制决定了资本主义社会不可能自觉地处理好这一关系，这种不可能性就突出地表现在经济危机上。

在社会主义条件下，存在国民经济统一性和企业独立性的矛盾问题，同时也存在处理好这一矛盾的可能性。但是如果我们处理不好这对矛盾，国民经济就不可能协调发展，就可能会出现严重的比例失调。新中国成立以来两次大的国民经济比例失调，被迫进行调整，以及曾经出现过的基本建设投资和消费基金失控现象，有一个重要的原因，就是没有正确处理好国民经济统一性和企业独立性的关系。

2. 正确处理国民经济统一性和企业独立性的关系要注意的几个问题

第一，正确处理国民经济统一性和企业独立性的关系，必须以发挥企业活力为基础。

企业是发展社会主义有计划的商品经济、实现我国社会主义现代化的主体，增强企业活力是我们经济体制改革的中心，是我们处理生产关系中的其他几个关系所要围绕的中心，也应当成为我们处理国民经济的统一性和企业独立性的关系所要围绕的中心和基础。企业没有生机和活力，国民经济也必将死气沉沉，缺乏生机和活力。没有企业的自主经营、蓬勃发展，没有企业旺盛的生命力，国民经济的统一性就会失去基础，国民经济长期的协调、稳定发展也就不可能，而只能维持低水平的发展甚至倒退。

第二，正确处理国民经济统一性和企业独立性的关系，必须理顺诸方面的经济关系。

其实质是要正确处理社会主义条件下的各种利益关系。原因很简单，尽管社会经济活动中的各个方面关系都是紧密联系，互相影响，互相制约的，但说到底都是利益关系。只有正确地协调处理各方面的利益关系，才有可能使各方面的经济活动得以协调正常的发展。如果忽视其他关系的正确处理，而孤立地去处理国民经济统一性和企业独立性的关系，那也无法取得预想的效果。

第三，正确处理国民经济统一性和企业独立性的关系，必须搞好行业管理。

企业总是分属于一定的行业的。行业管理是介于国民经济管理和企业管理之间的一种管理。要保证国民经济的统一性，处理好国民经济统一性和企业独立性的关系，既要以发挥企业活力作为基础，还要以搞好行业管理作为一个重要条件。也可以说，要通过行业管理处理好行业的统一性和行业内的企业独立性的关系。

实施行业管理的组织可分为政府的、半民间的或民间的行业管理组织。过去我们的行业管理部门和企业主管部门是合在一起的，随着经济体制改革的进行和国民经济发展的需要，看来这两种管理职能应该分开，原来的政府企业管理部门的职能应向实施政府的行业管理部门的职能转化。在这里，不展开讨论政府行业管理的问题，而着重谈谈民间的或半民间的行业组织问题。

过去有所谓的七十二行，即各行各业。比如，纺织业就有棉纺织业、丝纺织业、毛纺织业等。为了把它们组织起来，可以组织纺织业联合会或纺织业协会。如果再分细点，还可以把棉纺织业、丝纺织业、毛纺织业分开。民间的或半民间的行业组织，应该是在政府有关部门指导下的行业管理组织，而不是行政组织，不应干预企业的内部事务。近几年，我国已经成立了若干行业协会。行业组织的主要任务是：根据政府的政策、法令、法规、计划和企业在组织生产技术经济活动中的需要，办理单个企业无力办到的事情，为本行业企业服务。其主要职能是：（1）进行企业调查和市场预测，按照国家的经济发展规划，制定本行业的中长期（中期的应尽可能分年度）发展规划；（2）收集、整理并向企业提供国内外技术发展和市场需要等情报，为企业改善经营管理提供信息；（3）沟通同行业企业的联系和交往，组织协调行业内部的协作，组织本行业的竞赛和评比；（4）制定行业标准，包括企业标准和产品标准；（5）协调本行业出口产品的质量标准和价格;（6）对本行业企业的经营管理进行指导；（7）帮助企业培训管理人才和技术人才；（8）沟通政府与企业的联系，及时向政府反映行业生产经营活动情况，并提出本行业发展的要求和建议。

行业组织在资本主义国家是非常盛行的，就是在南斯拉夫、罗马尼亚等社会主义国家也采取这种组织形式。据我国一个代表团对日本行业管理的考察，1978 年，日本中、小企业建立的各种行业组织达到 5.5 万多个，这些组织推动着同行业事业的发展，企业可以自由参加或退出，参加行业组织的成员仍然是独立经营的企业。日本的行业组织一般是在企业独立自主经营的条件下，执行联系、指导、服务、咨询的职能。看来，通过行业组织指导企业的活动，比单纯依靠行政组织领导企业的办法要好。这种在政府指导下的民间的或半民间的组织，由参加行业联合会，或者行业协会的那些行家组成，无疑能对发展经济，对处理好行业统一性和企业独立性的关系，乃至对处理好国民经济统一性和企业独立性的关系起到很大的作用。

第四，正确处理国民经济统一性和企业独立性的关系，必须围绕增强企业活力这一中心，加强宏观管理。

"七五"计划期间经济体制改革的三大任务之一就是要逐步减少国家对企业的直接控制，建立健全间接控制体系，主要运用经济手段和法律手段，并采取必要的行政手段，来控制和调节经济运行。

建立健全这种间接控制体系是为了加强宏观管理，控制和调节经济运行，以保证国民经济的协调发展。根据这样的目的，宏观管理的任务主要是：（1）确定企业进行商品生产和商品经营的行为规范，使国民经济的统一性和企业的独立性能够协调起来，防止、制止企业行为的盲目性和不合理性；（2）进行总量控制，保证总量平衡，即全社会总供给与总需求的平衡，保证生产与需求的平衡，为企业的自主经营和正常竞争，创造一个较好的外部环境；（3）保证结构的合理性，即保证合理的产业结构的形成，保证国民经济的各种比例关系合理。进行宏观管理的手段主要是经济手段和法律手段，还要采取必要的行政手段。各种手段的使用要注意相互配合。

为了建立健全间接控制体系，根据"七五"计划的精神，搞好宏观管理，需要做以下一些工作。

要改革计划管理制度。进行宏观管理的重要手段之一是计划，适应有计划的商品经济的发展，计划管理制度要做相应的改革。要逐步地把计划管理的重点转向以运用经济政策、经济手段对国民经济的发展进行间接控制为主，重点制定产业政策中长期规划和发展战略，实施更全面的宏观管理，改变过去那种以分配钱物、直接控制为主的做法。要继续适当缩小指令性计划的比重，扩大指导性计划和市场调节的比重。

要进一步改革和完善财政税收制度。要在第二步利改税的基础上，进一步合理设置税种、调整税率。改革的方向是开征资源税，减少周转税，取消调节税，逐步过渡到以资源税、所得税为主的税制，同时，对所得税逐步地进行调整。这样改的主要目的是保证各类企业税负合理，在平等的条件下竞争。另外，要实行分税制，逐步过渡到按税种划分中央税、地方税和中央地方共享税的税制，解决中央、地方、企业的利益分配问题。

要改革金融体制。银行是经济活动的总枢纽，在宏观管理中，银行的地位十分重要。要加强中国人民银行作为中央银行的地位和独立性。中央银行是国家的宏观调节机构，它要通过综合信贷计划、金融政策、外汇管理和信贷、利率、汇率、准备金等调节手段，来控制货币供应量和总规模，并通过法定准备金率和利率来控制和调节专业银行的信贷活动。专业银行要逐步企业化，并应允许建立各种信贷机构，国家要通过制定产业政策，对重点项目及优先发展的产业发放优先贷款凭证，指导银行的信贷活动。为促进横向经济联系，要在中央银行的统一管理下，逐步形成资金市场，使各种银行之间能够顺利地互相拆借、融通资金。

继续改革价格体制。完善市场体系，离不开合理的价格体制。价格体制改革牵一发而动全身，风险较大，在改革中要充分考虑到生产者的自我消化能力和消费者的心理承受能力，要避免大的经济震荡，更应避免因价格体制改革引起社会的震荡。

要改革工资制度。从宏观上来说，工资也是一种宏观经济调控手段。

今后，国家要根据国民收入的增长、劳动生产率的提高、价格变动、住宅商品化的进程以及社会保险等一些方面的状况，来确定工资增长幅度，以主要通过对工资增长幅度的控制，实现对消费基金增长的宏观调节。就企业内部来说，为了更好地贯彻"各尽所能、按劳分配"的原则，凡是有条件的，都要制定先进的定额，实行计件工资制。同时，为了防止出现过分悬殊的收入差别，要开征个人所得税。

要加强法制建设，继续搞好经济立法和经济司法。改革、开放、搞活经济，发展社会主义有计划的商品经济，都离不开法律和法规。没有权威性的行为规范，商品经济的运行就会陷于紊乱状态。为适应改革的需要，我们应该继续加强法制建设，搞好经济立法和经济司法。

同时，我们还应对政府经济管理机构进行改革和调整，以利于提高它们的管理水平和宏观调控能力。在组织上健全间接控制系统，以保证对国民经济统一性和企业独立性关系的正确处理。

（五）改革和完善所有制结构，使生产关系更好地适应生产力的发展

1. 所有制结构的改革和完善势在必行

首先，所有制结构是经济体制的重要组成部分。经济体制从本质上来说，是一定生产关系的具体表现形式。改革经济体制，也就是要调整、完善生产关系，以适应生产力的发展。而所有制结构则是作为生产关系具体表现形式的经济体制的重要组成部分。改革经济体制，必须包括对所有制结构的改革和完善。

其次，所有制结构的改革和完善在经济体制改革中处于基础地位。无论是企业活力的增强、市场体系的完善、间接控制体系的建立和健全，还是工资制度、价格体制、财政金融体制、工业组织管理体制、计划体制、商业流通体制的改革，或是中央与地方、国家与企业、企业与职工等关系的调整，都与所有制问题紧密相关。经济体制改革的深入进行，必然会引起所有制结构的相应改革与调整。

再次，我国原有的所有制结构与生产力发展水平不相适应，要求对所有制结构进行改革和完善。由于受"左"倾思想的影响，我们曾在一个较长的时期内，在所有制结构上盲目追求所谓的"一大二公"，追求单一的所有制形式，只注重发展全民所有制经济，不重视甚至削弱集体所有制经济，对个体经济更是采取排斥、取消的做法。脱离生产力的水平，错误地认为公有化程度越高越好，把个体转为集体，把小集体转为大集体，把大集体转为国营。由此形成的单一的所有制结构不适应生产力的发展水平，不适应生产力发展的不平衡性和层次性，并产生一系列弊端。比如，影响了劳动者的积极性的发挥，企业之间缺少必要的竞争，全民所有制企业的"官商"、"官工"作风严重，产品质量差，服务质量差，工作效率低下，第三产业萎缩，使群众生活很不方便，就业困难，消费品供应不足，等等。要消除这些弊病就要对所有制结构进行改革和完善，以适应生产力发展的水平，不是阻碍而是大大促进生产力的发展。

实际上所有制结构的改革已在进行。从生产资料公有制内部结构来说，农业生产责任制在农村的普遍推行，使得集体所有制的内部结构发生变化，所有权和经营权分开了。在城市经济体制改革中，在理论上，已经明确全民所有制企业的所有权和经营权也可以分开；在实践上，已经开始这种分开的各种具体办法的试验。从全社会范围内的所有制结构来说，我们已经肯定了个体经济在社会主义经济条件下的积极作用，开始允许个体经济的存在，并在一定程度上鼓励、扶持个体经济的发展。集体所有制经济也有了较大发展。跨不同所有制的横向经济联合企业已经大量出现。中外合营、外资经营的企业也逐渐增多。1978—1984 年集体和个体经济的变动情况可见下表：

年份	城镇集体所有制企业职工人数（万人）	城镇个体劳动者人数（万人）	前两项在城镇劳动者总数中所占比重（％）	在工业总产值中的比重（％）		集体企业数（万个）	在社会商品零售额中所占比重（％）	
				集体所有制工业企业总产值	个体工业总产值		集体所有制企业	个体经济
1978	2048	15	23.8	19.2		26.47	7.4	0.1
1984	3216	339	29.1	25.0	0.2	35.21	39.6	9.6

资料来源：根据《中国经济年鉴》，经济管理出版社 1986 年版，第Ⅲ部分有关数表整理。

　　另据统计，到 1984 年年底，中外合资企业已发展到 1600 多户，合作经营企业已发展到 3000 多户，外资经营企业有 90 多户。可见，我国的所有制结构客观上也已经开始由原来那种基本上单一的公有制，向以公有制为基础、以全民所有制经济为主导的多种经济成分和多种经营方式同时并存的方向发展。

　　那种把企业的性质简单地划分为全民、集体或个体的做法，已经不能适应实际的状况。比如，那种通过不同所有制的企业（全民、集体、个体）的横向联合产生的紧密型横向经济联合体，全民所有制企业用留利新增的固定资产，以及一些合资企业、独资企业，等等，其性质都不能勉强地划归上述所有制中的任何一种。

　　2. 所有制结构改革与完善的目标模式

　　近一个时期以来，所有制结构的改革与完善问题，成了经济理论界和实际工作者讨论的热点。这里，着重谈谈所有制结构改革与完善的目标模式问题。

　　所有制结构的改革与完善包括两个方面：一是外部结构（不同所有制之间的结构）的改革与完善；二是同一所有制内部结构的改革与完善，其中全民所有制内部结构的改革与完善的问题应该成为所有制结构改革与完善的重点。全民所有制内部结构的改革的关键是妥善地解决所有权与经营权分开的问题，尤其是大中型企业，要在不改变所有权的条件下，改变经营方式，扩大企业经营自主权。对于不同类型的全民所有制企业，要采取不同的方法解决好所有权与经营权分开的问题，以增强企业的活力。

　　我国所有制结构改革与完善的目标模式应该是：在一个相当长的时期内，以社会主义公有制为基础，以国营经济为主导，多种经济成分与多种经营方式并存，各种经济成分相互渗透。

　　我国《宪法》规定：国营经济是社会主义全民所有制经济，是国民经济中的主导力量。国家保障国营经济的巩固和发展。农村人民公社、农业生产合作社和其他生产、供销、信用、消费等各种形式的合作经济，以及城镇中的工业、手工业、建筑业、运输业、商业、服务业等行业的各种形式的合作经济，都是社会主义劳动群众集体所有制经济，国家保护城乡集体经济组织的合法权利和利益，鼓励、指导和帮助集体经济的发展。在法律规定范围内的城乡劳动者个体经济，是社会主义公有制经济的补充。国家通过行政管理，指导和监督个体经济。

我国《宪法》还规定：中华人民共和国允许外国的企业和其他经济组织或者个人依照中华人民共和国法律的规定在中国投资，同中国的企业或者其他经济组织进行各种形式的经济合作。

我国是一个社会主义国家，国营经济掌握着关系国计民生的经济命脉，它是保证劳动群众集体所有制经济沿着社会主义方向前进，保证个体经济为社会主义服务，保证整个国民经济的发展符合人民群众整体利益和长远利益的物质基础，如果没有国营经济的绝对优势和主导作用，就难以保证国营经济自身以及集体经济和个体经济沿着正确的方向发展。因此，忽视国营经济的主导作用是错误的。我们当前和今后长时期的任务是要更好地发展国营经济并发挥它的主导作用。

那么，为什么要多种经济成分和多种经营方式并存、各种经济成分互相渗透呢？这是因为我国生产力总的发展水平不高，各个地区、各个部门的经济发展很不平衡，即使是全民所有制内部，各企业的生产水平、技术装备程度，它们各自的产品对国计民生的重要程度，也都是不一样的。这种生产力发展的不平衡性和层次性，客观上需要有与之相适应的多种所有制形式和多种经营方式。同时，要发展各种形式的横向联合，以适应社会主义商品经济发展的客观要求，而横向联合的发展必然会产生多种经济成分的互相渗透。另外，为了广开就业门路，解决劳动力就业问题，为了满足生产建设和人民生活的多种多样的需要，不应当也不可能由国营经济包揽一切，而必须同时发展集体经济和个体经济，发挥它们灵活多样的特点，以吸收更多的人就业，并为社会提供丰富多彩的商品和各种服务。这样做，还可以使许多为社会和人民生活所需要的事业，靠动员集体和个人集资来兴办，国家则集中资金保证重点建设。所以，允许多种经济成分在国营经济领导下并存，允许多种经营方式并存，是有利于社会主义建设的。在我国，劳动群众集体所有制在农村是主要的经济形式。在城镇，集体经济也要有一个大的发展。当前还要发挥个体经济的积极作用，提高个体劳动者的社会地位，适当发展个体经济。有人担心，我国社会主义现阶段的个体经济会不断产生资本主义，这样的担心是不必要的。我们当然也要看到个体经济有一定的盲目性，要对它加强指导、管理和监督。

我们还要积极发展各种形式的中外合资企业和外资企业。这是因为采取这种办法，可以解决我国现代化过程中所遇到的资金不足、技术不足的一部分困难，以加速我国现代化进程。这样做对于国外的合作者也是有利的，因为他们在遵守我国法律的条件下，可以获得正当的甚至是相当优惠的收益。多种经济成分和多种经营方式并存，也包括中外合资经营、外资经营等等这一类的经济成分和经营方式。

八　加快科学技术进步，促进国民经济的发展

现代生产力及整个社会的发展是建立在高度科学技术进步基础之上的。大力促进科学技术发展，促进科研与生产相结合，是振兴和发展我国经济的必由之路。科技进步，一要靠改革，实现技术成果的有偿转让，建立和完善社会主义科技市场；二要靠开放，大力发展同世界各国的技术经济交流，积极引进各国的先进科学技术成果，在引进的基础上，积极消化、吸收、创新，尽快使我国各个科学技术领域进入世界先进行列；三要靠政策，通过制定正确的科学技术发展政策，充分调动各方面的积极性、创造性，有效地配置和利用各种资源，形成促进科学技术进步的整体力量。

（一）发展科技市场，促进科学技术与生产的结合

继党的十二届三中全会作出《中共中央关于经济体制改革的决定》之后，1985 年年初，中共中央又作出《关于科学技术体制改革的决定》。认真贯彻这两个《决定》的精神，改革经济体制和科学技术体制，必将进一步推进科研与生产结合，促进技术水平的提高和经济的发展。

科技体制改革的重要内容是建立和完善社会主义科技市场，实现技术成果商品化。

过去的科研管理体制的一个主要缺陷是排斥市场机制在科技领域中的作用。长期以来，在理论上受斯大林生产资料不是商品观点的影响，在科

技领域中也不承认技术是商品。在这种理论的指导下，形成了一整套以技术成果无偿转让为特征的"大锅饭"这种十分严重的科学技术管理体制。这种体制的基本格局是：科研单位隶属于行政部门、科研经费由财政拨款，科研成果的好坏与科研人员和科研单位的经济利益没有直接的关系、科研成果转让不贯彻等价交换原则。这种体制造成了一系列弊病：

第一，科研与生产相脱节。由于科研经费由财政拨款，科研成果应用价值与科研人员的利益没什么关系，使得许多研究人员对生产中急需解决的技术问题缺乏热情，已经开发出来的科研成果利用率极低，大部分科研成果研究出来，通过鉴定后就无人问津。这就造成了生产领域急需技术，而科研领域的技术成果不向外扩散，以致随着时间的推移而失去作用。

第二，难以充分发挥科技人员的积极性和创造性。由于科技人员的经济收益和科研成果的好坏没有直接的联系，科技人员主要是依靠科学兴趣进行科学研究，缺乏充分的与经济利益相联系的内在动力，从而压抑和挫伤了科技人员的积极性，使科研工作缺乏效率，不讲求经济效益。

第三，科研组织结构不合理。科研工作分为三个层次：基础研究、应用研究和开发研究。基础研究一般是指基础科学领域的纯理论的研究，它的研究成果一般不属于技术的范畴；应用研究是指把基础研究阶段的研究成果应用于工程技术领域，一般来说，应用研究阶段的成果还不能直接用于生产领域；开发研究是运用应用研究阶段的研究成果解决生产领域的一系列工艺、方法和技巧问题。一般来说，一国的科技发展在基础研究、应用研究、开发研究诸方面所投入的资源应当有一个适当的比例。把我国的这一比例与国外工业发达国家比较，就可以发现我们在基础研究方面投入的力量相当多，而在开发研究方面的力量却很少。造成这种结构不合理的原因在于现行体制割裂了科研与生产之间的正常联系。

正是在这种传统的科技管理体制和传统经济体制的交互作用下，长期以来，我国工业企业的技术进步十分缓慢，整个社会的科学技术进步受到严重阻碍。产品几十年一贯制，品种少、水平低、质量差。我国除新兴产业如航天等一些尖端领域能够走在世界前列外，其他民用工业生产领域等常规技术领域都十分落后。

　　通过近几年在经济体制改革方面的理论探讨和实践，人们已经比较一致地认识到社会主义经济是有计划的商品经济，市场机制就应当在社会经济生活的各个方面起作用，因而在科技领域中理所当然应当引入市场机制。

　　随着社会生产力的发展，科学技术在生产中越来越占有重要的地位。现代企业之间的竞争，实质是技术的竞争。谁能首先取得先进技术，推出性能优良、物美价廉的产品，谁就能在市场竞争中成功。企业为了在市场竞争中取胜，就应当在技术市场上及时取得所需要的技术。可见，只有建立科技市场，才能做到科研与生产紧密结合，具体体现在科技选题以生产中亟待解决的技术难关为对象，科研成果可以直接而及时地应用到生产领域中。这样，科研与生产就融为一体，就可以从根本上克服传统体制下科研与生产相脱节的严重弊病。只有建立科技市场，才能使科研单位尽可能企业化，使科研单位和科研人员的经济利益与其研究成果相联系，不再开"大锅饭"，从而调动广大科研人员的积极性，尽快促进我国科学技术事业的迅速发展。

　　对于发展社会主义科技市场的必要性，人们的认识大体是一致的。建立科技市场势在必行。但是在怎样建立科技市场这一问题上还有许多问题需要继续探索。

　　目前，首先需要弄清技术成果商品化和科技市场之间的关系。技术成果商品化和科技市场二者之间绝不是等同的。技术成果商品化只是说明技术在不同的实体或经济单位之间转让时是有偿进行的，而建立科技市场则应当是在科技成果的生产、流通、消费各个环节中引入市场机制。所谓市场，并不仅仅是一个进行交换的场地，例如，建立几个技术交易场所，或开几次技术成果交易会等。市场这一概念中最本质的东西，是市场法则和市场机制贯彻过程的始终。具体地讲，根据我国建立科技市场所面临的问题来看，建立科技市场要从三个方面解决问题。第一，开展技术市场，如允许技术成果的有偿转让、立法或制定政策，促进技术市场形成，等等。第二，技术成果的生产单位（即科研单位）的企业化问题，它作为科研成果这一特殊商品的卖方应当有正确的市场行为。第三，买方应当有正确的市场行为，即工业企业对科学技术这一特殊的商品应当有强烈的需求，有更新技术的强烈愿望。只有具备了这三点，社会主义的科技市场才可能是完善的。在这三点中，进行市场组织，使技术成果商品化只是呈现在市场的最表面的东西，而使科研单位和工业生产单位有正确的市场行为是建立技术市场中较深层次的问题。只有这三方面相互协调，市场机制才能正常发挥作用。

为了进一步完善科技市场，需要在以下几个方面做好工作：

第一，进一步做好科技市场的组织管理工作。

我国科技市场是在经济体制改革不断深入的背景下逐步发展起来的。1980 年前后，一些地方为了适应搞活企业的需要，开始了技术的有偿转让，初步放开了科技市场。1982 年 9 月，国务院决定在全国范围内实行科技成果有偿转让，全国各地的科技市场迅速地发展起来。科技市场的形式多种多样，由科研部门和生产部门自发地挂钩协作转让成果，发展到举办各种科学技术交流交易会、开展科技咨询活动、建立科技咨询服务机构，等等，初步形成了一个多渠道、多形式、多层次的科技市场。1985 年初，中共中央作出《关于科学技术体制改革的决定》，更进一步推动了我国科技市场的形成。

从目前来看，我国科技市场仍然处在形成阶段，因为科技市场和科技管理体制改革以及整个经济体制改革进程相关联，在这两方面的改革没有完成之前，科技市场以至整个市场就难以全面形成。所以在体制改革的过程中需要保护、促进和完善社会主义科技市场。科技市场不是依靠行政手段组织起来的，而是通过制定政策法律等为科技市场的发展排除障碍和干扰而建立起来的。总之，科技市场与其他商品市场有一些不同的特点，这方面我们还缺乏经验，应当在实践中逐步摸索。要本着最有利于科学技术迅速转移到生产过程中去这一宗旨，为科技市场的发展创造条件。要特别注重法律手段的作用，对一些较成熟的做法和经验尽快以法律的形式固定下来使其制度化。要注意运用各种政策，鼓励多形式、多渠道、多层次的技术贸易活动，鼓励国家、集体、个人一起上。要加强对技术市场的宏观指导。有关部门要为科技市场的发展提供服务和提供信息等。

第二，搞好科技管理体制改革，逐步实行科研单位的分类管理，使其经济利益与科研成果挂钩。

过去，我国的科研机构基本上都是由财政部门拨款解决其科研经费。要发展社会主义科技市场，必须改革这种体制，使科研单位的利益与其成果相联系。不难想象，如果科研单位完全靠财政拨款过日子，它在科研中就很难有多大的积极性。只有实行成果与利益挂钩，才能充分发挥科技人员的主动性和创造性，才能根据生产中提出的课题确定科研方向，使科研与生产紧密结合起来。否则，由于作为科研成果这一特殊商品的生产者的科研单位，它工作效率的高低与科研人员以及整个单位的收益之间没有直接的利益关系，科研单位就不会积极参与到市场活动之中。科技市场上就会出现供给不足的情况。所以改革科研经费管理办法是建立科技市场的一个重要内容。

在科研单位企业化过程中，对从事基础研究、应用研究、开发研究等不同层次的研究机构要采取相应不同的政策。对于基础研究和部分应用研究工作，逐步试行科学基金制，科研单位或科研人员提出申请，有关部门组织同行评议，择优选取。国家只拨给一定额度的事业费，保证必要的日常性支出和公共设施费用。对技术开发工作和近期可望取得实用价值的应用研究工作，逐步推行技术合同制。这些单位通过承包国家计划项目、接受委托研究、转让技术成果、合资开发等多种方式取得收入。原由国家拨给这些单位的事业费要逐步减少，尽快做到经费基本自给。

在进行科研经费管理办法改革的同时，应注意科研单位内部的改革。科技人员的收入应当与其科技成果、贡献大小直接挂钩。要注意发挥中青年研究人员的作用，反对论资排辈，为优秀人才的成长创造条件。

总之，通过科研管理体制的改革，使科研人员和科研单位的收益与其科研成果相联系，促使其面向生产、面向市场，真正使科研和生产紧密结合起来，科研活动与科技市场紧密结合起来。

第三，在进一步搞活企业过程中，完善社会主义科技市场。

建立科技市场的一个不容忽视的问题，是因为企业对技术的需求不足或应有的正常需求受到体制的限制。人们通常认为，由于过去割断了科研与生产之间的联系阻碍了技术进步，现在放开科技市场，沟通科研与生产之间的联系，技术进步的问题就可以解决了。问题绝非如此简单。我国工业企业长期以来缺乏技术进步的动力或创新精神。在传统体制下，企业吃国家的"大锅饭"，没有独立的经济利益，缺少技术进步的兴趣和动力。近几年来，通过改革，企业逐步有了一些活力，但是技术进步的动力问题还没有真正解决。这主要是因为企业还没有真正成为独立的商品生产者，没有做到完全的自负盈亏。从这个意义上说，不断深化企业改革，是开拓和发展技术市场的一个极为重要的条件。

（二）组织好技术的引进、消化、吸收和创新

1. 技术引进与提高经济实力，赶超发达国家的关系

技术引进是对外开放的一个重要方面，是赶超发达国家，迅速提高我国经济实力的一条重要途径。所以，积极发展同世界各国的经济技术联系，引进和吸收国外的先进技术，将是指导今后经济发展的一项长期的国策。

我国是一个发展中国家，当前的经济和技术水平与工业发达国家相比还有很大的差距。怎样尽快缩短这种差距，使我们在不太长的时间内跻身于世界经济强国之列，这是经济发展的现实向我们提出的一个紧迫的问题。在促进国家技术进步的问题上，基本上有两种方法：一种是依靠本国自己的力量，进行技术的开发和研究；另一种是积极引进国外已有的技术，在引进的基础上进行消化、吸收和创新。一般来讲，这两种方法是结合运用的。完全依靠本国的力量，一切从头做起，在经济上和时间上都是不合算的，事实上也不可能。完全依赖技术进口，提高本国技术水平也是不行的，技术输出国总是不肯把最新的科学技术成果和尖端技术转让给别的国家。况且，对技术输入国来说，这样容易造成对国外技术的过分依赖，难以形成自己的技术体系，难以赶上和超过别的国家。

各国在经济发展中，开展技术引进的情况表明：尽可能利用国外已有的科学技术成果，是迅速提高科技水平、赶超先进国家的一条捷径，有助于促进本国经济的迅速发展。

美国的工业革命始于 1812 年，比英国晚了半个世纪。到了 19 世纪 80 年代初，便赶上和超过了英国的生产能力，跃居世界第一位。在这个过程中，学习和引进当时英国和欧洲大陆的技术起了重要的作用。第二次

世界大战结束时，日本的经济技术还相当落后。但它注重大规模的技术引进，只用了 20 多年的时间，从 40 多个国家引进和消化了 3.1 万多项技术成果。据估算，若依靠自己进行研制，取得这些成果要花费 2000 亿美元，而日本靠引进仅用了 60 亿美元，从而使日本迅速进入世界经济强国之列，成为西方世界第二经济大国。苏联是一个社会主义国家，在其经济发展中也十分重视引进外国的先进技术，如 1929—1932 年世界经济危机时，苏联从国外购进机器设备达 235 亿卢布（约合当时 20 亿美元），其中 1931 年进口的设备占当年世界设备出口总额的 1/3，1932 年上升到近一半左右，是当时最大的机器进口国。到 1932 年，从国外聘请的专家和技术工人达 2 万多人。1944 年，斯大林在会见美国客人时曾经说过：苏联大约有 2/3 的大型企业是由美国的帮助和技术援助建成的，其余 1/3 是由德、法、英、意、日等国的帮助和技术援助建成的。这些大型企业构成了苏联工业化的重要基础，有力地促进了苏联经济的发展。

新中国成立初期，我国的经济发展水平是很低的，属于世界上极不发达的国家之一。新中国成立以来，我们在引进和利用国外先进技术方面取得了很大的成绩。特别是 50 年代引进苏联的技术进行 156 项重点工程的建设，使我国在很短的时间内初步形成了较为完整的工业体系，为我国的经济发展奠定了基础。同时应当看到：由于国际环境的影响，国内政治运动的干扰，以及经济发展的指导思想出现偏差等原因，从 50 年代末到党的十一届三中全会以前的这 20 多年内，我们在引进技术方面进展是缓慢的。这一时期，正是西方世界经济发展和技术进步最为迅速的时期，而我们却多年几乎与世隔绝。作为一个后起的发展中国家，本应大规模地引进国际先进技术赶超世界先进水平，而我们却丧失了良机，使得我们与发达国家本来已经缩小了的差距进一步拉大了。党的十一届三中全会是我国经济发展的一个重要转折点。此后近十年来，在对外开放方针的指导下，我国技术引进工作得到了迅速的发展。现在我们正在一方面加强自己的科研力量，提高自己的科学技术水平；另一方面通过各种形式尽可能地利用和引进各国已有的先进科学技术成果，将这两方面结合起来，形成自己的科学技术体系，促进整个国家的技术进步。我国经济体制的改革必将释放出巨大的经济发展的内在动力，我们积极引进国外的先进技术又为经济的迅速发展提供了技术和物质的可能，经过几十年的努力，赶超世界先进水平这一目标一定会成为现实。

2. 我国技术引进工作的现状与问题

1979 年以来，在对外开放方针的指导下，技术引进工作获得了前所未有的迅速发展。这几年的引进工作与 1978 年以前相比有以下一些变化：一是由进口成套设备转向包括许可证贸易在内的多种形式的引进。1978 年以前，技术引进主要通过进口成套设备建设新厂，这对加强我国工业化的基础，满足国民经济发展之急需起了积极作用。但随着经济建设的重点转向技术改造，引进的方式应当由进口成套设备为主转变为进口软件技术为主。近几年的引进基本体现了这种转变。二是由过去的中央统一计划安排变为中央、地方、企业一齐上。由于充分发挥了各方面的积极性，引进的渠道和方式是多种多样的。在"六五"期间，国家、地方和部门从国外引进的先进技术达 1.4 万项。三是由于 1979 年的《中外合资企业经营法》的颁布实施，技术引进已经同外国的直接投资相结合。

近几年的技术引进对促进我国经济发展起了重要作用。第一，投资效益好。据京、津、沪已投产的项目分析，平均每投资 1 元，1 年可增加产值 2.5—2.8 元，创利润 0.5—0.8 元，一般项目两三年可全部收回投资。第二，加快了产品的更新换代，填补了国内空白，促进了材料工业发展。机械工业在"六五"期间引进了 500 多项技术，可使 5000 种产品达到 70 年代末 80 年代初的水平。一般来说，比较成功的项目，大体是用两年左右的时间，即可大大缩短我国产品与世界先进水平二三十年的差距。第三，促进了某些相关技术的开发，促进了技术开发的横向联系。

总之，近几年来在技术引进方面成绩是很大的，对于推动我国的技术进步和促进国民经济的发展起了重要作用。实践证明，实行对外开放的方针和加强技术引进工作是完全正确的。

在看到近几年技术引进所取得的重大成绩的同时，也应当看到我国技术引进工作中存在的一些问题，并寻找解决这些问题的途径，使今后的引进工作取得更大的效益。

　　从近几年的引进工作来看，技术引进中主要存在三个方面的问题：一是重复引进和盲目引进；二是注重引进硬件、忽视引进软件技术；三是注重引进，而忽视对引进技术的消化、吸收和创新。

　　近几年引进工作由过去的国家统一安排变为国家、地方和部门的多头管理。这一变化有弊有利。从发挥各级政府和企业的积极性来看，对引进管理的分权是必要的。但是重复引进、盲目引进的问题值得我们高度重视。引进项目的生产能力超过国内市场容量，这是重复引进、盲目引进带来的后果。还有一种情况，就是同一技术或同类设备国内多家同时引进。对于我国这样一个外汇十分紧缺的国家，把宝贵的外汇用于不必要的重复引进上无疑是一种极大的浪费。重复引进和盲目引进主要是一个管理问题。当前对技术引进的管理上存在着该管的没管好、不该管的反倒管住了。一方面企业进行技术引进要经过层层审批，程序复杂；另一方面重复引进和盲目引进的现象普遍存在，缺少对技术引进的有效的宏观指导。

　　在引进工作中，还存在着注重引进硬件设备而忽视软件技术的问题。1981年4月20日联合国制定的《国际技术转让行动准则》中，对技术引进的定义是"制造某种产品、应用某种工艺或提供某种劳务所需的系统知识的转让，但不包括单纯实物的买卖或租赁。"这个定义把实物的买卖和知识的转让区分开来。可见引进技术主要是指软件性的东西如产品设计图纸、工艺方法资料、专利权、专有技术许可证等，而不是指买进设备。从过去技术引进的情况来看，我们注重购进设备而不注重购进软件技术。1978年以前，我国引进技术以进口大型成套设备为主。近几年来，大型成套设备的比例大大减少了，但是仍然以硬件设备为主，软件技术所占的比重仍然是很小的。

　　从各国技术引进的经验来看，在工业化初期，国内工业缺少消化能力的情况下，引进设备可以迅速形成生产能力。但是当一国工业初具规模，具有一定的消化、吸收和制造能力，在这种情况下，应当以引进软件为主，引进软件比购买设备所花的资金要少得多，引进软件可以提高国内的制造技术水平和促进国内工业的发展，还可以避免重复引进。日本在引进技术中与我们的做法完全不同，他们不仅以引进软件技术为主，而且特别注重引进"前期研究成果"。所谓"前期研究成果"是那些还不能直接应用于生产领域的、需要进一步进行开发研究的基础性的科学技术成果。日本从国外低价购买这种成果，回到国内进行技术开发，从而抢先应用于生产领域，使其技术上处于领先地位。这样的事例是不胜枚举的。我国在引进技术方面应该逐步从引进硬件设备为主转变为引进软件技术为主，同时注重引进"前期研究成果"。这样，才能真正从国外引进先进技术，缩小同国外的技术差距。否则就可能造成这样一种情况：我们花了不少外汇，买进的只是设备，而关键的技术并没有引进；即使引进了一些技术，也往往是一些过时的技术。

注重引进硬件，忽视引进软件，既有思想认识上的原因，又有管理体制上的原因。从思想认识上看，技术引进对我们是一项新工作。过去闭关锁国，使我们对国际上的技术转让情况不十分熟悉，对技术引进的认识处于一种较低级的阶段。从管理体制上看，对引进软件技术缺少必要的鼓励。由于体制方面的原因，速度和产值仍然是衡量政绩的主要指标。由于购进设备可以迅速形成生产能力并有可观的利润，而购进软件开发新产品则既要承担一定的风险，又在价格、利润等方面得不到鼓励。这样，地方和企业购进设备忽略软件就不足为怪了。

目前，在技术引进工作中存在的另一个主要问题是对引进技术的消化、吸收和创新不够。引进、消化、吸收和创新是一个整体。引进的目的就是为了把别人的技术变成自己的技术，只有消化、吸收才能做到这一点。所谓消化、吸收，大体包括如下内容：掌握工艺过程和调试、操作、维修方法，保证引进设备正常生产；掌握硬、软件技术和对同类设备的仿制；进口设备所需原材料、配套件、元器件的研制生产；结合自己的特点的新设备的制造。通常人们所讲的"反求工程"是对引进技术进行消化吸收的一种有效方法。它是通过对引进设备的拆卸、试验和研究，掌握蕴含在设备之中的各种关键技术，也就是说从硬设备中推求出软技术来。日本的"技术立国"之所以成功，就在于对引进技术进行千方百计的消化吸收、创新推广，使他人的技术迅速变为自己的技术。近几年来，我国在引进技术中，虽然在消化吸收方面取得了一些成绩，但是这方面做得远远不够。某些设备虽然买进来了，但是对设备的性能、工艺方法等未能很好掌握，难以保证设备的正常生产；引进设备所需的原材料、元器件还要依赖进口；特别是对引进设备的关键技术消化不够，不能迅速推出仿制产品，更谈不上对原有技术的创新了。

从我国目前的技术力量来看，已经具备了相当的消化能力。有8000多亿元的固定资产，有300万台机床，有数百万名工程技术人员，在许多方面，我们的技术水平还是比较高的。但是，我们对这些资源利用不够。如果不能在引进技术的消化吸收方面有一个根本的改观，就有可能使我们进入一种"引进—落后—再引进—再落后"的恶性循环之中。事实上也确有这种情况，许多设备在刚引进时其技术水平还是比较高的，但几年后，国外已经升级换代了，我们还是原封不动。造成这种情况的主要原因，从微观来讲是企业缺少技术进步的动力，消化吸收不能给企业带来相应的利益刺激；从宏观来看，是有关部门对消化吸收组织管理不够，没有把消化吸收当做技术引进的这一整体过程的重要内容加以管理。

为了搞好我国今后的技术引进工作，应解决好以下几个方面的问题：

第一，积极发展同世界各国的多种形式的技术经济交流。

当今世界各国之间技术经济交流的基本单位是企业。从这个角度来看，搞活企业是搞好对外开放的前提。同样，现代技术经济的发展越来越具有国际性，搞好对外开放将为企业经营提供更为广阔的空间，有利于吸收国外先进的技术和经营管理经验，有利于从国际间的技术经济分工中得到好处，也有利于开拓更广阔的市场。要多种形式发展同世界各国的技术经济联系，包括合资、合作经营企业、鼓励外国企业家来中国投资。总之要利用一切可利用的形式引进国外的先进技术。要实行全方位开放，不论国家大小、制度如何，要取长补短、相互学习。

第二，搞好技术引进的规划和制定正确的技术引进政策，提高技术引进的整体效益。

与国外的先进技术相比，我国在绝大多数领域技术水平还处于落后地位，与国外的差距一般都在一二十年。而我国出口创汇能力又比较低，可用于引进的外汇资源极其有限。怎样最有效地利用这些有限的资金，使我们在尽可能短的时间内技术水平有一个较大的提高，这是我们在引进时必须考虑的一个问题。因此，必须有一个建立在产业发展规划基础之上的技术引进规划。明确在一定时期内，优先引进哪些技术，从而在各方面给予优惠和鼓励。在制定引进规划时，应注意以下三个方面的问题：（1）在引进中处理好不同层次技术的关系问题。在引进什么类型的技术上，人们一直存在着分歧，有人认为应当引进劳动密集的适用技术，有人认为应当引进世界上先进的或最先进的技术。应当把两者结合起来，根据需要与可能，对适用技术、先进技术和新兴的技术都注意有选择地引进。（2）引进应当为技术改造服务。当前我国工业已经建立起比较完整的体系，企业的设备老化问题又相当严重，技术改造问题已成为非常紧迫的问题，中央多次强调把技术改造作为经济工作的重点。所以，技术引进工作应当为技术改造服务，特别应注重为机械工业的技术改造服务。（3）由进口设备为主逐步转变为以进口软件技术为主。进口设备花钱多又对我们的技术进步无多大裨益，而进口软件技术花钱少，又可使我们真正掌握技术，特别是可使我们掌握一些处于开发阶段的前期技术。今后应当把引进的重点放到软件技术以及一些前期技术方面来。

第三，切实搞好技术引进的消化吸收和创新工作。

重视引进，轻视消化吸收是十分反常的经济现象，完全背离了我们技术引进的初衷。搞好引进技术的吸收消化，应当从两个方面进行：一方面加强对消化吸收的管理，另一方面应注重发挥企业在消化吸收方面的积极性。

在对技术引进的管理上，应当把引进同消化吸收当做一个整体加以管理。在引进立项时，就应当对消化吸收的具体措施有所落实。如有没有消化能力，由谁负责消化，消化吸收所需的资金有无安排，等等。对一些重大的技术引进项目，有关部门应当组织科研单位、大专院校、有关企业通过技术攻关进行消化。应实行对引进技术的消化吸收的奖惩制度，对消化吸收搞得好的单位给予奖励，对消化吸收搞得很差的单位应追究责任。

在消化吸收中，更应注重发挥企业的积极性。有关部门组织力量进行消化的毕竟只是少数重点项目，大量的消化吸收应当由企业主动进行。为了调动企业消化吸收引进技术的积极性，在新的经济体制没有完全确立之前，应当采取一些可行的应急措施。运用税收、价格、信贷等多种手段，鼓励企业对引进技术进行消化，使企业感到消化吸收引进技术能够给企业和职工带来实际好处。这样就会调动企业进行消化吸收的积极性。从根本上讲，必须通过改革使企业具备技术进步的内在动力，从而真正搞好消化吸收。

必须明确，技术引进也好，消化吸收也好，对我们绝不是一种权宜之计。这是因为科学技术在各国的发展是不平衡的，而且现代科学技术门类众多、发展迅速，任何一个国家想在所有领域完全依靠自己的力量保持在世界的领先地位都是不可能的。各国各有所长，现代的技术进步是建立在互相交流、取长补短、共同进步的基础之上的。所以，引进国外先进技术，扩大同世界各国的经济技术联系不是一项权宜之计，而是我国一项长期的政策。任何国家在任何发展阶段上，搞闭关锁国都是没有出路的，最终要落在世界经济和技术发展的后面。

（三）制定正确的科技政策，促进科技进步

在社会主义有计划商品经济中，政府在社会经济生活中发挥着十分重要的宏观经济调节作用。一般来说，国家主要从两个方面对经济运行过程进行调节：一是确定适当的管理体制；二是制定与这种体制相适应的各项经济政策。在科学技术进步方面也是如此。改革管理体制和制定政策二者是不可替代的，只有双管齐下，才能有效地提高宏观管理水平。前面已对改革经济体制和改革科研管理体制进行了讨论，下面主要就制定正确的科技政策问题进行一些探讨。

一定的科技政策与特定的经济体制紧密相关。在制定我国今后的科技政策时，应当充分注意我国传统体制与新体制的不同要求，应当注意到我们的科技政策是在有计划的商品经济的条件下实施的，科技政策应当充分考虑市场机制的要求。在传统的体制下，我们的科技政策在某种程度上是不明确的，至少在某些方面是不够明确的。由于在传统体制下，整个社会的经济、技术活动是通过指令性计划实现的，所以某些科技政策是隐含在计划之中的，政府有关部门都通过各种方式对科学技术发展施加种种影

响，有的起了积极作用，有的却产生消极影响。例如，在处理基础研究、应用研究、开发研究的关系上，重基础研究，忽视开发研究；在处理军工技术和民用工业技术关系上，重视前者，轻视后者；把优秀的科技人才集中在大专院校和研究机构，而企业的技术力量相对不足，特别是中小企业的技术力量更为薄弱，等等。所有这些，都对经济以及科学技术本身的发展，造成不良的后果。

所以在我们迈向有计划商品经济的新的经济体制的时候，就应当采取更为积极的态度，制定正确的科技政策，使我国用于科技发展方面的资源（资金、人才等）得到合理的配置，现有的科技力量得到更充分的利用，科学技术能够有重点地、协调地迅速发展，以适应经济发展的迫切需要。

科技政策涉及科技发展的各个方面，这里只对几个重大的科技政策进行讨论。

1. 处理好传统技术和新兴技术之间的关系

当前，我国科学技术发展面临的情况是：一方面我国在传统技术方面普遍落后，在工业的各个领域与国外的技术差距一般在 10—20 年之间。主要表现在工艺方法陈旧，工业产品质量低劣，在国际市场上缺乏竞争能力；另一方面，我们又面临着世界新技术革命的挑战。国内外学者已经普遍注意到当代科学技术的发展正酝酿着一系列重大的突破。人们把信息科学、生命科学和材料科学称之为"三大科学前沿"，把电子技术、计算机技术、光导技术、激光技术、新材料技术、新能源技术、生物技术、宇航技术、海洋技术和机器人技术称之为新兴技术的"十大支柱"。人们预言伴随着新兴科学技术的重大突破，将会引起人类历史上"第四次产业革命"，将会引起世界经济及人类生活方式的重大革命。我国在新兴技术方面与国外差距也很大，甚至在某些方面还是空白。所谓新技术革命对我们是一种挑战，就是说若不能在不太长的时间内，在新兴技术的发展方面进入世界先进行列，我们就有可能在国际分工中及国际经济政治活动中处于一种极为被动的地位。所以我们必须采取有效的对策来迎接这一挑战。

这样，我们在技术发展上就面临着在传统技术和新兴技术之间进行抉择的问题。一国可用于科学技术方面的资源毕竟有限，像我国这样一个发展中国家，人口众多，人均自然资源、资金和人才都很不足，怎样合理配置资源，才能更快地促进科学技术的发展，是制定科技发展规划时的出发点。有人认为我国传统工业和传统技术十分落后，当前应当以发展传统技术为主，也有人认为新兴技术将对未来产业结构的演变产生重大影响，我们应当跳越传统阶段，把重点放到发展新兴技术和与其相联系的新兴产业方面去。这两种思路都有其偏颇之处。在今后一段时间内，我们应当采取传统技术和新兴技术并重的方针，在不同的时期应当有不同的侧重点。近期内，应当重点发展传统技术并适当地发展新兴技术。当我国技术水平普遍提高到接近世界先进水平时，再把重点放到发展新兴技术和新兴产业方面。从近期来看，离开传统产业和传统技术的发展去发展新兴技术和新兴产业是不现实的。首先，我国的工业化还没有完成，在今后相当长一段时间内，传统产业仍然占主导地位，现在还没有任何迹象表明新兴产业可以完全取代传统产业，即使将来新兴产业占据主导地位，一些传统产业仍然是不可缺少的，正像工业化的发展不能代替农业的发展一样。其次，新兴技术的发展也离不开传统技术的发展，两者不是截然分开的，某些新兴技术应用于生产时需要相应的高水平的传统技术配套。如果我们在传统技术的工艺方法、测试手段等方面很落后，那么新兴技术的发展就会受到严重的制约。所以，我们应当在发展传统技术的基础上发展新兴技术。当然，我们在当前注重传统技术的同时，有选择地适当地发展一些新兴技术和新兴产业则是必要的，也是可能的。也要注重用新兴技术改造传统产业，促进传统技术的发展，要加强对新兴技术的科学研究，为今后的发展做好准备。总之，要使传统技术和新兴技术有一个协调的发展，在提高传统技术水平的同时，大力发展新兴技术。

2. 把技术改造放到突出的位置上来

技术改造是我国经济中长期未能很好解决的问题。过去，把资金主要用于新建企业，挤了企业的技术改造，致使我国目前大部分企业在技术改造方面欠账太多、压力很大。许多企业设备陈旧、技术老化、设备带病运转，加工要求难以保证，致使产品质量低劣，更谈不到产品的更新换代。同时，我国在技术改造方面存在的另一个不容忽视的问题是，企业不注重日常的技术革新活动。一谈到技术改造，就是立项目、要资金、对设备进行大部分更换。事实上，企业的技术改造活动应当更注重日常的局部的技术革新活动。国外的技改活动并不像我们的企业那样进行一次性的更换，而是更注重日常的局部性的不断改进，如产品设计方面更合理、工艺方法不断改进、对设备进行局部性更新等。如果说，在传统体制下企业是没有能力进行技术改造的话，那么近几年来所暴露出来的情况表明：我国目前许多企业仍然缺少进行技术改造的内在动力。如一些企业以技改为名进行新建扩建，而原有设备却得不到改造，一些企业将自有资金的大部分用于搞职工福利，而技改问题却搁到一边。技改问题绝不仅仅是一个资金问题，其中涉及一系列的经济利益关系，对技术改造问题必须通过体制改革以及一系列相应的经济政策和技术政策进行综合治理。

国内外的经验表明：通过对现有企业进行技术改造，以内涵为主扩大再生产，具有很高的经济效益。在增加同样的生产能力的情况下，技术改造比上新项目所花的钱要少得多。国外企业大都是通过不断的技术改造而得到发展的。我国过去一直注重上新项目而忽视现有企业的技术改造，使经济发展付出了极大的代价，而经济效益不高。如果我们不把经济工作的重点放到技术改造方面来，我们就不能改变这种低效益的状况，就会大大延缓我们的经济发展进程。

为了促进技术改造工作，我们既要从指导思想上转变认识，又要从体制方面进行治理，同时还要通过各种经济政策和科技政策，运用多种经济和行政手段去组织引导，使企业自觉地走以内涵为主的扩大再生产的道路。

3. 搞好新技术的开发研究和推广应用工作

在我国的科技政策中，长期以来，在处理基础研究、应用研究和开发研究三者之间的关系上，把很大一部分力量投入到基础研究中去，而应用研究，特别是开发研究方面的力量很薄弱。我们应该把重点放到企业自身的开发研究上，才能更好地搞好新技术的开发和推广应用工作。

我们要通过一系列政策改变目前这种不合理状况，使基础研究、应用研究、开发研究保持适当比例关系；要鼓励科技人员向开发研究部门，特别是向企业流动。要从科研资金、生活待遇等方面为加强开发研究提供切实的保证。

4. 积极促进技术转移

我国各地区、各部门、各行业之间的技术发展水平是很不平衡的，再加上传统体制下部门分割、地区分割相当严重，正常的技术转移和技术交流渠道被阻塞，严重地影响着我国的技术进步。所以积极促进技术转移是我国今后经济工作中的一个重大问题。技术转移中应注意以下几个方面的问题：

第一，促进技术由军工行业向民用行业转移。新中国成立后，我国军事工业发展较快，技术领先于民用工业，科技人员集中，机构齐全，设备较精，水平较高，许多行业是建立在先进技术基础上的"领航工业"或"尖端工业"。这些企业过去是封闭系统，单一地生产军品，不大重视民品，生产和向民用企业转移技术，没有发挥出应有的潜力。从当前来看，许多军工企业任务不足，能力闲置严重，一些企业纷纷转产民品，并通过各种形式向民用行业转移技术。这不仅提高了民用行业的技术水平，而且有利于搞活军工企业。我国作为一个世界大国，在今后相当长的时期内优先发展军工技术还是必要的。从美苏等国技术发展的情况来看，都是军工技术优先发展，从而带动和促进民用工业技术的发展。所以搞好军民结合，由军工技术带动民用工业技术，搞好技术转移，不仅是当前所面临的一个紧迫问题，而且也是今后应当处理好的一件大事。

第二，促进各地区、各企业之间的技术转移。按照经济技术发展程度的划分，我国可分东部、中部、西部三大经济区。东部地区主要是指北京、天津、上海、辽宁、江苏、浙江等沿海经济发达的地区；西部地区主要指在地理位置上处于我国西部的经济不发达的地区，如西藏、新疆、甘肃、内蒙古等；介于两者之间的是中部地区。在这三大经济区中，东部地区经济发达，集中了大部分科技人员，技术水平高，劳动生产率也高；中部次之；西部地区自然资源十分丰富，但开发程度很低、技术力量不足，科学技术水平低。所以，促进东部地区的先进技术向中部、西部转移将是我们今后面临的一个基本任务。同时，我国大型企业技术力量较强，中小企业技术力量不足，要促进大、中型企业的技术向小企业转移。特别要注意促进城市技术向农村乡镇企业转移。我国工业化的完成不可能主要依靠农村人口向城市流动来实现，要在搞好城乡工业合理分工的前提下，大力发展乡镇工业，这是我国工业化的一个基本内容，也可能成为我国工业化的一个特色。所以，要积极促进城市技术向农村乡镇企业转移。

九 制定正确的产业政策，发挥企业活力，实现产业结构的合理化

在经济运动过程中，保持产业结构的动态的合理化，是经济发展的一般要求。实现产业结构动态的合理化，是今后发展所面临的基本任务之一。实现这一目标，既要注重从体制上进行改革，又要注意制定和运用正确的产业政策。从体制上看，主要是发挥企业在产业结构合理化中的主导作用，使产业结构合理化的主体由国家变为企业。国家主要是为企业经营创造条件，并通过宏观调节手段对产业结构合理化施加影响。从产业政策上看，要通过制定和运用各种产业政策，使不同产业之间及各产业内部保持适当的比例关系，达到协调发展，并注意在不同的发展阶段选择不同的主导产业，带动整个经济迅速发展。

（一）处理好第一、第二、第三产业之间关系，尤其要把农业放到重要位置上，促进产业结构合理化

经济发展包括三个方面的内容：数量扩张、结构转换和水平提高。数量扩张是指国民经济各部门的生产规模在原有基础上的扩大及其总和——国民生产总值的增长。结构转换是指各产业部门生产规模的扩大不是一种同等程度的齐头并进，而是伴随着各种生产要素在各产业部门之间的转移，出现某些部门相对增长较快，某些部门增长较慢，甚至有某些部门收缩的结构变化现象。水平提高则是指经济的生产技术水平和组织管理水平的不断提高。这三个方面是互相联系、互相依存的。这里根据我国实际情况，讨论一下经济发展中的产业结构转换问题。

为了便于讨论，首先简要回顾一下国外这方面已有的研究成果以及工业发达国家产业结构演化的一般趋势。

目前，国外研究产业结构演化规律时，比较常用的产业分类方法是把全部经济活动划分为第一产业、第二产业、第三产业。也称"克拉克大

分类法"①。一般来说，第一产业包括：农业（指种植业）、畜牧业、林业和狩猎业等；第二产业包括：制造业、建筑业、采矿业、电力、供水等工业部门；第三产业包括：商业、金融及保险业、运输业、服务业、公务及其他各项事业。第三产业是指除第一、第二产业之外的其他一切经济活动。对这种分类方法是否科学，人们还有不少争论。但是从应用经济分析的角度看，从揭示随着经济发展而发生的资源配置结构变化的趋势上看，这种分类方法有一定的实用性。

克拉克搜集和整理了若干国家按照年代的推移，劳动力在第一、第二、第三产业间移动的统计资料，得出结论：随着经济的发展，即随着人均国民收入水平的提高，劳动力首先由第一产业向第二产业移动。当人均国民收入水平进一步提高时，劳动力便向第三产业移动。劳动力在产业间的分布状况，第一产业将减少，第二、第三产业将增加，这就是所谓的"配第—克拉克定理"。为什么劳动力会从第一产业向第二、第三产业移动？克拉克认为是由于经济发展中各产业之间出现收入（附加价值）的相对差异造成的。

美国著名经济学家库兹尼茨在克拉克研究成果的基础上，对产业结构的演化进行了更深入的研究。他收集和整理了20多个国家的庞大数据，对一些国家（如英国）的统计资料追溯到了19世纪初，从对国民收入和劳动力在第一、第二、第三产业间分布变化规律的分析中，得出了以下结论：（1）农业部门（即第一产业）实现的国民收入，随着时间的推移，在整个国民收入中的比重同农业劳动力在全部劳动力中的比重一样，处在不断下降之中；（2）工业部门（即第二产业）的国民收入的相对比重，大体来看是上升的，而工业部门劳动力的相对比重，大体不变或略有上升；（3）服务部门（即第三产业）的劳动力相对比重，差不多在所有的国家里都是上升的。但是，国民收入的相对比重和劳动力的相对比重的上升并不同步。综合起来看，是大体不变、略有上升。

以上是国外经济学家，根据许多国家的统计资料，在分析研究的基础

---

① 克拉克，英国经济学家。

上得出的一般性规律。我们在今后的经济发展中处理第一、第二、第三产业之间的关系时，可以借鉴。

在目前阶段，我国的经济发展水平还是比较低的。据1983年的统计，我国国内生产总值在第一、第二、第三产业之间的比重分布是：38.5%，41.9%，19.6%；而1982年美国国内生产总值的分布是2.5%，31.7%，65.8%；1982年日本的国民收入分布是3.4%，42.7%，53.8%。其他工业发达国家的情况也大体接近美、日的水平。虽然统计的口径略有不同，但与工业发达国家相比，我国第一产业的比重还是很大的，特别是第一产业中劳动力占的比重过大。这主要是因为我国人口众多，而且大部分集中在广大农村，再加上我国农业劳动生产率又很低，同时，我国第三产业的比重也是很低的。上述是我国的情况同工业发达国家的情况进行的对比。现在我们再就收入水平（人均）与我国接近的不发达国家相比。据世界银行统计，1982年与我国同档次的低收入国家第三产业收入占国内生产总值的比重，一般为33%，印度为48%，印尼为35%，尼日利亚为40%。相比之下，我国第三产业产值明显偏低（我国第三产业包括的内容较上述几个国家略少，有不可比的地方）。在我国工业已经初具规模的情况下，农业人口过多和第三产业极不发达是今后经济发展中两个不容忽视的问题。

根据各国经济发展的一般规律，随着经济的发展，农业劳动力向工业部门和服务行业转移是不可逆转的趋势。我们目前还处在工业化阶段，劳动力由农业部门向工业部门及其他非农业部门大量转移，将是今后我国产业结构演化的一个重要内容。在这方面，我们面临着非常特殊和严峻的情况，就是目前农业人口将近八亿，这是各工业发达国家在经济发展中所未曾遇到的难题。如此庞大的农业人口，使我国在结构演化中不能不产生一些非常特殊的问题。首先是农业劳动力向工业部门转移将采取何种形式，在这个问题上，我们可能有两种方法。一种是通过城市化，吸引农业人口大量转向城市；另一种是在农村中发展非农产业，特别是乡镇企业，就地吸收农业中转移出来的剩余劳动力。我国要走一条将这两种方法适当结合而以后者为主的道路。我国不能像工业发达国家那样，完全依靠农村人口大量流向城市的办法实现结构转换。农村人口可流出的数量将大大超过城市的吸收能力，任其完全自流地移动将会使城市已经面临的一些问题更加恶化。当然，随着经济的发展，城市化的步伐将逐步加快，我国中小城市特别是乡镇会有迅速的发展，这将吸收相当数量的从农业中转移出来的人口。但是，城市化的过程将会受到国力的制约，它所能吸收的人口的数量在一定时期内是有限的。吸收农业中转移出来的人口还要和解决城市中的就业问题结合起来，既要保持城乡之间人口的适度流动，又要保持社会的安定团结。这样，从农业部门转移出来的大量的过剩劳动力将迫使我们采取在农村中发展非农产业的形式，即大力发展乡镇工业和其他乡镇企业加以容纳。近几年来，由于农村经济改革的成功，农村商品经济迅速发展，农村的非农产业取得了迅速发展。1985 年全国农村非农产业产值和就业人数分别比 1979 年增长 3.44 倍和 0.92 倍，年平均增长为 28.21% 和 11.54%。这个速度显然大大高于同期农业产值和就业人数的增长。这就向我们展示了农村非农产业在我国产业结构转换中的地位和作用。

在怎样看待农村非农产业在整个国民经济中的地位和作用问题上，目前意见尚不一致。有的同志认为，乡镇企业效率低下，生产技术水平不高，资源利用率低，而且与城市工业争原料、争市场，主张乡镇企业的发展应限于农产品的初加工和产前产后服务。有的同志则认为，农村非农产业的发展既是解决我国剩余劳动力出路的一条基本途径，又能在整体上提高国民经济实力。主张农村非农产业与城市工业应当有一个平等的竞争环境，不应当把农村工业局限在农产品初加工和产前产后服务上，而应当促使城市工业和乡村工业发展积极的技术经济协作（如将可以扩散的城市加工工业或零部件制造业向农村扩散），实现城乡之间的合理分工。这两种意见均有一定的道理。今后，我们的选择在于：既要积极发展乡镇工业，又要力求避免盲目发展乡镇工业所可能产生的消极后果。总之，在我们的工业化过程中，农业劳动力向工业部门和服务行业转移将有很大的特殊性，这是我们在今后几十年内应当致力解决的一个大问题。

从总的发展趋势看，农业要继续加快发展，但它在国民生产总值的相对比重要下降。这不是说我们在产业结构上可以忽视农业的发展。相反，对农业应给予极大的重视，大力促进它的发展。这是因为：一方面，虽然农业产值占国民生产总值的 1/3 左右，但农业人口约占总人口的 80%，农业劳动力占 60%—70%，农业情况如何，对我国经济发展影响极大；另一方面，农业是发展国民经济的基础，马克思早就提出了这个论点，并且说到了共产主义社会农业也是基础，当然，那时农业也工业化了。同时，必须看到，农业同其他产业有着密切的联系，不仅吃饭要靠农业，相当一部分产业的原材料、辅料也与农业有密切联系。忽视了这一点，产业结构就难以搞好。所以，离开农业来谈工业、来谈其他产业的发展是不行的。在其他国家也不行，在中国更不行，这是由中国的国情所决定的。

目前，我国农村普遍实行生产责任制，家庭经营的潜力在大部分地区仍在继续发挥。但必须预见到，随着商品经济的发展，必然推动过小的经营规模转向适度的经营规模，实现生产的集约化和现代化。社会主义有计划商品经济的繁荣，要求农业提供更多的商品粮食和其他农产品。从国家来说，政府必须干预，必须有财政扶持。当然，主要的扶持方向应该是发展生产力，转换生产方式。对农民来说，搞规模经营不仅仅意味着获得较多的收益，还必须承担商品化生产带来的风险。因此，必须搞好对农民的普及教育和技术教育，同时注重围绕各种服务环节发展合作与联合，为农户分担风险，提供服务，支持政府对市场进行调控的措施，积极促进农业生产的社会化与集约化。

作为一个发展中国家，我们的农业是和农业国转变为现代工业国这一过程联系在一起的，就是说，农业问题还要作为工业化的过程来抓，促使我国农业资源利用方式转向现代化。而这一转化的前提，又是农产品在商品交换中占据有利地位，使农业本身具有自我积累的能力。农业只有上了商品化的层次这一台阶，才有可能再上工业化（现代化）过程的第二台阶，进而实现农业的机械化与现代化。

采用机械技术来替代劳动力，是必然趋向，应积极采取具体措施推动其发展，根据我国资源有限，粗放的外延发展越来越受到资源的强烈限制的状况，必须更多地引入技术要素，不断提高现有资源的利用率。已经实现了农业现代化的发达国家，技术进步对增长的作用一般占 60%—70%，我国目前只占有30%，必须力争在本世纪末把这个比重提高到50%以上。

只要我们极大地重视农业，从商品化的需要和工业化（现代化）的过程这两个不同层次抓好农业的发展：重视改造生产方式，扩大现代技术要素的投入，突破耕地资源短缺的制约，形成具有比较优势的农业结构，利用市场机制的推动作用，使农业现代化得以推进，我们的国民经济就有了雄厚扎实的基础，其他产业的发展就有了坚强有力的后盾。

在我国产业结构的转换中，第三产业比重的逐步增加也是一个基本趋势。但在"一五"时期之后，指导思想上"重生产建设，轻服务流通"，片面强调发展工业，特别是发展重工业，忽视第三产业的发展，忽视三种产业之间的内在联系。结果导致第三产业在国内生产总值中的比重连续下降（见下表），造成比例严重失调。党的十一届三中全会之后，端正了指导思想，重视第一、第二、第三产业之间的协调发展，第三产业得到了迅速的恢复和发展，但第三产业的比重仍没有恢复到50年代的水平。第三产业目前仍然是国民经济中的一个薄弱环节，给工农业生产的发展和人民生活带来了不利的影响。交通运输（在我国的统计口径中将交通运输列入第三产业之中）能力不足，结构不合理，不少物资积压待运，已成为工农业生产发展的严重障碍，客运更成为社会性问题；通信事业落后，造成信息不灵，调度不畅；科研教育落后，直接影响生产力的发展；按行政办法办商业再加上官商作风，造成流通渠道不畅；各项服务业不发达，城乡人民生活上许多困难难以解决，等等。

三种产业产值所占的比重（按当年价格计算）　　　　　　单位：%

年份	1952	1957	1970	1980	1985
第一产业	52.1	42.2	37.0	34.5	35.9
第二产业	21.7	30.7	40.4	46.5	42.3
第三产业	26.2	27.1	22.6	19.0	21.8

为了保证第一、第二、第三产业之间的协调发展，就要适当调整第一、第二、第三产业之间的比例关系和增长速度。从世界各国看，1963—1982年

的 20 年中，三种产业增长速度的比例（以第一产业为 1），低收入国家为 1：2.3：1.9，经济发达国家为 1：2.45：2.43。我国现实的情况是，第三产业十分落后，农业这个基础仍很薄弱，工业已经初具规模。我国今后应适当加快第三产业的增长速度。这主要是考虑到我国目前交通运输、通信等方面严重落后以及第三产业与整个经济的发展不相适应的现状。我们还应当注意到第三产业的发展受工业化进程的制约；过分强调第三产业的发展，看不到工业化程度对它的制约也是不对的。我国作为一个工业不发达国家，积极推进工业化进程仍是我国今后相当一段时间内的主要任务。当然我们不能重犯过去片面强调第二产业，忽视第一、第三产业的错误做法，我们要在第一、第二、第三产业协调发展的基础上推进工业化进程。

以上讨论了第一、第二、第三产业之间的比例协调和结构转换问题。下面就第一、第二、第三产业内部各产业部门之间的比例关系的协调问题进行讨论。

我国是一个古老的农业大国，漫长的封建统治，沉重的人口负担和长期的战争破坏，使农村的生产力低下，形成了偏重粮食生产的单一结构。新中国成立后，虽然经济作物和畜牧业得到一定程度的发展，但在"以粮为纲"方针的指导下，这种格局 30 多年来没有明显的变化。党的十一届三中全会后，由于农村经济改革以及党的一系列方针政策的贯彻执行，不但农业生产的发展取得了举世瞩目的成就，农村产业结构也得到了初步的调整（见下表）。

农林牧副渔五业构成　　　　　　　　　　　　　　　　　（%）

年份	1978	1980	1985
农业总产值（不包括村办工业）	100	100	100
种植业	76.7	72.0	66.2
林业	3.4	4.8	5.0
牧业	15.0	17.3	19.3
副业	3.3	3.9	7.1
渔业	1.6	2.0	2.4

　　林牧副渔的比重虽比过去有所提高，但仍然是很薄弱的。世界上主要农业国的畜牧业产值大都等于或超过种植业产值，而我国1985年畜牧业产值还不到种植业的30%，我国人均的肉、奶、蛋、鱼、水果等产量均大大低于世界平均水平（见下表）。固然，我国人民在饮食上有自己的传统习惯，同时用以转化畜牧产品的粮食比较少，不能绝对地向国外特别是发达国家看齐。但差距过于悬殊，反映我国畜牧业、林业、渔业十分落后。

　　我国人民从食物中摄取的热值、蛋白含量、脂肪含量虽已达到世界平均水平，但来自动物类食品的营养却远远低于世界平均水平。

1985年人均肉奶蛋鱼产量　　　　　　　　单位：公斤/人

	中国	世界平均	美国	苏联	法国
猪羊牛肉	16.8	30	74.5	51	70
牛奶	2.8	95	271	352	585
蛋	5.1	6	17	16	17
鱼	4.1	12	15.9	25.3	24

　　从长期来看，我国农业内部的产业结构的演化将是逐步提高林牧副渔业的比重，但在结构调整中首先要保证粮食生产的稳定增长。我国是一个有10亿人口的大国，粮食生产是不容丝毫忽视的问题。像日本这样工业竞争力很强的国家，粮食都不完全依赖于进口，而是国家用大量资金扶持农业的发展。我国粮食生产的稳定增长，关系着整个社会的稳定和繁荣。我国人口平均每年增长1.2%，粮食生产的增长必须大大高于人口的增长，才有余力发展畜牧业、渔业、林业等。因此，粮食的年平均增长率起码应保持在2%以上。今后农业的发展主要依靠技术进步。要把我国精耕细作的优良传统技术与现代生物科学技术密切结合起来，注重吸收和利用国外先进的农业技术（包括畜牧业等方面的技术）。要加强农业科学研究，发展农业教育，开发农村智力资源，逐步提高我国的农业技术水平和农业劳动生产率，逐步提高广大农民的收入及生活水平，保证城乡经济的协调发展。

在工业部门内部要继续处理好重工业和轻工业之间的关系，重工业内部和轻工业内部各行业的比例关系，以及传统产业和新兴产业之间的关系。

在处理重工业和轻工业关系的问题上，过去片面强调重工业，忽视轻重工业的协调发展。在1958—1978年的20年中，在工业基本建设的投资额中，重工业投资的比重达90.1%，重工业产值占工业总产值的比重达57.3%，引起轻重工业比例严重失调。1979年开始对经济进行调整，把消费品工业的发展放到重要地位上来。"六五"时期，轻工业投资的比重上升到23%，重工业降为77%。到1982年轻重工业结构大体已趋协调，直到目前为止，轻重工业的比例大体保持在各占一半的态势，目前可以说基本上是协调的。在今后的发展中，轻重工业的比例是否一定要保持各占一半的态势，这样的比例是否就是合理的，这有待于在今后的发展中进一步探索，随着经济的进一步发展这个比例很可能有所变化。但轻重工业之间的协调发展这个原则一定要坚持。我们既要反对重工业脱离轻工业盲目发展的倾向，又要反对工业发展轻型化的倾向。像我国这样处于工业化阶段的国家，重工业的优先地位是不容忽视的。重工业要为农业、轻工业、重工业自身、国防等部门提供先进的技术装备，所以在轻重工业协调发展的前提下重工业应当有一个适当的超前发展。

在重工业内部要继续处理好采掘工业、原材料工业和加工工业之间的关系。一般来说，加工工业可以有多层次的深加工，产值的增长速度比采掘工业、原材料工业快一些，也是必然的。但如果技术进步不快、加工深度不够、资源利用率不高，只是在一般产品的数量上增加，那么加工工业的超前发展就会出现与采掘工业、原材料工业失调的情况，正如我们过去所出现的情况那样。轻工业要继续贯彻"六优先"的原则，轻工业的发展要与人民生活水平的提高和消费结构的变化相适应。随着消费结构的变化，要大力发展食品工业、耐用消费品工业、住宅建设业，等等。

要正确处理传统产业和新兴产业的关系。传统产业并非完全是"夕阳工业"。我国今后相当长的时期内传统产业仍将有一个大的发展，这是工业化的一般规律。同时我们面临着世界新技术革命的挑战，不能忽视新兴产业的发展，否则高技术产业部门就会处于一种落后的地位，在国际分工中对我们不利。所以，应当注重发展微电子产业、新兴材料产业、生物技术等新兴产业，同时注意用新的科学技术成果对传统产业进行改造。

能源、交通、原材料等部门仍是我国经济中的薄弱环节。在今后一段时间，这些部门仍然是国家建设的重点。这些部门相对于其他部门的落后状况得不到根本改善，将会严重影响整个国民经济的发展速度和经济效益。

我国第三产业，不但总量水平低，而且内部结构也不合理。第三产业门类众多，涉及面广，这里仅就几个重点部门的发展谈点意见。

运输邮电业是当前比较薄弱的一个部门，运力严重不足。我国铁路网密度每万平方公里只有 54 公里，而联邦德国和民主德国都超过 1000 公里，印度也有 206 公里。公路网密度也不及发达国家的 1/10。通信设施也十分落后，电话机总数仅为世界的 0.8%。1979—1985 年社会总产值平均每年增长 10.3%，而运输邮电业产值年增长 9.4%，使本来发展不足的交通通信更为紧张。所以，今后要进一步调动各方面积极性，多渠道筹集资金，加快发展运输邮电业。首先要扭转运输邮电投资在全民所有制单位基本建设投资总额中比重下降的趋势，近期内要争取从"六五"期间平均的 13.3% 恢复到"一五"期间的 15%，以后再争取提高到 18%，把交通和通信业尽快搞上去。

党的十一届三中全会以来，商业饮食业服务业得到了迅速的恢复和发展，一定程度上缓解了这方面的矛盾，方便了人民生活，但与生产的发展和生活水平的提高仍不相适应。从国民收入构成看，商业（包括内、外贸，饮食业和物资供销，不包括服务业）的比重，"一五"时期为 16%，1985 年为 8.1%，而国外（无论是发达国家还是发展中国家）的这个比重比我们高一倍以上。不论与历史比还是与国际比都差得很远。对商业部门的发展要从改革入手，通过多种经济类型、多种经营方式、多条流通渠道，减少流通环节，促进商业服务业的繁荣和发展。

教育和科技是我国经济发展的三个战略重点之一，教育是百年大计，科技是现代化的基础。我们不仅要保证有足够的投资发展教育科技事业，同时也要搞好教育科技体制改革，繁荣我国科技教育事业。

随着经济体制改革的深入，金融保险事业也开始发展起来。但当前的金融保险业与商品经济的发展要求很不适应。随着商品经济的发展和金融体制的改革，金融保险业必将大发展，这是极有前途的一个产业。

近年来，第三产业中出现了不少新兴产业，如旅游业、租赁业、咨询业、广告业等，这些产业目前刚刚起步，但前景广阔。在发达国家中这些产业已成为第三产业中的支柱，我们应给予充分重视，并在财力、物力、人力各方面给予有力支持，随着经济的发展，使这些新兴产业成为我国第三产业中的重要行业。

（二）制定正确的产业政策

近年来，我国经济学界开始注重研究在新的发展阶段上的产业政策问题。这个问题，对我们来讲既是一个老问题，又是一个新问题。之所以是一个老问题，是因为：我们是建立在公有制基础上的社会主义国家，过去实行的是高度集权的经济管理体制，政府直接参与经济生活的各个方面。过去的各种指令性计划以及与产业发展有关的各项方针政策，在一定意义上讲，都可以说是产业政策。尽管它们与西方经济学家所讲的产业政策在概念上不完全相同，但它们确实是直接指导、影响各类产业的发展的。所以，从这个意义上讲，产业政策问题对我们讲是一个老问题。之所以又是一个新问题，是因为：我们今天所面临的情况以及由此决定的产业政策的内容与过去完全不同。过去所面临的条件是产品经济，产业政策主要是以计划的形式体现的。而现在所面临的条件是商品经济，产业政策不再仅仅是通过计划特别是指令性计划，而是通过各种经济杠杆和宏观调控手段来实现的。同时，我国经济发展的水平和阶段也与过去有了很大的不同，它对产业政策的要求也就有所不同。

具体地讲，我国经济发展从以下几个方面对产业政策提出了紧迫的要求。

第一，当前经济发展中的许多现实问题的解决需要以产业政策为依据。首先，是固定资产投资规模的控制问题。长期以来，我国固定资产投资规模偏大。控制投资规模自然就会遇到投资在各产业部门之间的分配问题，各部门都认为本部门投资少了，其他部门投资多了。可见，控制投资总规模应当首先有一个明确的产业政策。以产业政策为依据确定投资在各产业部门之间的分配是解决投资规模过大问题的有效途径。其次，是技术改造问题。当前，我国技术改造面临的任务十分艰巨。由于我国长期折旧率很低，把应当用于技术改造的资金用于新建企业，使得大部分企业设备老化的问题十分严重。但是目前我们可用于技术改造的资金十分有限，而且在短期内技术改造的压力难以缓解，这就有个区分轻重缓急，有步骤有重点地进行技术改造的问题。如果不以一定的产业政策为依据，从整体上确定技术改造规划，就有可能造成从企业来看技术改造是合算的或可行的，但从全局来看则可能是不合理的。所以，正确制定产业政策是制定技术改造规划的前提。还有我国乡镇企业的发展问题，改善我国进出口结构等问题，都迫切需要一个正确的产业政策加以指导。

第二，社会主义商品经济的发展需要有一个正确的产业政策对逐步放开的微观经济活动进行宏观指导。在经济体制改革以前，我国的投资主体基本上是一元化的，随着改革的逐步深入，我国产业的投资主体将逐步呈现多元化，企业将逐步取代国家和地方政府成为投资主体。企业成为投资主体后，国家在对产业结构的控制方面面临的情况与过去完全不同。过去投资主体单一，产业政策隐含在指令性计划之中，产业政策还没有独立地表现出它的特殊重要性来。随着指令性计划的减少和投资主体的日趋多元化，对大量微观经济活动进行指导和协调的产业政策日益显示出它的特殊重要性来。我们还应当注意到，在当前传统体制与新的体制交替过程中，市场机制还不完善，市场信号盲目，企业还不能完全根据市场信号引导的方向确定投资方向。在这种情况下，产业政策在优化投资结构方面就显得更加重要。各国经济发展的实践表明：即使在市场经济条件下，仅仅依靠市场机制来优化产业结构是远远不够的，也存在通常所讲的"市场失效"。而在充分利用市场机制的条件下，制定正确的产业政策，大力发挥产业政策的引导作用，能够使整个经济发展得更快，结构更合理。

第三，制定正确的产业政策，对于促进我国经济发展，尽快赶超世界先进水平具有重要意义。日本是成功地运用产业政策促进经济迅速发展的国家。在50年代初期，日本的人均国民生产总值不过200多美元。在短短的二三十年时间内，一下子跃居为西方世界第二工业大国。第二次世界大战以后，日本经济高速发展，引起了人们在经济学方面的研究兴趣。无论是日本的经济学家，还是美国及其他国家的学者都认为，日本经济的高速发展与其成功的产业政策有密切的关系。日本的产业政策实质上是为其实现赶超发达国家的战略服务的政策。其他国家的经济发展的实践也说明，运用成功的产业政策，可以有效地促进一国经济的迅速发展。我国是一个发展中国家，已经具备了经济起飞的物质条件，再加上经济体制改革解放出新的经济活力，今后几十年我国经济必将取得迅速的发展。充分利用这一时机，运用正确的产业政策，必将大大加快我国赶超世界先进水平，步入世界经济发达国家行列的步伐。

第四，我国经济发展进入一个结构转换的新时期。结构转换中面临着一系列结构选择的重大决策，这就需要我们从理论上给予预见，从宏观指导上指出方向。从各国经济发展的情况看，经济发展呈现出明显的阶段性，在不同的阶段上，经济发展的重点不同，主导部门也不同，所以在不同的阶段之间存在着结构的重大转换的问题。我国是在新中国成立之后开始大规模经济建设的。通过三十多年的艰苦努力，在一穷二白的基础上，建成了比较完整的工业体系和国民经济体系，为经济的进一步发展奠定了一个良好的基础。现在的问题是：在这样一个基础上，在这样一个经济发展的阶段上，进一步发展的格局是什么？是保持现有部门的按相同比例的增长呢？还是我们正在进入一个新的结构转换时期（在这个时期我们只有正确地确定主导部门才能带动整个经济的全面起飞）？根据各国经济发展的经验以及我国目前经济生活中显露出来的种种迹象，我们正面临着重大的结构选择。这种选择取决于经济发展的成熟程度，取决于国内的消费结构，取决于所面临的国际经济环境以及我国经济发展的目标。只有正确地进行选择和转换，才能实现我国经济在新的阶段上迅速发展。

产业政策主要包括产业结构政策和产业组织政策。这里主要讨论产业结构政策方面的问题。产业结构政策是根据在一定时期内一国经济结构变化趋势而制定的为促进实现这种结构变化所采取的重要措施。产业结构政策的重点是确定在这一结构变化中，有哪些产业处于带头的地位，即哪些产业是主导产业。

在选择主导产业时，应当首先有明确的基准，即这种主导产业是基于怎样的考虑进行选择的。日本经济学家筱原三代平，在 50 年代中期，为当时规划日本的产业结构提出了两条基准，即"收入弹性基准"和"生产率上升率基准"。收入弹性是指人均国民收入每增加一个单位时，对某一产品需求的变化量。收入弹性大于 1，则说明随着收入的增加，需求的增加更迅速；收入弹性小于 1，则说明需求的增加速度比收入的增加速度慢。以收入弹性作为基准，就是优先发展那些收入弹性比较大的产业，以满足社会迅速增长的需求。可见，收入弹性基准是以满足社会的需求为出发点考虑问题的，这种需求变化反映经济运动过程中内在的客观要求，所以从理论上讲，以收入弹性基准规划产业结构是比较科学的。生产率上升率基准是指在同一时期各产业部门生产率的上升幅度是不同的，生产率上升快的产业相应地成本下降比较快，经济效益比较高；优先发展生产率上升快的产业，就能提高整个经济的效益。这两个基准在一定程度上表现出相当的一致性，即收入弹性和生产率上升率之间存在着内在的联系。生产率上升率快必然以不断扩大的社会需求为基础。仅有较高的技术进步率，没有不断扩大的需求，就可能产生生产费用同价格同步下降的情况，生产率的上升率也不会提高。同时，需求的收入弹性较高的部门，意味着它有广阔的市场。广阔的市场为大批量生产提供了可能，从而促进该部门的技术进步和生产成本下降，最终表现为生产率上升率快。所以这两个基准在一定程度上是一致的。

筱原的这两个基准提出后，很快为政府所采纳。在 1963 年，日本产业结构审议会制定产业结构政策时，以及在 1965 年制定"中期经济计划"时，都使用了筱原的基准。在"中期经济计划"中具体规定了近期加快发展的产业和中期促进发展的产业。近期促进发展的产业有普通钢、船舶、家用电器、光学仪器、摩托车、合成纤维等。今后有待促其发展的产业有小轿车、石油化工、大型电机、电子计算机、大型工业设备、大型高效能机床等。这些都是属于重化工业。因此 60 年代日本的经济发展称为"重、化工业化"时期。

日本在制定 70 年代产业结构的方案时，除继承了以上两个基准外，又增加了"过密环境基准"和"工作内容基准"。过密环境基准是指要降低对稀缺生产要素的依赖程度，节省和有效利用资源和能源，增加社会公共设施投资，防治公害等，使产业结构向减轻和改善过密环境负荷的方向发展。工作内容基准是指产业结构向着能更多地提供良好的劳动场所的方向发展。日本认为70年代的以这些基准为基础的产业结构应是知识密集型的产业结构。

除了日本提出的这些基准外，人们还应用投入产出分析方法进行产业结构的优化。应用投入产出方法分析时，经常用的一个指标，称作产业的感应度系数。任何一个产业的生产活动通过产业之间互相联结的波及效果，必然影响其他产业的生产活动，或受其他产业的生产活动的影响。我们把某一产业受其他产业影响的程度叫感应度。在工业化过程中，一般重工业的感应度系数较高。在工业增长率较高时，应当加快感应度系数较高的产业迅速发展。

在选择我国今后的主导产业时，应在充分考虑我国国情的情况下，综合运用以上的这些基准。同时参照其他国家在人均国民生产总值从200—1000美元的发展过程中，选择主导产业的一般做法和产业结构变化的一般规律。

在讨论了选择主导产业的基准之后，还有一个重要的问题是主导产业的主导作用是什么。只有明确了这个问题，我们才能在实际工作中规划主导产业在多大的程度上优先发展。主导产业的主导作用至少可以有两种理解。一种理解是：随着一国经济的发展和人均国民生产总值的提高，某些部门应当相对地增长得快一些，这些部门在国民生产总值中的比重较大一些，这些部门则称之为主导产业部门。在对主导产业部门的这样的理解中，隐含这样一种思想：即在选择这样的一种主导产业的情况下，一国的经济可以做到均衡发展。虽然不同部门在发展速度上快慢不等。但假定在封闭经济的情况下，各部门的比例是大体协调的。对主导产业的主导作用的另一种理解是：在非均衡发展（或称倾斜）基础之上选择主导产业。主导产业部门的作用不一定以满足本部门和其他部门的物质需求为限制，而是充分利用规模经济的优点，大力促进某一部门的迅速成长，以大力出口来吸收过剩的生产能力，主导部门的作用旨在为经济的发展提供更多的国民收入。当然，对主导产业的这两种理解，是指确定主导产业时所强调的程度不同。事实上，两者也不能截然分开。这样，我们在确定主导产业时，就首先面临着是均衡发展还是倾斜发展这样的两种选择。

日本的产业政策是以重倾斜为其特征的。日本在50年代采取了重倾斜的结构政策，首先复兴电力、钢铁、化肥、煤炭等基础产业，把当时有限的原料、能源和资金重点分配给它们。60年代则采取产业结构高度化政策，重点扶持收入弹性大的重化工业的发展。日本重化工业品在整个制造业的比重，从1950年的41.6%上升到1960年的56.4%和1970年的62.3%。同时轻工业的比重从58.4%，下降到46.3%，再下降到37.7%。从而推动了整个经济的持续高速发展。

苏联也是一个实行重倾斜产业结构政策的国家。无论在第二次世界大战前或第二次世界大战后，苏联的甲类工业（类似于我国的重工业、日本的重化工业）投资占国民经济总投资的比重一直在30%上下，位居第一。其中50年代初的第五个五年计划，投资比重高达36.5%，也完全是一种重倾斜。但至今苏联居民对某些食品和轻工业品的需求还没有充分得到满足。整个经济存在着低效率、高浪费的弱点，未能取得像日本那样高速发展的经济成就。

众所周知，新中国成立以来，我国在经济发展上实行的是重倾斜的结构政策，把大量投资集中于重工业方面，使农业总产值占工农业总产值的比重，从1949年的70%下降到1980年的30.8%，轻工业总产值占工业总产值的比重从73.6%下降到47.2%。工农业总产值年均增长8.1%，这样的发展速度并不算慢。但是由此造成了重工业脱离其他部门孤立发展，产业结构严重失调，经济效率低下。到了70年代末80年代初，不得不进行大的结构调整。

为什么日本实行重倾斜政策取得了成功，而我国和苏联却遇到了困难，这个问题不能只从重倾斜政策本身是否正确中找到答案。

我国和苏联经济效率不高，既有结构政策方面的原因，又有经济体制方面的原因，甚至可以说后者是主要的。不能把我国经济效益差的原因完全归结到重工业的优先发展上去。我国是在工业基础十分薄弱这一起点开展经济建设的，再加上"大跃进"时期对经济建设造成的危害和"文化大革命"十年动乱的破坏，在这样的条件下，在这样短短的时间内，初步形成了一个完整的工业体系，经济发展能取得今天这样的成就，与我们注重重工业的优先发展和较高的积累率有很大的关系。事实上是高积累在一定程度上冲淡了低效率所可能产生的不利影响，而不完全是高积累导致了低效率。当然这里并不是说，过去我们在处理农、轻、重的关系上是没有问题的，要重走过去的老路。过去过分注重重工业的发展，妨碍了农业、轻工业和其他基础工业和基础设施的发展，影响了人民生活水平的提高，这个教训我们是要汲取的。但是在结构政策上优先发展某些工业部门，保持一定的倾斜度还是必要的。近几年来，我国产业结构有轻型化的趋向，国家以能源交通等基础设施为重点的建设资金难以保证，重工业在技术进步方面的投资显得不足。如此继续下去，对我国经济的振兴和发展是不利的。重工业在一定程度上还是应当优先发展的。

一国在产业结构上应当有多大的倾斜度，在很大程度上取决于该国在经济上的开放度，更具体地说，取决于该国产品在国际市场上的竞争能力。如果产品在国际市场上的竞争力很强，而且有广阔的市场，倾斜度就应当大一些，这样就有利于更充分地发挥规模经济的效益。日本之所以实行重倾斜政策获得成功，与其产品的强有力的国际竞争力，出口的迅速增长有极大关系。我国实行倾斜政策遇到困难，与产品在国际市场上的竞争能力薄弱有极大关系，长线部门的产品在国内市场受到限制的情况下，不能在国际市场上出售，造成长线部门生产能力过剩而不能发挥作用，由此造成没有足够的外汇购买国内紧缺的原材料、关键技术设备等短线产品，以缓和国内的结构失调。所以在确定结构方面的倾斜度时，应当考虑本国产品在国际市场上的竞争能力。或者说，应当在有意识地增强国内产品的国际竞争能力的基础上确定和保持适当的倾斜度。

从许多国家经济发展的历史来看，各国在经济发展上都有一定的结构倾斜，与经济增长相伴随的是出口额的大幅度增长和国际市场的迅速占领，而不是在一国内求得各部门的封闭式均衡发展。究其原因，主要是比较成本和规模经济在起作用，在实行对外开放政策的条件下，如果我们过分注重追求国内平衡，不注重建立在增加出口和相应进口的基础上的倾斜发展，就可能使我们损失规模经济和动态比较成本所可能带来的效益，延缓我们的经济发展进程。

当然，我国是一个大国，在结构选择上与小国有很大的不同，国内市场容量较大。再加上在短期内，我国产品在国际市场上的竞争能力难以迅速提高。这些原因影响着我们应该做出的对一种较为均衡的（或不能过分倾斜）结构政策的选择。

根据上述讨论，在产业结构是均衡还是倾斜这一问题的选择上，我们应当保持适当的倾斜度。在倾斜发展的同时，应当充分注意提高主导产业部门在国际市场上的竞争能力，力争求得规模经济和动态比较成本所产生的效益。在确定倾斜度时，应当充分考虑国情及各种经济因素的制约。

选择主导产业时还应当重视对我国消费模式特殊性的研究。消费模式对产业结构的演化有重大的影响，在研究产业结构的演化方向时应当首先弄清消费模式的演化方向。世界各国消费需求发展有它的一般规律，但也决不全是一样，它不可避免地会受各国的资源状况和风俗习惯的影响。我国是一个人口众多、资源相对贫乏的国家。应当从我国的国情出发，注意吸取发达国家的经验教训，进行一定的消费选择和消费引导。在人均国民生产总值还只处于 200 多美元时，这种选择特别重要，也有时效，因为等到一旦一种消费倾向形成后，选择的余地就大大减少了。所以应当较早地做好选择，对一些不适宜在我国大发展的商品，国家就可以用重税、进口限制、发展替代品等办法，来降低它的收入弹性；相反，对一些适合我国国情的产品，国家可以用减免税，优惠信贷等办法，来提高它的收入弹性。

以上仅就有关产业政策研究方面的一些理论问题和指导思想做了些研究。在今后几十年内，我们究竟具体执行怎样的产业政策，这需要根据我国实际情况，在进行详细的调查研究和充分的科学论证的基础上，才能具体确定。

（三）企业是实现产业结构合理化的主体

在商品经济条件下，实现产业结构的合理化，与过去在高度集权管理的产品经济（实质上是一种自然经济）条件下实现产业结构合理化时所面临的情况有很大的不同。这主要体现在产业结构合理化的行为主体发生了根本变化。在过去高度集权的管理体制下，产业结构合理化的主体是国家。全社会的积累（甚至包括折旧）资金集中于中央政府手中，按计划在各地区、各部门以及各企业之间进行分配。这种高度集中的决策方式既不利于搞活企业，又不利于经济结构本身的优化。按照商品经济发展的要求，企业应当成为独立的商品生产者，国家不再直接干预企业的生产经营活动，相应地企业成为主要的投资主体，从而也成为产业结构合理化的主体。

近几年，通过经济体制改革，实行国家和地方在财政上"分灶吃饭"，以及逐步扩大企业自主权等，国家作为投资主体的状况已经有了明显的改变。这种变化，从下面的基本建设投资情况表中，可以看得比较清楚。

新中国成立以来的基本建设投资情况 单位：亿元、%

年份	1950	1952	1957	1962	1965	1970	1975	1976	1977
基本建设投资总额	11.34	43.56	143.32	71.26	179.61	312.55	409.32	376.44	382.37
其中国家预算内投资	10.41	37.11	131.48	60.25	163.09	272.73	335.58	310.93	312.35
国家预算内投资所占比重	92	85	92	85	91	87	82	83	83
年份	1978	1979	1980	1981	1982	1983	1984	1985	1986
基本建设投资总额	500.99	523.48	558.89	442.91	555.53	594.13	743.15	1074	1176
其中国家预算内投资	417.34	418.57	349.27	251.56	276.67	345.76	403.95	421.0	447.4
国家预算内投资所占比重	83	80	63	57	50	58	54	39.2	38

资料来源：《中国统计年鉴》（1985），中国统计出版社1985年版，第416页。

　　上表的数据说明，在 1980 年以前，国家预算内投资占基本建设投资总额的比重是居绝对优势的。所以从新中国成立以来至 1980 年前后，产业结构合理化的主体是国家。1980 年到现在，国家预算内投资占基本建设投资总额的比重已经降到 38% 左右，国家的投资份额下降的幅度是较大的，但在国家的投资份额下降的同时，企业的投资份额是否相应地获得了较大程度的增长呢？从目前来看，企业的投资份额及投资权力仍然是比较小的，甚至可以说企业还没有成为重要的投资主体。近几年，随着国家投资份额的下降，地方政府的投资份额相应地大幅度上升了，这是"分灶吃饭"所产生的结果。目前在投资方面大体上保持着国家和地方政府平分秋色的格局。这里虽然没有确切的数据具体说明地方政府和企业之间在投资方面各占的比重，但从已经了解到的情况看，目前地方政府使用的投资比企业直接掌握的投资大得多。造成这种情况的原因是多方面的，但显而易见的一个原因就是企业对用于固定资产投资方面的资金的实际运用权还是比较小的。目前，大部分企业的留利水平还是比较低的，再加上一些企业对企业留利部分过多地用于发放奖金和改善职工福利，企业真正用于扩大再生产的自有资金是非常少的。同时企业在非自有资金的使用上受到主管部门的多方面制约，与过去财政拨款的情况没有太大的不同。所以，我国的投资主体目前仍然主要是国家和地方政府，企业还没有成为独立的、对产业结构产生重大影响的投资主体。

　　从发展社会主义有计划商品经济的要求看，从在商品经济的运动中不断优化产业结构的要求看，从我国经济体制改革的目标模式看，我国的投资主体（或称产业结构合理化的主体）应当是国家呢，还是企业？或是国家、地方政府企业的各自投资决策权的不同形式的组合呢？当然完全排除国家与地方政府对经济投资的决策是不行的（在下一节专门讨论各自的分工），但是在一般情况下应当把经济投资的主要决策权下放到企业。

　　我们过去实行的是决策权高度地集中于国家的经济管理体制。对这种体制的弊端已经有了相当的认识。现在仅从产业结构优化的角度进行分析，完全否定集中决策在产业结构合理化方面的积极作用也是错误的。实践证明，在国家集权体制下，可以在较短的时间内集中必要的和足够的资金、人才和其他社会资源，重点发展某一产业或行业以及进行重点工程建设，在较短的时间内实现产业结构的重大调整。这是单纯的市场机制所无法比拟的。西方工业发达国家在经济发展中也越来越重视国家介入经济活动。像美国的阿波罗工程及其国防工程方面，都是在政府的参与下取得巨大成功的。日本战后经济的迅速发展，也与国家重点扶植某些产业活动有关。当然，我国过去高度集权的管理体制与美日政府介入经济活动在性质上完全不同。但在一定程度上，在国家参与经济活动这一点上，两者有相同之处，尽管参与的方式和程度不同。所以我们对传统体制在产业结构合理化方面的一定程度的积极作用不应低估，更不应否定，而应在新的体制中以新的形式注意保留和利用其有益的经验，保持必要的宏观决策。

现在分析一下传统体制在产业结构合理化方面的弊端。仅从产业结构合理化这一角度考虑，传统体制的主要弊端是产业结构变化的惰性和摩擦极大，结构转换十分困难。由于社会需求的不断变化，产业结构应当随着需求的变化而变化。产业结构的变化应当以社会资源在不同部门之间的自由流动为前提。而在传统体制下这个前提是不存在的，长线部门的企业不能及时地将资源转移到短线部门的生产中去，也不能及时地将资源利用到那些有发展前途的新兴行业中去。再加上不允许企业的破产，人为地保护一些落后企业，就使得整个经济的结构变换惰性极大。所以总的来看，将决策权高度地集中于国家手中，不利于发挥企业在产业结构优化中的积极作用。

那么，实行国家和地方分权，地方政府成为投资主体后情况如何呢？我们实行中央和地方分权，是为了改变中央过分集中的管理体制，更好地发挥地方管理经济的积极性，从这个意义上讲，它有积极的方面，有利于发挥地方政府的积极性，缓和过分集中管理的一些矛盾。但从发挥企业积极性的角度看，地方政府成为投资主体后，仍然未能克服国家作为投资主体情况下的一些根本弊端，地方政府也不能代替企业在产业结构合理化中所应起的作用。相反，根据近几年的情况看，各地拥有一定的投资决策权后，也出现了盲目追求地方利益，不计投资效果，造成重复建设等问题。

按照商品经济发展的要求，应当确立企业在产业结构合理化中的主体作用。企业在产业结构合理化中的作用表现在以下几个方面：一是根据市场需求变化情况，企业自主地安排自己的产、供、销活动。生产什么产品，生产多少，怎样生产，企业都根据市场的变化情况加以安排。随着我国近几年来指令性计划的逐步减少，企业在产、供、销方面的自主权逐步扩大，所以企业在产业结构合理化中的这一方面的作用有了发挥的条件。但是这仅仅是企业在产业结构合理化中应起的一小部分作用。二是应当在社会资源（包括资金、劳动力）在不同产业部门之间的分配和转移方面起重要作用。产业结构的合理化是一个动态的过程，随着社会生产的发展，社会的需求在不断地变化。因而产业结构应当不断地演化或优化。新的产业部门行业不断产生和发展，过时的部门势必萎缩、停滞和被淘汰。与这种要求相适应，应当赋予企业更多的自主权，把资金投入到那些应当优先发展的部门，或从过剩过时的部门中及时地转移出来。这就要求企业有自我投资能力，允许跨产业、跨部门投资。只有企业具备了这种依据市场变化，不断变化投资方向的能力和条件，整个社会的产业结构才能不断地得以优化。

以上仅仅是从结构优化本身的要求来论证企业成为投资主体的必要性的。从另外一个角度看，即从改革的目标模式看，企业也必然成为经济生活中的行为主体。传统体制的弊端不仅仅表现在不利于结构优化，更主要的是企业经营缺乏效率，企业没有技术进步的动力，不讲究经济效益。正是出于这些考虑，我们才把搞活企业作为改革的基本目标。不论我们通过怎样的具体形式来搞活企业，有一点是可以肯定的，那就是企业要自负盈亏。要做到自负盈亏，企业必须具备作为独立商品生产者的一切条件，即自主经营、自我发展，涉及企业生产经营方面的决策权应交给企业。

总之，无论从结构优化本身的要求看，还是从搞活企业发展商品经济的要求看，我国产业结构合理化的主体将由国家转为企业。国家的主要经济职能将是从宏观上管理经济，微观的决策活动由企业进行。

使企业成为产业结构合理化的主体，这是对改革的目标模式而言的。目前企业还远远没有成为产业结构合理化的主体，我们要在经济体制的进一步改革中，为企业创造必要的条件。要使企业成为产业结构合理化的主体，这里，至少要解决以下几个问题。

一是要建立、完善市场体系和健全市场机制。近几年来，人们已经关注到完善市场体系和市场机制的问题。现在已经把建立完善的市场体系作为"七五"期间改革的三大任务之一。完善社会主义市场体系和市场机制的内容是多方面的，但最基本的一点，就是要遵从"优胜劣汰"的市场法则。只有遵循"优胜劣汰"的原则，那些有生命力的企业和行业才能迅速发展起来，那些没有生命力的行业和企业，才能在竞争中逐步被淘汰，这样产业结构才能在动态中实现优化。在完善市场机制过程中还应当特别注重完善价格机制，建立和完善社会主义金融市场。同时，还有一个劳动力流动的问题。总之，要使企业真正成为产业结构合理化的主体，就应当有完善的市场条件，这个条件不具备，企业的主体作用就难以发挥。

二是要改变政府部门直接管理企业的做法。如果不改变这种做法，政企分开就难以真正实现，行政部门必然以所有者身份参与企业的生产经营活动，这是近几年改革实践已经证明了的问题。政企不分开，企业就不能自主地进行生产经营活动，从而也就不能在使社会资源在不同产业部门的分配和转移中发挥作用，从而也就不能真正成为产业结构合理化的主体。要使企业成为产业结构合理化中的主体，就应当探索新的社会主义公有制形式，实行所有权与经营权分开，在新的社会主义公有制形式下，企业同政府部门分离，自主地进行生产经营活动。

（四）发挥政府在产业结构合理化过程中的作用

企业成为产业结构合理化的主体后，政府部门在产业结构的合理化中应当具有什么样的作用以及怎样发挥这种作用，这是在经济体制的改革中需要进一步解决好的一个问题。我们重视企业在产业结构合理化中的作用，并不意味着否定政府在这方面所应当发挥的作用，而是强调政府和企业在这方面应当有适当的分工。在传统体制向新体制转变的过程中，政府的职能将发生相应的转变，它在产业结构合理化中的作用也要发生相应的变化。在传统体制下，政府是通过直接干预企业的经营决策和投资决策而对产业结构的变化产生影响的。其基本方式是通过严格的指令性计划控制投资结构。在新体制下，一般生产性的投资由企业根据市场需求的变化自主地做出决策。政府部门不再直接干预企业的经营活动，市场机制将发挥重要的作用。我们知道，仅仅依靠市场机制决定资源分配具有极大的盲目性和无政府性。这就给政府部门提出了在新形势下的新任务，即从宏观上引导、协调各企业的生产经营活动，避免盲目性。国家通过指导性计划等形式为企业决策提供信息，同时运用各种经济手段引导企业的投资决策，使其有利于整个经济结构的优化。国家还要掌握一定数量的投资，进行基础设施、非营利或微利项目的重点工程等方面的建设，为企业的投资创造宏观条件。必要时，国家还要运用适当的行政手段，干预经济过程，使产业结构向合理的方向演化。

具体地讲，在实现产业结构的合理化中政府应当发挥以下几个方面的作用：

1. 正确运用各种经济手段引导企业的投资方向，以保证企业的投资有利于国民经济整体结构的优化

第一，价格手段。在新的经济体制下，市场体制对整个经济的运行起着调控的作用。而在市场机制中，价格是首要的参数。价格合理，就能为企业决策提供正确的信号，从而保证产业结构在变化中趋于合理，价格扭曲，就会为企业提供不正确的信号，从而可能导致经济的畸形发展，使比例失调。在市场价格对资源分配起决定作用的基础上，国家还要有意识地运用价格手段促进产业结构的合理化。如对那些需要重点发展的行业在价格上给予保护和扶持，对那些不宜发展的行业进行限价，等等。总之要注意用价格手段来调节供给。

第二，财政手段。财政手段主要包括两方面的内容：一是税收；二是财政支出或补贴。

税收是调节产业结构的一个有力的手段。要发挥税收的杠杆作用，首先应当完善税制。在完善税制的基础上，运用税种、税率的变化以及减税、免税等多种形式对产业结构的优化产生影响。对那些新兴产业等应重点发展的产业，以及国民经济中比较薄弱的产业部门，进行税收扶持和保护。对那些应当限制的产业部门，用增加税种、提高税率等多种方法进行限制。当然，运用税收杠杆调节经济对我们还是一个新的课题，要在实践

中逐步积累经验，提高管理水平。同时要注意运用财政支出手段促进产业结构优化。必要时，对一些产业部门进行补贴。例如，我国对农产品进行补贴，促进了农业经济的发展，保证了城乡人民生活水平的提高。

第三，金融手段。金融手段主要是指信贷和利率。运用金融手段中一个最基本的问题是，要注重发挥银行在经济生活中的作用。银行应当逐步向企业化发展。

强调发挥银行在运用金融手段方面的独立作用，并不意味着否定政府在运用金融手段方面的作用。这里的问题是：在运用金融手段时，政府和银行部门各自应起什么样的作用，二者应当有怎样的分工。日常的金融业务活动应当由银行做出决策。银行应当独立地对申请贷款的项目进行评估，这种评估应当以是否取得最佳的预期收益、是否有利于结构优化为基本标准，从而确定信贷的投放与否。当然在评估过程中应当贯彻国家的有关规定，参考国家提供的指导性信息等。国家主要是通过制定产业政策、信贷政策以及提供信息，或为一些重点工程担保等形式影响银行的金融活动，其中包括用相应的手段扶持一些部门的发展以及或者限制一些部门的发展。

2. 国家和地方的投资都应为产业结构合理化创造条件

在商品经济条件下，企业成为投资主体后，是否一切投资活动都由企业来办呢？当然不是，也不可能。国家、地方、企业三者之间在投资范围上应当有所分工。即使在西方的市场经济的条件下，许多非营利部门也是由国家直接投资的，这方面的财政支出占整个国民收入的比重也是相当可观的。例如，1981 年美国政府用在这方面的支出占国民生产总值（GDP）的 18.1%，公共部门就业人数占总就业人数的 16.5%。我国是在公有制的基础上实行有计划的商品经济，国家对关系国计民生的一些重要行业应当直接进行控制和管理，国家对产业结构的优化应当负有更大的责任。所以国家、地方、企业在投资范围上应当有一个适当的分工。这种分工的具体设想是：

国家投资的重点是：跨地区的非营利或很少盈利的社会基础设施、能源、交通运输、国防、邮电通信、部分原材料工业和新兴产业、全国性农田水利建设以及科技、教育、文化、卫生等其他公共事业。

地方投资的重点是：所辖区域内城乡的基础设施、重要的农田水利建设、文化教育、社会福利等非生产性的事业和第三产业等方面的投资。

中央和地方政府原则上不再对一般性生产企业进行投资，大量的生产性投资逐步交给企业或企业集团进行。

如果实现了上面所讲的投资范围的分工，则企业就会变成产业结构合理化的主体，国家和地方政府的投资就为企业创造一个适宜的投资环境。

过去，国家把大量的资金用于生产性方面的投资，造成了当前加工工业相对过剩，而能源、交通、邮电等基础部门却相对落后，使这些部门已经成为制约整个经济发展的"瓶颈"。基础部门要与其他产业部门的发展相适应，或者说基础部门应当有一定的超前性。像能源、交通、邮电这些部门仅依靠单个企业的力量或少数企业集团的力量，是难以很快发展起来的。况且许多基础部门属于非营利或微利行业，企业也不愿意向这些部门投资。所以国家应当集中必要的资金，对这些属于微利的或非营利的，而对整个国民经济的发展起重要作用的基础部门，以及一些重点工程率先进行投资，为企业的进一步投资创造条件。可以想象，在某一地区，如果能源短缺、交通不便、通信设施落后以及投资的其他方面的基础设施不具备，即使有再好的投资机会，企业也是无能为力的。

3. 运用必要的行政手段，保证产业结构的合理化

由产品经济向商品经济过渡，国家对国民经济的管理方式将由直接管理转变为间接管理，即由过去的以行政手段为主的管理向以经济手段为主的管理转变。以经济手段为主，并不意味着完全取消行政管理。我们是以公有制为主的国家，国家有必要也有可能通过制定经济发展的各种方针、政策、规章制度和计划干预经济生活，同时还可采取一些应急的行政措施，等等。例如，国家对固定资产投资总规模的控制，对投资结构的管理和控制，进出口的管理，对某些行业发展的鼓励和限制，等等。在某些情况下，经济手段和行政手段往往是相辅相成的。当然，在商品经济条件下，行政手段的应用与过去产品经济时完全不同。我们要逐步学会经济手段和行政手段并用，以经济手段为主来管理社会主义商品经济。

十　在发展社会主义商品经济中建设社会主义精神文明

建设有中国特色的社会主义是一项崭新的伟大的事业。在大力促进社会主义社会生产力发展，实现高度的物质文明的同时，大力促进社会主义精神文明建设，实现两个文明的协调发展，是具有中国特色的社会主义的基本特征之一。

精神文明建设包括思想道德建设和教育科学文化建设两个方面。思想道德建设的主要任务是树立共同的理想和形成良好的社会道德风尚，反对资产阶级思想影响和肃清封建主义残余，坚持和发展马克思主义。科学教育文化建设方面的主要任务，则是通过繁荣和发展科教文化事业，促进整个社会的全面进步和人的素质的全面提高。精神文明建设与物质文明建设相互交融，体现在经济、政治、文化、社会生活的各个方面。

（一）注重全社会的精神文明建设是社会主义的基本特征之一

整个人类社会进步的历史，是物质文明和精神文明共同发展的历史。人类在改造客观世界的同时，也改变和丰富着人类自己的精神世界。随着社会生产力的发展，以及物质文明程度的提高，人类的精神文明水平也不断由低级向高级发展。人类社会进步的历史充分表明：人类不仅需要高度的物质文明，也需要高度的精神文明；人类不仅能够创造高度的物质文明，也能够创造高度的精神文明。我们建设社会主义就是为实现人类的最高理想共产主义而创造条件。为了实现共产主义，我们既要大力发展社会生产力，创造日益丰富的产品，满足广大劳动者的物质需要；又要建设高度的精神文明，丰富人们的精神生活，满足广大劳动者的精神需要。

近代工业的出现，大大改变了人类社会的历史进程。在工业革命以前，社会生产力的进步是极其缓慢的。当时，人类驾驭自然的能力比较低，农业经济占主导地位，主要使用人力、畜力进行生产活动，整个社会的物质文明水平相当低。与这种物质文明水平相适应，整个社会的精神文明水平也只能达到当时的生产方式所许可的高度。从机器大工业出现以来，短短几个世纪，整个人类社会的面貌发生了根本的改观。社会生产力突飞猛进地发展，机器代替人力在生产中广泛使用，科学技术日新月异并不断地应用于生产之中，人类消费品的数量及种类奇迹般地增加。正如马克思在一百多年前所讲的，在短短一二百年的时间内，人类所创造的财富大大超过了有史以来人类所创造的全部物质财富的总和。总之，近代工业的出现和近代以来整个社会生产力的发展创造了空前的物质文明；同时整个社会生产力的发展为建设空前的精神文明创造了条件。

随着近代机器大工业的出现，资产阶级登上了政治舞台，人类社会发展阶段中的一个新的制度——资本主义制度出现并取代了封建专制统治。这无疑是一个巨大的历史进步。它有力地促进了整个社会的物质文明，使其高度发达，同时也在一定程度上促进了社会的精神文明。但是，由于整个资本主义制度是为资本家的利益服务的，资本家以追求最大限度的剩余价值为其唯一目的，所以，资本主义在创造空前的物质文明的同时，却没有形成与这种物质文明相对应的精神文明，特别是在思想道德方面，在资本主义社会中，人与人之间的关系变成了赤裸裸的金钱关系。在那里，金钱万能，用金钱能够买到一切，包括名誉、地位、良心，等等，人变成金钱的奴隶；在物质产品日益丰富的情况下，人们的精神生活却日益空虚，导致了资本主义社会中严重的社会病，如青少年犯罪、吸毒、暴力凶杀泛滥、老年人生活缺乏保障，等等，整个社会的道德水平下降和社会风气恶化。这种精神文明和物质文明之间的畸形发展，是与整个资本主义制度相联系的。

我们所要建设的有中国特色的社会主义，则是要在建设高度的社会主义物质文明的同时，建设高度的社会主义精神文明。即在大力发展社会生产力的同时，不断提高人们的共产主义觉悟，提高人们的道德水平，形成良好的社会风气，为逐步向人类的理想社会——共产主义社会过渡创造条件。所以，注重全社会的精神文明建设，不仅是有中国特色的社会主义的基本特征之一，也是社会主义区别于资本主义的根本标志之一。

注重社会主义精神文明建设，反映了人类社会进步的基本要求，符合历史的基本规律，也反映了最广大劳动群众的根本利益。

在社会主义条件下一定能够实现两个文明的协调发展。这是因为：

　　第一，我们有先进的社会主义制度和中国共产党的正确领导。社会主义制度是以公有制为基础的，广大劳动群众当家作主的社会制度，它能够从整体上反映最广大群众的愿望和保证他们根本利益的实现。过去有一种错误认识，把商品经济同资本主义等同起来，认为资本主义的种种弊端是商品经济的必然后果。事实上商品经济只是与一定的生产力（或生产方式）相联系的经济形式，而资本主义制度则是建立在资本家阶级少数人对广大工人群众进行残酷剥夺和压迫基础之上的社会制度。资本主义的种种弊端是这种社会制度的产物，而不是商品经济的必然产物。我们在社会主义条件下发展商品经济，可以避免资本主义条件下的各种弊端。当然，大力发展社会主义商品经济，价值规律和市场机制必然要发挥作用，企业之间、个人之间要开展充分的竞争，在劳动致富的过程中，有一部分人要先富起来，一部分人后富起来，同时在人们的收入中不可避免要出现一些非劳动收入。这是商品经济发展中的正常现象，不足为怪，但对这方面的问题处理不好就可能会出现一些偏差。不过，在我国由于国家对整个经济生活进行计划指导、协调、监督和控制，国家运用各种手段保护最广大群众的利益，能够正确地处理好各方面的利益关系，从而绝不会出现像资本主义社会那样的金钱万能，弱肉强食、建立在少数人对多数人剥夺基础之上的严重两极分化，以及由此产生的一系列社会问题。

　　党的领导是我们实现两个文明的重要保证。中国共产党集中了中华民族最优秀的先进分子，以全心全意为人民服务为宗旨。它领导中国人民进行了艰苦卓绝的斗争，取得了新民主主义革命的胜利，建立了中华人民共和国。此后，又领导全国人民取得了社会主义革命和社会主义建设的举世瞩目的重大成就。特别是党的十一届三中全会以来，清除了"左"倾错误路线和思想，进行经济体制改革，建设有中国特色的社会主义，各方面取得了重大成就。实践证明：我们的党是一个伟大的、能够经受各种考验的政党。在今后的社会主义建设中，有中国共产党的正确领导，两个文明的建设就有可靠的保证。最近通过的《中共中央关于加强社会主义精神文明建设指导方针的决议》（以下简称《决议》）明确地指出两个文明一起抓，是全党面临的新课题；并指出："各级党组织和广大党员在精神文明建设中的责任：一是加强自身的精神文明建设，特别是搞好党风；二是以模范行动和艰苦工作，组织和推动全社会的精神文明建设。"通过共产党员的先锋模范作用和搞好党风，必将大大提高党的战斗力，提高党在群众中的威信，推动两个文明建设的胜利发展。

第二，我们有马克思主义的科学理论和共产主义的远大理想。马克思主义是工人阶级的科学世界观和全人类精神文明的伟大成果，马克思所揭示的资本主义必然灭亡，共产主义必定胜利的历史规律，代表了人类社会的发展方向。马克思主义创立以来对人类社会产生了极大的影响。在马克思主义指导下，许多国家相继建立起社会主义制度，并取得了社会主义建设的辉煌成就。实践证明了马克思主义的伟大生命力。在今后的两个文明建设中，只要我们以马克思主义理论为指导，运用马克思主义的基本原理解决新形势下的新问题，必将进一步推动我国社会主义事业的顺利发展。

我们坚持马克思主义理论为指导，并不是把马克思主义当做教条，而是在新的历史条件下，创造性地运用和发展马克思主义。正如《决议》中指出：只有从实际出发、以实践作为检验真理的唯一标准，勇于突破那些已被证明是不正确的或不适合变化了的情况的判断和结论，而不是用僵化观念来裁判生活，马克思主义才能随着生活前进并指导生活前进。《决议》中把坚持马克思主义和发展马克思主义辩证地统一起来，表明了我们对马克思主义的科学态度，也表明了我们党更加成熟。我们坚信在我们建设有中国特色的社会主义的伟大斗争中，一定能创造性地大大丰富马克思主义的理论宝库，同时，丰富和发展了的马克思主义将会更加有效地指导我们的社会主义实践。

第三，我们有优秀的民族历史文化传统和进行思想政治工作的宝贵经验。我国是一个有悠久历史和灿烂文明的国家，中华民族具有许多优秀的传统美德。在我们清除封建主义余毒的同时，应当发扬光大我们民族的优秀传统，如"先天下之忧而忧，后天下之乐而乐"、舍己为人、团结友爱、讲究信誉、遵守纪律，等等。这些都是精神文明的重要内容。对我们民族的所有美德，既要很好地继承，又要努力赋予它在新的历史条件下的新的内容。中国共产党成立以来，在战争年代的革命斗争中和社会主义建设中，我们党创造了一整套思想政治工作的制度和方法。这些方法对提高广大群众的觉悟，抵制各种腐朽思想的侵蚀，解决人民内部矛盾，是行之有效的方法。当然在新的历史条件下，思想政治工作的任务、对象、方法要有所不同，但只要我们发扬这一优良传统，一定会创造出符合新的历史条件要求的新的思想政治工作方法。所有这些，都将有效地促进精神文明建设的发展。

第四，我们可以从其他国家的发展中借鉴一些经验教训，更好地促进社会主义精神文明建设。一方面，资本主义制度已有数百年的历史，在其发展中无疑有许多经验教训值得我们借鉴。例如，我们可以通过分析资本主义社会中各种弊病产生的原因，分析哪些是属于制度本身的，哪些是与商品经济相联系的，哪些又是人为的，从而我们可以采取相应的对策，避免商品经济发展所可能产生的一些弊病，确保两个文明的协调发展。另一方面，自俄国十月革命胜利以后，社会主义事业在人类发展的历史上已经豪迈地前进了 70 年，尽管前进的道路是曲折的，但各社会主义国家在前进的过程中毕竟积累了建设两个文明的丰富经验，特别是在建设社会主义所独有的全社会的精神文明方面的丰富的经验。这些经验是国际共产主义运动的共同财富，对我们建设有中国特色的社会主义无疑具有非常宝贵的借鉴作用，对于促进我们整个社会的物质文明和精神文明的建设具有极大的意义。

（二）加强思想政治工作，促进观念现代化

商品经济是一种先进的社会经济形式，是与近代的先进社会生产力相联系的。商品经济的发展不仅为人们提供了与日俱增的物质产品，而且引起了整个社会的意识形态以至上层建筑等各个方面的深刻变革，人们的风俗习惯、价值标准、各种观念以至精神面貌等相应地发生了深刻的变化。

由于种种历史原因，新中国成立以前我国的商品经济极不发达，自然经济占绝对优势。新中国成立以来，我们又实行高度集权的经济管理方式，商品经济在我国没有得到充分的发展。因而，在人们的头脑中广泛存在着与自然经济相联系的一些落后的旧观念。必须清除这些不利于商品经济发展的旧观念，确立有利于商品经济发展的新观念，在人们的头脑中进

行观念更新，这既是促进商品经济发展本身的要求，又是精神文明建设的一个基本方面。

在社会主义条件下发展商品经济，对我们来讲是一项新的探索性事业。商品经济的发展必然引起各方面的利益关系发生新的变化，从而使人民内部矛盾出现一些新的特点，这就对新的历史条件下的思想政治工作提出了新的要求。

所以，我们一方面要大力促进观念更新，推动商品经济的迅速发展；另一方面要加强思想政治工作，避免由商品经济的发展所可能带来的某些消极后果。

在观念更新中应首先确立以下几个方面的新观念：

第一，效率观念。在一定意义上讲，商品经济就是一种讲求效率的经济。在激烈的市场竞争中，谁能最有效地利用各种资源，谁就能在竞争中处于有利地位，谁就能生存和取胜。人类进入发达的商品经济阶段以来，人们的生活节奏大大加快了，各种资源的利用的有效性大大提高了。由于我们过去用自然经济的办法管理经济，在我们的社会生活中低效率的现象普遍存在。首先是在经济工作中，不讲经济效益，投入多，产出少，人力、物力、资金浪费现象极为严重。其次，是人们缺少时间观念，在社会生活的各个领域中节奏缓慢的现象十分普遍。政府部门官僚主义严重，办事拖拉，相互扯皮，工作效率不高；企业中产品开发周期长，资金流转速度慢，等等。这些都是与商品经济的要求相矛盾的。要促进社会主义商品经济的发展，必须增强人们的效率观念。

第二，竞争观念。竞争观念是我们生活观念中的一个薄弱环节。在过去的教科书中，我们把竞争看做资本主义社会中的特有现象，经常当做贬义词来使用，把它与资本家的尔虞我诈、相互倾轧等同起来。所以在人们的头脑中，对竞争仍留有不光彩的印象。从我国的民族传统来看，也缺少竞争观念。我们的传统观念过多地注重"礼让"。这是不利于商品经济发展的。要树立竞争观念，就要首先为竞争正名，树立竞争光荣的观念，就要允许优胜劣汰。优胜劣汰是人类社会发展的一条普遍规律。用过去的观点看，社会主义企业不应当破产和倒闭。但是，从市场竞争的观点看，企业的破产和倒闭则是正常的现象。没有优胜劣汰，有生命力的东西就不能发展，缺少生命力的东西就不能消亡，整个社会生活就会失去进取和生气。要真正树立竞争观念，就要允许企业破产，就要允许某些劳动者待业或重新就业。不打破旧的观念，不树立竞争的观念，商品经济的发展就迈不开大步。

第三，民主观念。近代民主是伴随着商品经济的迅速发展而出现的。社会主义的民主建设的本质和核心，是要实现人民群众当家做主，使人民真正享有管理国家和各项企事业的权力。建设社会主义的高度民主，也应该同商品经济发展的要求联系起来。商品经济的基本特征是企业作为一种独立的社会力量而出现。由于现代企业生产经营的技术经济特点所决定，企业应当成为一个独立的经济实体，这样才有利于其生产经营活动。所以任何过分集中的管理方式都是与商品经济发展的要求不适应的。无论是从经济领域中的经常性决策来看，还是从全社会一般性决策（包括政治方面）来看，商品经济的发展要求具有与其相适应的民主制度。要促进社会主义商品经济的发展，要真正体现劳动人民当家做主，就需要进一步增强民主观念。

第四，服务观念。全心全意为人民服务，是共产党区别于其他政党的根本标志之一。在商品经济中确立服务观念是为人民服务的一个重要方面。树立服务观念主要包括以下几方面的内容：一是政府机关为企业和群众服务。在过去政企不分的情况下，政府部门对企业管得多，服务得不够。随着政企分开，政府部门的职能应当由管理为主转向服务为主。同时机关干部要进一步当好人民的公仆，真正做到为人民服务。二是企业为用户服务。企业在过去的经营中，产销脱节，为计划而生产；商业部门官商作风严重。今后各种类型的企业应当进一步牢固树立"用户第一"的观念，竭诚为用户服务。三是全社会树立以服务为荣的思想。我们的传统观念中有一种陈腐的观念，就是轻视服务，认为服务是"侍候"别人，从事服务业觉得低人一等。因而在社会生活中，职业道德观念比较薄弱，服务态度差的状况长期得不到解决。所以全社会应当形成一种尊重服务和以服务为荣的风尚。

第五，创新观念。商品经济的生命力在于创新。在现代生产力的发展以至整个社会的发展中，创新起着越来越重要的作用。在我们的民族心理中，因循守旧的弱点，使得人们对旧的东西有一种盲目维护、继承的习惯。这种民族心理中的惰性，表现在经济生活中就是安于现状、不求进取。我国许多产品几十年一贯制，企业的技术进步极其缓慢，恐怕与这种民族心理中的惰性不无关系。当然除了这方面的原因以外，可能还有其他经济方面的原因。在发展社会主义商品经济过程中，应当注重克服民族意识中因循守旧的思想，培养创新观念，同时从制度上、政策上对创新者给予鼓励。鼓励人们大胆进行技术创新、产品创新，以及组织活动方面的创新，以充分发挥中国人民的聪明才智，加快我国技术进步和经济发展的步伐。

观念在一定意义上说，也是一种资源，人们的思维方式和价值标准等思想观念的转变，必将释放出或产生出巨大的社会生产力，大大加快我国商品经济的发展。过去我们谈到资源，往往注重自然资源，忽视观念这一宝贵的资源。经济发展的实践表明：当今世界经济发达的国家和地区，往往并不完全是自然资源丰富的国家和地区，而是人的进取精神和观念比较先进的地区。日本是个自然资源十分匮乏的国家，但依靠其国民的进取精神在短短几十年的时间取得了举世震惊的经济成就。我国沿海地区经济的迅速发展也充分说明了这一点。所以在建设社会主义精神文明的过程中，应当把观念的转变作为一项重要内容。这是自然经济向商品经济转变过程中人的素质必须经历的一个重要的转变。

我们还应当充分认识在社会主义商品经济的新的历史条件下，思想政治工作的新的特点和进一步做好思想政治工作的重要性。在发展商品经济的同时，思想政治工作应当注意正确处理好以下几个方面的问题：

第一，要针对新旧观念交替过程中在人们思想上引起的矛盾和冲突，进行思想政治工作，引导和促进旧观念向新观念的转变，同时注意克服商品经济发展中可能产生的一些不良影响。

通过城乡经济体制的进一步改革，城乡的经济生活已经发生并将进一步发生重大的变化。在农村，农民个体和乡镇企业成了独立的商品生产者和经营者，农村社会分工有了重要发展，价值规律在农村经济中发挥越来越重要的作用。城市经济在广泛的范围内采用商品货币形态，市场调节以及企业之间的竞争的扩大，使价值规律在城市经济中的作用也进一步增强。经济生活的这些变化，使自然经济和产品经济下形成的一些传统观念受到越来越大的冲击，与商品经济相适应的新观念逐步在人们思想上树立和加强起来。这些新观念的形成和确立，对于解放人们的思想，改变人们的精神面貌，激励人们的锐意进取、开拓创新，对于促进我国社会生产力的发展，有着巨大的作用。对于这些新观念所带来的积极因素，我们必须有足够的估计。现在我国的社会主义商品经济，无论城乡都还处在不发达的阶段。克服自然经济、产品经济下长期形成的传统观念，树立起适应社会主义商品经济发展的新观念，仍然是我们政治思想工作的一个重要任务。

然而不能不看到的是，社会主义商品经济固然是生产资料公有制基础上的有计划的商品经济，但是支配它的运动规律，仍然是包括价值规律在内的商品经济通行的规律。因此，商品经济固有的盲目性、自发性等带来的消极因素仍然存在。社会主义的公有制、计划性以及商品范围的有限性，只是给克服这种盲目性和自发性等消极因素提供了可能性，而要把这种可能性变成现实，需要有科学的计划基础，强大的宏观间接控制能力，完善而灵活的调节机制，高水平的管理人才，等等。而这些在短时间内是难以完全具备的。因此，商品经济的盲目性和自发性带来的消极因素，就会在经济改革过程中反复出现，弄得不好，甚至还会泛滥起来。与此相联系，排斥国家计划的观念，片面追求企业利益、不顾国家利益甚至挖国家墙脚（如偷税漏税等）的观念，"一切向钱看"的观念，损人利己的观念，弄虚作假、损害消费者利益的观念等，也会滋长起来。近年来，我们党内和社会上出现的不正之风，许多与此有关。上述这些观念与社会主义、共产主义观念是不相容的，任其发展，就会把社会主义商品经济引向邪路。因此，用正确的社会主义商品经济观念，用共产主义的理想来克服这些不正确的观念，是我们政治思想工作的一个重要任务。

总之，要对社会主义商品经济有一个正确的认识，要认清社会主义商品经济与资本主义商品经济的本质区别，要认清社会主义社会制度下的商品经济与资本主义社会制度下的商品经济的本质区别。要正确认识发展社会主义有计划的商品经济的利和弊的关系，首先要看到商品经济的充分发展是社会经济发展不可逾越的阶段，在历史的现阶段，只有充分发展有计划的商品经济，才是建设社会主义、实现共产主义的必由之路；同时又不能忽视其弊端，因为它终究具有商品经济的一般属性。我们应当通过加强思想政治工作，努力做到兴利除弊。

第二，要特别注意由于所有制结构和分配制度的改革，在人们思想上引起的社会财富占有和分配等方面的矛盾和冲突，正确处理各种经济成分之间、各种利益集团之间、各类人员之间的经济利益关系。

经过近几年的改革，我国所有制结构发生了重大变化。由单一的公有制结构变为以公有制为主体的多种所有制形式（包括一些非社会主义成分）共存的局面。

与所有制结构的变革相联系，分配制度也正进行改革。从全社会来说，按劳分配是分配制度的主体，但已出现了非按劳分配因素。从各种经济成分来说，分配制度则产生了明显的差异。农村由工分制改为联产计酬制，按劳分配有了较好的体现。但由于个体经济成分的发展，非按劳分配因素的出现，富裕程度的差别呈现扩大的趋势。全民所有制企业实行了企业和职工参与利润分配制和职工收入与企业经营好坏相联系的工资制，按劳分配有了新的体现，一方面有利于调动企业和劳动者的积极性；另一方面也加剧了企业同国家之间的矛盾，也加剧了行业之间、企业之间的矛盾。个体经济的发展，补充了社会主义公有制经济的不足，活跃了市场流通，但少数人的过高收入，在社会上造成一种不公平现象；承包和租赁等经营方式的推行，私人雇工经济的出现，促进了经济的发展，但也带来了承包者和租赁者与职工之间、私人企业主与职工之间分配上的过分悬殊，引起广大群众的不满。国家机关干部实行结构工资，有利于加强机关工作的责任制，但也引起了新老干部之间、机关干部与企业职工之间的某些矛盾。

以上这些改革，适应了我国生产力结构多层次发展和商品经济发展的需要，大大增强了人们的物质利益观念，打破了长期处于支配地位的吃"大锅饭"的平均主义。这无疑是一个历史的进步。也正由于平均主义被打破，人们在分配和实际生活水平上，就一定出现差距，而且随着商品经济的进一步发展，这种差距在一定时期内还会不断扩大。根据按劳分配原则，分配上保持一定的差距，人们是可以接受的，但如果差距过大，在社会上出现分配不公平现象，必然会在人们思想观念上引起种种矛盾，甚至会使人们对社会主义发展的趋势产生困惑和怀疑。特别不容忽视的是，经济利益的企业化、个人化，如国家不进行有力的社会调节和制约，就有可能导致片面追求企业利益和个人利益，从而造成各种所有制成分之间、各种利益集团之间、各类人员之间经济利益的矛盾和冲突，带来社会生活的不安。

分配问题是涉及全国人民切身利益最敏感的问题之一，加上物价因素，使这个问题更加复杂尖锐，当前尤其应当引起我们的注意。这个问题的正确解决，有赖于经济体制改革，同时也有赖于政治思想工作。

第三，警惕和防止商品经济等价交换原则侵入党和国家的政治生活中来。

发展社会主义商品经济，企业成了相对独立的商品生产者和经营者，有了自己独立的经济利益。要使企业在生产经营活动中始终沿着社会主义的商品经济轨道前进，实现微观目标与宏观目标的统一，企业利益与社会利益的统一，使企业活动符合国家宏观综合平衡的要求，国家就必须对企业制定行为规范，并且运用各种经济的、法律的、行政的手段，对企业进行有效的管理和监督。为此，国家管理机关就必须严格执行政企职责分开，一切党政机关既不能直接从事生产经营活动，也不能利用自己的职权为本单位、为个人牟取私利，否则，领导、管理和监督企业的商品经济活动就成为一句空话。

但是不容回避的是，现在不但各级管理企业的国家机关有不少在直接经营自己的供销公司或其他公司，为本单位谋取经济利益，就是其他管理机关，如税务、物价、工商行政等行政部门，有的也规定可以从查处违法案件的罚款中取得分成，作为本单位职工的额外收入。还有利用职权，索取回扣、接受贿赂，等等。可以毫不夸张地说，商品经济等价交换原则侵入党和国家政权机关的政治生活，已经是一个严峻的事实。如果我们再不重视和彻底纠正这种不正之风，实现党风和社会风气的根本好转，将是很困难的，而我们的国家政权机关现存的一些腐败现象也无法彻底克服。

为了顺利进行社会主义物质文明和精神文明的建设，在加强政治思想工作的同时，必须加快国家政权机构的改革步伐，强化法制，强化监督机构。对于一些经济管理机关，如税务、审计、统计等，实行集中的领导；要制定"公务员法"，使国家机关工作人员有法可依。同时，国家行政机关所属的类似供销公司一类的经济组织，应当改为独立的企业，国家行政机关不能再同此类公司发生任何直接的经济利益联系；有关部门应当无偿地履行自己的职责，取消查处违法案件的罚款分成制度；严禁索取回扣、接受贿赂等行为，对违犯者要严肃处理。总之，我们必须通过改革和整顿，使我们的政府真正成为社会主义的廉洁奉公的政府，这样，我们领导和管理社会主义商品经济就更有力量了。

（三）继承优秀的文化传统，繁荣科技、教育、文化事业

《决议》指出：精神文明建设，包括思想道德建设和教育科学文化建设两个方面。大力发展科技、教育、文化事业，是精神文明建设的两大任务之一。教育水平的高低从整体上反映一个国家的人的素质水平。科学技术反映人类文明的最新成就，文化则反映一个国家的整体精神风貌。发展科学教育事业，不仅是精神文明的重要内容，也是物质文明的不可分割的部分，其重要性是不言而喻的。这里不详细讨论这个问题。文化问题则是目前人们比较关注，而且争论较多的问题，这里想就这方面多谈点意见。然后再从精神文明建设的角度，简要谈一下教育、科技的问题。

建设有中国特色的社会主义，不仅仅是使我国人均国民收入达到发达国家的水平，而是指在社会、经济、政治、文化、教育、科技等诸方面协调地同步发展；不仅在于提高我国经济实力，而是保证我国社会生活各个方面由不完善、较低级的形式向更加完善更高级的形式逐步过渡，由社会主义的初级形式逐步向更高级的形式全面过渡。相应地，社会主义文化就有个逐步发展和繁荣的问题，或者说，也有一个建设有中国特色的社会主

义文化体系的问题。无论从发展社会主义商品经济的要求看，还是从社会主义发展的远景看，繁荣社会主义文化是一个伟大的历史任务。对此，我们应当具有充分的认识和高度的历史责任感。

文化的发展是整个社会进步不可分割的部分。从文化发展和经济发展的关系看，随着整个社会生产力和生产方式的发展变化，人们的价值观念、风俗习惯等必然相应地发生变化，从而推动和促进文化的发展。同时，文化发展又对经济发展过程产生深刻的影响，先进的文化促进经济及整个社会的发展，落后的文化阻碍社会生产力的发展。所以，从社会主义社会生产力发展和文化发展相互作用的角度看，在经济发展过程中，必须相应地繁荣和发展与其相适应的新文化。再从文化发展本身的角度看，文化是人类文明的一个重要方面，文化的发展大大丰富着人们的精神生活和精神世界，逐步使人类从落后、愚昧的状态中解放出来，从而对社会各方面的发展产生深刻的影响。所以发展社会主义文化的重要性不亚于发展经济的重要性，不应当孤立地看待文化的发展，应当从文化与社会进步和经济发展的深刻联系和制约中看待文化的发展。

任何事物的发展都有其历史继承性，文化发展也不例外。繁荣社会主义文化，一方面要靠我们在今后的实践中进行创造性工作；另一方面要求我们继承和吸收古今中外文化发展中一切优秀的历史遗产。在这方面，尤其在当前，一个重要的问题是怎样正确处理我国的传统文化和西方文化的关系，从中吸收有益的成分，在此基础上繁荣社会主义新文化。

无论对于传统文化，还是对于西方文化，否定一切和肯定一切的做法，都是不科学的和简单化的。在对待传统文化问题上，首先要反对虚无主义的态度。我国有悠久的历史，勤劳智慧的中国人民曾经创造过灿烂的古代文化。我国民族文化中有许多优秀的历史遗产，需要我们在新的历史条件下加以发扬光大。那种把传统文化说得一文不值，一无是处，什么都是外国的好的看法，当然不符合实际情况，不利于提高民族自尊心和自信心，不利于繁荣有中国特色的社会主义新文化。我们要以科学的态度对待传统文化，吸收传统文化中那些向上的、有益的成分。在吸收传统文化精华的基础上，应当摒弃传统文化中那些消极的、过时的、不利于社会主义发展的糟粕。社会在进步，文化也在进步，任何事物的生命力在于创造和更新，文化的发展也是如此。我们今天进行的社会主义事业，是在马克思主义先进思想指导下，与现代先进的社会生产力发展相联系的伟大事业。社会主义制度是迄今为止的最先进的社会制度，与其相联系，社会主义文化应当代表人类最先进的思想成果。所以在发展社会主义文化中应当坚决发扬传统文化中积极的向上的精华，同时，坚决摒弃传统文化中过时的落后的东西。不能否认传统文化中的某些方面在自然经济条件下起过某些积极的作用。但在社会主义商品经济条件下的今天，那些在传统文化中过去看来是先进合理的某些成分已经变得与现代生产力的发展不相适应。文化的先进与落后，不能从文化本身来评价与判断，而应当放到具体的社会历史环境下进行判断和评价。将我国现在的社会环境与传统文化当时形成和发展的历史条件相比，从经济形态上看，过去是自然经济，而现在是商品经济；过去是封建地主阶级统治，而今天是劳动人民当家做主的社会主义制度，社会历史条件有了根本的不同。我们应当坚决摒弃传统文化中那些与自然经济相联系的、为封建地主阶级服务的、不利于商品经济发展的、不利于人民当家做主的糟粕部分。

在对待西方文化的态度上，既要反对排斥一切的态度，又要反对不顾国情、盲目照搬的态度。应当从我国社会主义制度的要求出发，从发展社会主义商品经济的要求出发，从我国具体的国情出发，批判地继承西方文化中一切有益的东西，抵制和反对一切不利于社会主义事业发展的东西。在过去一段时期，我们对西方文化基本上是持一概排斥的态度，否定西方文化，排斥西方文化，搞闭关锁国。党的十一届三中全会以来，我们党坚定不移地实行对外开放的方针，大力引进国外的先进科学技术，同时也注意吸收西方文化中一些有益的东西。党的十二届六中全会作出的《决议》指出：对外开放作为一项不可动摇的基本国策，不仅适用于物质文明建设，而且也适用于精神文明建设。这表明了我们党对吸收西方文化中有益成分的科学态度。在对待西方文化问题上，关键是要区分西方文化与资产阶级文化之间的界限，更具体地讲，区分西方文化中有益成分与腐朽落后成分之间的界限。如果把二者等同起来，在实践上将产生两种有害的结果：一种是把西方文化全部当做资产阶级文化，一概加以拒绝；另一种是看不清西方文化中的资产阶级成分，主张"全盘西化"。这两种思想在实践上都是十分有害的。事实上，西方文化既有它先进和合理的一面，又有其腐朽和落后的一面。前者是与现代先进的社会生产力相联系的，后者是与资产阶级的私利及资本主义制度相联系的。就与先进的社会生产力相联系的这一面讲，它是全人类的共同财富。西方文化中一些有益的成分是广大劳动人民在同封建专制主义及资产阶级的斗争中逐步产生的，它是劳动人民创造的成果，绝不是资产阶级所专有的。对这部分有益的文化，我们应当根据我国国情，根据社会主义建设所处的历史阶段以及具体情况，在认真分析研究的基础上，吸收引进，为我所用，繁荣社会主义文化。对与资产阶级的私利相联系的那些腐朽、落后的东西，则应坚决抵制。

　　坚持"取其精华，去其糟粕"是我们对待传统文化和西方文化的基本态度。问题是怎样具体地确定哪些是精华，哪些是糟粕，这需要以马克思主义为指导，进行科学的分析。在区分精华和糟粕的问题上，应立足于怎样的标准来进行判断和鉴别呢？《决议》指出：社会主义精神文明建设的战略地位，决定了它必须是推动社会主义现代化建设的精神文明建设，必须是促进全面改革和实行对外开放的精神文明建设，必须是坚持四项基本原则的精神文明建设。这就是社会主义精神文明建设的基本指导方针。根据这一指导方针，我们进行文化评价的基本标准，应当是看它是否有利于坚持四项基本原则，是否有利于改革和开放，是否有利于促进社会主义现代化建设的发展。发展和繁荣社会主义文化事业，必须坚持四项基本原则，这是不可动摇的。在繁荣社会主义文化的过程中，一定要同违反四项基本原则的思想和倾向作坚决的斗争。大力发展社会生产力是我们建设社会主义的基本任务，也是我们开放、改革的目的所在。社会主义文化的发展应当促进社会主义社会生产力的迅速发展。也就是说应当有利于社会主义商品经济的顺利发展。

　　无论是批判继承传统文化，还是吸收引进西方文化，都需要我们以马克思主义为指导，以实事求是的高度科学的精神，进行创造性工作。任何简单化的做法都是不可取的。批判继承传统文化是在此时此地的情况下进行的，不是简单地继承，而应创造性地继承；引进吸收西方文化，也应注意到我国国情的特殊性，所处历史阶段的特殊性、制度的特殊性，等等，不是简单地拿来，而应创造性地吸收。这些都需要我们花很大的气力，扎扎实实地工作。

在精神文明建设中，要大力发展社会主义教育科技事业，提高全民族的科学文化素质。文明的对立物是愚昧和落后。一个国家、一个民族的科技教育水平不高，就难以真正从落后愚昧的状况下解放出来，整个精神文明就缺少坚实的基础。半封建、半殖民地的旧中国，教育科技极不发达。新中国成立前，文盲率高达80%，儿童入学率仅为20%，受教育的水平极低，享受高等教育的人数更少得可怜，大部分科技领域属于空白，仅有的少数科研领域也水平低下。占人口绝大多数的农村，文化教育事业更为落后。新中国成立后，党和政府十分重视发展教育事业，科技教育事业的发展取得了迅速发展，全社会的人口素质不断提高。我国已经普及了小学教育，中等教育和高等教育也取得了迅速的发展，特别是党的十一届三中全会以来，党和国家更加重视智力投资，中等和高等教育事业的发展尤其迅速，成人教育、在职教育近几年也取得了很大发展。高等院校门类齐全，国内已经能够为经济建设培养各种专门人才。新中国成立以来我们自己培养的大批人才，已经成为国民经济各部门的中坚力量。但是与发达国家相比，我们的教育水平还比较低，每千人中仅有6人受高等教育，职业教育也是我们的一个薄弱环节。为了提高全民族的科学文化水平，促进我国经济建设的迅速发展，我们必须继续积极推进教育科技事业的发展。我国已经将教育科技列为"七五"期间三大战略重点之一。今后，教育科技将越来越受到党和国家的高度重视，其水平必将随着国力的增长而不断提高。我们要在大力发展教育事业的同时，大力发展科技事业，加强基础研究，应用研究和开发研究，造就一大批世界第一流的科学家、工程技术专家，使我国科技尽快走到世界前列。同时广泛利用报刊、广播、电视等多种信息手段，向广大群众传播知识，丰富人们的精神生活。只有用先进的科学文化武装全国人民，才能使广大群众真正成为具有共产主义理想的新人。

（四）反对封建主义和资产阶级思想，树立共产主义理想道德

加强思想道德建设，是社会主义精神文明建设的根本任务之一。思想道德建设的主要内容是树立共产主义理想和道德，用反映人类最先进思想成果的马克思主义先进思想和高尚的道德情操武装全体人民，培养一代又一代的共产主义劳动者。

树立共产主义理想和道德风尚是一项长期的建设任务，共产主义道德理想需要在长期的社会主义建设事业中逐步确立、提高和完善，并随着整个社会的进步不断赋予其新的内涵。在当前我国商品经济的发展中，思想道德建设方面的主要任务是在反对封建主义残余和资产阶级思想影响的斗争中，进一步确立共产主义理想和道德。

邓小平同志曾尖锐地指出："肃清思想政治方面的封建主义残余影响这个任务，因为我们对它的重要性估计不足，以后很快转入社会主义革命，所以没有能够完成。现在应该明确提出继续肃清思想政治方面的封建主义残余影响的任务……否则国家和人民还要遭受损失。"[①] 邓小平同志在这里明确地提出反对封建残余是我们今后工作中的一项重大任务。

我国的封建社会有着长达两千多年的历史。在漫长的封建专制统治下，逐渐形成了一整套极为专制和落后的封建主义政治思想体系。这不仅使中国的政治经济制度形成了一个超稳定的社会结构，而且在国民的思想意识中形成了根深蒂固的封建主义影响。当近代的先进生产力及西方先进的思想在我们的国土之外迅速发展起来时，旧中国顽固的封建势力盲目排外、妄自尊大，仍然死抱着封建主义的僵尸不放，致使我国工业化起步比西方国家晚一二百年。这充分说明了旧中国封建主义影响的严重程度和根深蒂固。

由于封建势力的极为强大，再加上帝国主义的入侵，封建主义和帝国主义相结合，共同扼杀中国的民主运动，因而中国的民族资产阶级未能完成反封建的任务。中国共产党成立之后，举起了反帝反封建的大旗，领导

---

① 《党和国家领导制度的改革》，《邓小平文选》（一九七五——一九八二年），人民出版社1983年版，第295页。

了中国的新民主主义革命。但是新中国成立以前，党的中心任务是武装斗争，致力于推翻封建主义、帝国主义、官僚资本主义的政治统治。在没有取得全国政权之前，我们不可能在社会生活的各个方面、在全社会范围内全面开展反封建的斗争。新中国成立后，正如小平同志所指出的，由于我们对反封建任务的重要性认识不足，很快地进入社会主义革命，反封建的任务没有能够完成。总结三十多年来社会主义建设正反两个方面的经验教训，使我们进一步认识到，不肃清封建主义在我们社会生活中各个方面的影响，社会主义事业就难以顺利发展。

同时，我们也应当注意到，反封建的任务不是一朝一夕、一两次运动所能完成的。从马克思主义观点来看，经济基础决定上层建筑，上层建筑又反作用于经济基础。我国反封建任务之所以是一个长期任务，这是我国商品生产的不发达所决定的。什么时候我国的商品经济不能得以充分发展，什么时候我们的反封建任务就难以从根本上完成。从这个角度看，大力发展社会主义商品经济就是反封建的基本措施。只有通过经济基础的变革，才能从根本上变革人们的思想和观念。所以反封建的任务不能仅仅依靠宣传教育的形式（当然，相应的宣传教育是极其重要的），而应当变革我们的经济基础，大力发展社会主义商品经济。目前，我们社会生活中之所以严重存在封建主义残余的影响，也与我们过去未能很好地发展社会主义商品经济有关。在党的十一届三中全会以前，我们的商品经济是很不发达的（尽管当时不承认是商品经济，但事实上是不同程度地存在的）。这就为封建主义残余的存在和滋生提供了温床。反过来，封建主义的东西又严重地阻碍着商品经济的发展。各国的商品经济都是在同封建主义的斗争并战胜封建主义的基础上迅速发展起来的。不彻底反对封建主义，我国的商品经济就难以迅速发展。

封建主义的思想影响在社会生活中是多方面的。在发展社会主义商品经济中，我们尤其应当注意反对和肃清以下几种封建主义思想。

1. 反对平均主义思想

平均主义思想在中国具有根深蒂固的影响。"均贫富、等贵贱"，"不患寡而患不均"是这种思想的充分反映，劫富济贫一向被人们推崇为高尚的美德。在专制的封建统治下，这种思想在一定程度上反映了广大群众争取基本生存权利的要求。但是在我们发展商品经济、建设社会主义的今天，这种平均主义是十分有害的。

首先，它不利于贯彻按劳分配原则。把我国的工资结构与苏联及东欧国家的工资结构进行一番比较，我们的工资差距比他们的工资差距要小得多，这不能说不与我国的平均主义传统有关。近几年来，试图通过工资调整和改革拉开必要的差距，但在实践中困难重重，差距难以真正拉开，甚至出现了脑力劳动者的工资低于体力劳动者工资的现象，长此下去，势必挫伤广大脑力劳动者的积极性和进取精神。

其次，不反对平均主义思想，经济体制改革难以顺利进行，社会主义商品经济也难以顺利发展。随着企业自主权的扩大，实行个人收入与企业的经营成果和个人的劳动贡献挂钩。但也受到平均主义的严重干扰，企业内部的职工收入差距总是难以拉开，奖金平均化的问题也很严重。在不同的企业之间，在个人收入方面也互相攀比，造成消费基金的迅速膨胀。这些都干扰了改革的顺利进行。随着近几年城乡经济的搞活，鼓励劳动者个人致富，涌现出一批劳动致富的人。一些有平均主义思想的人，不是去积极地赶超别人，而是诋毁别人，"红眼病"发作。只有肃清这些平均主义思想，才有利于商品经济的发展。

2. 清除封建特权思想和等级制思想的影响

特权思想和等级制思想是一种落后的封建主义思想意识，这些落后的思想观念对于我们发展商品经济、建设社会主义是极其有害的。特权思想及等级思想在我们的政治生活及社会生活中的影响是不容忽视的。在政治生活中的主要表现是以权谋私。一些党员、干部不是全心全意地为人民服务，当好人民的公仆，而是凌驾于群众之上，运用党和人民给予的权力牟取私利，搞特殊化，搞不正之风。这既败坏了党的优良传统和损害了党在广大群众中的威信，又贻误了我们的社会主义事业。在我们的社会生活中，在群众的意识中，还广泛存在着过分崇拜权力的现象，尊重权力胜过尊重人才、尊重知识。这种落后的意识与当代先进的社会生产力发展的要求是格格不入的。封建的等级观念对社会生活的各个方面的影响也是深刻的。等级观念不仅是封建社会的产物，而且是奴隶社会的产物，等级制度在奴隶社会是十分严格的。在社会主义建设的今天，应当坚决摒弃这些落后的东西。现在甚至许多企业也热衷于讲究级别，什么部级企业、局级企业、处级企业，等等。企业是商品生产的基本单位，它只是经济法人，不存在什么级别。大学教授、研究员、工程师等也要套一个类似于行政的级别，甚至和尚道士也在想法争取一个什么行政级别。这种"级别论"长期搞下去，无疑会误党误国。这些东西十分落后，有碍于生产力的发展。

3. 反对轻视商业和轻视知识的思想

轻视商业和轻视知识的观念在我国由来已久。"重农抑商"是历代封建统治者奉行的国策。长期的封建社会中把经商的人视为唯利是图的小人，把能工巧匠视为"下九流"。在这些陈腐观念的压抑下，漫长的封建社会中，我国科学技术的进步极为缓慢，商品经济也极不发达。

在轻商思想的影响下，新中国成立以来，我国商品流通大大落后于商品生产，流通渠道不畅一直是制约经济发展的一个严重问题。人们总有一种偏见，认为生产环节所得利润是劳动所创，而流通环节所得利润是"中间盘剥"。这种有碍于商品经济发展的陈腐思想不肃清，流通环节就难以畅通；流通环节不畅，商品经济就难以顺利发展。

科学知识是人类文明的结晶。邓小平同志一再强调要尊重人才、尊重科学。现代生产力的发展完全是建立在现代科学技术的发展之上的。尊重人才、尊重科学，是振兴中华的必由之路。而在我们过去的民族意识中，不够尊重科学知识。"文化大革命"中把知识分子斥为"臭老九"，使这种陈腐观念达到了登峰造极的地步。党的十一届三中全会以来，党和国家重视科学技术的发展，大大提高了知识分子的社会地位。但是轻视知识的观念不是一朝一夕可以完全克服掉的。只有在商品经济的发展中才能真正提高人们对科学技术重要性的认识，才能真正克服轻视知识、轻视人才的落后观念。

封建主义对我们的影响既是严重的又是广泛的。还有诸如：闭关自守、盲目排外；家长作风、不讲民主；地方和部门自成体系、搞封闭经济，等等。

　　发展有计划的商品经济，建设有中国特色的社会主义，为我们彻底完成反封建的任务创造了条件和提供了良机。随着我国经济体制和政治体制改革的深入，随着我国商品经济的发展，我们一定能够顺利完成反封建的任务。

　　"在思想政治方面肃清封建主义残余影响的同时，决不能丝毫放松和忽视对资产阶级思想和小资产阶级思想的批判，对极端个人主义和无政府主义的批判。"①

　　对外开放是我们的一项基本国策。今后我们要进一步扩大同世界各国的经济、技术、文化交流，大力引进西方及各国的先进的科学技术和科学文化，我们与国外的接触将越来越多。与此同时，应当警惕资产阶级腐朽思想对我们的侵蚀。如果只看到西方先进的一面，看不到落后的一面，盲目地崇洋媚外，把西方的一切看得都比我们好，这种思想是十分有害的。一些别有用心的人鼓吹走资本主义道路，否定社会主义的优越性，主张"全盘西化"，对此，我们要坚决反对和抵制。在建设有中国特色的社会主义过程中，我们一定要注意在政治上反对资本主义倾向，坚持社会主义道路；一定要划清社会主义与资本主义的界限，划清商品经济与资本主义的界限。我们进行经济体制改革也好、进行政治体制改革也好，都是对社会主义制度的自我完善。社会主义是人类历史上的一个崭新制度。过去几十年，社会主义所取得的成就是举世公认的。由于我们缺少社会主义建设的经验，有这样那样的失误，这是在探索过程中难以完全避免的。如果仅仅因为过去工作中出了一些毛病，就否定社会主义制度的优越性，认为资本主义比社会主义好，从思想方法上看，这是简单化的和错误的。社会主义的模式也是多样的，高度集中管理的模式并不是社会主义的唯一模式。社会主义是可以根据各国国情创造出具体不同的形式的。况且，一国在不同的发展阶段和不同的发展水平上，社会主义制度本身也不断地由低级向高级发展。这些都需要我们以马克思主义原理为指导，根据变化着的实际

---

　　①　《党和国家领导制度的改革》，《邓小平文选》（一九七五——一九八二年），人民出版社 1983 年版，第296 页。

情况进行创造性的探索。我们可以满怀信心地说，只要我们坚持实事求是、理论联系实际的原则，我们一定能够探索出一条无限广阔的有中国特色的社会主义发展道路。

在经济工作中，要反对资产阶级唯利是图、损人利己、敲诈勒索、弄虚作假、金钱至上等腐朽恶劣的思想和行为。随着社会主义商品经济的发展，企业之间的竞争将会更加激烈。多种经济成分并存，允许一定的私有经济存在，人们之间的收入差距也将有一定程度的扩大，市场机制将发挥更大作用。但是社会主义条件下的竞争应当是质量的竞争、价格的竞争、技术的竞争、效益的竞争。要反对用不正当的手段损人利己，反对损害消费者利益的行为。要兼顾国家利益、集体利益和个人利益，反对"一切向钱看"的行为，使社会主义商品经济沿着正确的轨道前进。

在文化及社会生活的其他方面，要引导人们积极向上，培养高尚的道德情操，抵制和反对资产阶级文化中的一些腐朽的东西。要提倡社会主义民主、反对资产阶级自由化倾向。

在肃清封建主义残余和反对资产阶级思想侵蚀的同时，要进一步树立共产主义理想和共产主义道德情操。

共同的理想是我们取得胜利的重要保证，这也是对我国长期革命斗争历史经验的科学总结。作为共产党人，实现共产主义是我们的最高理想。人类社会总是不断进步的，不断地由低级向高级发展。共产主义社会没有剥削、没有压迫，代表了人类最美好的愿望，也反映了社会发展的方向。我们坚信共产主义一定能实现。共产主义理想无论过去、现在和将来都是我们奋斗的最高目标。

党的十一届三中全会以来，我们党和国家、人民拨乱反正，克服"左"倾思想，使我国的社会主义事业进入了一个新的历史时期。全国人民正在致力于建设有中国特色的社会主义，在本世纪末要使我国经济达到小康水平。其后再经过几十年的奋斗，使我国进入世界发达国家的行列。实现这一目标符合全国广大人民群众的利益，是全国人民的共同理想。

向共产主义前进的过程是一个漫长的过程。所以，我们一定要教育广大党员、共青团员和广大人民群众把远大的理想同建设社会主义的实践紧密结合起来，立志改革，立志建设，艰苦奋斗，勤俭建国，为着共同理想，克服困难，推动社会主义事业胜利向前。

我们还要广泛开展爱祖国、爱人民、爱劳动、爱科学、爱社会主义的"五爱"活动。在广大群众之间建立和发展平等、团结、友爱、互助的社会主义新型人际关系；鼓励人们发扬国家利益、集体利益、个人利益相结合的社会主义精神和集体主义精神，提倡公而忘私、全心全意为人民的共产主义品格。在社会的各行各业加强职业道德教育，提倡廉洁奉公、忠于职守、服务为荣，反对各种败坏职业道德的现象，提高工作效率和服务质量；在公共生活中发扬社会主义的人道主义精神，尊老爱幼、尊重别人、遵守秩序、讲究文明礼貌，等等，在全社会范围内形成良好的道德风尚。

（五）进一步完善社会主义民主和法制

邓小平同志指出："我们的国家已经进入社会主义现代化建设的新时期。我们要在大幅度提高社会生产力的同时，改革和完善社会主义的经济制度和政治制度，发展高度的社会主义民主和完备的社会主义法制。"[①]《决议》也指出我们社会主义发展中的主要历史教训，一是没有集中力量发展经济，二是没有切实建设民主政治。党中央把实现高度的社会主义民主和完善的社会主义法制作为进一步完善我国社会主义政治制度的基本任务，这是对30多年来社会主义建设经验的科学总结，它指出了完善我国政治制度的基本方向。

我们的社会主义制度之所以比资本主义制度优越，其中重要的一条就是在社会主义制度下，人民享有充分的民主和自由。在新中国成立之前，我国是一个半殖民地半封建的国家，人民饱受帝国主义、封建主义、官僚资本主义的压迫，缺少起码的民主权利。新中国成立之后，建立了社会主义制度，劳动群众掌握了政权，当家做主，人民享有在社会主义制度基础之上的广泛的民主。这就为实现高度的社会主义民主提供了可能。

但是，我们应当看到，由于漫长的封建统治，加之近代资产阶级民主

---

① 《在中国文学艺术工作者第四次代表大会上的祝辞》，《邓小平文选》（一九七五——一九八二年），人民出版社1983年版，第180页。

在我国也未真正实行过，我们是在半殖民地半封建的基础上建设社会主义的，政治生活的许多方面不能不受封建主义残余的影响；同时，我们在社会主义建设中实行民主政治的经验不足，导致了民主制度的不健全或不完善。正因为如此，邓小平同志才反复强调要建设高度的社会主义民主。

民主这个概念是一个具体的、历史的、发展的概念，而不是一个抽象的永久不变的概念。随着我国社会主义事业的日益发展，随着社会生产力和商品经济的不断发展，随着人民科学文化水平的不断提高，社会主义民主的内容、程度、形式都将会不断发展。

民主这个概念，在自然经济条件下，政治上就表现为奴隶主专制或封建专制，在那里只有奴隶主或封建地主阶级的自由，没有广大劳动群众的自由可言。随着社会生产力的发展，商品经济成为占统治地位的经济形式。与此同时，近代的资产阶级民主出现了，与专制的封建制度相比，近代资产阶级民主标志着人类文明的重大进步。在人类历史上，在新兴资产阶级和劳动人民反对封建专制制度的斗争中，形成民主和自由、平等、博爱的观念，是人类精神的一次大解放。就资产阶级民主来讲，从它产生到现在，短短几百年的历史，它的内容和形式也是不断变化的。当然我们应当看到资产阶级民主的虚伪性，无论怎样变化，它终究是资本家的民主，本质上始终是为资本主义制度服务的。

建立在社会主义公有制基础上的社会主义民主，其内容和形式也是随着社会主义事业发展而不断发展和完善的。它不能一劳永逸地建立起来。当前，我国社会主义事业的发展就对民主政治提出了新的紧迫的要求。

首先，社会主义商品经济的发展对过去的民主制度提出了经济民主与政治民主的新的要求。在原来高度集权的管理体制下，全社会是一个大工厂，企业是行政机关的附属物，企业的产供销活动都要依照上级主管部门的指令性计划进行安排。与这种高度集权的经济管理制度相适应，我们的社会主义民主制度也深受这种集权模式的制约和影响，也就是说，我们过去的民主制度是与过去的经济管理体制相适应的。现在要大力发展社会主义商品经济，经济民主和与其相联系的政治民主问题就尖锐地提出来了。没有社会主义的经济民主，以及与其相适应的政治民主，商品经济就难以迅速发展。

其次，人民科学文化水平和共产主义觉悟的不断提高以及人们观念的日益更新，为实现高度的社会主义民主创造了条件。

过去，我国是一个经济和文化都比较落后的国家。新中国成立初，全国只有少数城市人口的文化水平较高，绝大多数人分散在广大农村，又处于文盲半文盲状态；再加上我国幅员辽阔，交通不便，许多地区处于封闭半封闭状态；在经济上处于自然经济或半自然经济状态，社会化程度很低；群众中缺少民主观念和民主意识，等等。这些因素对新中国成立以来民主制度的形成产生了深刻的影响，或者说制约着我国民主制度的内容和形式，使其处于不健全或较低级的形式。

30 多年来，我国社会主义事业取得了巨大的成就，广大人民的科学文化水平不断提高，广播、通信、出版等事业也发展很快，人们通过多种渠道接受教育、获得知识和信息，人口的素质也越来越高。人们的观念也正在发生迅速的改变。所有这些，都为我们发展社会主义高度民主创造了条件。

什么是社会主义的高度民主呢？总的来讲，就是要从社会生活中（包括政治生活、经济生活、文化生活，等等）真正体现人民群众当家做主，让人民群众在不同的层次更多地参与政治生活、经济生活、文化生活以及一切同他们生活有关的各种重要问题的决策，做到决策的民主化和制度化。

经济民主是社会主义民主的重要方面，是社会主义民主的基础。没有经济民主，政治民主及其他方面的民主就会落空。实现社会主义经济民主，就要给企业以商品生产者和经营者应有的地位，实行政企分开，让企业自主经营、自负盈亏；还要逐步使广大群众真正行使所有者的权力，以所有者的身份广泛地参与企业的经营管理活动，充分发挥工人阶级的主人翁的作用。

政治民主的重要内容之一是国家制度的民主化。在近期内，我们这方面主要解决的是党政分开和权力过分集中的问题。早在 1919 年的俄共（布）第八次代表大会上，由列宁提议，专门对党政分工问题做了决议，规定：无论如何不应把党组织的职能和国家机关即苏维埃的职能混淆起来。邓小平同志也曾指出："党成为全国的执政党，特别是生产资料私有制的社会主义改造基本完成以后，党的中心任务已经不同于过去，社会主义建设的任务极为繁重复杂，权力过分集中，越来越不适应社会主义事业的发展。"① 党政不分既不利于加强党的领导，又不利于行政部门日常的管理工作。党政分工后，党组织应主要管好方针、路线、政策的贯彻落实，以及搞好政治思想工作，日常的行政性工作则应由行政机关处理。通过政治体制改革，要使国家的政治生活民主化、制度化，从制度上保证人民群众应当享有的民主权利，从制度上形成对政府机关、干部的有效监督，使政治生活中更多地反映广大群众的意愿，让人民群众更多地参与干部的选拔、监督和任免，通过民主的方式进行社会生活中有关重大问题的决策。只有这样，才能避免官僚主义，真正做到人民群众当家做主，实现政治生活的民主化。

怎样具体地处理好党政之间的合理分工和权力过分集中的问题，实现政治民主的制度化，都需要我们根据社会主义事业发展的需要进行周密的研究、论证和大胆探索。政治体制改革涉及面广，问题比较复杂，更需要一个探索的过程，任何轻率从事都是不可取的。只要我们坚持既大胆坚决，又细心谨慎的原则，政治体制的改革一定能够取得成功。

文化民主也是社会主义民主的一个重要方面。没有充分的文化民主，就没有文化的繁荣；没有文化的繁荣，精神文明建设就是不完整的。我们要在坚持四项基本原则的前提下全面贯彻"百家争鸣、百花齐放"的方针，支持和鼓励以科学研究为基础的大胆探索和自由争论，使马克思主义的理论研究大大活跃起来。要实行学术自由、创作自由、讨论自由、批评和反批评自由，为社会主义文化的发展提供广阔的环境。

实现社会主义高度民主，必须具有完善的社会主义法制。民主和法制，两者具有不可分割的联系。近代的民主和法制是伴随着商品经济的发

① 《党和国家领导制度的改革》，《邓小平文选》（一九七五——一九八二年），人民出版社 1983 年版，第289 页。

展同时发展起来的。法制是实现民主的法律保障，没有确实的法律保障，民主就可能流于形式。邓小平同志把"高度的民主"和"完备的法制"两者提高到同等重要的地位，这是有深刻道理的。

马克思讲过，法律的发展是以经济发展为基础的。我们是在商品经济极不发达的基础上建设社会主义的。新中国成立以来，政治上权力过分集中，经济上高度的集权管理，不能不对以往的社会主义法制产生深刻的影响。党的十一届三中全会以来，我们逐步改革旧的经济管理体制，社会主义商品经济有了很大发展，今后必将有更大的发展。随着我国社会主义商品经济的繁荣和发展，建立完备的社会主义法制的问题日益紧迫地提到我们面前。

完备的社会主义法制，就是要使社会生活制度化，用法律的形式体现最广大人民群众的利益和意志，用法律的形式保证最广大人民群众的利益和意志的实现。要改变权大于法的状况，做到在法律面前人人平等。"民主要制度化"，"党必须在宪法和法律的范围内活动，切实推进党和国家政治生活的民主化、经济管理的民主化、整个社会生活的民主化"。目前，我们的法制还是很不健全的。经济立法仍是一个薄弱环节，要加强经济立法，为商品经济的发展提供法律保证，要改变某些法律不健全的状况。

实现完备的社会主义法制，必须从我国的国情出发。我们是社会主义国家，法律要体现广大人民的利益和愿望。这是与资本主义的法制根本不同的。同时，我国具有优秀的民族传统，在法律中要反映这些优秀的传统。

在注重结合我国国情的同时，还要注重吸收古今中外法制方面的有益成分，特别是近代以来西方法制方面的有益成分。西方的近代法制是随着商品经济的发展而发展起来的，有许多方面反映了商品经济发展的要求，是全人类的共同财富。片面地把西方法律称之为资产阶级的东西是不对的。对其合理的东西，要认真借鉴，为我所用，使社会主义法制吸收人类文明中一切有益的东西。随着商品经济的进一步发展，随着经济体制和政治体制的改革，我国社会主义民主和法制必将进一步完善和发展。

十一　本世纪末中国经济与社会的综合图像

（一）有中国特色的、充满生机和活力的社会主义经济体制基本形成

1. 将出现新的所有制格局

本世纪末，我国的经济体制改革将取得重大突破，以新型所有制结构为基础的经济体制逐渐形成，对社会主义的认识无论在理论上还是在实践上都将大大深化，社会主义经济、社会的发展将进入一个新阶段。

改革单一的所有制结构，是改变传统模式，发展社会主义商品经济的关键之点。从当前的改革形势和今后的发展来看，我国本世纪末的所有制结构，将改变以往单一的全民所有制和集体所有制这种传统公有制模式，呈现出以新的内容和形式的公有制经济为主体，多种所有制形式并存和共同发展的格局，从根本上改变几十年来形成的那种以所有制为壁垒、割裂不同所有制形式之间联系的状况，使所有制的结构比较灵活、合理，各种形式可以互相融合和渗透，以适应社会主义有计划的商品经济发展的需要。

经过八年的改革、调整和发展，我们力图形成扬全民、集体和个体三种所有制之长，避单一所有制之短的各种新型的社会主义所有制形式。

我国所有制结构的调整，最重要的是对国家所有制的改革。无论是目前还是今后，国家对关系国计民生的大型骨干企业必须保持所有权，这就可以保证国家对整个经济有一定的控制能力，对社会主义经济建设有主动的指导能力，更好地维护全体人民的利益。但保持所有权并不意味着国家要直接管理企业，企业经营权将与国家的所有权产生一定程度的分离，并实现经营方式多样化。社会主义商品经济条件下劳动者与生产资料直接结合，建立在社会主义劳动者占有生产资料基础上的经济权力与经济利益相统一的经济关系将得到充分、具体的体现。这样，企业归全民所有便不是一种抽象的概念，按劳分配也不只是一种理论上的含义。企业的经营优劣与劳动者的经济收入挂钩，企业的命运确实与劳动者的切身利益血肉相连。

在社会主义商品经济充分发展，形成比较完整的市场体系，有比较健全的经济法规等外部条件基本具备的情况下，全民所有制的企业有一部分可能不再是单一的国家占有，而有可能采取出售部分股份、吸收本企业职工和其他社会集团入股或其他适当的形式，成为国家、企业、劳动者联合经营的企业。我国生产力的发展是不平衡的，因此与生产力相适应的生产关系也不能是一刀切的一种模式，这样在生产关系中占主导地位的所有制形式，就只能是以全民所有制为主的各种所有制最佳结合的多种模式。

对大批小的国有工业企业、大部分商业和服务性企业，国家根据实际经济情况，通过租赁、承包、折股等方式，将其变为国家和集体合营或集体经营、自负盈亏的企业，这将大大提高这些企业的经济效益和社会效益。

各种经营方式在各有侧重、相互补充、根据其客观条件和社会需要充分发挥各自优势、发展适合自己特点的行业的基础上，都将有其广阔的施展余地。就目前情况看，到本世纪末，与我国多层次的生产力水平相适应，经济组织形式和经营方式将是多元化的，基本上可以有：对适宜单家独户进行的经济活动，将采取家庭经营的方式；对适宜联合进行但国家不需参与的经济活动，将采取民间合作或集股经营的方式；对适宜国家参与进行的经济活动，采取国家参与集股经营的方式；对适宜国家单独组织进行的经济活动，采取国家独资经营的方式；对适宜采用外资或由外资单独进行的经济活动，采取合资经营或外资独资经营的方式。

所有制结构的调整，将使各种所有制形式得到合理的配置，公有制的主导作用在有较完备的市场条件下较充分地发挥出来，公有经济将有效地引导、协调和管理非公有化经济（主要是独立经营、自负盈亏的经营者和组织者）的发展。事实证明：改革八年来，我国工业经济持续较大幅度的增长，也是同全民所有制以外的工业起着重要作用分不开的。1986年与1978年相比，集体、"三资"、个体等全民所有制以外工业增加产值2013亿元，增长2.5倍，大大超过全国工业总产值增长1倍多的速度，占全国新增总产值的42%。各种所有制形式在所有制整体结构中所占的比重及其地位，将为生产力发展的实际状况和水平所决定。因而，形成多层次的、开放式和适应型的所有制结构，乃是使社会主义生产关系与生产力之间互相适应、互相促进的一个有效途径。

社会主义商品经济的发展，改变着不同所有制之间壁垒森严和不同地区与部门之间条块分割的状况，各种所有制形式互相渗透、互相交叉、互相融合。商品经济条件下的所有制取代了自然经济条件下的所有制，联合、合作的所有制成为普遍的形式。

只有在这种条件下，各具特色的所有制才能与多层次的生产力水平相适应，与生产力水平相适应的产业结构才能日臻完善，达到资源的最优配置，从而逐步达到用有限的人力、物力和财力，创造出最多的物质财富和精神财富，来满足人民生活和国民经济持续发展的需要。

本世纪末，我们所建立起来的社会主义所有制结构，将是符合生产力发展要求并促进生产力发展的具有中国特色的所有制结构。这种结构，对内具有相对的稳定性和能够自我调整的功能，对外则有促进生产关系的完善，适应和促进生产力发展的功能。所有制结构的这种变化，将使我国的整个经济社会面貌有一个大的改观，从而奠定整个新的经济体制模式的基础。

2. 企业的活力得到充分的发挥

调动企业的积极性，搞活企业，是经济体制改革的关键。本世纪末，企业在深入改革的基础上，将从种种束缚生产力发展的桎梏中解放出来。

企业活动的外部环境将大大改善。这包括：价格基本理顺、价格体系大体合理化，价值规律对各方面的调节作用能够比较充分地发挥出来；生产资料市场开放，并不断发展完善，生产资料流通中的市场调节作用得到充分发挥；金融市场初步建立、形成，使企业可以按照资金的流通规律获得资金，达到合理利用资金，提高经济效益的目的；各种法规不断健全完善，经济法规体系为企业活动制定规范，等等。外部环境的改变，为企业的发展提供了广阔的天地，创造了有利的条件。

在外部环境变动的同时，企业自身的机制也得到极大的完善。各类企业成为具有一定权利和义务的法人，成为自主经营、自负盈亏的社会主义商品生产和经营实体。在企业圆满完成国家下达的指导性计划、自负盈亏和恪守国家经济法规的前提下，国家对企业的正常生产经营活动，不再单纯凭借行政手段加以干涉，企业有充分的自主权选择有利于自身生产经营的方式，安排自己的产供销活动；拥有并支配自留的生产基金和消费基金；自行任免、聘用和选择企业的工作人员；决定用工办法、工资奖励形式；在国家允许的范围内确定产品的价格。企业具有自己的经济利益，同时，又具有与这些经济利益相对应的各种责任和权力。因而，企业就拥有充分的自我更新、自我改造、自我发展的动力和能力。这样，压力、权利、动力、能力相互作用，就将保证企业始终具有相当的活力。

社会主义商品经济的发展和体制改革的深入展开，为企业家的产生、活动提供了良好的环境，大批的企业家将迅速脱颖而出，企业将由这些有开拓精神和创新能力的企业家来组织、经营和管理。这将使企业的经营管理水平普遍提高、增强职工素质，促进决策科学化，并保证企业的内部组织互相协调，不断提高经济效益，以更好地满足社会需要。企业的搞活与否，在很大程度上取决于这个企业是否由真正的企业家所经营，以及这些企业家能否与企业的职工真正地同呼吸、共命运。

本世纪末，企业的经济行为在外部条件大为宽松的情况下将日益合理。企业将由单纯生产产品的单位，转变为经济运行的主体，对市场的变化能够做出灵敏的反应，注意协调自我的经营机制，最大限度地增加收入，增加积累，不断强化自己的竞争能力。企业由封闭走向开放，由注重短期目标转为注重长期目标，主动积极地走向专业化、协作化、联合化的道路，不仅适应商品经济发展的能力大大增强，而且极大地促进市场的发育，使社会生产力蓬勃发展。

3. 建立起宏观经济管理的新模式

我国的宏观经济管理到本世纪末将以间接管理为主，形成一套适应我国商品经济发展实际情况和对外开放需要的模式。那时，我们的宏观管理将消除原有模式中决策权力高度集中，国家主要依靠行政手段，以指令性计划调节国民经济等弊病。管理的重点将由生产领域，由注重产品产量，转到市场、流通领域，注重产品质量，注重经济效益，注重用户和消费者的需要；对各方面的利益关系进行广泛的协调；对经济活动的领导、控制主要通过价格、财政、税收、金融等经济杠杆和法律手段来进行。

本世纪内，国家将改变目前按行政区域、系统和隶属关系进行行政干预的老办法，而以经济发展的内在联系和经济利益为原则组织经济活动。这种职能的转换使政府机构得以有更多的精力进行宏观上的决策，更好地引导、协调经济发展。行业管理将发挥出巨大作用。今后的十几年中，企业将逐步摆脱部门、地区那种条条、块块管理，在行业整体的指导下开展自己的生产经营，这样，国家将采取措施对市场和行业施加影响，从而达到协调经济发展，从整体上把握社会经济的目标。

我国未来的宏观经济管理将能够使各种措施、手段组合配套，互相协调，有针对性地发挥作用，由单一的甚至互相制约、抵消的作用变为合力作用。整个管理体系注重中间层次的作用，用中间层次缓冲、协调、引导企业的活动沿着国家计划的轨道运行。既保证企业自觉改善经营管理，灵敏地适应复杂多变的社会需求，又通过综合运用价格、税收、信贷、工资等经济杠杆的调节和必要的行政管理，克服商品经营中可能出现的某些盲目性，把全社会数以万计的企业的自主经营活动同国民经济的宏观计划衔接起来，做到把大的方面管住管好，小的方面放开放活，保证国民经济协调地发展。

4. 按劳分配的原则得到更好的贯彻落实

到本世纪末，我国的工资制度将有大的改变。彻底改变目前普遍存在的"大锅饭"状况，按照行业、工种、贡献大小来确定工资水平，把劳动人事制度以法的形式确定下来，使合同制、聘任制等用工制度与工资制度紧密结合起来。把工资和奖金真正作为企业提高管理水平、增强竞争能力、提高经济效益的有效手段，充分体现奖勤罚懒、奖优罚劣、多劳多得、少劳少得的原则。工资的标准与形式更加灵活多样，真正体现脑力劳动与体力劳动的差别，繁重劳动与轻便劳动的差别，简单劳动与复杂劳动的差别，对企业有重大贡献与一般贡献的差别。工资的增长将与生产的发展和劳动生产率的提高相适应，建立起以生产发展保证工资水平的提高，用工资合理分配推动生产发展的良性循环的激励机制。

按劳分配原则的贯彻，直接关系到人们的物质利益。我们的工资和奖励制度的改革，要鼓励人们奋发向上，不断进取，使为人民服务观念、竞争观念、劳动致富观念在人们头脑中得到不断增强；使广大劳动者重视提高自身的素质，提高自己的科学文化和技术水平，从而为全社会的精神文明、物质文明建设奠定基础。

企业经济效益的大小和好坏，是工资水平高低的决定性因素。企业将自觉地认识到，只有大大提高经济效益，提高劳动生产率，增强市场竞争能力，才能使职工的工资收入逐步提高，使人民的消费逐步增长。

实行按劳分配的原则，社会劳动者收入的多寡，是以劳动质量的好坏、数量的多少为前提的，要靠自己劳动致富。任何个人、地区都可以通过提高劳动的效益改善生活先富起来，这种富裕会成为推动其他社会成员、其他地区共同富裕的动力，而不至于造成贫富两极分化。国家对于个人收入的水平也将进行一定的调节，这将通过比较完善的经济和法律的手段来进行。在实现社会全体成员生活普遍改善的基础上，国家将建立实施社会保险制度及其他一些社会保障福利措施。老弱病残，烈、军属，鳏寡孤独者可以得到社会的资助和照顾，少数民族地区、边远贫困地区一方面不断进步，逐渐改变面貌；另一方面也将得到国家、社会进一步的扶持。

本世纪末，随着金融市场的开放和完善，劳动者经济收入的一部分将是储蓄利息和购买股票所得的红利。它体现了延迟消费、风险代偿和使社会受益的补偿，是劳动者应得的收益。

总之，到 2000 年，我国人民无论是实际利益还是长远利益，都将在商品经济不断发达的基础上获得更多的实惠。

（二）我国将成为实力雄厚的世界经济大国

1. 工业稳定发展，正在逐步地缩小与发达国家之间的距离

1985 年我国的工业总产值为 8756 亿元。从现在到 2000 年，将是加速我国工业化进程的时期，产值预计可以达到 24200 亿元，大致相当于美国 80 年代初的工业产值。主要工业产品的产量：钢材约为 8000 万吨，原煤可达 13 亿吨左右，石油大体为 2.5 亿—3.0 亿吨，化肥约为 2600 万—3100 万吨，水泥约为 3 亿吨，自行车约为 3.7 亿余辆。

基础设施的建设步伐大大加快，基础设施部门的发展落后于整个经济

增长的状况得到扭转。本世纪末，我国的交通运输状况将有较大改善。铁路通车里程将增至 7 万—7.5 万公里，其中复线达 1.8 万公里，电气化铁路达 2 万公里。公路将成为交通运输量的主要承载者。公路通车里程将达130 万—150 万公里，其中高级、次高级路面约为 30 万公里。在经济发达地区和运输繁忙的地区还将建设相当数量的汽车专用公路和高速公路。这为公路运输业的发展、扩张创造了条件，也为发展商品生产和商品交换创造了条件。以长江、珠江等为重点的航道得到改造，标准大大提高，内河港口的吞吐能力也将大为增强。经过改造和扩建，我们将大体形成一个纵横交错、四通八达、互相补充和衔接、保证安全高速运输的交通运输网络。同时，我们还要发展空中运输和海上运输。民航的国内航线将通达100 多个城市，国际航线通达五大洲。沿海主要港口的公用泊位达到 1000个左右，海上运输船队要达到 3500 万载重吨。

我国的通信事业在 2000 年将有一个全新的面貌。1985 年我国拥有电话 626 万部，平均每百人 0.6 部。据预测，到 2000 年全国电话总数将达3360 万部，平均每百人 2.8 部。城市中的电话普及率将达到每百人 10部；农村电话则连通大部分自然村；县以上城市和经济发达地区的部分集镇，基本上能通自动电话；少数大城市间能通图像通信、高速数据通信和综合通信，与世界各国、地区间的通信能达到立即传播。

能源，是我国国民经济发展的一个关键性的制约因素。我们要通过一系列的政策措施，搞好开发和节能，力争使能源发展能够满足经济增长和人民生活改善的需要。到本世纪末，我国电力工业和海上石油、天然气工业将有新的发展。火力发电量可达 8900 亿—9150 亿千瓦时，水电装机容量为 8000 万—9000 万千瓦时，年发电量为 2500 亿—2860 亿千瓦时，核电也将有相当的发展，能源的地区结构也会出现一些新的变化。我国将形成布局比较合理，开发和利用效率较高的能源系统。

我国工业所具有的巨大潜能，在突破交通、通信和能源这一国民经济的薄弱环节的情况下，将更好地释放出来。

我国的工业发展将走上一条通过设备更新和技术改造来提高经济效益的路子，这是带有战略性的、影响深远的重大转变。经过总体部署，区别轻重缓急，重点改造那些能够以新技术装备国民经济主要部门加速我国现代化的关键企业，对于机械工业，轻纺工业那些创汇能力高、在国际市场竞争能力强的产业要优先改造。对于那些生产长线的、质量很差的机械产品和其他产品的工厂要关、停、并、转。这样就能不断增强工业生产发展的后劲，创造一个为体制改革所必备的宽松的经济环境，使我国经济始终保持持续稳定、协调的发展态势。

依靠技术改造促进生产向更高层次发展的路子，是与一些经济发达国家的经验相吻合的。美国固定资本投资中用于更新的部分，1947—1950年占 55%，1951—1955 年占 71%，1956—1960 年占 74%，1961—1965年占 71%，1966—1970 年占 65%，1971—1978 年占 77%。美国设备投资中用于更新的部分，在上述六段时间内，分别为 51%，76%，87%，80%，71% 和 81%。苏联在第二次世界大战后，在技术改造方面投资比重也是上升的。因此，战后经济发达国家存在着共同的趋势：在经济有了恢复并获得一定的发展以后，投资的重点都由新建逐步转向现有企业的技术改造。可见，深入开展技术改造已成为一个国家现代化过程中的关键性步骤。

本世纪末，我国工业经过调整结构、改善布局和技术改造，与发达国家之间的差距将逐步缩短，初步实现现代化。工业生产水平、生产能力、技术装备、企业素质、产品质量、竞争能力，等等，都将有一个大幅度的提高。有更多的产品进入国际市场。工业的变革将把我国经济推进到一个新的发展时代。

2. 农业将能够适应经济发展和人民生活改善的需要

我国农业在 2000 年将提供给社会数量更多、质量更优、种类更加丰富的农副产品，主要农副产品和水产品的总量将提高到一个新的水平。粮食将达到 5000 亿公斤以上，棉花达到 1 亿担以上，油料为 43600 万担左右，肉类为 300 亿公斤，蛋类可望达到 160 亿公斤，奶约 350 亿公斤，水产品为 1100 万吨。其他如水果、蔬菜等副食产品也会有相当程度的增长。人民的饮食消费结构将发生较大变化，膳食营养水平明显提高，社会生产总量同社会需求总量趋于平衡。

到本世纪末，我国人均农产品的占有量占世界的位次，将由目前的第35 位，提高到第 25 位左右，达到或接近世界的人均数，我国人民生活基本上达到小康水平。

我国农业生产的发展，将始终把粮食生产置于重要地位。党的十一届三中全会以来，我国的粮食生产获得了较高速度的发展，成绩卓著。但要使这种增长的势头经久不衰，还要考虑到有许多制约因素在发生着作用。我们的粮食生产将进入一个新的阶段——稳定增长时期。这一时期的粮食生产，不仅要求产量的稳定增长，而且粮食的品种构成也会发生明显的变化，产品优质化和商品化的进程大大加速。我国的粮食生产有着很大的潜力，如果这种潜力得到进一步发挥，则粮食的供给状况将会有新的发展。同时，我们必须清醒地认识到，农业生产的不稳定性很大，而且即使本世纪末我国人均粮食占有量可以达到 415 公斤以上，也仍然属于较低的水平，同发达国家比尚有很大差距。所以我们必须不断提高粮食的生产能力。除了制定各种推动粮食增产的政策以外，要强调精耕细作，变粗放型经营为集约型经营，运用科学技术来保证粮食生产的增长。

随着农村商品经济的迅速发展，农业的结构将有所调整，比现在更加协调，能够比较合理地开发和利用资源。在本世纪末期，种植业将由71.7% 变为 53.7%；林业由 4.8% 提高到 8.7%；畜牧业由 17.2% 提高到27.8%；副业由 4.4% 提高到 7%；渔业也有增加。农业产值大概将增加两倍。农产品的商品率，将由目前的 60% 上升到 80%。农业生产方面的资源利用效益，产品利用效益、消费效益、生态效益都会有比较大的改善。这些对于我国农业及国民经济的发展都有着巨大的意义。曾有人做过这样的估算，把我国粮食的现有损耗率降低到某些发达国家的水平，则不仅可以自给自足，还能有较多的出口。还有人匡算，在不增加饲料粮的供应量和生猪饲养头数的情况下，用现有的各种油饼做饲料，加工成以谷物为基础的配合饲料，将使猪肉产量大大增加；全国现有秸秆直接用做燃料，就等于烧掉了 200 万吨纯氮肥料，这相当于现有农田化肥施用量的1/5 左右。在未来的十几年中，由于农村经济的发达、科学技术的普遍应用，农工商运综合生产经营体系的形成，将会带来农业生产各方面的根本性的变化。我们的农业是很有希望的，我们的农村是有着远大前程的。

3. 赶上经济发达国家七八十年代水平，一些尖端技术进入世界先进行列

国民经济的发展，必须充分发挥科学技术的巨大作用，同时，科学技术发展水平也是现代化的主要标志之一。到本世纪末，我国国民经济各部门将普遍采用经济发达国家在 70 年代末或 80 年代初已经普及了的适用于我国的先进技术，并形成具有中国特色的科技体系。

具体地说，可以分为以下五类情况：第一，对于化工、机械、电力、煤炭、建材、冶金等大多数部门来说，经过努力，将达到经济发达国家 70 年代末或 80 年代初的先进水平。第二，在电子产品、仪器仪表、纺织产品、石油产品、新型合成塑料、农药等方面，将达到或接近经济发达国家 90 年代甚至本世纪末的先进水平。第三，经济发达国家有些五六十年代甚至更早就普及了的技术，但对我国来说，仍然是很需要的，也将得到发展和普及。比如铁路，美国本世纪初已达几十万公里，我国现在还要加快发展，电话也属于这种情况。第四，有一些方面，国外尚无可供我国采用的先进技术，我们必须从自己的实际需要出发，努力创造具有中国特色的新技术。第五，经济发达国家某些技术虽然先进，但不适合我国国情，就不需要花费很大气力去学。总的来说，就是要使科学技术面向我国的经济建设。

本世纪末，我国的技术结构仍将是先进技术、中间技术和传统手工技术等多种层次并存的多元型结构。当然在质和量两个方面都将同现在有很大不同。那时，自动化、半自动化、机械化、半机械化技术水平会有很大提高。但手工劳动仍将大量存在。

到 2000 年，我们的科学技术水平肯定会有比较显著的提高，与世界的差距明显缩小。同世界先进水平比较可能还会差 10 年，有的会差更多。当然在少数领域，也会同世界先进水平不相上下，有一些尖端技术将进入世界先进行列。目前，我国主要的科学技术，虽然比经济发达国家落后得多，但在有些领域，如农业方面的杂交水稻技术、生物固氮技术、生物防治技术、沙漠治理技术；卫生方面的血吸虫病防治技术、针灸和针麻技

术；能源方面的小水电技术、沼气制备技术；遗传工程方面的人工合成胰岛素、脱氧核糖核酸技术；国防方面的核弹、火箭、导弹、卫星技术等，都居于或接近于世界领先地位。对那些需要大量投资的登月和星际航行等宇航技术，我们不必急于同发达国家比高下，但对那些关系国民经济发展、具有重大意义的技术，如电子计算机技术、光纤通信技术、遗传工程技术，等等，则应该力争尽快进入世界先进行列。

在本世纪末，我国科技人才结构会有明显的改善。科研机构将逐步向开放型、经营型转化。科研生产联合体将大大增加。新技术、新工艺、新设备、新材料将使广大企业得到武装和改造。整个科学技术的进步将加快速度。

4. 我国将成为实力比较雄厚的世界经济大国

1985 年我国的国民生产总值为 7880 亿元，工农业总产值为 13336 亿元，是 1952 年 810 亿元的 16.5 倍。据统计，我国的国民生产总值 1980 年为 2833 亿美元，而同一年，美国为 25825 亿美元，苏联为 12120 亿美元，日本为 11529 亿美元，联邦德国为 8278 亿美元，法国为 6277 亿美元，英国为 4428 亿美元，意大利为 3687 亿美元，我国位于这些国家之后，居第八位。根据现在所得知的各国对经济发展的预测情况，到本世纪末，如果我们实现了工农业年总产值翻两番之后，我们国家的国民生产总值估计会超过 11400 亿美元，每人平均将近 1000 美元。如果达到这个数字，我国就将超过意大利、英国和法国，居世界第五位。虽然从经济总量和全部经济实力比较来看，我国已经可以称为世界经济大国，但由于我国人口众多，按人口平均的国民生产总值，在世界上的位次还是很低的，仍属一个中等偏下收入的国家。目前我国占世界的第 151 位，到那时可能上升到第 75 位。所以一方面要看到我们美好的前景；另一方面要看到我们还是一个发展中国家，我们自己必须加倍努力，届时才能真正跻身于世界发达国家的行列。

国际经验表明，从低收入水平国家向中等收入水平国家的过渡，必然伴随着产业结构的明显变化，带来工业化进程的加速进行。随着经济的发展，为适应未来消费结构的变化和理顺经济关系的需要，我国产业结构将发生很大变化，生产布局到本世纪末也会有很大的改善。80 年代，我国将充分利用和发挥东部沿海地带原有工业企业的生产能力，从 90 年代到 2000 年以后的相当一段时期，将继续利用东部沿海地带工业基地的基础，同时将把建设的重点逐步转向中部特别是西部地区的开发。

（三）人民生活达到小康水平

1. 人口增长得到有效控制，保证了人均国民生产总值水平不断提高

到 2000 年，我国的国民生产总值按人口平均要达到 800—1000 美元，这和人口的多少有着直接关系。人口问题是我国社会、经济协调发展中必须首先考虑的问题。我们对于我国的人口数量，人口发展所具有的惯性、周期性和积累性的特点必须有充分的认识。否则，稍一疏忽懈怠，就将造成极为严重的后果。如果不努力控制住人口增长的话，那么即使实现了"翻两番"，人民生活也难以达到小康水平，经济的增长都将为人口的过度增长所抵消，沉重的人口包袱将使我们无法实现未来的经济腾飞，甚至影响到下个世纪上半叶的经济发展。中央提出到本世纪末，人口要控制在 12 亿以内。从目前的情况来看，实现这个目标，相当困难。初步测算，有三种可能性。从 1983—2000 年，如果人口平均每年增长 0.95%，本世纪末人口可以控制在 12 亿。可是现在人口平均增长率高于这个数字。例如，1985 年我国人口自然增长率达 1.123%，超过了我们预期的指标。如果每年净增 1.15%（现在大体就是如此），到本世纪末就会达到 12.5 亿。如果每年平均增长 1.34%（比 1982 年低，那时是 1.45%），就会达到 12.8 亿。现在农村对计划生育有所放松，这个放松要十分慎重，因为农村育龄妇女的基数很大，其计划生育状况对我国人口的增长起着决定性作用。

在控制人口数量的同时，必须相应地提高人口的质量。人口素质的低水平同现代化建设的矛盾已越来越明显地表现出来。这就要求尽快地提高健康水平和文化水平。就健康水平来说，我国的婴儿死亡率在下降，人口的预期寿命延长。预期人口死亡率将由 1985 年的 32‰下降到 2000 年的 20‰，这是卫生部预计的情况，人口平均寿命新中国成立前只有 36 岁，现在有了很大的增长，1982 年是 68 岁，1985 年上升到 69 岁，这表明我

国人民的健康水平在不断地提高。预期我国人口平均寿命到 1990 年为 71 岁，2000 年达到 72 岁以上。就文化水平来说，到 2000 年，我国将拥有中小学生 18147.31 万人，中专生 414.98 万人，大学专科与本科生 592.66 万人，研究生 18.28 万人，我国的人口文化素质将有很大的提高。

随着人口总数的增加，就业人口将空前增长。由我国目前人口年龄结构的特点所决定，15—64 岁的经济生产年龄人口，同 1982 年的 6.21 亿相比，2000 年将增加 2.37 亿，就业人口将随之迅速增长，逐年妥善地安排就业是一项重要的任务。

随着农村人口城镇化，城乡人口的构成将发生重要变化。我国城镇人口占全国人口的比例，到本世纪末，将由 1982 年的 20.8%，上升到 38%。这主要不是农村人口拥入大城市，而是农村人口离土不离乡，或亦工亦农，或到中小城镇就业，形成乡村城镇化，这是一个巨大的进步。

针对本世纪末我国人口的这种变化，为了力争把我国的人口控制在 12 亿以内，我们还要继续执行计划生育的基本国策，绝对不能动摇。本世纪内，还要继续提倡一对夫妇生一个孩子，并采取优生优育的政策。要普遍开展婚前检查，制定优生法，使我们的民族繁荣昌盛。

2. 消费品供应状况大为好转，能够适应、引导社会需求的发展变化

我国消费品工业发展迅速。本世纪末，消费品市场供应状况将大为好转，产品适销对路，以新产品满足消费者发展变化的需求，达到生产结构与消费结构之间的基本协调。新的消费领域不断地被开发，劳务消费将有较快的发展。供给将满足城乡人民有支付能力的需求。

随着人民饮食的改善，我国的食品工业将有比较快的发展。食品工业的发达程度，是和农业的发展及农产品商品率提高的程度分不开的。我国 1985 年社会农副产品收购额为 1680 亿元，占农业总产值的 36.7%。1983 年我国农产品用于加工后的食品工业总产值为 794.3 亿元，为农副产品收购额 63%，仅占农业总产值的 25.5%。而一些经济发达国家农产品加工工业产值和农业产值之比一般达 0.8 或更高一些。比如，美国就超过 1.9（1979 年），日本超过 2.4（1980 年），联邦德国超过 2.2（1978 年），法国超过 1.6（1980 年），英国超过 3.7（1979 年），苏联超过 1.0

（1980 年）。预计 2000 年我国城市的食品工业总产值可达到 3000 亿元左右。

食品工业的发展，既要提高产品产量，又要进行精加工、多层次深加工和综合利用，扩大产品利用途径、丰富食品资源。根据初步预测，食品工业的实物生产量，2000 年与 1980 年相比，消毒奶、奶制品、蛋制品增长 20 倍以上；婴幼儿食品、老年食品、啤酒、饮料增长将达到 15 倍以上；豆制品、精制面粉、面包及其他面制品、水果蔬菜制品增长在 10 倍以上；淀粉、水产制品增长 6 倍以上；调味品、罐头增长 3.5 倍以上；糕点、茶叶、糖果、原盐、卷烟、植物油、肉禽制品将增长 1 倍以上。

人们服饰水平的提高，将会推动纺织品结构发生大的变化。从现在起到 2000 年，我国纺织品的发展，将走一条棉布与化纤布并举，以发展化纤产品为重点，以供应成衣为主的道路，成衣率将从 20% 提高到 50% 以上。本世纪末，我们的人均纤维占有量将由 1980 年的 3.2 公斤（世界平均为 6.7 公斤）提高到 5.6—6 公斤（预计世界平均为 8—8.5 公斤）大体达到世界的中等偏下标准。纺织和服装缝纫工业在逐渐满足数量需求的基础上，将努力做到流行色、流行图案、流行款式互相协调，满足不同年龄层次、不同地区、不同消费水平对品种、花色、档次等方面的需要。旧中国服装更新周期在 10 年左右，现在服用周期已缩短到 6 年左右；到本世纪末，服用周期将缩短到 3 年。今后，我国还将不断扩大纺织物和成衣服装的出口。

第二次世界大战后，美国、西欧、日本等国家都曾大力发展耐用消费品，家用电器类产品普及很快。如美国，1970 年电冰箱、电熨斗普及率达 99.8%；日本 1977 年电冰箱、洗衣机、吸尘器和电风扇普及率达 94%—98%。彩色电视机、录音机、照相机早已在许多国家普及，并发展了多种性能、规格的多代产品。我国家用电子电器产品正迅速进入家庭，处于成长阶段，预测未来的 10 多年里将出现消费的旺盛期。家用电器、电子产品是耐用消费品工业发展的重点。根据人民生活发展的需要，本世纪末，电器类产品、信息类产品、美化健身产品、运载工具产品、农产品加工机械、新型装饰材料都将有巨大的需求、广阔的市场。我们的消费品工业将不断开发出新兴消费品，引导消费需求的发展。

到 2000 年，我国的城乡住房问题将会有较大的改善。住宅已纳入消费品范畴，逐步实行住宅商品化，房地产有偿使用，建立起多层次、多渠道的住宅投资结构，形成以住宅为主的房地产市场，开展灵活的房地产经营，建材业、建筑业和房地产业将发展成为国民经济的支柱产业之一。

按照预测，本世纪末我国社会商品零售总额将达到 1 万亿元，其中消费品零售总额可达到 8400 亿元，平均每年增长 8%。从经济发展情况来看，消费品工业可提供 8200 亿元的市场消费品，年平均增长 7.9%，各类消费品的供应，将基本上满足城乡居民生活小康水平的需要。

3. 人民生活状况大为改善，达到多层次的小康水平

小康水平，从全国来讲也不是同一标准的，而是多层次的。城市有城市的小康水平，农村有农村的小康水平；富裕地区有富裕地区的小康水平，贫困地区有贫困地区的小康水平。全国只有一个模式的小康水平是不可能的。1980 年我国城乡人民的平均消费水平是 227 元，按不变价格测算，2000 年预计可以达到 617 元，比 1980 年提高 1.7 倍，平均每年递增5.1%，城乡人民的消费差别，将由 1980 年的 2.7：1，缩小到 1.86：1。到 2000 年时，农村居民的消费水平大约可达到现在城市居民的中等生活水平。

2000 年，我国人民的膳食结构将有较大改变，营养质量更趋合理。根据预测，可能会有两种情况，一种情况是粮食消费较高，动物性食品消费较低的情况，这时人均消费粮食 215.5 公斤、植物油 6 公斤、肉类 22.5公斤、乳类 20 公斤、蔬菜 120 公斤、水果 18.5 公斤。另一种情况为粮食消费不高、动物性食品消费较高：人均消费粮食 188 公斤、植物油 7.5 公斤、肉类 30 公斤、乳类 30 公斤、蔬菜 120 公斤、水果 25 公斤。总的来说，植物性食品仍然为主，但比重下降，动物性食品的比重在上升。多种多样的方便食品将进入城镇家庭，在这方面的花费约占家庭食品消费支出的 20%—30%。不过一般家庭主要还是自制餐食。现在，在我国人民的消费结构中，饮食要占总消费的 50% 以上，世界卫生组织的专家来中国考察后也承认，我国人民的健康水平是好的。但是生活消费结构中，吃的

部分占多了，就会带来很多问题，给农业带来很大负担。将来，在总的消费结构中，粮食的比例将要降低，其他方面的比重要提高，这是一种进步。经济越发达的国家，吃的东西在消费中的比重就比较低，这不是生活水平的降低，从总的营养价值来讲，还是提高了，但是在吃的方面花的钱在总支出中所占的比重小了，用在其他方面的就相应增加了。

在城市里，现在的消费结构，除了吃的以外，其他方面主要就是电视机、电冰箱、洗衣机这类耐用消费品，现在这方面的消费水平，已经达到日本 70 年代的水平。所谓日本 70 年代的水平就是每人平均的国民收入大约是 1600 美元。我们现在城市人均国民生产总值，上海是 1600 多美元，其他城市平均大约是 600—700 美元。到本世纪末，凡是目前在经济发达国家普及的家庭电子产品，那时也将成为我国家庭争购的对象。届时，电视机的普及率将达到城镇住户的 92%、农村住户的 75%；录音机的普及率将达到城镇住户的 80%、农村住户的 42%；电冰箱的普及率可达到城镇住户的 70%、农村住户的 15%；洗衣机的普及率可达到城镇住户的 90%、农村住户的 36%。其他各类新兴消费品也将大大发展。

我国人民的穿着也将有一个大的变化。舒适、美观、多样化、个性化和时代感，将是城市居民对服装所提出的要求。农村居民的穿着质量、数量和花色品种都会有较明显的改善，与城市居民相比差别将会缩小。

住房，这几年农村有很大的进展，建筑了 30 多亿平方米的房子，人均增加了 3 平方米。现在农村人均住房有 10 平方米多，这的确是一个很大进步。城市这几年也建设了一些房子，平均每人大概增加了 1 平方米。农村盖房是自己拿钱，而城市建设住房是国家拿钱，城市建房速度还比较慢。国家正在逐步采取一些措施，把住宅商品化。2000 年，我国居民的住宅条件，无论是质量还是数量都将有明显的改善。城镇居民人均住房面积将由目前的 6 平方米达到 8 平方米左右（使用面积达 12 平方米）。不过，这也不是绝对的，可能会有一部分家庭的人均居住面积由于地区和单位之间的差异，将会高于或低于这个水平；农村居民人均住房面积可达到 15 平方米以上。基本上是一户一套住宅，大多数房屋为砖瓦或砖混结构，起居环境比较方便，有较强的御寒和消暑条件。

随着劳务事业的发展，商业和服务网点的数量将大大增加，布局趋于合理，平均每百人大体上可有 2 个商业服务点。各种社会服务设施将提供给人们较高质量的服务。社会福利事业进一步发展，人民的医疗保健条件明显改善，文化教育事业将较好地满足人们学习、娱乐和休息的需要。人们的活动空间和各种交往日益扩大，国内旅游增多，到国外观光、游览也成为可能。

总之，我国人民的生活水平将普遍提高，开始进入一个新的、比较高的层次，建立起具有现代化意义的生活方式。这对于我国的社会和经济的发展将产生具有深远意义的影响。

（四）精神文明建设取得新的成就

1. 全国人民社会主义精神文明建设的日益加强，将从思想上有力地保证物质文明的健康发展

到本世纪末，我国社会主义现代化建设将达到一个新阶段。物质文明程度的提高，必然促进精神文明建设的发展，带来整个社会精神文化面貌的更新；而精神文明建设的加强，又将保证物质文明的健康发展。

社会主义制度的优越性将比现在表现得更加鲜明。人们也将更加深化对社会主义、共产主义的理解和认识。马克思主义的理论建设将根据亿万人民的实践，从经济、政治、文化、社会各方面，研究、总结、探索社会主义的发展规律。同时，还要研究当今世界发展变化趋势的新情况、新特点，及时地、正确地、有所批判地吸取各门科学发展的最新成果，不断丰富马克思主义，使之更好地指导我们进行物质文明和精神文明的建设。

《中共中央关于社会主义精神文明建设指导方针的决议》指出：建设有中国特色的社会主义，把我国建设成为高度文明、高度民主的社会主义现代化国家，这就是现阶段我国各族人民的共同理想。这个共同理想是在党的领导下，有步骤、分阶段来实现的。第一步，到本世纪末，要使我国经济达到小康水平；第二步，到下世纪中叶，接近世界发达国家水平。随着小康水平的实现、我国人民生活水平的提高，国家经济实力将大大增强。这些进步，将使人们对逐步实现共同理想，实现建立各尽所能、按需分配的共产主义社会这一最高理想，信心倍增；一些人的徘徊、犹疑情绪

会因建设和改革的现实成就和切身经验而逐渐减弱、消除。广大人民群众将从内心深处真正认识到社会主义所具有的优越性，认识到社会主义现代化建设必须有党的坚强领导。当然也会感到在社会主义的初级阶段，我们社会所存在的弊端必须逐步地加以改革和克服。

在社会主义建设实践和马克思主义理论深入发展的基础上，对群众进行理想教育的内容不断充实，教育形式多样化，更加符合人们的心理特点，更易为群众所接受，从而有效地帮助人们把全国人民的共同理想同自己的岗位职责及人生的追求目标结合起来，把理想建立在科学的基础上，使整个社会都为实现共同理想而奋斗。

有了共同的理想，有了实现这一理想的坚定不移的信念，社会主义现代化建设就得到了可靠的思想保证。广大人民群众通过实践对坚持四项基本原则和实行改革开放认识得更为深刻和切实，对建设具有中国特色的社会主义不仅认识明确，而且把坚持四项基本原则、维护四项基本原则和进行社会主义物质文明建设、坚持开放和改革化为自己的自觉行动。

2. 社会主义的道德风尚大大发扬

本世纪最后的十几年，是社会主义现代化建设至关重要的时期，也是我们确立和发扬社会主义道德风尚的一个关键性的阶段。在这十几年中，我们要从根本上实现党风、社会风气的根本好转，要从社会生活的各个方面克服封建的和资产阶级的腐朽思想道德的影响，使社会主义的道德风尚在全社会牢固地树立起来，这个任务是很艰巨的。

道德素质是人的素质的一个重要方面，它体现在社会生活的各个方面，反映了人与人之间的关系。因此，进行全民范围的道德建设，对于全面提高人的素质，在全社会建立和发展平等、团结、友爱、互助的社会主义新型关系，规范人们的行为，改变人们的精神面貌，鼓励向上，都具有重要的意义。

到 2000 年，我们整个社会的风气将更加淳朴高尚，损人利己、损公肥私、金钱至上、以权谋私、欺诈勒索的思想和行为将被人唾弃，而承认差别、承认个人利益，同时大公无私、顾全大局、诚实守信、扶贫济困的精神，将成为具有强大凝聚力的社会精神力量。

　　培养职业道德，对于提高整个社会的道德水平起着重要作用。今后，我们将对党和国家机关的干部、各行各业职工进行各种形式的培训和教育，使每个人对自己的工作、职业都有着强烈的社会责任感，都能够自愿、自觉地为他人提供良好的服务。随着体制改革的深入，由于物资缺乏和机会不均等而造成的"走后门"等带有行业特点的不正之风也将得到一定程度的改观。培养职业道德，一方面要加强政治思想教育，注意个人修养，另一方面也要通过经济体制和政治体制的改革、通过发展商品经济，调动人们的积极性，逐步变革人们的陈腐意识和落后观念。

　　人们的行为除了受到法律、纪律的约束以外，还应当有社会道德规范的校正。道德的力量是精神的力量、心灵的力量。现在我们的道德规范力量薄弱，社会上的许多不良倾向得不到有效纠正。我们的社会风气要彻底好转，必须加强道德对人们行为的制约力。这样，到 2000 年，我们在全社会才会形成尊老爱幼，讲求文明礼貌，遵守公共秩序，勇于同坏人作斗争的良好风尚。

　　3. 在对外开放的过程中，建设社会主义的精神文明

　　建设社会主义的精神文明，必须立足于世界，立足于未来，立足于现代化。这样，我们才能使精神文明的建设与物质文明的建设相辅相成，相得益彰。

　　党中央已经把对外开放作为不仅适用于物质文明建设，而且适用于精神文明建设的一项基本国策确定下来，是非常英明、非常正确的。当今世界各国发展的程度比较复杂，我国作为一个发展中国家，处于较低的层次，落在很多国家的后面。要使我国尽快地发展，上升到较高层次，我们就必须实行对外开放，必须向一切发达国家先进的东西学习。在学习的过程中，我们坚决摒弃维护剥削和压迫的资本主义思想体系和社会制度，摒弃资本主义的一切丑恶腐朽的东西，但是必须下大决心用大力气，把当代世界各国包括资本主义发达国家的先进的科学技术、具有普遍适用性的经济行政管理经验和其他有益文化学到手，并在实践中加以检验和发展。

　　本世纪末，通过对外开放，将有力地促进社会主义精神文明的建设。我们将把国外的先进的科学技术、经济管理经验加以消化、吸收，同我国

的具体情况相结合，逐渐创造出具有我国特色的社会主义的经济发展模式和精神文明的面貌。

总之，在全党、全国人民高度重视社会主义精神文明建设的基础上，社会主义精神文明的建设应坚持四项基本原则，以提高整个中华民族的素质为核心。这项建设不仅在思想道德、科学文化方面取得累累硕果，而且在加强社会主义民主、法制、纪律的教育等方面也将有突出的成就，与物质文明建设的要求相适应，"两个文明"将互相促进，共同发展。

十二　本世纪末的中国经济

（一）各经济部门协调发展，产业结构趋于合理

1. 产业结构不断现代化

产业结构的状况，直接影响着经济发展。关系到现代化的进程。实现产业结构的合理化，既是我们实现社会主义现代化的必要条件，又是现代化的重要内容之一。

目前我国产业结构的实际情况是，传统产业是产业结构的主体。根据匡算，1980 年全国传统产业产值平均约占工农业总产值的 98% 以上。预计到本世纪末，不会降到 80% 以下。这就是说，传统产业在我国产业结构中的主体地位不仅在本世纪末，即使在 21 世纪内一个较长时期，也还将得到保持。可见，调整、改造产业结构重点是调整、改造传统产业。面对新产业革命的挑战，我国的传统产业必须同新的科学技术相结合，尽量采用新技术革命的成果来改造传统产业，走出一条适合我国国情的发展道路。

在现代社会，产业结构必须不断优化，实现现代化，否则无法适应社会经济高速增长的要求。所谓产业结构优化和现代化，就是资金和劳动密集型部门和企业占主要地位的产业结构不断向技术密集型部门和企业占主要地位的产业结构转化。就我国目前的情况来看，应当在发展和改造传统产业（基础工业）的同时，建立和发展新兴产业，实现劳动密集产业和技术、知识密集产业的有机结合。在今后相当长时期内，我国产业的发展

将呈现出传统技术和新兴技术两类技术体系同时并存，传统产业和新兴产业两类产业相辅相成的格局。在这一过程中，我国的技术发展和产业发展都将表现出多层次性的特点。

参照世界各国的产业结构改造和发展的情况，选好带头产业，组成产业梯队，是彻底改造传统产业，造成产业发展有利态势的关键性步骤。

在科学的发展史上，曾经出现过一些带头学科，带动和推进了其他学科的发展。同样，在产业的发展史上，也出现过一些带头的产业，打破了经济发展的均衡状态，带动和推进了其他产业的发展，发挥了先锋带头和引导推动的作用。纺织工业曾经起过这样的作用，汽车工业、石油化学工业也曾成为一些国家一定时期的带头产业。带头产业的发展并不是脱离产业群体结构孤立地进行的，而必然关联到后继产业。所以，带头产业与产业梯队二者是紧密相关、互相依赖的系统。

我国未来的带头产业主要是电子工业。首先，世界新技术革命的浪潮把电子工业推到最前列，改变着各国的经济结构；其次，传统产业的改造和其他新兴产业的形成都离不开电子工业，电子工业代表着社会经济发展的方向，电子技术将广泛应用于生产控制、智能化产品和管理方面；再次，电子工业是劳动、资金、技术知识密集型产业，其发展是建立在一系列工业的基础之上的。这将带动材料工业、机械工业、化学工业等很多产业部门的发展，也将有力地促进信息处理和软件产业的兴起。还有，到本世纪末，我国的经济发展和产业改造，将形成对电子产品的巨大需求。电子产品供求紧张的状况可能形成本世纪内我国经济发展中的突出问题。另外，经过20多年的发展，我国电子工业也有了比较好的基础。因此，我国的电子工业有充分的理由和条件成为经济发展中的带头产业。

同时，要充分注意农业、机械工业和建筑业发展的问题。

农业是我国产业结构发展变化的基础。从传统农业向现代化农业的转变，将成为我国经济发展和产业结构改造中的主要问题。

机械工业是电子工业等新兴产业发展和传统产业技术改造的重要物质条件。运用新兴技术改造传统产业的一个重要方向，就是电子技术同机械、电器、仪表等技术的融合，同时也会产生新兴的机械—电子技术和机械—电子产品，它的应用和影响将渗透到其他各种产业之中和社会生活的各个方面。

建筑业的发展直接关系到能否适应引导合理的消费结构和需求结构，能否为产业结构的合理调整开拓出一条比较顺利的路子。

我国经济发展中的基础产业和关键产业，包括能源、原材料和交通运输以及商业流通和服务产业等第三产业是我国经济发展中的薄弱环节，同时，又是极有前途的、方兴未艾的产业。因此，我们对这些产业的发展应给予高度重视。

到本世纪末，将形成能够发挥我国优势的产业结构，为21世纪创造出资源合理配置，宏观经济效益较高的产业结构奠定基础。

2. 各个产业的发展互相协调、互相促进

当前，我国的产业结构中各产业互相脱节的现象比较严重，制约着国民经济的顺利发展，造成产业结构内部不协调的恶性循环。因此，我们必须尽快改变这种不合理的状况，安排合理的产业结构。所谓合理的产业结构，就是在现有结构的基础上，通过恰当地安排各主要产业发展速度的分布，加快一些薄弱产业和新兴产业的发展，滞缓一些过分膨胀的产业的发展，建立起各个产业之间的互相协调互相促进的关系。

产业结构变化的一般趋势是，一次产业的比重下降，二次产业的比重经历了一个由上升到稳定再到下降的变化，三次产业的比重则不断提高。我国产业结构的合理化过程，也将遵循这一趋势，但又具有我国的特点。预计，到本世纪末，我国三次产业在就业结构（机关团体除外）中的比例将从1981年的7.5:1.7:1（72.02%:16.34%:9.64%）变为1:1:1，即大约各占1/3。其中，商业流通和各种服务产业将大大发展，建立起一个与生产发展和生活提高相适应的流通结构和服务结构，其所创造的产值和国民收入的增长将快于工农业总产值和国民收入的增长，有可能分别达到8%和7%以上，在社会总产值和国民收入中的比重也分别提高到约8%和10%以上。同时，商业流通和服务性活动有其特殊的规律性，劳动强度大，主要依靠增加就业人数提高劳动生产率，因而，商业服务业的就业人数将大幅度增长，1981年为1722万人，1985年为2091万人，1990年预计达 3500 万人，到 2000 年将达到 6000 万人左右，加上新型服务业的形成，就业人数可达到 8000 万人以上，占社会劳动者总数的 12% 以上。

从农业和工业的协调发展来看，由于农业受自然因素的影响比较大，其发展中的不确定因素更多。因此，本世纪内还不能完成传统农业向现代化农业的过渡。今后随着农村改革的深入发展，商品经济的发达，农业的技术改造和现代化建设也会有一个较大的提高。农业的发展肯定会比过去快得多，与工业增长速度的差距也会大大缩小，其增长速度每年大约为 5%—6%，工业的增长速度大约为 8%，这样，到 1990 年，工农业的比例和结构大体为 7:3，到本世纪末，大体为 6.6:3.4。农业劳动生产率以年平均 4% 的速度提高，工业将超过 5%。到 2000 年，从事农业的劳动力将占农村劳动力的一半左右，就业结构将发生重大变化。工业内部轻重工业增长速度的比例也将有所调整，这有利于工业内部结构的合理化，更好地满足市场需求的多样性、层次性。到 2000 年，轻重工业的比例就将大体变为 4.5:5.5。

新兴工业是我国产业发展的方向和带头力量，体现着科学技术进步，集中了比较多的科技人才和较多的研究开发投资，拥有比较先进的技术手段，目前正处于蓬勃兴起和成长时期。新兴工业必须在初级阶段保持相当高的发展速度，才能在比较短的时间内形成强大的产业。根据现有基础和力量以及未来发展的要求，电子工业的发展速度估计可达到 13% 甚至 15%；电子计算机工业的增长速度将会更高，至于其他新兴产业，如光纤通信、激光、新型材料、核工业等也将超过 20%。到本世纪末，我国新兴产业生产的产值占工农业总产值的比重可能超过 10% 达到 15% 左右。

与此同时，传统工业将在加快技术进步和技术改造的基础上稳定地增长。食品工业的增长速度需要而且也有可能加快，达到年平均 8% 左右，超过整个轻工业的增长速度，其他传统工业如冶金业、纺织业的增长速度将会减慢。传统工业的发展重点要转向提高质量，开发品种。

采掘工业和加工制造业之间的关系必须适当。目前，我国采掘工业落后，加工工业盲目发展，加工深度过浅，资源利用率较低。本世纪末，我国的采掘工业将大大加强，加工深度不断提高，资源得到更有效的利用。

而高能耗工业和高材料消耗工业的比重将下降。这样，采掘工业和加工工业增长速度的对比关系可能会由过去的 1∶1.4 变为 1∶1.5—1.8。

基础设施的建设与发展，影响着本世纪末我国产业发展及其结构改造，是我们在实现现代化过程中必须予以重视和解决的重要问题。

我国的基础设施落后，已成为经济发展中迫切需要解决的问题。本世纪末，我国的能源生产将有新的发展，同时通过技术改造等措施，提高利用能源的效益；要采取多种形式搞好运输，增加运量；电话的普及率从 0.6% 提高到 3% 左右，加快信息通信产业的技术进步和技术改造，建立起比较发达的信息产业和信息网络。经过发展，电力、交通、通信、建筑等基础设施部门在社会总产值和国民收入中的比重将分别从 1981 年的 12.7% 和 10.4% 提高到 15% 左右，就业人数中所占比重将增长得更快。

到本世纪末，我国产业结构在经过十几年的调整、改造、发展之后，畸形的状况有比较大的改变，薄弱产业和新兴产业得到充实和加强，各产业内部结构、各产业之间基本互相适应，能够比较协调地发展，产业结构基本趋于合理。在比较完善的市场体系基础上，在灵活、有力的产业政策指导下，我国产业结构的转换能力大大增强，从而将有力地推动经济成长，保证我们逐步赶上发达国家的发展水平。

（二）生产布局的不平衡状况有较大改善

1. 经济梯度结构有所改观，为建设重心由发达地区向不发达地区逐步推进做好准备

新中国成立 30 多年来，经过社会主义经济建设，我国的生产力布局状况有很大变化，目前，由于自然环境、地理环境、经济环境及生产要素的优劣程度等方面的差异，我国客观上存在着三个经济梯度地区，即东部沿海、中部内陆和西部边远地区。一般来说，东部的发展水平较中部、西部为高，但由于每一梯度内存在着发展程度的不同层次，所以并不是东部的每一个省、每一个地区都比中部、西部各省、各地区发达；况且随着中西部某些省的重点开发建设，经济优势的发挥，很有可能与东部某些发达的省份并驾齐驱，或者交错领先。

地区之间经济技术发展的不平衡性，是历史形成的，在一个大国的经

济发展中是不可避免的。世界上一些经济发达的大国，都存在着地区之间的经济差别，生产力布局也都经历了由不平衡到比较平衡的逐步推进过程。这一渐进过程往往需要几十年到上百年的比较漫长的发展时期才能基本完成。从这些国家的情况看，在生产力布局逐步由发达地区向不发达地区推进过程中，必然伴随着经济重心在地区间的转移。如美国生产力布局由东北部—中西部—南部"阳光地带"的转移；苏联由俄罗斯中心工业区、乌克兰—乌拉尔、库兹涅—哈萨克斯坦、中亚细亚—远东、西伯利亚地区的转移，等等；发达国家如果没有这种经济重心在地区间的转移，就不能发达到今天这样的程度。我国在经济发展过程中也存在着严重的地区不平衡。生产和资源的地理分布相脱节，资源优势在西部，而经济技术优势却在东部；能源、有色金属等各种矿产和轻工日用消费品的地区产销不平衡，这些都严重影响到自然资源和经济资源的合理开发利用和最优配置，制约着生产的增长和经济效益的提高。因此，从长远来看，我国的经济发展必然要求生产力布局形成由东向西逐步推进的格局，逐步实现经济重心的地区转移。

我国作为发展中国家，进行现代化建设必须把改变落后地区面貌，提高其发展水平作为一项主要的任务。随着改革和开放的深入，商品经济越来越发达，使整个国民经济的内在联系越来越紧密，越来越复杂。发达地区不能脱离欠发达、不发达地区孤立发展，欠发达和不发达地区也要依靠发达地区才能进步。从整体上来看，我国的经济要振兴，经济要持续稳定地发展，重点不单纯在于发达地区如何发达，而应当把我们的目光延伸到资源丰富、地域广阔、潜力巨大的欠发达和不发达地区，促使经济梯度结构不断演化、转换，推动经济不发达地区逐渐上升到比较发达的梯级。这样，整个国民经济的发展才能上升到一个较高的层次。

从我国现有的经济基础和布局状况出发，我们在本世纪内将把投资和建设的重点逐步移向中部地区。中部地区在地理位置上处于我国东部和西部之间的中枢地带，在全国战略布局中有着独特的地位。到1985年年底，我国中部地区有人口48308万，约占全国总人口的46.21%，工农业产值占全国的30.3%，工业产值占全国的27.66%。中部地区交通四通八达，区际联系方便。优越的地理位置和便利的交通运输条件，使我国中部地区在客观上起着联结东、西部地区的桥梁和纽带作用，是经济梯度结构中最重要的中间层次，成为实现地区经济技术推移的支点。

目前，我国东部地区是最为发达的层次，但这一地区的经济发展，不只取决于其本身的经济力量，而且取决于内地为它提供的矿产、能源等物资。东部地区加工工业所需要的很大部分农副产品原料，也要靠内地调运，近年来，每年都要调入75亿多公斤粮食，调入统配原煤达7380多万吨。而中部地区有着良好的农业基础，是全国粮食的主要产区和外调地区，又是全国煤炭和电力等能源的供应基地，原煤产量占全国的55.3%，每年调出统配煤7500余万吨。中部内陆地区的经济支撑着东部地区的经济发展，填补了由于东部地区今后集中力量发展新兴产业，吸收、消化国外的先进技术所造成的国内市场不足。

中部作为我国地区开发和建设的重点，在短期内经济的增长速度肯定要慢于东部地区，经济效益也未必好。但从保证经济能够持续稳定发展这个长远目标考虑，使中部地区发达起来，则具有重要的战略意义。计划对中部地区的能源、矿产资源进行重点开发，可以缓解东部地区的紧张局面，满足生产、生活的需要，并能够缩短运输距离，节省运输费用。在开发利用中部地区资源的基础上建立起加工产业综合体，能够使生产接近原、燃料产地，在一定程度上缓解原、燃料产地与加工地区脱节的矛盾。

我国今后的生产力布局就是要坚持把发挥东部地区原有生产力的作用，同把投资和建设的重点逐步向中部地区转移，准备进行西部地区的开发建设相结合，依托老基地，逐步创造条件，有计划、有步骤地推进中部和西部地区的开发建设。我们要在80年代创造良好的环境，充分利用和发挥东部地区原有企业的生产能力。从90年代开始到2000年以后相当一段时期内，要以沿海老基地为基础，把经济重心逐步移到中部，加快中部的开发和建设，同时做好开发建设西部地区的准备。在2000年以后，中部地区的经济基础得到巩固和提高，较好地发挥其综合生产能力和经济效益，在经济实力逐步增强的基础上，我们将把投资和建设的重点，转移到西部不发达地区。这样，我们就将使经济的发展始终具有宽松的回旋余地，能够逐渐克服由经济发展不平衡带来的各种困难，在全国范围内实现现代化。

2. 发挥相对经济优势，合理开发、有效利用各类资源

梯度和层次，直接反映着差异。不同的梯度和层次，如我国的东部、中部、西部三个地带，每个地带内部发展程度的不同，以及城市和乡村的不同，等等，都具有反映自身特色的相对优势和相对劣势。这些优势或劣势，不是始终不变的，它可以在竞争和经济发展过程中产生换位和变化。比如，上海作为一个发达地区的城市，在经济、对外开放、科技力量等方面占有相对优势，但在地租和劳动力成本方面却处于相对劣势。现在，上海原有的优势产品在不断转移，一些优势产品已转向沿海中小城市或内地城市，有些已转移到乡镇企业手中。通过顺延经济梯度来转移技术和产品，就使相对优势得以充分发挥出来，有利于参与竞争，不断改善经济梯度结构，提高经济效益。

生产力布局，实际上就是按照社会分工、商品经济的要求，寻求和发挥一个地区在经济环境和生产要素方面的相对优势，尽可能合理地开发和利用各种资源。因此，我们在部署各地区的经济发展、努力缩小现存的地区之间经济水平的差距时，必须注意发挥地区经济的相对优势。

到本世纪末，我国东部地区将对产业结构做出较大调整，提高资源的加工精度和深度，力争用同样的原料生产更多更好的产品。一般产业的发展得到控制，能耗高、资源消耗高、占地面积大和污染严重的产业和行业经过调整后不再发展并逐步减少。远离原料产地和销售市场，适于就地加工的农产品加工工业和矿产品的粗加工工业，被转移到中部和西部原料和能源富裕的地区。把上海、天津、广州等沿海城市生产的一般日用工业品大部分逐步转移到中、西部地区的城市去生产，把有色冶金、铁合金、电石等大能耗工业转移到西北、西南水电富裕的地区。东部地区将集中力量发展消耗材料少、能源少、占用场地少、不污染或少污染，技术要求高和有出口竞争能力的精加工工业，朝高、精、尖、新的方向发展。沿海开放地区将依靠自己的经济实力和拥有的先进技术同内地实行有效的经济联合，共同开发内地资源，促进内地经济发展及提高、完善自身。本世纪

末，沿海开放城市将形成比较完善的基础设施和良好的投资环境，对外资具有更强的吸引力。

随着经济重心逐渐转向中部地区，我们将重点开发以山西为中心（包括内蒙古西部、陕北、宁夏、豫西在内）的煤炭与重化工基地。根据初步预测，到本世纪末，该地区的原煤产量将达到3.6亿吨或4亿吨，大约占全国总产量的1/3。同时，在煤炭大规模开发的带动下，火力发电、冶金、化工等都将有一个较大的发展。长江流域经济获得迅速发展，以振兴长江航运和在条件成熟的前提下建设长江三峡巨型水利枢纽为基础，发展有色金属、稀有金属、化学工业和以水电为中心的电化工、电冶金等耗电多的工业，逐步建设起长江的产业密集带，促进整个工业布局的改善。经过多年的建设，"三线"地区工业在大批生产的产品中，许多主要产品的生产能力占全国的1/3，工业产值占全国的1/4，已经形成了不同类型和规模的"三线"工业基础。2000年，我们将初步建立起"三线"企业的新的管理体制，与此同时，"三线"企业经过技术改造，将大大提高经济效益。

在本世纪内，西部地区已为将来的大规模开发做好准备。西部地区的地质工作大为加强，开展高质量的区域地质调查、矿产资源普查和成矿预测，为开发建设准备好各种资料。国土整治和改善生态系统已经成为我们开发利用西部地区资源的一个重要条件，将花大力气整治。未来我国西北地区的交通运输条件将有很大好转，交通运输建设步伐加快，与区外联系的区际干线得到加强。本世纪末，西部边远地区科技力量薄弱的状况将得到一定的改善，初步形成一支能够适应该地区生产发展需要的科技队伍，科技力量得到充实。我们还将吸取国内外开发建设新区的经验教训，防止草率从事，避免对以后的经济发展和资源利用等产生不良后果。

（三）新型的对外开放经济体系基本确立，外贸获得较大发展

1. 积极利用国际分工中我国的优势和外国的技术、资金、资源，加速我国国民经济的发展

党的十一届三中全会提出了对外实行开放的方针，经过几年的发展，对外开放已经初步形成为一个从沿海转向内地、由点向面发展，分层次逐

步推进的格局。对外经济关系的大发展使我国的国民经济薄弱环节得到加强，推动了科学技术的进步，为生产和消费开拓了新的领域，并对扩大劳动就业起了积极作用。

实行对外开放，目的就是通过利用国际分工中我国的优势，利用国外的技术和资金、资源，来促进国民经济向现代化迈进。在商品经济高度发达，国际分工日益深化，国内市场逐渐同国际市场结为一体的情况下，再闭关自守，关起门来搞商品经济、搞现代化，那是无论如何也行不通的。只有灵活地通过国际分工，通过吸收国外的资金、技术、资源，把自己在国际市场上的劣势变为优势，我们国内的商品经济才能大大发展，现代化进程才能加快。我们要发展经济，实现人民生活的小康水平，跻身于经济发达国家之列，必须实行对外开放的基本国策。不对外开放，就永远无法走向世界，屹立于世界民族之林。只要我们坚持改革，在开放的过程中不断总结经验教训，认真学习，就能在开放中使经济越搞越活。

我国是世界大国，同时又是发展中国家，经济、技术落后，要在对外开放的基础上，充分利用国际分工的好处，必须改善我国的出口创汇状况，增强出口创汇能力。在我国现代化建设过程中，要不断引进先进技术，扩大利用外资的规模，因此，始终存在着强烈的进口需求。同时，我们的外汇资金又十分有限。缓解、解决我国经济建设中长期存在的强烈的进口需求与短缺的外汇资金之间的矛盾，必须不断增加出口创汇能力，形成对外经济贸易的良性循环，获得国际分工的利益。

本世纪末，我国的出口创汇能力将大大增强，形成一个对外贸易的系统，一大批生产者将直接面对国际市场的激烈竞争，一大批企业则面临得到缓冲的或有限的国际竞争，还有部分企业将投身于间接的国际竞争，我们企业的整个经营管理水平将大大提高，产品将富有竞争力。出口创汇能力的增强，还要有宏观政策的指导和扶持。既要统一对外，又要机动灵活，要利用价格、税收、汇率、利率、许可证等经济杠杆和行政手段来调整出口商品结构，鼓励出口创汇的积极性，有效地利用国际分工为我们提供的各种机会。

几年来，我们引进技术的实际情况表明，引进先进技术改造现有企业，有力地推动了我国工业的发展。技术引进工作的核心在于消化吸收和创新推广。今后，我们将把技术引进的重点放在生产出口商品的企业，农业、轻纺、机电等生产出口产品的部门和企业将取得先进技术的优势地位，使其产品不断更新换代，产品的质量稳步提高，不断适应国际市场的需要，继续打入和占领国际市场。通过引进先进的与适用的技术，我国的传统产业将得到改造，出现新的面貌。

我们正在积极运用国外资金来推动经济发展。到本世纪末，将形成一个良好的投资环境，从各个方面吸引外资。随着经济调控体系的建立与完善，我们可以对外资直接投资的方向进行得力的引导，并把利用外资与扩大出口创汇有机地结合起来，建立更多的出口创汇型企业。我国未来的吸收外商直接投资兴办的企业，将充分发挥外资与国际市场联系紧密这一有利条件，以国际市场为目标，生产适销对路的拳头产品，争取主动，避免背包袱。从国外经验看，不同的国家利用外资的情况不同，后果也不同。有的国家利用外资弥补财政缺口，来满足国内亢奋的建设和消费需求，最终造成经济发展困难，形成长期负债的压力，成为社会动荡的一个原因。而有的国家利用外资来增强自己的出口创汇能力，尽管借了高额外债，却仍可以实现国际收支的平衡。

我们对国际分工要本着舍其弊，取其利的态度，通过对外经济贸易交流，实现经济由落后向发达的转化，并打入国际市场，置身于国际竞争中去。可以预期，对外经济贸易将在未来我国经济发展中占有越来越重要的地位。

2. 调整进出口商品结构，提高外贸经营效益

改革、开放和社会主义商品经济的发展，促使我国的对外贸易由过去的互通有无、调剂余缺，开始转向利用国际分工，通过商品交换、实现价值增值，提高外贸的经济效益的阶段。我国的进出口商品结构得到调整，产品的出口创汇能力有所增强。但是应当指出，目前我国的进出口商品结构还很不合理，有很大局限性。这不利于对外贸易的进一步发展，影响到我们有效地利用国外的资金、技术和资源。

从现在开始到本世纪末，我们要按照"出我所长，出我所余；进我

所需，进我所急"这个总的原则，对进出口商品结构进一步调整，使其能够更加合理化。

我国目前出口的拳头产品，按金额大小来排列，前十位大类商品为：原油、成品油、服装、棉布、抽纱、煤、棉织品、厂丝、中药材、生猪。这些产品均属于资源性和劳动密集型的产品。出口商品中初级产品所占比重过大、出口工业制成品中粗加工产品所占比重过大的状况，表明我们的出口商品还处于低级的层次上，远远未能发挥出我国在出口商品方面的优势和巨大的发展潜力，不能适应外贸大发展的形势。

今后，我们将在继续大力出口劳动密集型商品和进一步开发机电产品出口的同时，适当发展技术密集和知识密集的商品出口。这样，到本世纪末，我国的出口商品结构将由 80 年代初以出口初级产品为主，力求变为以出口工业制成品为主。

据预测，2000 年我国的出口商品结构将呈现新的格局：首先，轻工产品出口的年增长速度将达到 10.3%—12.3%，本世纪末，其出口额将达到 245 亿—344 亿美元，成为我国出口的大宗骨干商品，居于我国出口商品的首位。

其次，今后纺织品出口增长的速度将高于其生产增长的速度，到 2000 年，除满足国内人民生活需要以外，纺织品出口平均每年的增长速度有可能达到 10%—12%。考虑到纺织品在国际市场上竞争激烈，出口要受配额的限制，如果留有余地，以每年 8%—10% 的速度递增，则本世纪末纺织品出口额将达到 152 亿—220 亿美元，由原来的第四位跃居第 2 位。

再次，扩大机电产品出口将成为未来我国出口结构改善的关键环节，机电产品的出口比重会有较大幅度的提高，我国的机电产品过去主要面向国内市场，出口甚少。事实上，我国机电工业劳动力充足，工资水平低，产品、价格在国际上都具有一定的竞争力，具有很大的发展潜力。估计本世纪末机电产品出口额可达 160 亿—200 亿美元，平均每年递增 8.7%—9.9%，出口比重则由目前的 10% 左右增加到 20% 左右。

第四，石油是我国当前出口的大宗商品，年出口量已达 2000 万吨，占年产量的 1/5，换汇 50 亿美元，占出口总额近 1/4，到本世纪末，石油年产量可能会达到 2 亿吨以上。届时，我国石油出口将增长 1 倍，达 4000 万吨。

从储量、生产、运输能力和世界需求方面来看，我国煤炭出口前景广阔。80 年代末，一俟"两港两路"（指秦皇岛、石臼所煤炭码头，京秦和兖石铁路）及其他运输设施建成后，将为我国煤炭出口创造更加优越的条件。

原油、煤炭在出口产品中所占的比重将降至第 4 位。

第五，农副土特产品是我国出口的七大商品之一。近年来，由于出口商品结构的变化，它在出口总额中所占的比重逐年下降，不过其绝对量有很大的增长。预计我国农副土特产品到 2000 年，出口额可达 95 亿—100 亿美元，将由原来占出口的第 3 位降到第 5 位。

出口是进口的基础，进口的目的在于发展生产，扩大出口。因此，进口商品结构同样具有重要的作用。我国今后的进口商品结构将以进口生产资料为主，生活资料为辅，两者之比，将由 80 年代初的 8：2 调整为 9：1，虽然生产资料所占比重上升，生活资料所占比重下降，但绝对额却在成倍增长；在生产资料的构成方面，将适当增加机器、设备（包括技术）和生产原料的比重；在机器、设备的进口中，我们将注意增加技术软件的进口比重，逐步地、适当地减少成套设备的引进。

选择比较合理的进口商品结构，是一件重要的工作。在这方面，我们是有教训的。1984 年第四季度以来，我们过量进口了国内有条件生产的工业品和高档消费品，这不仅大大降低了进口用汇的经济效益，刺激了国内过高的消费需求，而且打击了有关的民族工业，给国内经济带来一些不利影响。因此，我们利用国外资源来弥补国内总供给与总需求的缺口时，必须考虑到外贸条件及其他一些方面的限制。

总之，我们将通过进出口商品结构逐步的合理化，促进国内产业结构的合理化，提高用汇的经济效益，保证可利用的国际资源的正常交流，使我国的经济发展充分享受后发性利益。

3. 建立新型的对外贸易管理体制，促进外贸健康发展

几年来，我国的对外经贸体制改革在调动地方、部门的积极性，开辟

对外经营渠道，探索工贸结合、技贸结合的新途径，发挥经济杠杆的调节作用等方面取得了初步的经验。不过，目前看来，我们对外经贸管理体制的改革还没有完全走上正轨、全面展开，还没有摸索出一整套行之有效的办法，缺少保证实现对外开放的得力的政策措施。

从现在到 2000 年，是我国经济体制改革和经济发展的关键时期。我们的整个外贸工作要适应这种形势，更好地适应对外开放的要求，必须转变旧的外贸工作观念，树立新的观念，按照国际经贸的经济规律办事，逐步改革，建立起灵活的，既能够保证国家利益，又能够调动各方面积极性，运用各种手段调控对外经贸的管理体制。

外贸工作有其特殊的一面，同时，它又是一种更高层次的商品经济活动。因此，我们必须牢固地树立起商品经济观念，如效益观念、竞争观念等。今后，我们将妥善地解决外汇管理与外汇平衡的问题。要确定合理的关税和出口扶持政策，以促进进出口结构的合理化及国内经济结构的合理化，提高经济效益。在有关部门的指导下，我们还将实行允许交易的许可证制度，有效地保护产品的出口能力，保护我们的国际市场及国内市场不受冲击。各种经济杠杆和政策措施协调配套，综合运用，将按照商品经济的要求充分发挥调节作用。

到本世纪末，我国将成为一个对外开放度大的国家，对外经贸体系有着至关重要的作用。我们将在坚持统一政策、联合对外的前提下，给企业以外贸的经营自主权，初步形成适合商品经济要求的国内出口生产和流通体系。实现出口产品的专业化生产，彻底消除条条块块分割的弊端，确保国家整体利益的实现，坚决杜绝多头对外、自相倾轧、肥水外流的混乱现象。

未来的对外经贸体系将在鼓励出口生产企业直接面对国际市场和工贸结合、技贸结合上有较大的突破，能较好地处理产销结合、进口与出口结合的关系，使企业根据市场要求不断改进技术，大大增强出口商品的竞争能力。

2000 年，我们在开拓出口市场方面将取得较大成绩。扩大出口贸易，不仅要有质量好有竞争能力的商品，还要有广阔的国际市场。目前我国出口市场相对集中，对苏联、东欧国家，特别是第三世界国家贸易额小，局面尚未打开。本世纪末，我们不但要扩大对日、美、西欧的贸易，而且要扩大对东南亚、中近东、我国港澳地区的贸易，还将加强同经互会国家的贸易往来，面向广大第三世界，实现市场多极化。与此同时，我们将加强国际市场营销工作，形成先进的能够及时反映国际市场动向的灵敏的信息系统，研究、掌握资本主义经济发展和世界市场变化的规律，不失时机地扩大进出口贸易。

在经济体制及外贸体制改革的基础上，对外开放与对内搞活二者达到一致、协调、互补，使对外经济贸易健康发展，并促使整个国民经济实现有效增长。

（四）国民经济以提高整体效益为核心协调稳定增长

1. 国民收入有实实在在的增长，积累比较适当

从本世纪末最后十几年的发展趋势看，随着产业结构的调整，农业的比重将继续下降，工业的比重则保持上升势头，不过这种上升和下降的势头已大大减缓，并且都是在经济效益不断提高的前提下实现的。由于技术改造的普遍开展和新技术的采用（如农业的生物技术进步），将会出现由手工劳动向机械化过渡带来物耗比重的下降。建筑业、运输业、商业将有较快的增长，它们会比工农业发展得更快，从而提高其在国民收入中所占的比重。改革，使企业增强了活力，经营管理水平和劳动者的文化技术水平也有很大提高，宏观经济控制和指导也逐渐积累了经验，这些方面的种种变化将使微观和宏观经济效益都发生根本性的转变，有一个大的提高，促进国民收入大幅度增长。

未来的十几年，我国经济发展中的一些基本制约因素，如能源、交通、技术水平、管理水平和智力开发等，到1990年尚有不少问题需要进一步解决。因此，生产和建设必须把提高经济效益放在首位，速度要服从效益。90年代以后，经济发展中的一些突出矛盾有所缓解和解决，科学技术有新的进步并广泛应用于生产之中，许多附加价值大的新兴工业部门，如电子工业、石油化学工业、新型材料工业等将获得迅速发展。在这种情况下，国民收入的增长速度将有可能加快。

到本世纪末，我们的国民收入要达到 14499 亿元，比 1980 年要增加 3.9 倍，年平均增长速度为 7.1%。我们在实现这个目标的过程中必须改变目前靠高投入和高消耗，牺牲经济效益，达到高速度，增产不增收，或是增收的幅度远远低于增产幅度的状况，避免出现产品不符合市场需要，一方面造成积压；另一方面造成财政虚收的情况，保证国民收入有一个实实在在的增长，保证经济能够有更大的发展，使人民能够得到更多的实惠。

1952—1980 年的近 30 年间，我国的积累率平均在 30.1% 左右。在过去我国经济发展水平较低的情况下，这个积累率显然偏高，过多的积累，失去了与消费之间的协调，给社会、经济发展带来一系列问题。但是，随着我国经济发展水平的提高，30.1% 这个比例就从过高变得比较恰当，积累率作为一个比较稳定的经济参数，不应当出现大的摆动。并且，就历史上已经形成的积累率水平和我国面临现代化建设任务的巨大需求来说，我国今后的积累率也不太可能出现降低的趋势。再者，我国人口多，消费水平低，未来消费水平提高的速度将接近于国民收入的增长，因而尽管积累率有所提高，但幅度还比较小，近期内积累率接近 30%，以后稍高一点可能比较合适。

2. 固定资产投资的重点转向技术改造

长期以来，我国发展生产主要依靠新建企业，忽视对现有企业进行技术改造，经济效益一直上不去。近几年来，技术改造投资占固定资产投资的比重有了显著的上升。但在全部技术改造投资中，真正用于更新改造的只有 2/3，剩下的 1/3 仍然用到扩建和新建方面去了。因而，现有企业的技术改造就没有取得应有的进展。可见，老企业设备更新技术改造工作虽然是一个老生常谈的问题，但的确是一个尚未得到根本解决的、带有战略性的、意义深远的重大问题。我们如果不对老企业实行"输血"，使其恢复"造血"机能，那么，作为我国工业体系的骨干企业，作为财政收入的主要创造者，作为指令性计划的主要承担者的大中型企业，目前已经"老态龙钟"，"七五"后期将会更加颓衰破败。现在沿海的一些大城市和老的工业基地，工业生产上不去，固然有多种原因，但设备陈旧、技术落后则是一个极其重要的影响因素。这种情况如不改变，不仅"七五"期间工业生产不能保持持续稳定的发展态势，而且后十年的"后劲"也难以指望，为体制改革而必备的比较宽松的经济环境也难以形成，甚至使改革被迫徘徊，难以深入，实现党的十二大提出的宏伟的战略目标也将遇到很大困难。

为了完成技术改造的繁重任务，需要把固定资产的综合更新周期，即全部固定资产的平均更新年限，在 2000 年以前，逐步缩短到十年左右。"七五"、"八五"、"九五"时期的具体的技术改造规模可能是这样的：第一步，为把综合更新周期缩短到 10 年做准备，"七五"时期要把更新周期逐步缩短到 20 年，即到 1990 年所拥有的固定资产应是 1970 年以后生产的技术装备；现有 1970 年以前需要更新改造的固定资产原值约近 2000 亿元，其中原有固定资产中设备应更新部分约占 2/3，建筑物和土建设施需要改造部分约占 1/3。估计 1970 年以前的固定资产更新改造需要的资金量相当于固定资产原值的 1.3 倍，大约为 2600 亿元。

第二步，"八五"时期要进行大规模的技术改造。这一阶段，可能把综合更新周期缩短到 15 年，也就是说，1995 年拥有的固定资产应是 1980 年以后生产和改造的技术设备；在此期间要改造的是 1970—1980 年之间形成的固定资产，其数量为 3340 亿元，其改造费用大约相当于原值的 105%，因而"八五"时期需要的技术改造资金大体为 3510 亿元。

第三步，"九五"时期更新周期进一步缩短到 12—13 年，即"九五"时期改造的内容包括"六五"时期形成的固定资产，以及"七五"时期基建和技改形成的固定资产的一半，其总量约为 5550 亿元；其改造费用约为原值的 80%，改造资金需要 4440 亿元。

到 2000 年以后，再经过一个五年计划的时间，国民经济的综合更新周期就可望保持在 10 年左右。这样，每年只需要改造 10 年以前那一年由固定资产投资形成的固定资产量，国民经济就能够有较强的技术更新能力和维持较高的技术装备水平，就能够逐步赶上和超过世界技术进步的潮流。

技术改造要与产业结构的调整同步配合，相辅相成。应当做出总体部署，区分轻重缓急。当前对于能够多创汇的沿海老工业基地的轻纺工业要优先考虑，但从长远来看，要认真进行技术改造，非要有先进的机械制造业不可。当然对机械工业的技术改造，也不能全面开花。对于那些生产长线的、质量很差的机械产品的工厂要淘汰、要转产；重点是改造那些以新技术装备国民经济主要部门以加速我国现代化的关键企业。同时，用技改新创造的财力支持技改，走"以点带面、以改养改"的道路。这样，国民经济的整体效益将得到真正的维护和提高。

3. 调整企业规模结构，注意提高规模经济效益

不同的市场条件，不同的工业技术水平，不同的资源及劳动力素质，决定了任何行业都存在着大、中、小型企业，都由大、中、小三类企业构成。几十年来，我们的企业规模结构不合理，企业的发展始终存在着一定的盲目性。就以"六五"时期来说，由于一方面商品生产和交换大大发展，整个国民经济高速增长；另一方面市场又不完备，市场机制缺乏弹性，某些短缺产品的市场价格就会上升到可以容纳很高成本的不合理水平。这样，某些行业的某些产品，只要上得快，就能赚得大钱，不需要考虑规模经济效益。例如，钢材价格涨到近2000元/吨，生铁价格涨到500元/吨，从生产和盈利角度看，小轧钢、小电炉、小高炉都十分上算，就连山西那种"一脚踹"的小土炼铁炉，也能赚钱。其他像小烟厂、小酒厂、小纸厂等，除了同样的不合理价格因素外，还受到财政"分灶吃饭"，地方政府分割市场的影响。这些小企业严重浪费了资源，规模经济效益极低，制约着宏观经济效益的提高。

目前仍然作为我国工业主体的大多数传统产业，缺乏规模效益或规模效益不能正常发挥的情况也比较普遍。以汽车行业为例，全国100多家汽车厂中，年生产能力低于3000辆的厂子约占60%，不少企业1年只生产几百辆，甚至几十辆汽车，规模远远低于我国条件下要求的最小合理规模。洗衣机行业是近年来投资的热门，有关部门估算的合理经济规模大约为20万台/年，而1984年全国130个生产厂家，只有9家达到这一标准，电冰箱1984年全国有110家生产厂，平均规模只有4600多台/年，也远远小于合理的经济规模。

我国企业规模偏小与发达国家存在大量小企业的情况有很大的不同，发达国家的社会分工非常细，专业化程度很高，这就能使产品的批量扩大，以较小的企业获得合理的规模，而我国的中小企业并不是彼此之间实行专业化分工协作，搞"小而专"，而是每一家都从原料剪裁搞到整机，搞"小而全"。社会分工不发达，使得我国企业规模偏小的问题更加突出。

规模经济效益，是我们要给予充分重视的一个关系全局的大问题，宏观经济效益的提高在很大程度上取决于此。规模效益差，是我国经济发展中长期存在的问题，解决这个问题，我们一方面要通过经济手段、法律手段、行政手段进行调整；另一方面要逐步完善市场体系，发挥市场机制的制约作用。

从现在起到本世纪末，我们要逐步使企业规模结构合理化，要大力发展横向经济联合，在有条件的情况下，发展企业集团，把产品打入国际市场，为建立跨国公司创造条件。应促使各类企业之间建立起有层次、成网络的分工协作关系，这既可以深化社会分工，发挥大中小各类企业的作用，特别是可以使中小企业、乡镇企业在保持较小生产规模的条件下，扩大产品批量，又能够推动实施对中小企业的技术改造工作，要注意把企业的技术经济特点和地区经济优势有机地结合起来，避免出现"短期效应"，消除资金、资源、能源、原材料、劳动力的浪费。

2000 年，我们将建立起一个大体合理的企业规模结构，企业的规模效益有较大提高。通过改革和开放，形成宽松的经济环境特别是市场环境，企业充满活力，整体素质增强。各行业、各企业尤其是大企业，将比较充分地发挥出规模经济的优势，中小企业在处于正常的资金横向流动以及要素重组、兼并集中机制的条件下，采取承包、租赁以及买卖等方式，实行综合生产要素的流动，使经营好的企业承包、租赁、收购那些经营不好和亏损的企业，这将会产生出规模效益较高的中型和大型企业，使小型企业向专业化方向发展，从而取得比较好的规模经济效益。

总之，随着改革和开放的进一步发展，在产业结构逐步合理，生产布局渐趋均衡，规模经济的优势充分发挥出来的基础上，我国本世纪末经济发展的整体效益将稳步提高，初步建立起具有我国特色的、现代化的经济发展模式，为 21 世纪中国经济的"起飞"奠定坚实的基础。

十三　本世纪末中国的人口、就业和人民生活

（一）人口增长率降低，人口结构趋于合理

1. 人口数量保持在一定水准上，实现有计划增长

我们面对的世界，是一个人口空前激增的世界。本世纪末全世界人口将超过 60 亿。人口迅猛增长，给全世界的经济社会发展带来了沉重的压力。

我国是人口大国，1982 年人口总数为 10.32 亿。面对世界人口发展和我国社会经济发展的基本态势，我国确定并实施了计划生育这一基本国策。对人口数量进行控制，使人口有计划地增长，这对于我国经济发展和人民生活在本世纪末达到小康水平有着极为重要的意义。并将对全世界的人口发展产生积极影响，为发展中国家控制人口增长，提供一条有效的途径。

我国的人口增长在 2000 年究竟呈现什么状况，能否实现把人口控制在 12 亿左右的目标，取决于从现在起至本世纪末这十余年。70 年代以前，我国人口可以说基本上是盲目增长的，结果造成人口的急剧膨胀，而且人口结构极不合理，这种不合理的人口增长势头很猛，形成了人口无控制增长的恶性循环。经过 70 年代以来大力控制人口增长，比较有效地抑制了人口总数的增加，并使我国人口的发展由迅速增长向缓慢增长过渡，开始走上良性循环的轨道。第三次人口普查 10% 抽样提供的资料表明：从 1964—1982 年，全国 0—14 岁少年人口占总人口的比例由 40.4% 下降到 33.5%，15—64 岁成年人口的比例由 55.9% 上升到 61.6%，65 岁以上老年人口比例由 3.7% 上升到 4.9%。这是一个具有长远意义的进步。不过，要实现人口再生产方式的根本转变，完成人口年龄结构向稳定型的过渡，并转向稳态型，还必须继续努力搞好计划生育。到本世纪末，按照把人口控制在 12 亿左右的预测，0—14 岁少年人口占总人口的比例可下降

到 21.9%，15—64 岁成年人口比例可上升到 70.9%，65 岁以上老年人口比例将上升到 7.2%。

根据各种预测，到本世纪末我国人口可能控制在 12.48 亿左右。这个预测虽然突破了把人口数量控制在 12 亿以内的要求，但它从目前我国人口、经济、文化等实际情况出发，考虑到现代化建设过程对人口生产的影响，既体现了今后要继续贯彻计划生育的基本国策，加强人口控制的总的要求，又反映了今后控制人口增长的困难和人口年龄结构变动的特点，是接近于现实的。

控制我国的人口增长，必须采取符合我国当前人口实际的配套的社会经济措施，这是一项系统工程。要继续提倡一对夫妻生育一个孩子，使计划生育真正做到合情合理，群众拥护。从实际情况看，我国大力控制人口增长主要是本世纪内的事情。提倡一对夫妻生育一个孩子，经过一代就够了。今后可以考虑制定凡是双方都是独生子女，结婚后可以生育两个孩子的政策。这样做可以避免或缓解长期独生子女所带来的各种社会问题。影响人口生育率的因素是很多的，不能局限于只采取奖罚这一项措施，而是可以通过调整因素，为生育率的降低创造条件。要使人们从注重数量的传统生育观，转变为注重素质的生育观，这既要通过发展经济，提高收入来解决，同时又要增加教育投资，大力发展教育事业，提高整个社会的科学文化水平。要注意农村人口城镇化，搞好医疗卫生保健事业，开展优生优育，还要实行老年人社会保险制度，解除无子女家庭的后顾之忧，这也是世界上许多国家采取的行之有效的措施。

总之，经过努力，争取人口自然增长率由 80 年代后期的 1.3% 左右，下降到 90 年代前期的 1.2% 左右；90 年代中期的 1% 左右，在本世纪末达到 0.8% 左右。这样，就可以使我们的人口猛增势头得到遏止，减轻对整个社会经济发展的压力，为 21 世纪中国的发展开创更好的条件。

2. 人口素质差的状况将大大改善，逐步适应现代化建设的需要

人口素质是衡量一个国家社会发展和经济发展的重要标志。我们中华民族是勤劳、勇敢、有智慧的民族，但是由于经济长期不发达，人口高速增长，因而人口素质比起世界发达国家的水平来，差距相当大，很不适应

社会主义商品经济的发展和现代化建设的要求。

从总体来看，我国人口身体素质尚处于低水平。虽然我国人口的死亡率比较低，但婴幼儿死亡率和老年人口死亡率仍高于不少国家。根据1982年人口普查的情况计算，我国婴儿死亡率为34.68‰，而经济发达国家平均保持在20‰左右。老年人口也有类似情况，在45岁以上的各年龄组，尤其是65岁以上的高年龄组，其死亡率普遍高于美、日、瑞典等发达国家。从人口平均寿命来看，按照普查数据，我国1981年人口平均寿命已达到67.88岁，比新中国成立前提高了将近1倍，并且，65岁以上的老年人口比重也有所增加，但是这是一个比较低的水平，不仅比许多欧美发达国家低，就连世界平均水平我们也还没有达到。还有，由于我国的卫生保健事业比较落后，无论社会还是个人对于优生优育问题还未给予足够的重视，因而，每年出生人口中还有2%—4%左右的出生缺陷儿，依此推算，每年出生人口中大体上就有40万—80万左右的出生缺陷儿降世。我国现有人口中，低能人员大约在总人口中占1%，全国估计会达到1000万人。另外，全国还有相当多的人患各种慢性病、地方病，这在总人口中所占的比重也是不可低估的。

我国人口素质的另一个重要问题，就是缺乏高水平的文化素质。人们对文化修养与国家、民族兴衰的关系缺少足够的了解和认识。受教育的人口比例相当低。1982年，我国成年人中有将近1/4是文盲。具有大学文化程度的人，仅仅占总人口的0.6%，高中文化程度的人占6.6%，初中文化程度占17.8%，小学文化程度占35.8%。这与发达国家相比，是低的，就说大学教育，美国为14.9%，加拿大为12%，日本为6.4%，苏联为4.5%，南斯拉夫为2.3%，巴西为1%，都超过我国。我国的科技人员严重缺乏。在业人口中各种专业技术人员总数不过1400万左右。人们的道德品行素质还需要加以提高。

我国人口素质水平低同社会主义现代化建设的矛盾已经越来越明显地表现出来。因此，必须把提高人口素质作为战略任务提出来。要创造条件，降低婴儿死亡率，提高人口的平均预期寿命。出生婴儿应当是基本健康的、无病的，成年人应当是体魄健壮，能够保证发病率低、死亡率低、寿命长。到本世纪末在文化素质方面，农村要普遍达到小学和初中的水平；城市要达到高级中等教育程度，大部分人受过专业训练；有大学文化程度的人显著增加，基本上不存在文盲，中层以上干部和职工都应具有大专以上的文化水平。

到本世纪末，我国的人口问题，将由重点控制人口数量增长转到进一步全面提高人口素质方面来。那时，社会各方面将广泛重视提高人口素质的问题。对人口的智力投资在整个社会的投资中（在国家财政支出中）将占有重要位置，对人口的投资将有更快增长。整个社会将建立起一个初具规模的身体素质监测和调查系统。在城镇中基本上能开展科学的婚前检查和产前检查。这样做不仅直接关系到每个家庭的幸福，而且已成为影响到整个民族素质的重要问题。随着小康生活水平的实现，人民的营养条件逐步得到改善。同时，医疗卫生事业也将有一个大发展，医疗保健网不断扩大。2000 年，我国人口的文化素质将有一个大的提高，幼儿教育更加广泛，利用各种手段和各种形式对幼儿进行辅导教育；小学、中学、大学的教育质量也会有比较大的提高。特别是初、高中教育将大大发展，基础教育与升学就业将直接联系起来，使青年人在进入社会前具备一定的文化和专业基础知识。

本世纪末，我国农村人口素质将有比较大的提高。农村人口是人口问题的大头，我们必须在不断提高城市人口素质的同时，提高农村人口的素质，加快农村人口素质提高的步伐。预计随着农村商品经济的发展，在乡村城镇化的进程中，农村中将兴起学文化、学知识、学科学的热潮，文盲将逐渐减少，幼儿教育，小学的入学率、巩固率、合格率将达到新的水平，初中教育将得到新的不同程度的普及和巩固。人口素质的提高同时也为控制人口数量创造更好的条件。

3. 人口结构合理化

人口结构的状况，对人口数量的变化和人口素质的提高有着直接影响。因此，对人口的结构包括人口的年龄结构、性别结构、城乡结构、地区结构等进行合理调整，是我国人口政策的一项重要内容，符合人民的根本利益。

前面曾提到，我国目前是一个人口年轻型的国家，这不但使我国的人口量呈不断增长的趋势，而且少年人口比重过大，年龄结构不均衡，带来各种严重的人口问题，影响现在和未来的经济发展和社会发展。因此，我们要通过调整年龄结构，在本世纪末，使少年人口比重逐步降低，经济生产年龄人口和老年人口比重逐年上升。据预测，2000年少年人口比重由1982年的33.5%下降到24.3%左右，经济生产年龄人口比重由61.6%上升到68.8%左右，老年人口比重由4.9%上升到6.9%左右。这样，我们的人口就总体来说将过渡到接近成年型，从根本上转变到人口比较稳定增长的态势上来。随着这种转变，劳动就业问题，劳动力老化、人口老龄化等问题开始突出起来。我国人口老龄化达到目前世界最高水平国家16%的程度，要到2040年以后。从现在起到本世纪末，我们要逐步建立起一个合理的就业结构；通过对青年职工的职业技术教育，提高其知识和技术水平，避免劳动力老化对经济发展的不良影响；从各方面满足老年人生活的需要，消除人口老龄化高龄化所带来的社会问题。对于我国长期以来性别比男性偏高的状况要进行调整，对于农村在执行独生子女政策后出现的溺弃女婴的现象要高度重视，注意防范，加强教育，并大力进行移风易俗教育，保护妇女和儿童的合法权益。争取今后出生性别比稳定在正常范围内，使未来我国总人口年龄比性别比达到正常的水平。

人口的城乡结构，反映着一个国家的经济发展水平，城市人口的比重是间接衡量一个国家经济发展和富裕程度的一个重要标志。1982年，我国城镇人口的比重为21.2%，在世界各国中处于较低水平，表明我国经济落后，人民生活水平还相当低。为此，我们必须调整人口的城乡结构，提高城镇人口的比重。要解决好这个问题，我们需遵循控制大城市的规模，合理发展中等城市，积极发展小城镇的方针，改革现行中小城镇的户籍管理制度，以促进农村的商品经济的发展。这样，到2000年，城镇人口占总人口的比例将上升为38%，即由80年代初期的城乡人口"二八开"，转变为本世纪末的"四六开"，相当于目前世界的平均水平。在城镇中，中小城镇人口将占多数，约占56%，大中城市人口约占44%。而现在，城镇人口主要还是集中在大中城市（约占70%）。

据统计，到 1986 年 7 月，100 万以上人口的特大城市有 23 个（其中 200 万以上的有 8 个，100 万—200 万人口的有 15 个）。50 万—100 万人口的大城市有 31 个。20 万—50 万人口的中等城市有 95 个，20 万以下人口的小城市有 204 个。其中 1986 年我国又增加了 29 个城市。城市总人口占全国总人口的 22.13%。

据预测，到本世纪末，我国将有特大城市 31 个，大城市 27 个，中等城市 91 个，它们仍主要集中在东北、沿海和内陆几个省份，小城市 226 个，城市总人口将达到 2.06 亿人左右。小城市人口所占比重显著增加，但是人口和经济高度集中的大城市所占比重仍然较高，尚未从根本上改变城市布局不均衡的状况。

到 2000 年，我国市、镇人口构成变化的总趋势是，由于农业人口主要向小城镇转移，走农村城镇化的道路，所以小城镇人口在城镇总人口中所占比重日益上升，城市人口所占比重逐渐下降。

在世界上我国属人口密度高的国家之一，不过，人口的地区分布很不平衡。全国人口 6% 居住在约占全国面积 55% 的西部土地上，其余 94% 的人口则居住在东部 45% 的土地上。这就形成西部地区地广人稀、缺少劳动力，丰富的资源得不到开发利用，东部地区特别是东南沿海各地的广大农村，人多地少的矛盾十分突出，劳动力过剩的现象相当普遍。今后，随着商品经济的大发展和生产力布局的改变，这种不合理的分布通过控制人口自然增长率，调整不同地区的人口政策，调整人口密度，以及采取与生产力布局的变化相适应的移民措施，将会有所改变。不过受条件所限，预计本世纪内人口的地区结构将朝着合理分布的方向发展，但不会发生根本性的改变。

（二）初步形成一个适应社会主义商品经济发展的劳动就业管理体制和就业结构

1. 城乡劳动力横向交流，朝着一体化的方向发展

本世纪末，我国劳动就业的城乡结构将有比较大的变化，在现代化建设和人口城市化的进程中，有相当多的农村劳动力开始转到城镇，估计本世纪末从事农业生产的劳动力将下降到占全部社会劳动者人数的 51% 左

右。同时，城镇一部分专业人员也将下到农村，城乡劳动力将出现横向交流的发展趋势，朝着一体化的方向发展。

　　我国农村是劳动力的汪洋大海，如何使这些劳动力合理就业，关系到整个社会经济的稳定发展。过去，我们把主要的注意力集中到安排城镇劳动者就业方面，对农村劳动力的就业问题未能予以应有的重视，而且，国家通过采取的一些措施和政策画地为牢，在城乡之间置起樊篱，人为地将农村劳动力和城镇劳动力阻隔开来，这样，使大量农村劳动力被束缚在土地上。调查资料表明，当前我国农村中至少有 1/3 的劳动力不是从事农业生产的。随着农村商品经济的发展，农业劳动生产率的提高，农村中的剩余劳动力将越来越多，2000 年将达 2.33 亿人左右。为农村的多余劳动力提供非农业的就业岗位，已成为我国未来就业问题的主要内容；如果多余农业劳动力得不到非农业的就业岗位，就达不到劳动力与生产资料的最优结合，提高了农业劳动力的费用，抑制了农村商品经济的发展，对改变农村落后的生活方式以及计划生育、人口控制都会产生不良影响。

　　从根本上解决农村劳动力的就业问题，既要靠大力发展商品经济，调整农村的产业结构，使农村本身能够最大限度地吸收和容纳从农业生产中分离出来的劳动力，也要加强和促进城乡劳动力开展符合客观经济规律的横向交流。这种交流将大大促进农村商品经济的发展和科学文化技术水平的提高，有利于小城镇的建设和经济发展，满足不同层次的人们生活水平提高的需要。

　　从现在开始，我们要有步骤地改变单纯用行政办法管理城市，特别是中小城镇的做法，要用各种灵活配套的经济、法律手段把中小城镇逐步建成经济活动中的自然组合的单元，建立以大中城市为依托的经济网络的热点，在这些热点将农村大量的劳力和资源与城市的技术和文化相结合，化为源源不绝的生产力，使城镇不仅仅是单纯的行政实体。鉴于目前城乡差别还很大，因此对城市人口还必须有所控制，尤其是大城市的人口一定要控制住。现在大批的农村劳动力已经开始进入城镇。要很好地安排他们，注意解决农村劳动力进城所带来的一系列社会问题，要使乡镇企业的发展成为吸收农村剩余劳动力的主要渠道。到本世纪末，我国的农业生产结构将得到调整，单一的农业生产将变为农、林、牧、副、渔综合发展的现代化的大农业。1982年，我国农村劳动力中，从事种植业的占78.5%，而林业、牧业、渔业所占用的劳动力分别为0.9%、2.7%、2.3%。未来的十几年中，林、牧、渔业将有一个很大的发展，可以吸收大量的农村劳动力。农村中的专业户今后可能会成为就地安排农村劳动力的主要形式，国家将采取措施，扶持、管理这些专业户，使它们能够更好地发展。我国现有54000个乡和5700个建制镇，它们将随着商品经济的发展而发展，这将成为农村剩余劳动力转移的一条重要的出路。

城乡横向联合，城市为乡村提供资金、技术、人才，帮助乡村安排大量的剩余劳动力，这不仅有利于改善整个农村经济的面貌，而且将促进我国产业结构的合理调整，发挥出城乡各自的优势。另外，大量农村劳动力脱离农村涌入乡镇和中小城市，还将有利于推动农村劳动力注意提高自己的科学文化素质。

2000年，我国就业体制将基本形成城乡一体，这种城乡一体，既考虑和照顾到广大农村的剩余劳动力转移的情况，更重要的是在城乡劳动力交流的基础上，使城市的人才、技术、知识与农村的精壮劳动力、闲散资金有机地结合起来，创造出较高的经济效益。

2. 劳动就业的部门结构比较协调，劳动力向非物质生产部门稳步转移

我国劳动就业的部门结构，从历史和现状来看，与世界上大多数国家包括发展水平与我国相近的国家都有着很大的差别。这主要表现在我国的农业就业比重特别大，而商业、饮食业、服务业等第三产业的就业比重却特别小，只有工业就业比重与发展中国家相差无几。随着经济体制改革的深入，商品经济正在迅速发展起来，产业结构逐步走向合理化，劳动就业的部门结构失调的状况与以前相比有了较大改善。预计到本世纪末，我国从事农业生产的劳动者将由占全部社会劳动者的70%以上减少到占50%左右，20%左右的劳动力从事工业生产，20%左右的劳动力从事第三产业，5%左右的劳动力从事建筑业。农业劳动力减少的年速率为1.8%左右。

就业部门结构的调整，包括两个方面的内容：一方面要改变由于产业结构失调而造成的部门结构的不合理，使物质生产部门的劳动者与非物质生产部门的劳动者的比例趋于协调；同时，随着社会经济的发展，新技术革命的兴起与深入，新的产业将不断出现，劳动就业的重心也将不断转移，以适应经济不断发展的要求。

长期以来，我国的劳动者集中在物质生产部门，特别是集中在农业生产部门，商业、服务业等第三产业极为薄弱，与第一、第二产业的发展不相协调，根本满足不了社会发展和人民生活水平提高的需要。这是一种落后的、畸形的就业部门结构，它阻碍了劳动者进入第三产业这个具有极大的吸收就业大军的广阔领域，因此加剧了就业压力，极不利于我们进行现代化建设。

对于劳动就业部门结构的调整，不可能一蹴而就，只能随着商品经济的发达程度和产业结构的合理化进程，分阶段进行。80 年代后期，要有重点地对一些产业部门的劳动力结构加以调整。采掘、交通运输和建筑等行业将更大幅度地吸收农村劳动力。据测算，到 1990 年建筑部门将增加400 万劳动力，届时，建筑行业劳动力人数达 1975 万，2000 年将达到3397 万。其中来自农村的劳动力可能占绝大部分。此外，商业、服务业等第三产业各部门将有稳步的发展，就业人员大体将增加 1000 万人左右，平均每年约 200 万人，这将为城乡劳动力，特别是城镇妇女劳动力提供一个重要的就业场所。从 90 年代开始到 2000 年，我们将对就业的部门结构进行全面调整，以适应新技术革命的挑战。90 年代将是我国第三产业迅速发展的时期，这时居民的消费结构将随着工资水平的提高而发生较大的变化，从而为第三产业的发展提供稳定的需求。第三产业的就业人员比其他部门会有大幅度增长。可以预见，劳动密集型、知识密集型的行业将不断涌现，迅速发展。

今后，工农业物质生产部门的劳动力也将向非物质生产部门转移。就是说，非物质生产部门的第三产业不仅要吸收新增加的劳动力，而且还要吸收作为物质生产部门的第一、第二产业转移出来的一部分劳动力。按照实际经济发展水平来看，预计 2000 年我国从事物质生产和非物质生产的劳动力比例将由目前的 1：0.14 变为 1：0.34；从事第三产业的绝对人数，也将由 1985 年的 0.81 亿增加到 2000 年的 1.65 亿，约占工业就业人口的 20%。这样一个就业的部门结构，表明我们各部门的劳动力就业比重开始协调起来，这不仅是一个安排劳动力就业的问题，而是影响到能否真正实现小康生活水平，产业结构能否逐步过渡到合理化、现代化，经济发展能否达到世界先进水平的战略问题。

3. 实现劳动力的社会调节，提高就业效益

本世纪末，我国的劳动制度将有比较大的改革，"统包统配"的僵化的劳动就业管理体制将会被灵活开放、讲求效率、充分调动劳动者积极性的劳动就业管理体制所取代，后者将按照社会经济发展规律对劳动力进行社会调节的机制初步建立起来，将基本扭转以往就业工作的被动局面，获得比较长期的主动，能够充分利用和合理开发我国丰富的劳动力资源，在不断提高经济和社会效益的前提下，使劳动者与生产资料达到比较合理的结合，变就业压力为促进经济发展提高经济效益的动力，使就业工作和就业结构初步适应商品经济发展、产业结构合理化的需要。

实现劳动力供需的社会调节，将鼓励人们开拓有利于国家社会经济发展的各种就业形式和途径，使人们努力工作，积极进取，有助于提高我国人口素质，逐步摆脱就业工作福利化的倾向，把提高劳动生产率作为劳动就业的主要目标。30 多年来，我们一直采取"统包统配"的劳动管理办法，无论是大中专、技校毕业生、城镇退伍兵、部队转业干部及农场自然增长人员，还是待业知青、盲聋哑残人员以及刑满释放人员，只要是城镇劳动力，就由国家包下来安排就业。这种办法带来了严重的后果。首先，在"统包统配"的计划安置就业中，要求就业成为劳动者当然的权利，而安置就业成了国家无法推卸的责任和义务。这就使本来应当是通过劳动者努力履行创造就业条件的义务来实现的劳动者就业权利，变成义务和权利的分离，养成了劳动者单纯依赖国家安排的消极就业意识。结果，安置就业变成了国家的沉重负担，劳动者失去了自谋职业、自觉创业的积极性和主动性。其次，劳动力无法自由流动，形成劳动力的单位所有制，不利于充分发挥人才的作用。劳动力被分配给各企业事业单位后，就定了终

身，难以"进"、"出"，很难实现正常流动。企业没有选择职工的自主权，职工也没有选择企业的自由。无法充分发挥劳动者的才能。再次，企业冗员很多，效率低下。劳动者只进不出，一个人的活两三个人干，在一定程度上为平等牺牲了效益，这是我国社会劳动生产率增长缓慢的重要症结之一。

近年来，商品经济的发展和经济体制改革的深入冲击着我们的整个劳动制度，要求劳动力从单位所有制下解放出来，进行合理流动，真正做到"人尽其才"、"才尽其用"。人们的就业观念也开始转变，就业不再只有国家安排，而正在变成国家安排和个人积极努力的共同结果，劳动者有了发挥自己才干的机会。这对我们对劳动力的供需实行社会调节具有重要的推动作用，有利于我们从根本上解决好劳动就业问题。

本世纪末，我们将实行劳动者自己创业与政府安排就业相结合的方针，在分配制度、保险制度及生产资金、生产资料管理等方面做出一系列的配套改革，努力创造条件，吸收尽可能多的人就业。我们还将有步骤地组织培训在业人员，发展就业后的终身教育，使劳动就业结构能够适应产业结构发展的变化。通过以上这些措施，我国的就业问题将得到缓解，进而获得较为圆满的解决。

（三）建立起具有我国特点的新型消费模式

1. 居民收入和消费水平都有明显增长

党的十一届三中全会以来，党和政府采取了一系列的措施较快地改善了人民生活。"六五"期间，我国居民的收入水平有比较迅速的增长。前4年，扣除物价影响，农民人均纯收入每年平均增长14%，职工人均生活费收入每年平均增长6%。目前，我国人民的消费水平已在许多方面超过世界上一些国家在同一发展阶段时的消费水平。人均国民收入在1983年为231美元，在吃的方面，每人每天的食品热量摄取为2877大卡，达到1960年日本人均国民收入413美元时的水平，是1977年全部发展中国家平均水平的1.3倍；在用的方面，1985年城市居民家庭电视机、录音机、电风扇等耐用消费品的普及率已达到1970年日本人均国民收入1600美元时的水平。人民生活水平的提高，也为本世纪末实现小康生活水平提供良好的条件。

在 2000 年，我国城乡居民每人年消费水平将在社会劳动生产率不断提高、经济效益不断改善的基础上达到 712 元，城市居民人均年消费水平将高于 1200 元，乡镇居民超过 600 元。由于我国具有与西方不同的消费模式、价格体系，和外币相比，人民币对基本生活资料的购买力高出汇率很多，所以，本世纪末我国与发达国家消费水平的实际差距远较以货币表示的差距为小。

本世纪末，我国人民消费水平的地区差别将有所扩大，呈现出由东向西倾斜的态势。1983 年，沿海发达省份农民消费水平约为欠发达省份的 2 倍。今后，东部沿海地区随着农业人口向非农业人口转移，以及农业生产向集约化发展，其经济增长速度将高于全国平均水平。而西部边远地区农村经济发展速度则低于东部沿海地区，这就造成西部地区的消费水平大约落后于发达省份 10—15 年，两者比值为 1：3。2000 年，从全国来看，消费水平的城乡差别将明显缩小，城乡居民人均消费水平之比将由 1980 年的 2.7：1，降至 1.8：1 左右，农民生活状况有很大改观，物质生活水平与城市居民差距缩小。从某一局部地区来看，市区的消费水平可能会低于郊区。市区居民的支付范围广，而城郊农民由于就业方式和消费方式等方面具有城市和农村两个方面的优势，因此其实际的生活水平将既高于农村，也高于城市。这一趋势现已在我国一些城市的郊区清晰地显示出来。

未来我国人民经济收入的来源将是多渠道的。在农村，农民将由依靠增加传统农业的产出来提高消费水平，转向依靠农业人口向非农业人口转移和农业的集约化生产来改善自己的生活，获得更多的收入。在城市，居民则由依靠增加就业人口数，转向依靠提高工资水平和获得利息等增加收入。根据调查资料，1957—1981 年间，城镇职工家庭人均收入增长了近一倍，就业者的平均收入大约增长了 70%，平均每一就业者所负担的人数由 3.29 人降至 1.77 人。这就是说，过去城镇人民增加收入的主要方式是增加就业人口比重，这对提高消费水平的作用超过 90%。今后，将主要走提高劳动生产率从而提高工资水平的道路。近年来，随着收入水平的提高，边际消费倾向递减，我国居民的储蓄存款迅速增加，1978 年全国城乡储蓄存款年底余额达 210.6 亿元，1983 年达 892.5 亿元，1984 年突破千亿大关，达 1214.7 亿元，1985 年达 1622.6 亿元。人均储蓄额由 1978 年的 21.8 元增长到 1985 年的 155.2 元。随着金融市场的建立与完善，利息、股息分红等将成为许多人经济收入的组成部分之一。这对活跃我国的经济生活，提高人民消费水平有着积极的影响。

2. 消费结构将有显著的变化

到本世纪末，我国城乡居民将彻底摆脱新中国成立 30 多年来所形成的那种低工资、低消费、半供给制的消费模式，形成新型的、比较合理的消费结构，保证人民生活改善，促进人的自我完善和发展。我国小康生活水平的特色在于有效地提高人民的生活质量，人民的消费要体现时代的进步，反映现代物质文明和现代科学技术的成果，具有现代化的内容，同时，还要包含社会主义精神文明的内容。

根据我国的经济发展情况和国外发达国家消费结构变化的情况，预计今后城乡居民消费中必要的日常消费资料所占的比重将逐步缩小，但仍然构成消费的主体；而用于提高劳动力素质，有助于人获得全面发展的费用，尤其是文化教育、体育、娱乐卫生等方面的支出费用，将逐年稳步提高；包括比较高级贵重的生活资料和满足精神消费的各种劳务支出在内的费用，将在人们生活中占有重要地位。消费结构变化的主要特点是：第一，吃、穿、用……各项支出的比例关系基本比较平稳，不会大起大落；第二，吃、穿、用、住等各项消费的具体内容有明显的改变；第三，多样化的消费方式取代了简单、划一的消费方式，消费的层次性增强。

食品是居民最主要的消费项目。一般来说，一个国家或地区的消费水平和生活质量集中体现在食品消费上。因此，食品消费在总消费中的比重（称为食品支出的恩格尔系数）被作为衡量生活水平的标志之一。联合国粮农组织曾经大体规定：恩格尔系数在 50%—59% 称为勉强度日；40%—50% 称为小康；20%—40% 称为富裕。从世界各种类型国家的发展来看，消费水平的提高，必然导致购买食品的支出在消费总支出中所占的份额逐步下降。现在，食品支出在发展中国家均占消费支出的一半以上，在发达国家约占消费总支出的 1/4—1/3。2000 年，我国居民消费支出中的食品支出份额将由 1983 年的 59.2% 降到 46% 左右。食品支出比重的下降并不是匀速直线式的，而要受到价格、供求、人口等因素的影响，因而将是时快时慢、有时甚至可能出现短期回升的现象。未来我国食品消费的发展将比较注重食品质量和精度的提高，副食和其他食品的消费将占主导地位，经过加工的食品的比重增加。这就是说，本世纪末，解决吃的问题，对于我们这样一个人口众多的大国来说，仍然是首要的问题。我们既要大力发展农业和食品工业，又要确立能够符合我国国情的、科学的健康型饮食结构。

穿着在人们的消费支出中占有比较重要的地位，它不仅反映了一个国家和地区的消费水平的高低，而且体现了人民的生活方式和精神面貌。我国居民穿着支出的比重在今后一段时期内，总趋势比较稳定。本世纪末，穿着支出在消费总支出中的比重大体上是 13%—14%。居民购买穿着的开支将比 1980 年增加 2 倍。从穿着方面内部结构的变化来看，化纤织品将逐渐成为消费的重点，预计本世纪末化纤产品将占纺织品的 1/3；中、高档商品的比例将大大上升，呢绒、绸缎、裘皮等高档衣物在一般居民的常备衣物中显著增多，消费者将由购买布料为主转向购买成衣为主，由注重内在质量逐步向注重外在的质量即花色、款式等发展，时装更新周期明显加快。

居民的吃、穿在得到基本满足之后，"用"的方面就成为重要的消费投向。70 年代以前，我国居民家庭设施受支付能力所限，而显得普遍不足和陈旧。到本世纪末，大量购买耐用消费品、添置和更新家庭设施已成为我国居民消费的主要特色和重要内容，用品支出的比重将逐步增长，消费者对日用消费品的要求日益提高，装饰性、方便性等已成为日用消费品的发展方向。

住房商品化将是使我国居民消费结构发生重大变化的重要因素之一。本世纪末，我国城乡居民的人均居住面积大大增加，居住环境质量有较大改善。这大致相当于欧美经济发达国家三四十年代的水平，日本 60 年代的水平，罗马尼亚等东欧国家 70 年代的水平，苏联 80 年代初的水平。城镇居民住房消费支出在总消费支出中的份额将由 1983 年的 1.5% 提高到

2000 年的 10% 左右。今后，城市中的新建住宅大多数为公寓式住宅，用地紧张的大城市有一定数量 12 层以上的高层住宅。70%—80% 的新建住宅仍将采取以砖砌为主的砖混凝土结构，其余 20%—30% 将采用新的工业化建筑结构体系。在南方农村，新建住宅将以楼房为主。

随着消费水平的提高，我国人民的劳务消费支出有较大幅度的增加。目前，发达国家的劳务支出约占消费总支出的 25%。根据预测，我国城乡居民的非商品消费支出在消费总支出中的比重将由 1985 年的 7.75% 提高到 2000 年的 12.6%。到那时，居民将得到比较完善的社会服务，大大减轻家务劳动负担，工作效率提高，工作时间缩短，有较多的闲暇时间用于学习、社会交往和文化娱乐，进一步提高了人们的生活质量，把劳务消费和物质消费协调起来，这将大大促进国民经济的发展和人民生活的现代化。

3. 人民生活比较舒适而又讲究效益

我们不仅要在生产方面讲究效益，在消费方面也要讲究效益。有些经济发达国家实行"高消费、高浪费"，过度耗费资源和社会财富，我们不能采用也不应该采用这种消费模式。我国的基本国情是人口基数大，人均资源有限，20 年内新增加的人口相当于现在的一个美国或两个日本的人口。即使到 2000 年，我国平均每人也还只有 400 多公斤粮食，1 吨标准煤，远远低于那些发达国家的水平。因此，我们应当力求在收入水平不高的条件下能够比较好地满足人民的需要，同时，不断地、逐步地增加人民的收入，改善人民的生活，引导人民建立中国小康式的社会主义消费模式，使大家能够过上幸福和愉快的生活。

在这里，应该深入研究、预测小汽车进入家庭消费的问题，这也涉及我们应当如何消费、怎样引导消费的问题。在国外，个人消费的大宗支出，一个是房屋，另外一个就是汽车。房产、汽车都自成一个系列，它们的发展把许多相关产业带动起来了。经济发达的国家，已经变成一个所谓"汽车社会"了。他们的社会生活在很多方面靠汽车联系，这给他们带来很大的方便，但是他们也认为带来了很大的祸害，既已形成这种格局，这种生活方式，要再改变它也就很难了。对此，有些外国专家向我们提过很多建议，他们希望中国不要再走他们走过的路。我们的城市里，例如，北京有几百万辆自行车，已经把交通搞得拥挤不堪，上海更为严重。如果我们搞那么多汽车，道路、停车场等等都成问题。我国的大中城市，究竟主要是发展大型公共汽车，还是主要发展小型汽车，这也是建立什么样的消费模式的问题。有些外国专家的意见是：应当大力发展公共交通。即使将来汽车进入某些人的家庭以后，也不可能家家都有汽车，公共汽车还得大大发展。结果将是又有公共汽车，又有小型汽车，还会有相当数量的自行车，城市交通将更拥挤。将来究竟是个什么样的情况，要吸取发达国家正反两方面的经验，结合我国国情研究解决的办法。

为了最大限度地满足人们的生活需要，我们不仅要生产出丰富的生活资料和提供劳务服务，而且要引导人们的消费向着更为实惠、更能提高生活素质和促进人的全面发展的方向前进。要鼓励、开创有支付能力的新型消费领域，改变人们那些落后的传统生活习惯，使人民能够获得更高的生活质量和更好的消费效益，确立正确的消费观、审美观、价值观和幸福观，不断完善有中国特色的社会主义的生活方式。本世纪末，我国的第三产业特别是与人民生活息息相关的商业、饮食业、房地产业、公用事业、居民服务业，还有教育、文化、艺术、广播、电视、卫生、体育等事业将有迅速发展，消费品行业的产业结构与产品结构得到合理调整，食品、耐用消费品，特别是住宅建设成为消费品工业的三大支柱，为人民提供更多更好的消费品，丰富、充实人民的物质生活和精神生活。

（四）社会生活的各个方面将发生深刻变化

1. 现代生活方式逐步取代传统生活方式

社会主义商品经济的发展，必然引起我国社会在各个方面发生深刻的变化、冲击着束缚人们思想、生活的传统思维方式和生活方式，引导人们建立起新的社会生活，以适应面向现代化，面向世界，面向未来的需要。本世纪末，我国社会的发展将呈现出许多新特点、新趋势。同目前的情况相比，主要表现在以下一些方面：

首先，我国的家庭结构将有新的变化，出现新的格局。整个社会对家庭、对幸福的理解有了新的变化，经济上的独立使青年人的自主愿望不断强化，要求经济自理、社交自由、生活独立。因此，我国 21 世纪初的家庭结构特征是，以两代人同居的核心家庭成为普遍形式，中国传统的家庭结构模式三代同堂的直系家庭将逐步减少。在农村，与商品经济的发展相适应，自然经济条件下那种传统的一家一户的小生产开始转向专业化联合。生活上分居而生产上联合的新式家庭具有旺盛的生命力，正在逐步取代旧式大家庭，农村和城镇个体劳动者家庭的现代生产职能将相应增强。我国未来家庭结构的变化，符合社会发展的趋势，有助于缓解一些社会问题，保持社会安定。

其次，在不断提高人民消费水平的过程中使家务劳动社会化。目前在我国家庭中，已婚男职工每天的平均家务劳动时间为 2.72 小时，已婚女职工的每天家务劳动时间为 3.97 小时。这部分时间是职工每天时间支出中仅次于睡觉和工作的第三个大部分。这种状况严重地影响了闲暇时间的增加，不利于劳动者恢复体力、增进智力和个性的和谐发展，影响到人民生活水平和生活质量的提高，表明我国社会服务工作的落后。随着社会、经济的发展，第三产业将会有迅速的扩大，人们的消费水平达到新的高度，很多由城镇职工所承担的家务劳动，将转化为由社会分工所承担的服务性劳动。到 2000 年，我国的商业、饮食、服务业网络的密度得到大大增加。粮食将成品化、半成品化，副食品供应基本齐全、数量充足，使人们能够节省大量购买食品、制作饭菜的时间；劳务市场细分化，人们基本需要能够得到较好的满足，这既有利于人民生活，又可以安排就业。同时，家务劳动电器化程度大为提高，除电冰箱、洗衣机等耐用消费品外，还将有更多的电器供应市场、进入家庭，从各个方面减轻家务负担，使人们有更多的闲暇时间可以自由支配。

第三，文化娱乐活动将向分散化、多样化发展。本世纪末，我国人民的闲暇时间比现在将有较大的增加，业余生活丰富多彩。

文化娱乐活动采取的形式首先是经济条件决定的，同时也受一定的社会环境、文化水平所制约，具有一定的历史性和继承性，在时间上还有一定的延续性。因此，到 2000 年，广播、电视、电影、报刊等大众传播媒介和文化娱乐工具从整体上看来将随着经济的发展而更加普遍。不过，每个人的文化娱乐活动将不仅仅局限于这几种形式，而是有着更广阔的领域，如业余体育锻炼、艺术创作、社会交往，等等。读书自学和旅游等智能增长型的活动形式受到普遍欢迎。单调、划一的文化娱乐活动被能够提高人民文化修养，跟上科学技术步伐，充分发挥个人的兴趣爱好的活动逐步取代，显示出个性化、分散化、多样化的特点。

第四，人们的社会交往日益广泛，将为社会经济带来巨大活力。目前，在我国人民的业余生活中，社会交往还未取得其应有的地位，只是一种未被人们充分重视的补充形式。社交观念陈旧，交往主要是为了满足精神上和感情上的需要。社交面狭窄，交往对象仅仅局限在家人、亲属、过去的同学和同事之间。到 2000 年，我国人民的社会交往将比目前有广泛的拓展。单一、狭小的社交圈、社交层将有所改变，形成社交网络。这种社交网络不仅继承了我国人民注重满足精神和感情上需要的特点，也将能充分发挥传递信息的功能，推动经济的发展。

第五，我国的婚姻家庭关系随着经济发展和社会观念的变革将呈现新面貌。本世纪末，我国城镇和广大农村将普遍确立起以爱情为基础的自主婚姻。但我国的经济、文化的发展程度尚不足以彻底铲除封建传统恶习借以存在的社会条件，因此，还不能杜绝包办婚姻、买卖婚姻和对户换亲等现象，当然，这类现象将大大地减少。人们的择偶标准也将发生新的变化，婚姻生活中更加注重精神生活，使人们进入到更高的精神境界。我国社会中存在着的大龄青年找配偶难的问题，在一定时期还将继续存在下去，这是因为传统婚配观念和男女初婚年龄差等各种因素影响，使得这个问题一时难以缓解。从整个社会来看，我国社会的婚姻家庭关系将是积极的、健康的。社会将对不同层次、不同要求的老人做出合理安排，使他们安度晚年。

我国社会生活的变化并不仅限于以上这几方面，而是多方面的，有些是无形的、潜移默化的，这对于社会的进步，人的素质的提高，以及经济的持续稳定的发展具有深远的影响。

2. 社会秩序安定，社会安全得到保障

本世纪末，我们将在经济发展、对外开放、人口增长、社会生活安定的基础上，建立良好的社会秩序，保障社会安全。我们将逐步建立起比较完善的法律体系，搞好法制建设，同时形成有效的社会治安保障体系，加强法制宣传和律师工作，确保法的实施，使现在许多还靠行政手段来调整的社会关系，在将来主要通过法律手段来调整，由人治转入法治，保证经济的稳定发展和社会生活的安定。

不断发展和丰富的现代社会生活，是有着它内在的规律和特点的，单纯依靠"群众运动"及一般号召来维护社会秩序和社会安全，将难以有效地解决现代社会纷繁复杂的矛盾。因此，必须以法律所特有的权威性、稳定性、持久性使社会秩序能够被控制在人民意志所要求的范围内，从而有效地维护良好的社会秩序。到 2000 年，我国的公、检、法机关在加强自身建设、提高人员素质方面都应有新的进展。这对于人们树立法制观念，形成依法办事的行为方式有着极大的影响。公安机关将运用先进手段，进一步提高破案率，给犯罪分子以有力的打击；人民法院真正做到独立审判，把能够充分反映人民意志的法律作为自己行为的准绳，并将获得整个社会的理解和支持。未来的十几年间，人民在社会生活中，企业在经济活动中依靠律师的程度会有新的提高，律师队伍的建设将达到一个新的水平，律师在社会生活中将发挥着越来越重要的作用。

在我们的社会生活中必然存在着这样那样的一些非对抗性矛盾。依靠群众自己来解决生活中的各种问题和矛盾，适合我国国情，有利于人民群众进行自治。我国的人民调解工作到目前为止，取得了巨大的成绩，这种制度具有我国的特色，是一种优良的传统，现已引起世界的瞩目，值得我们继续发扬和提高。人民调解制度普及了法律知识，培养了法律人才，形成一个调解体系，对法院工作起了巨大的补充作用。今后，国家有关部门将对人民调解队伍给予必要的指导和组织领导，加强这支队伍，充分发挥他们的优势，使人民调解工作成为保障社会秩序和社会治安的一个重要方面。

我国的公证工作和保险工作在本世纪末也将得到较大发展。公证工作的重要性将为全社会所了解，保证公民进行正确的法律行为。公证机关逐渐地建立健全起来，手续简化，便于人民利用。

人们在 20 世纪末，将学会充分运用法律手段来争取和捍卫自己的权益，更加自觉地依靠法律来不断调整自己的各种行为，遵法、守法、保持社会生活的安定团结局面。

在我国人民生活水平不断提高的同时，保险事业也将得到迅速的扩大和加强。长期以来形成的主要与职业相联系的旧的社会保障体系将要改革，被新的社会保障体系所替代。这种社会安全网适应我国多种经济形式的发展，采取多样化的保障形式，根据不同情况，实行自愿保险或强制性保险，建立物价指数及最低生活水平线，对老年人和部分生活最困难的人的生活需要给予保障，确定实行社会救济的标准。对于那些传统的社会保障还应当继续强调，比如，家庭邻里互助，乡村的"五保户"制度，等等。我们将通过比较完善的新型社会治安网，体现社会主义的优越性，使人们在社会生活中充满安全感。

3. 我国的自然生态环境将有所改善

自然生态环境问题，是我国在经济发展过程中面临的一个重要问题。自然生态环境的状况如何，已成为衡量一个国家社会、经济发展的重要标志之一。我国在长期的建设过程中，存在着生态破坏和环境污染问题，并且比较严重，这主要表现为植被被破坏，水土流失、土壤盐碱化、沙漠化以及气候异常等，从而破坏了农田、森林、草原和江、河、湖、海、滩涂、地下水等自然生态系统，导致这些系统功能受损；农业污染，许多地区水质污染，大气污染，噪声超标，工业固体废弃物排放量过大，等等，给社会生产和人民生活带来了严重危害。

工业发达国家在实现现代化的过程中，几乎都出现了严重的环境污染与破坏，付出了巨大昂贵的经济代价。现在，环境污染和生态破坏已经不是个别国家和个别地区的现象，而成为一个世界性的问题。未来的发展要求我们对治理环境的问题给予高度重视。我们面临着如何吸取发达国家既往的教训，总结它们的成功经验，使经济发展与改善环境协调起来的任务。同时，我们还要处理好经济底子薄与治理任务重的矛盾，特别要重视和处理好乡镇工业发展与农村环境污染问题，防止乡镇工业发展使污染扩散开来，力戒旧账未还，又欠新账。要着力解决水资源短缺、环境污染以及大气污染等问题。

要使我国的自然生态环境到 2000 年时有所改善，提高人民小康水平的生活质量，我们必须从现在起就实施经济建设、城乡建设和环境建设同步发展的方针，真正把环境保护问题纳入各级经济社会发展战略和国民经济计划中去，使环境保护指标成为考核、衡量各个部门、各个企业工作成果的一项重要内容。对于重点建设、重点企业，必须在编制生产发展和技术改造规划的同时，制定保护环境、防治污染的规划，安排投资，采取具体的环境保护措施。要建立和健全环境管理体制，提高环保管理人员的素质，建立起能够准确及时地掌握我国环境动态的监测系统，确保环境保护资金的渠道能够畅通无阻，资金不被挪用，大大强化对环境的管理。

我国的环境保护要走"防治结合，以防为主，变害为利，综合治理"的道路，全面规划，合理布局，坚决制止污染转移，把对环境污染治理工作的重点由技术防治逐步转移到规划防治上来，我们要在经济建设和社会发展中注意节约资源，充分利用资源，把合理开发和充分利用自然资源作为环境保护的基本政策，维护和促进自然生态系统的良性循环，提高资源的开发利用效益。

推行有利于环境保护的科学技术政策，充分发挥现代科学技术特别是生物工程在环境保护中的作用，对于我们搞好环境保护工作具有非常重要的意义。今后，我们将积极发展适合我国国情的控制污染的技术，把污染尽可能在生产过程中就予以解决，同时，还要积极地在资源开发、环境管理和污染控制中应用新技术革命的成果。

现在我们正根据我国的实际情况，加紧制定环境保护的各项法规和切实可行的环境标准，建立和完善环境保护法规体系，建立起我们自己的环境标准体系，把环境立法和环境执法工作搞好，对现行的某些不利于保护环境和自然资源的政策也要进行调整和修订。

根据专家预测，我们可以把 2000 年我国的环境状况做一概要的阐述，这就是，我国自然环境被破坏的趋势难以在短期逆转，但会逐步有所缓和，在某些方面将会得到基本控制和改善。农村环境，虽在某些方面因乡镇工业的发展和化肥农药的施用有所恶化，但总的趋势是逐渐好转；城市环境和工业污染将会得到一定程度的改观和控制，在一些方面减轻环境污染对人体健康的危害。总之，我国的经济建设与环境保护在本世纪末将能够朝着比较协调的方向发展。

十四　本世纪末中国的科技、文教、卫生和体育事业

（一）科学技术发展迅速，科技实力大大增强

1. 科技发展的现代化与科技体制的改革

本世纪末，我们将在整个社会树立起新型的知识价值观，使人们真正认识到不仅体力劳动可以创造价值，而且脑力劳动也能够创造价值。从人类社会历史的进程来看，科学技术对社会和经济的进步起了巨大的推动作用，特别是在现代社会，知识和技术在经济发展中日益起着核心和关键的作用，无论是国与国之间经济的竞争，还是企业与企业之间的市场竞争，实质上都是科学的竞争、技术的竞争、人才的竞争。技术作为效能最为浓缩的商品，成了最可宝贵的东西，而掌握知识和技术的科技人员理应受到社会的尊重，赢得应有的社会地位。在我国，要使科学技术有更快的发展，首要的就是改革科技管理体制，开辟技术市场，实现技术商品化。科学技术将融汇于经济之中，科学技术将和社会、经济的发展相协调，从而科技发展的资金问题、人才问题、社会化问题就将得到比较妥善的解决。

现代科学技术的发展与社会经济的发展紧密联系在一起，有着自身的客观规律性。我国现行的科学技术管理体系无法适应这种要求，是一种缺乏内在活力、刻板低效的科学技术管理体系。它使有限的人才资源被牢牢地束缚住，失去积极性、主动性，科技人员管理体制相对封闭，科学创造和技术创新能力受到限制；科学技术远离实际经济生活，无法迅速转化为生产能力；研究机构没有自己的经济利益，缺乏主动权与活力。中央各部门的科技单位集中了大量的科技人员、研究机构和科研投资，相反，企业的科技资源却非常贫乏，这种头重脚轻的"倒三角形"科技结构极不利于经济的发展；还有，我国科技体系中的中间试验、成果推广、技术转移和对引进技术的消化吸收等中间环节非常薄弱；科研与设计脱节，科研成

果工程的开发渠道不畅，因而整个社会的技术创新能力低下，等等。

彻底消除我国科学技术管理体系方面这些致命的弱点，必须进行改革，必须用符合科学发展规律的、现代化的管理方法来管理科学技术的研究与开发。到本世纪末，我国将形成比较合理的科技管理体系，国家将把自己的主要力量放在组织、协调重大项目的研究及科技立法方面，收集、研究、发布各种科技信息、运用各种经济的、法律的、行政的手段来引导科技研究的开发，发展科技市场。对各级科研单位将给予自主权，并且不少的研究开发单位将不再是单一的国有制，将出现集体所有和其他的民间组织形式。在经济发展过程中，民间机构发挥着重要作用。商品经济的发展，现代化进程的加速，产生了对科技的强烈的内在需求。随着逐步实现技术商品化，科学技术也将日益紧密地与经济生活结合起来。科学研究从单纯研究型逐渐过渡到研究经营型。根据现在改革和调整的情况来预测，到 2000 年，我国企业的科研力量和能力将得到很大的充实和加强。以研究开发为目标的独立研究所在科研中发挥着重要的作用。科学院与政府部门直接管理的大型研究机构的数量将会减少而素质与水平将有明显的提高，真正做到"少而精"。届时，我国的科研机构可能还难以完全达到目前发达国家那种正三角形结构。尽管我国绝大部分研究力量还没有集中到企业，独立研究所的数量和实力仍然很大，但已经开始向企业化过渡，实现科研与经营的结合。我们估计，未来发展态势，可能出现企业研究力量继续扩大的情况，但要达到西方企业研究机构在整个研究力量中所占的比重，需要经济有更高程度的发展，需要有一个发展的过程。

到本世纪末，我国的知识分子、科技人员的社会地位将有较大程度的提高，受到全社会普遍的尊重，工资待遇将根据按劳分配的原则，有比较明显的提高，各方面的人才将得到合理开发，其作用能够充分发挥出来。我国的科技人员队伍的骨干将实现年轻化，30 岁左右、40 岁上下的教授将越来越多，一大批中青年高级科技管理、指挥人才将领导科技事业的发展。人才问题始终是我国科学技术所面临的主要问题。据预计，科学技术人才缺乏的问题即便到 21 世纪也仍然得不到彻底解决。对人才的需求将大于社会提供人才的能力，这是值得十分重视的问题。

随着科技体制改革的全面展开，商品经济的发达，我国的科学技术到本世纪末将形成全方位的开放，我国与国外的科技交往大为加强，我们将继续发展与美国、日本、西欧等西方发达国家的科技合作和交流，随着同苏联、东欧关系的改善，我国与这些国家的科技联系将有一个较大的发展；与第三世界国家也将继续保持良好的合作、交流关系。我国科技工作者将走向世界，长期以来形成的与国外同行交往少的状况将大大改变。我国将在科技情报、专利检索等科技信息方面进一步实现国际化。我们将派出更多的学者、专家和留学生到世界各国和国际科技机构工作和学习，同时，也会有各国越来越多的科技工作者来我国的研究单位、工厂、学校工作和学习，各种形式的人员交流大大增加。国内的各类研究所将更多地与国外同行开展联合研究。对于各个方面的国际科技合作项目，我们也将积极参加，特别是在某些尖端技术、大科学领域，如新型计算机、生物工程、能源技术、空间技术、海洋开发、核聚变研究等，以及在科技发展战略、系统分析等软科学领域，我国都将大力加强同各国及国际组织的合作，在其中发挥积极的作用，并努力吸取对我国社会、经济、科技发展有益的东西。这样，在 2000 年，包括台湾、香港等在内的中国的科学技术将成为国际科技活动中的一支活跃力量。

当然，我们还要考虑到国际竞争的因素。随着我国经济、技术和社会各个方面的发展，发达国家将日益把我国当做竞争对手来对待。因此，我国今后的国际科技交往将出现错综复杂的局面。

我国科技管理体制的改革，将给科学技术的发展带来生机和活力，促进科技水平的提高，加快科学技术现代化的进程。

2. 科学技术初步实现向现代化的过渡

我国的科学技术在迈向 21 世纪的过程中，面对着两个方面的问题，一方面我国虽然建立起具有相当规模的工业基础，但工业化这一任务尚未完成；另一方面在全世界范围内新技术革命方兴未艾。这种情况既向我们的科技发展提出了挑战，又为我们提供了超越某些阶段直接进入先进水平的机会。我们必须明确这样一个目标，就是科学技术的发展要促进经济的发展，能不断地赋予经济发展以新的活力。

　　在本世纪内以及 2000 年以后的若干年内，我国将大力引进和吸收国民经济发展所需要的主要技术，通过引进和吸收国外的先进技术，我们国内的技术状况将得到较大改善。同时，我们必须大力加强自己的科研工作。这样，把引进和自己研制有机地结合起来，自己研制为消化吸收国外技术服务，在掌握国外先进技术的同时，提高我国科研工作的水平。就引进和消化来说，要使我国能够真正做到每引进一项技术就增加一份实力，在不断提高技术的基础上，逐步接近世界先进水平。

　　今后，我国的各类企业将通过技术改造，在新的技术基础上，具有自我更新、自我改造的能力，达到较高的技术水平。我们将运用高技术彻底改变传统产业的落后面貌。未来的十几年间，电子和信息技术等将对改造我国的能源、交通和通信等社会基础设施，提高管理效能、提高人民的生活质量起到重要作用；机械电子技术将改造我国制造业，生物技术将大大提高我国农业、食品、医药等方面的水平，在此基础上，机械、电子、能源、交通等产业的技术改造又将为新型材料的应用开拓更广阔的领域。这是把我国国民经济逐步转移到现代化基础上来的一条有效途径。与此同时，我们还将有选择地建立起一批新兴产业，尤其是电子及信息技术产业。

　　科学技术的发展，必须有带头学科和某些技术的优先发展来带动整个科学技术进步。依据世界科学技术发展的趋势和我国的实际情况，我们选择电子和信息技术作为我国本世纪内的带头技术；同时，要有计划地发展生物技术、新型材料技术、航天技术、新能源技术和核技术等高新技术；对于农业、能源、交通、原材料、机械以及消费品生产等与国民经济发展的战略重点紧密结合的一些优先发展领域，也要尽可能吸收运用新技术加以改造，从而为我国 21 世纪经济的起飞提供强大的技术基础。

　　一个国家的科学水平主要表现在科学家的水平和国家在科学上的创造能力。随着我国教育水平的提高和对外交往的扩大，2000 年我国在基础及应用研究方面将拥有一大批具有国际水平的科学家。在数学、天文学、生命科学、地球科学等领域的某些方面可能站在世界前沿；信息科学、材料科学、微电子学、光电子学、电磁场理论、机械科学等工程科学方面也将有大进展；在超高压、超低温、超导、超能等某些极限技术方面有可能出现某些重要的突破。

根据专家们的预测，本世纪末，我国的科学技术水平将上升到一个新的阶段，在科学上，我们将达到 80 年代中后期发达国家的水平，少数领域将达到 90 年代的水平，在某些方面我们将居世界领先地位；在技术上，我们将达到国外 70 年代末、80 年初的水平，考虑到我国的实际情况，在少数领域的一些方面可望步入 90 年代。总的看来，我国的科技发展将是不平衡的。科学技术的发展活跃了我们的经济，增强了我们在各个方面的竞争活力，机电、化工产品、新型材料、光导纤维、激光设备以及彩色电视、电子等技术密集产品将在我国工业产值中占有相当大的比重；轻纺工业、手工业、矿产资源和食品工业等在世界市场上具有较强的产品竞争能力，有利于我们外贸的进一步发展。我国农村将通过科学技术的普及和发展而改变落后面貌，农村为我国科学技术的应用和提高提供了广阔的天地。

我国未来的科学技术将进入到一个充满生机和活力的大发展时期。从 21 世纪开始，我国的科学技术将开始向世界先进国家的行列迈进。

（二）初步形成"三个面向"的新型国民教育体系

1. 教育改革将取得很大成绩

实现现代化，必须提高我们全民族的文化水平，这既是实现现代化的根本措施，也是体现现代化水平的一个显著标志。过去一个时期我国对教育不够重视，以致到目前为止，还有 7% 的学龄儿童不能上小学，34% 的适龄少年不能考上初中，68% 的适龄青少年不能考上高中，大专院校每年招收的学生也很有限。党的十一届三中全会以来，我国轻视教育的倾向大大改变，特别是社会主义商品经济的发展，使人们日益认识到"知识就是力量"，科学就是生产力，认识到掌握知识对于发展、完善自己的重要意义。随着人民生活水平的普遍提高，人们的闲暇时间增加，学文化、学知识的愿望和要求越来越强烈。同时，经济建设也要求我们能培养、输送更多更好的人才。

几年来，我们对教育体制进行了改革，使整个社会的教育观念有了较大的转变，培养了人才，提高了人才素质，取得了很大成绩。但是也应当看到，教育体制改革是一个漫长的过程，不可能一蹴而就，它同整个经济体制的改革、政治体制的改革是紧密联系在一起的。特别是受到几千年来中国传统教育思想的影响，落后、封闭的传统教学方法、教学内容、教学手段还在束缚着人们。因此，未来的十几年将是我国教育体制改革的关键时期。

从现在起到本世纪末，我国的教育体制改革将逐步深入，在各个层次上展开。目前我国的教育管理体制实际上是一种部门所有制和地区所有制。对学校的部门和地区分割，严重影响了教育的宏观效益，使得国家在学校布局、专业设置、招生分配、基本建设等方面难以进行统筹安排，不利于教育事业的进一步发展。业务部门管理学校的弊病是，培养核心专业方面的人才多，配套专业的人才少，供需结构不适应，专业人员改行的现象比比皆是；在教学上传授专业知识面窄；在人才管理方面，形成部门所有制，人才不能流动；重复设置专业，投资浪费情况比较严重；部门的业务要求大大限制了学校潜力的充分发挥，等等。从另一方面看，我国的教育体制又是一种高度集中统一的模式。很多事情都要国家统一来办，从招生考试，到教学计划、教学大纲、教育内容都由国家进行统一的规定，学校缺乏自主权，无法根据学校的实际情况和学生的实际情况灵活应变地培养人才。另外，教材内容陈旧，教学方法呆板僵化也早已引起社会各方面的不满。

本世纪末，我国的教育改革将伴随着经济体制改革、政治体制改革的进程，取得实质性的突破。教育问题，说到底是个培养德智体、提高人的素质的问题。因此，我们的教育体制改革必须围绕着这个中心来进行。一方面我们要多培养人才、提高整个民族的文化素质，就要打破部门地区的封锁，开拓新的投资渠道，发展各种类型、各个层次、各具特色的多种教育方式，提高投资的效益。国家、集体、个人的积极性都要得到充分发挥，社会各方面由于人才与自己的事业发展有着重要的关联，因而都乐于投资办教育。预计今后教育投资的增长速度将高于国民收入的增长速度。到 2000 年，全国总的教育支出应不低于国民收入的 6%，力争达到 6.5%

或 7%，这比 80 年代的 4% 有较大增加。这样，2000 年我国国民收入中可能需要 900 亿元左右用于各级正规教育。不过，即使实现了这一方案，我国的人均教育支出仍然不过只有 70 元左右，比一些发达国家的人均约 1000 美元左右尚有很大差距。为了鼓励人们求学、鼓励各种不同渠道的教育投资，我们在学历、学位、毕业生就业等方面将采取一视同仁的政策。全国要形成运用现代化手段、多层次、多专业、适合各种求学对象、具备多种功能的社会教育网。通过这些改革措施，将改变高度集中又高度分割的教育模式，形成新型的教育模式。

办教育不能只注意数量，更重要的是要提高质量。我们应当注重办学的效益，要给办学单位以充分的自主权，使它们能够根据实际情况来改革教学内容、教学方法，在坚持四项基本原则的前提下，创造一种思想活跃、创造精神浓厚的教学气氛，教师能够享有教学的自主权，学生能够享有自己在学习上的选择权，注重启发学生独立思考和培养学生独立解决问题的能力。这样，学生、教师、学校各个方面的积极性就调动起来了，学校具有活力，质量也就有可能提高。对于学校的管理，国家将主要运用法规、政策，对它的活动范围进行指导，使学校的活动符合教学规律和社会发展的要求。

本世纪末，通过教育体制改革，我们将走出一条适合我国国情的发展教育的道路。高等教育的发展将充分发挥现有学校的作用，提高教学质量，中小学发展也将注意因地制宜、讲求实效，师资水平有较大程度的提高。将建立起对全国的人才预测、信息收集分析及教育评价体系，形成灵活、开放、有利于培养人才的教育管理模式，促进教育事业阔步前进。

2. 教育的改革和发展，逐步适应现代化建设的需要

我国教育的传统模式是封闭型的，注重灌输知识，轻视培养人的创造能力，注重继承，忽视开拓，因此，同社会发展、经济发展的需要不相适应，培养出来的学生容易空有知识而不善于应用。学生与社会生活的脱离，是造成社会轻视知识，生产发展缓慢的重要原因之一。教育的改革，将扭转这种不合理的状况，使教育面向世界、面向未来、面向现代化，适应社会进步对培养人才的要求。

现在，随着商品经济的发展，人才问题日益突出起来，引起人们的关注。人才和劳动力素质是企业竞争的重要方面，企业要提高效率和效益，要具有强大的竞争能力，就需要有一大批专业配套、高水平的经营管理和各种专门技术人才，并且还要有一支素质较高、劳动技能较强的职工队伍。广大农村和城镇经济的发展，更加剧了这种对人才和教育的需求。专门人才的供需失衡状况严重制约着我们的现代化进程。

根据统计资料，1983 年全国有专门人才（包括具有中专毕业以上学历或技术员以上职称的自然科学和社会科学专门人才）1400 万人。其中，大、中、小学校拥有的专门人才为 617 万人，占 44.4%。按学历分，研究生学历的占 0.28%，大学本科学历的占 15.5%，大专学历的占 13%，中专学历的占 58.3%，有职称无学历的占 12.9%。

预测表明，到 2000 年，全国共需要专门人才 4900 万人，是 1983 年 1400 万人的 3.5 倍，考虑到实际的可能，从 1983—2000 年至少需要累计培养各级专门人才 3400 万人，其中研究生 77 万人，大学本科生 870 万人，大学专科生 785 万人，中专生 1690 万人。专门人才专业结构也将发生显著变化。由教育部门培养分配到国民经济各部门工作的（以下同）管理专业的大学本科毕业生，由 1983 年的 32000 人（占毕业生总数的 2.16%），上升到 2000 年的 59 万人（占毕业生总数的 8.67%），增长 17 倍；财经专业的，由 62000 人上升到 71 万人，增长 10.5 倍；政法专业的，由 14000 人上升到 40 万人，增长 27.6 倍；工科专业的比重下降。每年约有 1400 万人受到职前或在职的技术教育。全国可能每 10 个同龄青年中将有 1 个进入各类高等学校，在校生可望达 600 万—700 万人，其规模接近 80 年代的美国。预计到 2000 年，我国高等院校中的在校生数量，可居世界各国的前列。本世纪末大学毕业生中 45 岁以下的人将占绝对优势，这对我们国家 21 世纪的发展十分有利。

总起来看，2000 年我国专门人才供不应求的状况将有所缓和。尤其是通过改革，教育将与现代化建设进一步结合起来，不仅仅学校教育将有大发展，而且就业后的继续教育也将达到新的水平。教育将注重人才的能力培养方面，注重使人们的知识结构不断适应世界发展变化。我们培养的人才应有广泛的适应性，能够学以致用，具有实际本领，在未来复杂多变的局面下，敢于创新，勇于开拓，去为实现现代化建功立业。因而，教育的发展才真正与整个国民经济的发展相互协调和统一。

3. 教育结构经过大的调整，基本趋于合理

我国教育的发展，要求尽快改善教育结构的落后状况。调整各个层次之间的关系，建立起比较完整的、基本合理的、效益较高的教育结构。目前，我国中、小学教育质量偏低，已严重影响到整个教育质量和教育效益。从规模上看，我国早已达到普及小学教育的要求。毛入学率（在校人数与学龄儿童数之比）多年超过100%。1979年我国小学毛入学率达118%，同年印度的毛入学率为78%，其他低收入国家加权平均为64%，发达国家平均为102%，苏联、东欧国家平均为100%。但从合格率来考察，则前几年仅有30%左右，基础教育效益太差，给我们扫除文盲的工作造成了很大障碍。并且直接影响到中学教育，中学补小学基础课，使得事倍而功半，形成恶性循环。

提高劳动力素质，是关系到现代化建设的具有战略意义的工作。我国的职业技术教育几年来发展非常迅速，但还缺乏有效的管理，人们还存在着追求学历的倾向，所受教育与本职工作结合得不够紧密。高等教育在培养专门人才方面，内部结构也不合理，专业设置、学校规模等方面也有许多问题亟待解决。

从现在起，我们将对现存的教育结构做进一步的调整。这样，本世纪末，我们将在保证质量的前提下，实实在在地普及小学教育。使几乎所有学龄儿童受到小学教育，12岁入学率超过99%；保证绝大多数儿童能够及时入学，7岁入学率在城乡分别达到99%左右和95%左右。毕业合格率也将大为提高，使15岁的儿童达到小学毕业合格者在城乡分别为90%和86%以上。在此基础上，初中教育得到进一步普及，2000年农村小学毕业生升入初中的升学率将由目前的64%左右提高到95%左右（城市现已达到98%左右），初中毕业生合格率达到90%左右，因此在全国城乡基本实现普及九年基础教育的要求，达到发达国家现阶段的水平，显著超过发展中国家2000年的水平。不过，由于地区差异，估计到本世纪末我们

可能还会有 10%—20% 的学龄人口接受不了完全正规的初中教育，但可以通过各种形式的简易初中受到不同程度的教育培养。估计高中阶段的教育（包括普通高中、职业高中、中等专业学校）的毛入学率在本世纪末有可能达到 50% 左右。我国整个中学阶段的毛入学率，到 2000 年将提高到 70%—75%。比照联合国教科文组织的预测，这个水平会大大超过发展中国家 2000 年预计达到的 49% 的水平，比较接近发达国家 1980 年的 78% 的水平。

普及九年基础教育，要有全社会的支持，要使人们对中小学教育质量的严重状况和潜在问题有足够的认识。发达国家现在对中小学教育非常重视。美国针对未来的竞争，于 1981 年就发出了"国家处在危险之中"的警告，提出了从改进数学及科学技术教育入手，使中小学教育在 90 年代中期达到世界先进水平，以迎接 21 世纪的挑战的建议。苏联于 1984 年也发布了《普通教育学校与职业学校改革的基本方针》，宣布对中、小学教育进行改革。我国的中小学今后要在师资质量、经费、基本办学条件等方面有大的提高、充实和改善，还需要经过一段比较长的时间的努力。

我国教育体系的一个重大缺陷是缺乏发达的职业技术教育。2000 年我国的职业技术教育将有很大的发展。我们将使几乎所有的青年在进入技术岗位之前都要经过正规或非正规的职业教育和职业训练阶段。职业技术教育将采取灵活多样的方式，结合实际办学。为在职人员更新或扩充知识技能以及为了适应职业变换等所需要的终身教育将解决许多社会问题。90 年代后期我国将可以逐渐形成一个由初级到高级、行业配套、结构合理的、较完整的职业教育体系。中等专业教育是培养初、中级专门人才的重要阵地。根据预测，本世纪末，社会各方面对中专学校毕业生的需要量至少要比新中国成立 30 多年来培养的总数多 1 倍以上。为了能够满足沿海与内地，城市与乡村，骨干企业与中小企业等方面的不同需要，中专教育将对管理体制、学制年限、专业设置等不断加以调整，呈多样化的景象。

本世纪末，我们还将建立起多层次有效能的高等教育。在保证质量的前提下，高等教育采取一定程度的超前发展，有利于现代化建设的持续深入。现在，我国全日制高等学校是高门槛（入学考试筛选严格），低淘汰

（入学后的淘汰率不到 1/10），全然不同于西方国家的低门槛，高淘汰。因而，同样的毛入学率，我国的大学毕业生将多于西方国家。专家们估计，到 2000 年，我国各种高等学校在校学生将达到 600 万—700 万人。届时，我国高等教育的规模可居世界第三四位，有可能领先于同期我国经济实力的位次。同时，经过教育改革，高等教育的效益也将有大的改善。

总之，到 2000 年时，估计我国劳动年龄范围内人口文化状况会有很大改变；文盲、半文盲将基本扫除；农村将基本普及初等教育，劳动者普遍达到高小水平；城市将普及高等教育，职工普遍达到初中水平；全国具有高中和大学文化程度的人显著增加。那时我国将有 1500 万—2000 万受过高等教育的知识分子。我国教育模式的轮廓也将清晰地显露出来，具有活力的国民教育体系基本形成。这一切将促进实现人的现代化，从根本上保证中国社会和经济不断由低层次的工业化向高层次的现代化迈进。

（三）文化艺术事业取得突出成就

1. 在社会主义现代化进程中，文化艺术事业健康发展，从各个层次上提高我们民族精神文明的程度

人民物质生活水平的提高，必然要求有丰富的文化生活，必然带来文化艺术的繁荣发展；同时，文化事业的发展又必然促进物质生活水平不断有新的提高。中华民族创造了举世闻名的华夏文化，为人类的进步做出了巨大的贡献，这的确是我们的骄傲。但是也应当看到，我国的文化事业发展得还比较缓慢，吸收、发展现代文明的能力还比较弱，整个社会对文化建设在经济生活、人民生活中的重要作用还缺乏足够的认识。目前，我国各种文化设施严重不足，基本的文化设施尚未配套，就国家级的来说，只具备几座大博物馆和图书馆。大中城市和旅游开放地区缺少所应具备的包括一定规模的博物馆、图书馆、剧场、美术展览馆等在内的现代的文化设施；县一级缺少包括图书馆、文化馆、剧场等在内的基本文化设施。而且，在现有的文化设施中，相当一大部分不能正常发挥作用。如现有的 2217 个公共图书馆中，就有 600 多个无馆舍；在 3016 个文化馆中，就有 400 多个无馆舍。另外，各类文化设施普遍存在着条件差、管理水平低的问题，在质量和内容方面远远无法满足群众的要求，人民文化娱乐活动贫

乏、形式单调。据调查，我国城市居民每周用于各项文化娱乐活动的时间共 50 小时，而去图书馆、书店仅有 2.48 小时，看电影 1.67 小时，看其他演出 0.4 小时。文化设施建设落后，限制了人民精神文化生活的发展。

文化事业是整个社会生活中不可缺少的一个重要组成部分，它不仅仅只是满足人们的一种需要，而且还具有开发智力的功能。它通过广泛的社会性活动，打开人类智慧的大门，活跃人们的思想，增进人们的知识，校正人们的价值取向，提高人们的审美情趣，培育人们高尚的道德情操。从整个世界的发展趋势看，各项文化事业尤其是出版、图书馆等行业传播知识传递信息的功能日趋重要，文化事业已经构成第三产业的重要组成部分。我国现在在发挥文化事业开发智力的作用方面远远落后于发达国家。出版事业、图书馆事业的发展无法适应人民的要求。如今出书慢、买书难的矛盾愈来愈突出。印刷生产能力不足，印刷技术落后，使得我们每年有将近 1/3 的书刊印刷任务无法完成，其中排字每年缺口为 10 亿字，印刷生产能力缺口由 1966 年的 90 万令扩大到 1983 年的 800 万令，装订能力也低于需要约 460 万令。同发达国家相比，美国、英国、联邦德国、日本、苏联等国，印刷业销售总额均占国民生产总值的 1.5% 左右，而我国仅为 0.6% 左右。图书馆事业的发达与否，是衡量一个国家先进与否的重要方面。目前，就公共图书馆的数量而言，苏联已达 13200 个，捷克斯洛伐克 10157 个，美国 8456 个，波兰 9315 个，民主德国 7271 个，罗马尼亚 6303 个，而我国只有 2217 个。就服务质量而言，我国图书借阅率低，阅览坐席少，检索等手段落后。

我国的文化事业发展困难很多，要保证 2000 年人民生活质量提高，有丰富多彩的精神生活，我们必须不断改革、逐步建设，才能使文化事业走向现代化。

精神生产有它特殊的规律性，不能用管理物质生产的办法来管理精神生产。我们应深入研究精神生产发展的客观规律，积极稳妥地、有步骤地对文化管理体制进行改革，扩大文化艺术单位的经营管理自主权，充分调动人的积极性，大大提高我国精神产品的质量，促进小说、电影、话剧等文艺形式，形成多种风格和流派，推动文化艺术作品有大的发展。我国的对外文化艺术交流在本世纪末将有一个大的提高，我国的作品将被高质量地译成各种文字，介绍到世界各国。同时，国外有益的科学文化知识也将更多地引进国内。我国人民的文化艺术水平将出现比较复杂的层次性，整体水平将有较大提高，艺术欣赏力增强。

到 2000 年，我国人民消费结构中，发展基金和享受基金将占 50% 左右，因此，文化事业必须向更深更广的领域发展才能基本适应经济振兴和人民生活对文化的需要。为此，国家将增加投资，提高文化经费在国家财政总支出中的比重，特别是改变文化基建投资在国家基建总投资中比重过低的状况。今后，除电影制片、书刊报纸出版、录音录像生产、文物商业以及对外出口由国家办以外，其余文化事业将由社会来办，国家将通过制定必要的法规、政策来管理，这将从资金来源、经营方式等各个方面搞活文化事业。

未来我国文化设施将形成比较完善的体系，布局层次合理。我们将根据条件有计划地在首都和几个重要城市建成代表国家水平的有世界影响的现代化国家大剧院（艺术宫）、国家电影宫、各种专业博物馆、音乐厅、图书馆、杂技马戏场、大型综合性游乐中心等文化设施；在省会所在地和大城市、重要开放城市建成具有先进水平的图书馆、博物馆、剧场、电影院、美术展览馆等；配齐县级文化设施，达到县县有电影院、剧场、书店、图书馆和文化馆，尤其是图书馆、文化馆，要做到名副其实。在人口稀少和边远地区的县，形成综合性文化娱乐活动中心；出书慢、买书难的问题得到初步解决。出版物将达到 1431 亿印张，印数继续居世界第一。从 1990—2000 年出版图书将达 152 亿册；杂志 7000—8000 种，45 亿册；报纸 3000—4000 种，平均期印 2 亿份。还将发展新型出版物和出版大型珍贵的文化典籍。

到本世纪末，在我国将形成中央级和省市级报纸、电台、电视台以及专业报纸、专业电台、专业电视台并存，各种传播工具各司其职，相互配合的多层次的大众传播体系。全国将有 95% 以上的人口能听到广播，70%—80% 的人能看到电视。广播、电视成为普及文化知识和文化教育的基本工具。

2000 年，我们的文物保护和文物发掘工作将受到全社会的重视，人们自觉保护文物。全国的重点文物保护单位将有 1200—1500 处。

我国的旅游事业将迅速发展，旅游资源得到合理的开发和利用。旅游将和宣传民族文化，吸收国外先进文化，普及科学文化知识有机地结合起来。各地的旅游点得到富有民族特色的美化，城市的广场、街头和园林成为运用雕塑和壁画等艺术形式广阔的领域。

今后，地区之间的文化交流和协作将大大加强，地区差别逐步缩小。到 1990 年，重要的边境口岸由国家重点投资建设若干现代化规模的文化设施，使之成为对外宣传我国政治、经济、文化的重要阵地，到 2000 年，内地和边疆地区都具备各种适用性文化设施及文娱活动场所。

本世纪末，中国文化事业落后的状况将从根本上得到扭转，走向世界文化先进国家的行列。

2. 创造具有中华民族特点的现代文化

文化问题，是人们极为关心的一个问题。这个问题不仅在专家、学者中被研究讨论，而且越来越引起社会各阶层的兴趣。它不仅仅是理论问题、学术问题，而且直接关系到我国的现代化建设进程与未来发展。更多的人关心文化问题，这是一个非常好的趋势，它将带来文化的进步，发展社会主义的新文化，从而推动现代化的发展。

文化问题也是极为复杂的问题。究竟什么是东方传统文化，什么是西方现代文化？两者各有什么特点，在社会进步，经济发展中起到了哪些作用，未来还将产生什么影响，等等，诸如此类的问题尚未搞得比较清楚，很多人在东西方、历史与现代等多向比较中缺乏科学的研究态度，往往走极端。这种状况亟须改善。

从现在起到本世纪末，我们的经济建设将走过中国历史上最重要的一个阶段，尔后将从一个新的高度上腾飞。与此同时，我们的文化建设也将确定自己的发展方向，做出具有决定意义的抉择。从历史和现实出发，从世界各国的文化发展过程出发，可以说，2000 年中国的文化将在对五千年文化传统取其精华，去其糟粕的基础上，积极吸收国外科学文化中一切有益的东西，真正做到"古为今用，洋为中用"，形成一种能够和社会、经济互相协调，互相促进，能够自我更新、不断吸收新东西的文化体系。

（四）卫生保健和体育事业大发展，人民健康水平普遍提高

1. 城乡人民将获得质量较好、效率较高的卫生保健服务

卫生保健工作是国家发达、民族强盛、社会进步的必要条件之一。卫生保健事业的状况，直接关系到人民生活质量，影响着人民身心健康和人口素质。因此，在解决我国人民吃饭穿衣问题的同时，解决好卫生保健问题，才能切实保证人民生活在本世纪末从各个方面达到小康水平。

新中国成立30多年来，我国的卫生保健事业迅速发展，不但在基础理论和临床方面攻克了一系列的尖端项目，取得了一批具有国际先进水平的、有我国特色的科研成果，而且建立起一支实力雄厚的卫生保健队伍，形成了以初级卫生保健为基础的城乡卫生保健网络；医药事业取得前所未有的进步，科研能力和培训能力大大加强；我国的传统医药学在防病治病中得到继承和发扬，开始走向世界。现在，我国通过大规模的、长年坚持的防病治病活动，已经消灭或基本消灭了霍乱、天花、鼠疫等烈性传染病，其他传染病也已得到一定程度的控制，发病率和死亡率有大幅度的下降。我国人民的身体素质普遍增强。一些外国专家认为：中国的卫生保健工作已经完成了第一次卫生革命的任务。

社会主义现代化建设和人民生活水平的不断提高，向我国卫生保健事业提出了新的要求。怎样使卫生保健工作适应社会和经济变革和发展的趋势，适应人们生活方式的变革，这是需要我们认真思考和解决的问题。

目前，我国一些传染病、寄生虫病发病仍然比较严重，流行性出血热、肠道传染病、结核病等仍然威胁着我国人民的健康。同时，心脑血管病、恶性肿瘤发病和死亡数也较高。据调查，我国人口中高血压患病率为7.7%。每年癌症发病人数约100万，死亡约80万。全国有一种或几种地方病发病的县占总县份的65%，有病人3600万人。工业的发展，大气、水源、土壤受污染的情况比较严重，在某些工业城市和工业区，大致相当于发达国家五六十年代公害泛滥时期的程度，导致了许多疾病的产生。不少乡村尚未普及新法接生，对遗传性疾病进行普遍诊断还缺乏必要的条件，每年出生十几万有先天缺陷的婴儿。

我国的卫生费用的投入与面临的任务不相适应。1983年全国卫生费用估计只占国民生产总值的3%，人均卫生费用约为15.5元，人均防疫经费才0.2元，这在发展中国家也是偏低的。我国每10万人中只有700名卫生人员，每千人口医师数为0.69人，城乡人口拥有的卫生专业技术人员比例为48∶52，分布不合理，不少农村存在缺医少药的现象。现在我国每千人口拥有的医院床位数为2.03张，大大落后于某些发展中国家。人们不文明、不卫生的习惯也给我们改变整个社会的卫生状况造成很大阻碍。

本世纪末，我国的医疗卫生事业将获得很大的进展。由于国情，我们的卫生保健事业不能像某些发达国家那样单纯依靠高技术和新、尖设备去提高医疗卫生效果，而必须向社会型、预防型和综合型发展，建立具有我们自己特色的医疗、防疫和保健系统。

我国的卫生管理体制存在着严重的弊端，使得卫生保健事业越办越赔钱，越办越难办。今后，我们将从各个方面进行改革，改变国家包办的状况，增加各级卫生保健机构的活力，加强横向协调，使卫生保健工作"面向人群、面向社会、专业分工、联合协作"。我们还将逐步地、妥善地改革卫生保健制度和公费医疗制度，通过社会健康保险等形式，发展集资医疗制度。切实做到卫生保健不仅是卫生部门的业务，而且成为全社会的事业。

在改革和建设的基础上，到2000年，全国将形成不同层次、布局合理的医疗卫生保健网，基本解决城乡人民看病难、住院难的问题。在医疗服务方面也会有显著的提高。

那时，我国人民，特别是农村居民将有卫生的饮水和基本的卫生设施，儿童将做主要传染病的免疫接种。据预测，我们将基本消除儿童传染病，使其他传染病发病率和死亡率降到发达国家80年代的水平，地方病的发病率和死亡率分别降低50%。心脑血管病和恶性肿瘤的发病率和死亡率将低于发达国家80年代的水平。

在本世纪末，国家将向人民提供更加安全有效的节育方法和避孕工具，婚前检查、遗传咨询、产期保健等卫生服务受到社会普遍欢迎。

未来，我国医药科技将有较大的发展，具有我国特色的中西医药结合的科技项目将继续保持世界领先地位。我国生物技术在医学方面将得到合理开发和有效的利用，能够达到发达国家 90 年代水平，基础医学、生物医学工程研究达到发达国家 80 年代中期水平。公共卫生、妇幼保健、学校卫生、精神卫生和老年医学、急救医学、康复医学、健美医学以及家庭保健医学等都将迅速地发展起来，适应人民生活方式变化的需要。

我国卫生费用占国民生产总值的比重将有较大增加，预测将由目前的 3% 增加到 2000 年的 5%，达到每人每年 157 元左右，千人床位数由目前的 2.03 张增加到 3.0—3.9 张，千人医生数由现在的 1.33 人上升到 3 人。

人们的健康观念在未来将有较大转变。人们不再单纯依赖医疗机构来使自身保持经常健康，而是日益把健康和自己的职业及科学的生活方式紧密联系起来，健康的标志已不仅仅是有病与否，而是保持身心与环境相协调的状态。越来越多的人将更自觉地参加体育锻炼，注意进行自我保健、自助医疗。

总之，我国的卫生保健事业正在稳步实现现代化，人民的医疗卫生条件逐步改善，讲究卫生已经开始成为整个社会的良好风尚。

2. 体育运动走向大众化、社会化、保健化、多样化，我国将发展成为世界体育强国

体育是提高人口素质、丰富人民生活、改变人们观念的运动，是人们社会生活、精神生活不可缺少的部分，随着我国人民生活方式逐渐现代化，体育也将在人民的生活中占有越来越重要的地位。

体育运动与国家昌盛与否紧密联系在一起。旧社会，我国经济落后，政治上受压迫和奴役，我们的国民被人称为"东亚病夫"。新中国成立后，我们国家日益强大，体育运动也蓬勃展开，逐步走向世界，显示了我国人民自强不息、奋发向上的精神面貌。现在，体育运动已经比较普及，很多项目保持国际领先地位。"东亚病夫"的时代已经一去不复返了。

不过，我国的体育运动的发展目前尚处于较低层次，运动项目单一，很多国际上已经比较普及的项目在国内还只是作为表演项目，在很多重大的比赛中我们的成绩不理想、不稳定。体育设施的建设不能适应社会发展

的需要，很多人的观念中把体育仅仅理解为"比赛"或"消遣"，这样的观念阻碍了我国体育事业的发展。

本世纪末，我国人民对体育的认识将有长足的进步，使体育成为人们培养高尚的情操，增长知识，增强能力，培育健康体魄的主要手段。根据预测，到 2000 年，我国人民的体质将得到进一步的增强，新一代的少年儿童将有较高的身体素质和良好的形态、机能，有利于发挥、增强智能的各种趣味性、娱乐性的体育项目大大发展，在城市和农村乡镇将为人民的体育运动创造条件，开辟各种运动场所，把绿化美化环境，城乡建设同运动场所的建设较好地结合起来。医疗部门将设立运动医学门诊，指导人们科学地进行体育锻炼、康复和疗养。

从现在到本世纪末的十几年中，经过努力，我国体育运动技术水平将可能跃居世界体育强国之列。据预测，在 2000 年举行的奥运会上，我国的总分有可能进入前五名。体育科技研究大大加强，一般将达到发达国家80 年代的水平，其中某些科研成果将居于世界领先地位。

体育运动日益社会化。在本世纪末，将以城市为中心组织各种形式的高水平的运动队，一批世界水平的运动员将来自各行业、各系统、大基层单位和跨行业的体育俱乐部。另外，近代体育项目与民族传统体育项目将共同发展，我国将成为世界上体育运动项目最丰富的国家之一。城市体育将由各个单位扩展开来，深入到居民区和家庭生活中去。农村和部队的体育活动也将各具特点、蓬勃发展。老年人和残疾人的体育活动将受到社会更加充分的重视。

我们将逐步提高学校体育教学的水平，改善内容和教法，注重培养学生的毅力和素质，增强他们的能力，使学校的体育活动真正调动学生的兴趣，培养尽可能多的人才。

体育是我们走向世界，让更多的国家和人民了解我们国家和民族、增进友谊的一个重要方式和渠道。到 2000 年，我们的对外体育交流将不断加强，争取举办更多的国际比赛，这标志着我国的体育运动将进入一个新阶段。同时，我国的体育器械、设施的生产水平也将大大提高，将有更多的产品进入国际市场，并为国际比赛所使用。

结束语

前面，论证了中国社会主义现代化所选择的道路，简要描绘了2000年中国现代化的前景，期望能使读者对我国的社会主义现代化道路与前景有一个总体的了解。

当前，我国的生产技术和经济发展水平，同世界发达国家相比，还是很落后的，但是，我们毕竟用比发达国家短得多的时间，建立起了一个独立的、比较完整的工业体系和国民经济体系。实践证明："只有社会主义能够救中国。"实践又使我们认识到：建设一个社会主义的现代化的富强的中国，已经不再像过去那样是一种可望而不可即的幻影，而是既可望又可即的现实的奋斗目标了。从现在起到本世纪末的十几年，世界新的技术革命在蓬勃发展，科学技术在日新月异地进步。这对我国来说，既是一个严峻的挑战，又是一个良好的机会。如果我们丧失这个机会那将是非常可惜的。这十几年，充满希望，既有美好的前景，同时也存在着很大的风险。要实现我们的目标，有很多有利条件，也还有不少困难，需要经过艰苦奋斗，甚至付出必要的牺牲，才能取得成功。

1987年4月30日，邓小平同志在接见西班牙工人社会党副总书记、政府副首相阿方索·格拉一行时指出："十一届三中全会以来，我国总的情况是好的，但从实现社会主义四个现代化任务来说，我们毕竟还只是开步走。可以说，十年是第一步，第一步的目标就是翻一番，人均国民收入达到500美元，这个目标估计可以提前实现。然后再过十年，即到本世纪末再翻一番，人均国民收入达1000美元左右，这是第二步。实现这一目标，我国达到小康水平，我们国家的力量就将会有很大的发展。更重要的是第三步，目标是在实现上面两个目标之后，再用30—50年时间再翻两番，人均国民收入大体上4000美元。达到这一步，中国就成为中等发达的国家。这就是我们的雄心壮志。"

邓小平同志为我们描绘了我国跨越世纪的发展蓝图，指明了我国赶上发达国家的奋斗前程。八年的改革实践已经使我们建立起坚定的信心，经过我们的艰苦奋斗，一定能够完成我们既定的宏伟目标。

这是一个前无古人的伟大事业。对于完成这一伟大事业，我们应当做好充分的精神准备、物质准备和理论准备，我们要不断地加以探索和总结。我们需要巨大的勇气，缜密的思考，必要的忍耐，甚至准备承受暂时的痛苦；我们需要以一往无前、百折不挠的精神来从事建设有中国特色的社会主义的伟大实践。

我们对中国实现社会主义现代化是充满信心和决心的。中国一定会作为一个具有自己特色的繁荣昌盛的社会主义现代化强国屹立于世界！在古代，我们的祖先曾对世界的物质文明和精神文明做出过举世公认的杰出贡献。在当代，在实现社会主义现代化建设的过程中，我国人民对世界人类进步事业，也必将做出无愧于前人的卓越贡献！

中华民族是勤劳、勇敢、智慧、进取的民族，中国大地是美丽、富饶、辽阔、多彩的大地。让我们十亿中华子孙团结起来，共同奋斗，在这广袤的神州大地上，去迎接光辉灿烂新世纪的到来。

90 年代的中国与世界的发展[*]

  90 年代的中国与世界，是大家都十分关心的一个问题。许多人都在对世界技术、经济、政治和社会发展的前景做出预测，并同时就它们对未来中国的意义做出估计。由于当今世界各国相互依存的程度越来越大，中国又是一个其重要程度日益增大的太平洋地区的大国，因而对这样一些问题的深入研究，不仅对中国的发展，而且对世界的和平和繁荣，都具有重大意义。

  当今世界正处在一个急剧变革的时代。在这个时代，人类既面临着多方面的挑战，同时又存在着广泛的机会。问题在于我们如何抓住这些机会，通过更好更快的发展来迎接挑战。

  第二次世界大战以来，世界经济曾经历了长达一二十年的稳定高速增长时期。工业国的国民生产总值年增长率达到 4%—6%，实现了高增长和高消费的同时并进；某些发展中国家和地区甚至连续多年保持 10% 以上的高增长速度，一批新兴工业国先后崛起。但也就在这种比较繁荣和兴旺的气候下，各种影响世界经济发展和政治稳定的不利因素也在增长。例如，资源匮乏、生态环境恶化、通货膨胀、经济混乱、分配的不公平等，使得多数工业国转入了低速增长，使得某些发展中国家陷入严重的债务危机，发展前景变得黯淡起来。去年以来，世界金融市场一再发生剧烈震

  * 本文写于 1988 年 10 月，原载《中国科技论坛》（双月刊）1988 年第 5 期。

荡，这使一些人认为，世界性的经济危机正在酝酿形成之中。

不过，也不能把世界的经济和政治发展前景看得那样黯然无光。除了上面所说的那些阴暗和令人沮丧的方面外，还有许多光明方面足以使人受到鼓舞。特别应当看到的是，从战后年代开始出现、迄今仍然方兴未艾的科学突破和技术创新。这些突破和创新正在改变着世界的经济面貌，帮助我们克服在资源、生态等方面的困难，并孕育着巨大的生产变革和经济突进。因此有人预言，经过这十多年低速增长时期的结构调整，到 90 年代初，将迎来世界经济新的高速增长和普遍繁荣。

以上两个方面的因素，在中国也表现得十分突出。一方面是中国虽然地大物博，但由于人口众多，人均资源占有量大大低于世界平均水平。加之经济落后，底子很薄，因此用以支持一两亿农村过剩劳力向非农产业转移的巨额资金就尤感短绌。另一方面是，在中国人民中正蕴藏着一种改革、致富的极大热情和积极性，只要把这种积极性和创造力发挥出来，利用格申克隆的所谓"后发性优势"，克服我们面临的困难，较快地接近和赶上先进国家是完全有可能的。

为了实现这种宏图，中国必须对原有的僵化体制进行改革，实行对外部世界的开放。因为只有通过改革，建立起社会主义的商品经济，才能保证我国的经济有较高的效率。只有在我国实行社会主义商品经济，发挥市场调节作用，并在此基础上实行对国际市场的开放，才能通过比较，发挥自己的相对优势，以我之长，补我之短，打破国民经济发展中的瓶颈，并且有效地吸收国外的先进技术和管理经验，促进我国经济的全面高涨。我们相信，中国改革的实现，必将对世界的经济繁荣和稳定做出应有的贡献。但在另一方面，我国改革与开放的成功，又在一定程度上有赖于国际经济和政治环境的条件。因此，我们密切地注视世界技术、经济、政治和其他社会因素的变化，并努力使自己的方针、政策适应未来的发展。

正是因为如此，我们必须认真研究关系到未来中国与世界命运的一些重大问题。这些问题是：

第一，技术变动对世界经济的影响。世界经济结构在很大程度上是由技术的发展变化所决定的。近二三十年来，世界科学技术领域一系列的发展变化，包括信息技术、生物技术、新材料、新产品、新能源和新工艺等，都已促使世界经济和政治格局发生重大变化，今后还将继续推动这种变化。因此，我们必须对科学技术的主要发展趋势和可能产生的结果做出预计，以此作为分析 90 年代世界经济和政治格局的基础。

第二，如何调整世界经济的结构问题。近年来，虽有一些原来低收入的国家取得了令人瞩目的成就，进入中等收入国家的行列，但从总体来看，世界经济结构的失衡仍有进一步加剧的趋势。发展中国家债务高达惊人的数额，美国的"双胞胎"赤字和美元的虚弱地位，使世界金融体系显得十分脆弱，极易爆发危机。中国作为发展中国家和世界大家庭的一员，不能不对此情况予以极大关注。我们必须对 90 年代世界经济结构变化趋势做出估计，以此作为自己制定政策的重要条件。

第三，决定世界经济活动的有形因素。早在 70 年代，当罗马俱乐部提出它的著名报告《增长的极限》时，人们就曾把人口爆炸、工业化资金短缺、粮食匮乏、不可再生资源的浪费、环境污染等看做是使人类陷于困境的主要决定因素。但十多年来的事实证明，这些有形因素的恶化趋势并不像有些人原来估计的那样严重。称它们是对我们今日的重大挑战，应当是没有疑问的。对中国来说，众多的人口已形成对原来就不富裕的资源和生存环境的沉重压力。所以研究 90 年代这些有形决定因素的状况，寻求改善途径，就成为一个紧迫的问题。

在以上三个问题的基础上，我们将对 90 年代的国际经济和政治状况做出估量，并由此得出我们的政策结论。

第四，对国际经济关系和政治关系变化的分析。近一二十年来，国际经济和政治关系经历了一段渐进而深刻的变化，这种变化将在 90 年代继续进行下去，旧的国际关系格局将进一步改变。目前，人们对于 90 年代的国际经济和政治格局有很多议论，也提出了不少假说。例如有人认为，美国和苏联在经济、政治和军事上的超级大国地位将会在 90 年代削弱，世界将越来越趋于多极化；有人预言，随着东西方的某种接近，国际关系将有所缓和；也有人预言，环太平洋地区将成为 90 年代以后发展最快的中心地区。所有这些预计，特别是东西方关系和南北关系的变化，都将对世界各国的发展起重大影响。因此，我们需要细致地分析各种趋势，冷静地估计各种可能遇到的风险，以便趋利避害，保证我国现代化事业的成功。同时，各国也都应采取明智的战略和积极发展国与国之间相互协作的政策，以促使国际关系朝着积极的方向发展。随着新的产业革命的进展，一些发达国家正提出，把部分生产活动、特别是劳动密集型生产转移至发展中国家。由于日本的资金过剩，日元不断升值，国内外的一些经济专家提出，日本的经济增长应当更多地依赖国内需求，鼓励国内消费和投资增长，发展公共事业等。还有一些工业发达国家和新发展的国家和地区，也存在着类似趋势。而我国当前则正在采取发展沿海地区外向型经济的新战略，以鼓励更多的外商来中国投资。因此，中国的发展战略与发达国家和地区的战略是可以相辅相成的。如协调恰当，对双方都有好处。我以为这种关系也适用于其他发展中国家和发达国家之间。只要我们积极探索这类互补途径，相信90年代的国际关系，特别是国际经济关系，将朝着积极的方向发展。

论企业买卖[*]

——关于企业产权有偿转让的几个问题

　　七届人大一次会议的《政府工作报告》谈到了今后五年建设和改革的目标、方针和任务，明确提出要实行企业产权有偿转让，并把它列为深化企业改革的四项重要任务之一。可见，这是一个十分重要并需要我们给予足够重视的问题。

　　目前，关于这一问题有种种不同的说法，有的叫"企业兼并"，有的叫"企业产权转让"，也有的叫"企业产权有偿转让"。我理解，《政府工作报告》中所讲的企业产权有偿转让，就是指把企业这一生产要素的集合体推向市场，按照商品经济原则进行买卖，即企业买卖。这与过去在传统体制下，单纯靠行政命令实行所谓"关、停、并、转"，调拨、转让企业资产是完全不同的。记得1986年我在上海、杭州等市最初和同志们讨论这一问题时，就曾提出企业可以买卖的问题。我认为，不仅私人企业可以买卖，国营企业、集体企业也可以相互买卖，中外企业也可相互买卖。这些论点都登在当时的《文汇报》和《解放日报》上。看来尽管在这一问题上有种种不同说法，但还是叫"企业买卖"好。

　　企业买卖这一新的改革形式，在我国出现的时间虽然不长，但据我们

　　* 本文是作者为他主编的《论企业买卖——改革中的企业兼并与产权有偿转让》一书所写的文章。该书由经济日报出版社1988年11月出版。

初步了解，目前全国各地几乎都出现了这方面的改革实例。这一现象，引起了国内外普遍关注。因此，如何认识这一改革中的新事物，探讨它对于我国经济发展与经济改革所具有的意义，对未来经济结构调整和新经济体制的形成将产生的影响，都是实践向我们提出来的迫切要求。在这里谈几点个人认识。

一　发展企业买卖是我国改革和发展的客观需要

企业买卖在我国大地上出现绝非偶然，而是有着深刻的经济根源。概括地说，它是我国经济改革不断深化和商品经济不断发展的必然结果。

（一）它是深化企业改革的必然选择

纵观 9 年多的经济改革，围绕增强企业活力这一中心环节，我们首先从利益机制入手，先后采取了利润留成制度、扩大企业自主权、两步利改税等改革措施。这些措施对于增强企业的生机和活力，提高企业和社会经济效益，促进国民经济发展，都曾起了重要作用，也为以后改革的不断深化提供了有益的经验。然而，由于以"放权让利"为主线的改革措施，主要是由政府来搞活企业，需要大量的财力支持，而财力有限难以为继，因此，这种做法发展余地已经很小。随着两权分离理论的发展，承包经营责任制成为近年来搞活企业的主要措施，它为承包者利用政府和市场所提供的条件来提高企业的经营效益创造了条件，部分解决了企业内部活力和经营机制的问题。但是，企业承包制主要还是解决国家与企业的纵向分配关系，还不能解决资源流动和企业通过横向的发展和扩张增强活力的问题。这就使经济生活中长期存在的下列尖锐矛盾难以解决：一方面，大批经营效益好、市场占有率高的企业因资金、场地等限制得不到应有的发展，而为数不少的经营不善的亏损企业，却占用大量固定资产和流动资金，不仅不能为国家创造财富，而且每年要耗用各级财政的大量补贴。这种状况制约着国家把有限资金投到急需发展的行业和企业中去，也使为数众多的企业普遍缺乏活力的状况难以改变。例如，1987 年 9 月，我和另几位同志曾到北京齿轮总厂调查。该厂是全国 58 家汽车齿轮制造厂中最大的生产厂家。该厂实力强，效益好，全国固定资产逾千万元的齿轮厂有13家，而北齿厂年上交税利总额相当于其他12家总和的1.4倍。该厂"七五"期间制定了新的发展目标，但由于该厂是有27年历史的老厂，原厂区发展受到限制，"英雄苦于无用武之地"。而朝阳区所属国营金属工艺制品厂，占地2.84公顷，厂区建筑面积2.8万平方米，还有水、电设施。但该厂建立十几年来连年亏损，1986年亏损达51万元，每年靠财政补贴，工人只发70%的工资。这种现实的矛盾，迫使人们开阔视野，寻找一种可以同时搞活效益好和经营亏损这两类企业的有效机制，企业买卖便应运而生。在这种机制下，由经营好的企业去购买、兼并经营差的企业，使先进企业增强自我发展的能力，使落后企业起死回生，重新获得生机，如北京齿轮总厂购买了金属工艺制品厂的产权，当年就增收了20万元。金属工艺制品厂则避免了破产损失，职工也找到了新的出路。

（二）它是促进资产存量合理流动、实现宏观资源优化配置的客观要求

经过30多年建设，我国已经具备了8000多亿元的国有资产（包括固定资产及相应的流动资产），形成了40多万个工交企业，对经济发展起到了重要作用。但是由于旧的投资方式和条块分割的管理体制存在弊端，使一部分企业的资产在投资之初就先天不足，整个社会又缺乏资产存量合理流动和重新组合的有效机制，因而形成了原有资源滞存的格局，严重阻碍着经济发展和宏观效益的提高。据工业普查部门统计，目前国营工业企业固定资产存量中有1/3处于闲置或半闲置状态。原有资源不能流动的情况，迫使国家只能通过新增投资调整结构。自1978年以来，国家每年支出1000多亿元投资用于新建企业，但由于投资机制不合理，一部分投资效益很差。为了解决这些问题，近年来各地区、各部门、各企业之间的横向经济联合有了很大发展，在一定程度上促进了资产存量的流动，取得了好的成效。但是由于横向联合没有发生所有权的转移，因此，一些地方、部门和企业发生行为短期化，甚至互相封锁技术、设置障碍的现象也就不可避免。在这种情况下，各地积极探索，找到了企业买卖这样一条途径。通过这一途径，可实现资产存量的合理流动，改变原有的投资方式，将资金投向现有企业，引发现有资金存量，充分利用已经形成的社会生产力，实现全社会范围内的内涵扩大再生产。这样不仅节省了大量建设资金，而且缩短了建设周期，能在较短时间内，实现生产能力的扩大和经济效益的提高。从北京齿轮总厂来看，为完成"七五"规划项目，若走原有扩大再生产的老路，至少需要国家投资 2000 万元（包括征地、基础设施建设、付给农民款项，等等）。而它购买金属工艺制品厂只用了 505 万元资金，且再投入 200 万元就能形成一定的生产能力，为扩大生产规模打下了基础。可见它不仅节省了投资，还提高了投资效益。

（三）它是改善产业组织结构和企业组织结构的必由之路

发展社会主义商品经济的一个关键问题是要提高宏观经济效益，这一方面取决于资源的优化配置，另一方面也取决于产业组织结构和企业组织结构的合理化。所谓产业组织和企业组织结构，是指生产要素在企业内和企业间的动态组合方式，它是经济发展的关键问题之一。我国产业组织结构和企业组织结构不尽合理。企业的初始规模与现存规模相比虽有变化，但大多是靠外延投资而不是生产要素流动和重组的结果。我国虽有大、小企业之分，但大都是全能厂而不是专业厂。大企业的生产规模与经济规模相差甚远，小企业也是求全发展，难以适应专业化协作基础上的规模经济的要求。有一个例子很能说明这个问题。1986 年，我们曾到杭州万向节厂调查，该厂是农民企业家领导的乡镇企业，生产的汽车万向节的市场占有率为 1/3，出口产品占全国该产品出口总量的 40% 以上。为了扩大生产，满足国内外市场的需求，提高规模经济效益，该厂打算投资扩大再生产。当时的状况是：全国生产汽车万向节的有 24 家工厂，生产能力很大，而由于质量不好和其他原因，设备大量闲置，并有 1/3 的企业亏损。但是，因为缺乏生产要素灵活流动的机制，杭州万向节厂无从考虑用新投资去购买现有闲置设备和连年亏损的企业，走一条投资少、见效快的新路。当时该厂设想在萧山县再建一个万向节厂，但光是建设厂房就需要几年时间，而且从全国来看，它显然是一种重复建设。当时我们向该厂建议，可以通过购买现有生产万向节的其他企业来扩大生产，形成规模经济效益，改造亏损企业。他们认为这是很好的主意，并马上着手进行研究。这一事例表明，企业买卖可以打破"大而全"、"小而全"的企业组织结构，实现规模经济合理化。其结果将有利于组建企业集团和在集团内部形成合理的产业链条，在全社会实现专业化、系列化生产组织结构。

（四）它是我国经济改革总体思路不断发展和深化的必然结果

几年来，在我国经济改革的总体思路上有两种主要观点：一是以"两权分离"为基础，强化企业的经营组织，实行企业经营机制的改革，相应地推进其他方面的改革；二是以价格改革为中心进行综合配套改革，建立社会主义市场体系，理顺经济总体运行机制。对于这两者，单纯强调哪一方面都不行。如果不进行企业制度改革，就难以为新经济机制运行提供微观基础；而不进行经济总体运行机制的改革，企业制度特别是企业资产经营机制就难以彻底转变。因此，从改革与发展的要求来看，必须将二者结合起来，而企业买卖正是使二者有机结合的重要途径之一。

二　企业买卖与企业破产的关系

七届人大通过《中华人民共和国全民所有制工业企业法》之后 3 个月，《中华人民共和国企业破产法（试行）》将自动生效，从此，我国经济生活中的淘汰机制将导致一批长期亏损、资不抵债的企业破产。

长期以来，我国经济运行中缺乏竞争淘汰机制。一家企业一旦建立，只要上级主管部门不宣布关或停，那么它无论是亏是盈，都会安然无恙地存在下去。有的企业从建立之初就一直亏损，几十年过来，已经亏进去几倍于当初的建厂投资和不断追加的资金。但是，对这些债台高筑、早已资不抵债的企业，不仅不能淘汰，国家每年还要拿出大量财力来补贴亏损，而这些企业心安理得地躺在国家身上吃"大锅饭"，不思进取，毫无压力。改革以来的种种措施已经震动了这些企业的经营者和职工，而《中华人民共和国企业破产法（试行）》的制定和实施，又将破产提上日程。对这些由于经营管理不善、产品无销路、长期亏损、资不抵债的企业，破产将是必然的归宿。这是商品经济条件下的必然法则，是竞争规律在发生作用。这是保证社会进步、经济发展和生产力不断提高的必然条件。《中华人民共和国企业破产法（试行）》是对债权人利益的维护，对债务人则是"置其于死地而后生"。在改革与发展过程中，企业破产制度将发挥重要的作用。

但是，也应看到，破产制度与其他改革措施相比，带来的社会震荡较大。而且，破产制度的实行需要两个重要条件：一是从兼顾经济效率和社会安定出发，对破产企业的职工在重新就业之前要发放生活救济金，这就需要社会保障体系比较健全；二是失业的职工要重新就业，找到适当的工作，这就要求劳动力能够自由流动，需要劳务市场的建立和发展。从我国目前的实际条件看，这两个条件虽然已经开始起步，但远没有建成和完善。因此，在《中华人民共和国企业破产法（试行）》实施初期，不是难以实施破产，就是难免造成社会震荡，使改革难以大面积推行。

如何解决这个问题？企业买卖提供了一条比较顺当的途径。这就是：在一家企业没有彻底破产之前，就将其转卖出去。因为一家企业达到资不抵债的处境，往往有一个过程。当一家公营企业连年亏损，产品无销路，无力转产或创新的时候，就应将其转卖出去，以取得相当的货币资产去扶持经济效益高的企业发展生产。这种做法的好处起码有三点：其一，救活了濒于破产的企业，给它们以新生之路。因为宣告企业破产不是目的，目的是搞活亏损企业，在其他搞活方法不能奏效时，出售企业产权是这类企业起死回生的最好选择。实践证明，这类企业通过买卖多数都获得了新生。其二，避免了破产损失，盘活了长期呆滞的资金。对资不抵债的企业实行破产清偿，虽然能够收回部分资金，但在债务的回收上，债权人的利益要有一定的损失。例如，沈阳市防爆器材厂破产后进行了债务处理，人民银行沈阳市皇姑区办事处贷出的2.1万元资金只能收回一半，银行遭受了损失。而目前已经发生的企业买卖实例则均以买方企业承担卖方企业的债权债务关系为条件，这样就使亏损企业拖欠的资金得以偿还，使长期呆滞的资金变为现实可用的财富。其三，避免了一批工人失业。目前的企业买卖多数是由买方企业全部接收卖方企业职工，这就避免了企业破产带来的一部分工人失业造成的社会震荡。当然，从长远来看，买方企业从追求经济效率出发，很可能会拒绝全部接收卖方的职工，这是符合优胜劣汰和竞争规律要求的。只有这样，才能提高买方企业的劳动生产率，并给其他企业和职工以更大的竞争压力。但这需要社会保障体系的建立和劳动就业制度的改革能及时跟上，使职工有更多的选择职业和自由流动的机会，并对失业人员给予必要的社会救济，以减少改革中的阻力。

必须明确，企业买卖虽然能减少部分企业破产，但不能代替企业破产制度。对长期资不抵债又无人收购的企业，必须宣告其破产，以促进经济发展和社会进步。不过，需要指出的是，在实践中应防止过多地采取先破产、冲销部分债务，以降低资产有偿转让价格的做法。

企业买卖与其他的改革相比，有其独特的作用，但并非包医百病的良方。它不能代替其他改革形式，而应与之互相配合，在改革与发展中发挥各自的作用。当前，在广泛推行经营承包责任制的时候，产权有偿转让应与承包制相结合，宜包则包，宜有偿转让则有偿转让，先包后转或先转后包，决策的标准，是看哪种方式能带来更大的经济效益。特别是，应提倡企业承包企业的方式，使企业经营权在全社会范围内做合理的转移。例如，保定市具有雄厚经济实力和技术管理优势的国营 604 厂承包了板纸厂，由承包厂派驻新的法人代表，把经营权转移到 604 厂，把一家即将倒闭的企业挽救过来；进而又以板纸厂为主体，购买了永华餐巾纸厂的产权，实现了辐射式企业买卖。企业产权有偿转让还应与横向经济联合配合运用，在形成专业化分工协作、挖掘现有生产力、实现全社会范围的扩大再生产方面发挥各自的作用。总之，各项改革不能千篇一律，而应根据具体情况，从实际出发，灵活运用多种改革方式，促进改革深化和经济发展。

三　企业买卖的近、远期效应

企业买卖对于改革和发展有积极的效应。这可以从近、远期两个不同角度加以考察。

（一）从近期效应看

第一，有利于救活现有亏损企业，使生产要素向具有经营优势的企业家手里集中，迅速提高经济效益。1986 年，我国国营工业企业亏损达6479 家，亏损额达 47 亿元，1987 年亏损额也有 40 亿元左右。这些亏损企业中为数不少的企业属于经营性亏损。救活这些企业是一项艰巨的任务。保定市等地的做法提供了可贵的经验。经过 4 年多产权有偿转让的实践，保定市目前已有 13 家企业购买了 14 家企业的产权，从而使全市经济效益迅速提高。1982 年，该市市属预算内工业企业有 49% 的亏损面和1696 万元的亏损额，到 1987 年，当年全部消灭了国营企业的经营性亏损，全市财政收入比 1982 年增长 1.39 倍，5 年翻了一番以上。青岛市在承包中引入兼并机制，也收到明显的经济效果，1987 年全市亏损户减少40%，亏损额下降 74.2%。如果把保定市和青岛市的经验推广至全国，那么每年国家将不仅减少几十亿元的亏损补贴金额，而且将大量闲置资金动用起来，使宏观经济效益大幅度提高。在救活亏损企业的同时，使生产要素以企业买卖方式向具有经营优势的企业和经营者手里集中。同是那些要素，同是那些职工，在新的管理方式和先进的企业文化下重新组合，就能创造出更多的财富，使资产产出率迅速提高。据保定市 13 家企业买卖的资料统计，买方企业盈利总额与卖方企业亏损总额相抵后，增收 1030万元，比买卖前提高了 223%，大大促进了社会主义商品经济的发展。

第二，有利于盘活长期呆滞的资金，使有限资金带来更多的效益。我国经济发展中，最大的制约条件之一是资金不足，而有限资金的利用率却很低下，其中一部分资金和贷款由于企业长期亏损和濒临破产而难以偿还，成为呆滞资金，降低了资金周转效益。例如，武汉市在没有实行企业买卖之前，仅工业企业过期未还的贷款就有 2.546 亿元，企业间相互拖欠高达 10 亿元。企业买卖为消除这种现象提供了新的解决办法。在有偿转让中，买方企业承担卖方的债务，使金融部门能够如数收回贷款，企业之间的相互拖欠的债权债务也得到落实。据武汉市金融部门统计，在转让过程中，各专业银行收回的过期贷款和企业相互落实的债权债务已达数千万元，从而把长期沉淀的资金变为现实可用的要素，提高了资金使用效率。

第三，有利于搞活存量资产，改变增量投资方式，提高投资的效益。通过企业买卖，可使现有大量闲置或利用效率很低的资产流动起来，得到充分利用。按现有固定资产和相应的流动资金估算，若将其中的 1/3 部分搞活，其潜在效益就相当于"六五"期间国家全部生产性基建投资，会大大加快我国的经济建设，同时，存量的流动会促进增量的革命，改变现有投资方式，使新增投资尽量投向现有企业，发掘已有的社会生产力，逐步减少重复建设，有效抑制投资膨胀，改善投资结构。这也是我国经济由粗放经营到集约化经营的重要途径。

第四，有利于推动各类生产要素市场的建立和发展，促进整个市场体系的发育和完善。作为生产要素集合体的企业成为交易对象、进入市场，会带动各类要素的市场尽快发育和形成。资金市场、劳务市场、地产市场等都会随着企业买卖的发展更快地发育和建立起来，从而促进整个市场体系的发展和完善。

第五，有利于沿海经济发展战略的有效实施。实施沿海经济发展战略，对于调整我国经济结构和利用世界市场加快我国经济发展有重要意义。在实施沿海发展战略中，企业买卖可以发挥重要的作用。目前，海南、福建等沿海省份都明确提出允许国外资本来本省购买企业，这是很明智的做法。允许外国人购买企业，可以带来资金和技术以及国外的销售网，有利于发展外向型经济。与此同时，我们也应该积极提倡内地资金到沿海地区购买企业。沿海地区的开放省份享有许多优惠政策，又具备吸引外资和扩大出口的有利地理条件，这些地区转让一部分亏损和微利企业给其他地区，实际上是将对外开放的机会和优惠政策变成了财富，将会吸引大量内地经营效益好的企业到沿海地区购买企业。这样，在大量引进外资的同时可大量引进内资，一方面加快了沿海地区外引内联的步伐，另一方面使这些地区真正成为全国可以利用的窗口，内地企业也能够得到"间接开放"的收益，真正使沿海带动内地，加快全国的发展步伐。另外，在对外开放中，还应提倡国内资金到国外购买企业，发展海外投资，这样可以直接利用国外的原材料、技术和国际市场，打破贸易和关税壁垒，更有利于直接参与国际市场的竞争。

（二）企业买卖的远期效应主要是

第一，从中长期发展趋势看，其深刻意义在于改变了公有资产的运行机制，打破了资产存量和流量之间的界限，增强了国有资产的选择性。它使不同的国有经济主体所拥有的资金能够流向资金产出率高的地区、行业和企业，使实物资产向经营效率高的行业和企业集中，有利于改变我国现存的比较严重的结构性矛盾，为社会经济总量平衡创造相应的结构性基础，包括产业结构、产业组织结构、企业组织结构、产品结构、地区结构，从而成为使改革与发展有机结合起来的有效途径。例如，武汉的地理位置是交通枢纽，其发展流通业、服务业效益可观。但武汉市原有的第三产业却因资金等条件不足而发展受限。企业买卖使这种局面大大改观了。1986 年以来，武汉市有 10 多家企业通过买卖向第三产业转移，几家大型商场因此得以发展，为增强武汉的中心城市的流通功能创造了条件，改善了行业结构。

第二，启动了产权制度的改革。企业买卖、产权有偿转让的前提是企业财产关系的明确化。我国的实际情况是企业财产分级管理。立足于这样一个现实，企业买卖的发展将会促使各级政府以资产所有者身份来经营所属产权，并逐步建立起国有资产的管理机构和多元经营主体，这是实行企业买卖的一个极其重要的条件。这种国有资产的管理机构要负责管好自己所管的资产，使之不受损失，不仅要保值，而且要增值。这里就有一个经营问题。为使所经营的资产迅速增值，可以购买企业，把货币资产变为实物资产；也可以卖出企业，将实物资产变为货币资产，并将资金投向更有利可图、社会效益更好的企业、行业和部门。这样就使政府管理企业生产的职能转变为经营产权，将有利于国有资产不断增值，宏观效益不断提高，而且为政府的职能转换创造了必要的条件。

第三，有利于新的经济运行机制发挥作用。新的经济运行机制，总体上说应当是国家调节市场、市场引导企业的机制。从中长期看，国家调节市场，要包括调节企业产权买卖市场。国家应根据经济发展战略和产业政策的要求，对产权有偿转让中的所有制结构、行业结构、产业组织结构、地区结构进行宏观调节，通过制定方针、政策、法规，使企业买卖朝着有利于优化结构、提高宏观经济效益的方向发展。宏观调控下的企业买卖，能够引导企业资产向优势企业集中，引导资源存量更合理地流动和重组，使新经济运行机制发挥更大的作用。

　　第四，有助于形成较硬的企业预算约束机制。预算约束软化，是社会主义国家企业以往行为的主要特征，这是由旧的经济体制模式决定的。改革以来，虽然采取多种措施力图把企业塑造成自负盈亏的商品生产者，但实践证明，在原有的财产所有权关系下，企业不能自负其盈，更不可能自负其亏。目前实行的承包经营责任制虽然能在一定程度上硬化企业预算约束，但仍不能从根本上解决问题。可能的选择是，通过企业买卖、产权有偿转让的发展来促进产权关系的界定，并在同一所有权下形成若干产权经营主体，各主体之间进行企业化产权经营并展开竞争。胜者，资产将不断增值；败者，资产逐步减少以至破产。这样就形成了较强的市场约束。更为重要的是，企业买卖也给企业经营者以较大压力，迫使其不断追求新技术，改善经营管理，否则将会被效益好的企业兼并。只有这样，才能形成较硬的企业预算约束机制，造就大批精明能干的企业家，创立新经济机制运行所需要的微观基础，使整个经济运行步入良性循环的轨道。

　　总之，无论从近期或远期来看，企业买卖都显示了深化经济改革、优化资源配置的良好前景，在改革和发展中必将发挥重要作用。因此，我们应积极支持和推动这一改革中的新生事物健康发展。

四　企业买卖对发展社会主义商品 经济理论具有重大意义

　　"企业买卖或兼并是资本主义的特有现象，是资本主义社会基本矛盾所决定的"，这是一种传统的看法。这种观点认为，由于资本主义社会中生产资料归资本家私人占有，而追求最大限度的利润是资本主义生产的最终目的。因此，为了获取高额利润，资本主义企业之间必然展开激烈的、你死我活的竞争，不择手段地打击以至吞并竞争对手，以实现消灭竞争对手、发展自己的目的。所以，资本主义经济发展的历史，就是一部大鱼吃小鱼、弱肉强食及企业之间互相倾轧、互相吞并，从而导致经济波动和工人大批失业的历史。企业兼并的后果是使资本主义从竞争走向垄断，而垄断竞争则窒息了企业追求技术进步的动因，因此垄断代表了腐朽，等等。

这种传统的看法有其正确的一面，即比较清楚地揭示了企业买卖或兼并在资本主义经济发展中的消极方面。但是，简单地否定企业买卖或兼并的积极作用，把它看成是资本主义社会所独有的东西，没有认识到它是商品经济发展过程中的客观要求，则是传统看法的缺陷。实际上，企业买卖也有积极的作用。它不是某一社会形态所固有的东西，而是商品经济条件下经济运行过程中使用的一个重要手段。

在商品经济条件下，企业买卖的重要作用之一是促进了商品生产的发展和社会生产力的提高。在竞争性的市场运行过程中，企业之间通过实力较量而出现重组和兼并。产品无销路、创新能力弱、经济效益差的企业被淘汰，有发展前途、技术水平高、经济效益好的企业则得以存在和发展，这种机制促进了社会生产力的发展和劳动生产率的不断提高。企业买卖的另一作用是使整个社会的资产不断处于一种发展变化的状态，它对于资产存量的重组，产业结构、产品结构以及企业组织结构的不断调整、不断趋于动态优化起着重要作用。因此，在资本主义商品经济发展史上，它也起着一种治病的作用。几乎每一次大的产业结构的调整和规模经济的演变，都伴随着企业兼并浪潮的出现。换言之，每次大的企业兼并浪潮之后，都会出现新的更合理的产业结构格局和新的企业生产组织规模。

例如，在美国的产业发展史上，就曾发生过三次大的企业兼并浪潮。第一次发生在1895—1905年世纪之交时期，以从事同一产品生产或同种产品经营的企业之间的横向兼并为特征的兼并浪潮，导致了美国钢铁公司、美国制造公司、美国烟草公司等规模较大的公司的出现。这些大公司在市场占有率上都占有相当大的优势，从而使原有的比较分散的经济具有了规模效益。第二次发生在1929年，产业结构发生了重大变化，能源的开发利用迅速向电力转换，导致了电力部门内部的兼并大量增加。这一时期，企业之间的纵向兼并成为主要特征，食品、化学、金属等工业企业之间的兼并增多，形成了系列化的联合生产企业。发生于1950—1969年的第三次兼并浪潮，其最大特征是复合式兼并成为主流，形成了复合式经营方式，从而使多种经营管理学发展起来。第二次世界大战后，即使在垄断竞争时代，资本主义国家的兼并也一直存在。20 世纪 80 年代以来，对高技术领域进行技术开发已经成为企业关心的主要课题，为了获得必需的技术而进行的资产的收买增加了。同时，卖掉经营不景气的资产，买进大有发展前途的具有战略意义的企业，以重新调整经营结构，也是企业兼并的主要目的。不仅美国的经济发展伴随着企业买卖和兼并的浪潮，战后日本经济的高速增长也伴随着企业买卖和兼并。20 世纪 60 年代后期到 70 年代，日本以市场扩大型为主要内容的复合式兼并比例增高，1980 年达到 30.3%，这反映了日本经济发展中企业经营的集中化、系列化的动向。

可见，企业买卖和兼并对于商品经济的发展及产业结构、企业组织结构的调整发挥着重要作用，是商品经济发展的客观要求。可以说，如果没有企业买卖和兼并这种生产要素整体流动机制的存在，商品经济就不可能迅速发展，资本主义的生产也不可能达到今天这样的水平。

但是，由于传统观念的影响，我们以往总是把竞争机制和企业兼并机制视为异端，认为既然资本主义私有制导致了资本家之间你死我活的竞争和兼并，那么在社会主义条件下，生产资料已归全体人民所有，国家代表全体人民掌握生产资料，因此，在公有制下不会出现竞争，只有友好的竞赛，更不可能出现企业之间优胜劣汰的兼并；认为社会主义经济不是商品经济，而是产品经济，经济结构的调整都是根据国家计划进行的，即使需要调整，也应该通过计划手段来解决，而不允许企业买卖等市场机制"插手"其间。这种理论从第一个社会主义国家建立时起，一直是社会主义政治经济学的传统理论，并指导着经济实践。尽管从 20 世纪 50 年代起南斯拉夫开始探索新的社会主义经济体制模式，从 60 年代起东欧的一些国家也相继进行经济体制的改革，但是在企业买卖或兼并问题上仍然没有实质性的理论突破。

我国自 1978 年开始的经济体制改革，首先在农村家庭联产承包制上取得了突破性进展，极大地调动了群众的劳动积极性，促进了社会生产力的发展。随着改革的深入，经济理论界对传统的政治经济学理论进行了反思，围绕社会主义经济是商品经济、社会主义企业应该是自负盈亏的商品生产者和经营者、生产要素也是商品等问题展开了热烈讨论。这些探讨为社会主义经济理论的突破做了充分的准备，在党的十二届三中全会所作的《关于经济体制改革的决定》中，明确提出了社会主义经济是有计划的商品经济，确认了生产资料也是商品，并提倡大力开展社会主义联合与竞争等，这是对传统的社会主义政治经济学理论的突破。在社会主义的发展史上，这个决定具有重要的时代意义，它为进一步深化城市经济体制改革、搞活国有企业奠定了理论基础。

然而，对社会主义经济理论的认识毕竟有一个过程，因此，当时的认识还存在着一些矛盾。例如，只承认生产要素是商品，可以流动，而没有明确作为生产要素集合体的企业也是商品，也可以整体流动，成为买卖对象；只讲企业可以破产，不说企业可以买卖；只提出了要逐步发育和建立生产要素市场，而没有提出建立企业产权买卖市场；只强调要调节好生产要素的增量配置，而忽视了资产存量的调整。这表明，当时的生产要素流动理论还是不完整的。这既表明了对一个理论的认识需要有一个过程，也说明实践的发展对于理论上的突破至关重要。随着改革的不断深入和企业买卖改革实践的发展，一批理论工作者面对改革实际，以极大的热情开始对企业买卖问题进行研究。通过研究与讨论，逐步从理论上明确了这样两个问题：一是在社会主义商品经济内涵的要素流动机制中，占据重要地位的是多要素的整体流动，这是保持要素存量结构持续优化的机制，是使其他表层市场如产品市场优化的基础。二是承认要素集合体——企业是商品，可以买卖。这是继承认社会主义是商品经济，承认生产资料是商品以及"两权分离"理论之后的又一具有重要意义的理论飞跃。建立并完善企业买卖市场，很可能从一个极为重要的方面逼近了我国经济体制改革的目标模式。这是我们在理论上的两个十分重要的进展。

企业买卖作为改革中的新事物，引起了广泛的社会关注，也引起了中央和国务院的重视。中央和国务院有关领导曾在国务院发展研究中心关于发展企业产权市场的两份报告中做了重要批示，责成有关部门具体部署，并将有关原则写入企业法。党的十三大报告中明确提出："一些全民所有制小企业的产权，可以有偿转让给集体或个人。"七届人大一次会议的《政府工作报告》中也提出：要实行企业产权有条件的有偿移让，使闲置或利用率不高的资产得到充分利用。这个重要思想也被写入七届人大一次会议所通过的《中华人民共和国全民所有制工业企业法》中。目前已有很多省市把发展企业买卖列为深化企业改革的重要内容，组织力量专门研究并制定了具体的实施措施。所有这些都表明，企业买卖作为深化经济改革、进一步发展社会主义商品经济的有效措施，已经得到理论上的肯定，并正在实践中发展。

五　当前亟待研究解决的几个政策性问题

企业买卖在理论和实践上，都对社会主义商品经济的发展具有十分重要的意义。目前，各级政府对此也给予了较高的重视。从实践发展的情况来看，我们建议各有关方面在深化实践的基础上研究解决以下政策性问题。

（一）尽快明确国有企业的产权关系

从一般意义上讲，只有企业产权的归属关系十分明确，企业买卖才能顺利进行。但由于我国长期以来实行的是财政、资金"大锅饭"体制，国有企业的产权关系十分模糊。例如，有中央投资、有地方各级投资、有企业自筹，还有的是由集体所有制升级而来的。这些问题有待于结合清产核资工作逐步加以清理，否则企业买卖就难以真正大范围推广。我有这样一种想法：是不是可以先立足于我国国有企业的分级管理这一现实，把现有的国有资产划分为中央、省、市、县分级所有，即先由"分级管理"过渡到"分级所有"，明确地方政府对国有资产的完整、安全和增值所应负的责任。同时，中央也可不以产值，而以资产经营效益的好坏作为考核地方政府的主要指标。当然，明确产权关系绝不是一件轻而易举的事，需要进行十分深入细致的研究。

（二）在有条件的地方，试办国有资产的经营实体，如国有资产投资公司

资产利用效率有赖于有效的经营。目前，急需创办一些国有资产的经营实体，以实际解决国有资产的利用效益问题。然而，由于长期以来我国

商品经济不发达，在这方面十分缺少经验。不过，西方国家在发展商品经济中的一些做法可以为我们所借鉴。是不是可以考虑先试办一些国有资产投资公司，将部分国有企业的资产划归这些公司进行竞争性经营，任务就是使资产增值。公司经理人选可由政府提名，报人民代表大会审定。目前一些地方正考虑先由财政部门负责投资公司的组建和经营，这也不妨作为一种方式，可以一试。

（三）调整和改革金融政策和体制

企业买卖对资金市场的发展有较高的要求，产权交易也有赖于各种金融手段、信用工具的多样化，然而目前我们的金融政策和体制还很不适应这一需要。从现有的企业买卖发展情况来看，有这样几个问题需要尽快解决：一是适当发展银行资产抵押业务，以便及时将因经营管理不善、濒临破产企业的资产通过银行转移给经营水平高、效益好的企业，充分发挥银行的"中介人"作用；二是允许企业独立或在银行的协助下，发行企业债券、股票，这样既可解决扩张企业筹集资金的需要，也可使企业产权的买卖适应不同的条件，采取不同的形式和办法；三是及时制定相应的信贷政策，调整企业买卖的规模和结构，并可设立扶植企业产权买卖的专项贷款。

（四）妥善解决被转让企业职工的安置问题

这是目前企业买卖中的一个十分敏感的问题。从现有的企业买卖实践来看，买方企业职工担心收入会减少，而卖方企业职工则愿意归到效益好的企业中去。说到底，是一个利益问题。现在企业买卖中多数是采取"全建制"的办法，即买方企业负责解决卖方企业的职工就业安置问题。从近期来看，这是十分必要的，也是较稳妥的办法。但从长远来看，应在改革中逐步解决企业与职工的相互选择问题。当然，这还有待于我国的社会保险等保障系统的逐步发展和完善，还需要有一个过程。

（五）企业买卖的资产价格也是十分复杂的问题

应该说，现在所进行的企业买卖中，许多资产价格的确定是不完整的，多数是偏低的。但考虑到目前我国的价格体系，特别是生产要素的价格还很不顺，这个问题很难尽快得到满意的解决。所以，企业买卖中的资产价格也只能根据不同情况，采取多种办法来加以确定。比如，对长期亏损或濒临破产的企业，公开招标定价；同行业或工艺相近的企业，双方协商议价；某些资不抵债的，由最大债权人优先接收。对于是否接收安置原企业职工，也应在定价上有所考虑。

（六）　加强宏观指导和市场管理

企业买卖往往同时包含着企业的行业部门结构的变动，因此，在贯彻"双方自愿、等价交换"的同时，加强在产业结构上的宏观指导是十分重要的问题。特别是在价格体系不顺的情况下，更要防止企业产权过多地流向"热门"的长线行业。另外，企业买卖的市场环境也是需要认真研究的问题，应不失时机地推进计划、物资、价格、财税等方面的体制改革。同时，审计、税务、工商管理等部门必要的服务、监督工作也必须及时跟上。这方面的法规建设也应引起重视。

总之，在发展企业买卖方面需要研究解决的政策性问题还很多，任务还很艰巨。但是，只要勇于大胆探索，注意认真总结经验，就一定会推动这一改革形式健康顺利地发展。

综合开发研究院(中国·深圳)
成立大会开幕词[*]

各位理事、各位来宾：

在各界人士的大力支持和共同努力下，经过反复酝酿和认真筹备，"综合开发研究院"终于诞生了。

这所研究院是一个新型的政策研究与咨询机构。其主要特点是：

第一，民间性。研究院不隶属于任何政府机关，是一个民办的研究机构。

第二，独立性。研究院的最高领导与决策机构是由各界人士组成的理事会，以尊重科学、实事求是的态度，独立自主地开展政策研究，积极主动地为各级政府和企业的决策提供咨询服务。

第三，开放性。研究院将积极创造条件，热烈欢迎国内外学者、港澳台学者以及海外中国留学人员以各种形式参加本院的研究活动，时间可长可短，实行来去自由。

第四，公益性。研究院不以营利为目的，其经费来源主要依靠国内外企业、团体或个人的资助和事业收入，其宗旨是通过政策研究与咨询活动，为振兴中华、统一祖国，为中外合作、世界和平，为人类的进步与幸福贡献力量。

---

[*] 本文写于 1989 年 2 月 14 日。

第五，综合性。研究院积极促进和发展多学科综合研究，坚持理论与实际相结合，社会科学与自然科学相结合，国外研究与国内研究相结合，宏观研究与微观研究相结合，定性研究与定量研究相结合，研究业务与咨询、培训、出版等业务相结合。

研究院实行的新体制，是在总结我国现行研究体制的经验、教训基础上，借鉴国外"思想库"型研究机构的模式而形成的。这是我国现行研究体制改革的一种新尝试。我们坚信，这种新的体制，对活跃我国的政策咨询研究，促进决策的科学化和民主化，具有重要的现实意义和深远的历史意义。

创办这所研究院，是中华民族的共同事业，衷心希望各界人士给予关怀与支持。在酝酿和筹备研究院的过程中，深圳市党政机关、企业界和学术界人士，以胸怀全国，放眼世界的远见卓识，热情支持在深圳创办研究院，在人力、物力和财力等方面提供了很大帮助。借此机会，谨代表全体理事，向深圳市各界人士表示衷心的感谢。

研究院是一所全国性的研究机构，把总部设在深圳，具有特殊重要的意义。

首先，深圳既是我国对外开放的窗口，又是实行超前改革的地区，深入研究在社会主义商品经济发展过程中出现的各种经济、政治、社会、文化等问题，具有重要的理论意义，对全国的改革与开放有重要的参考价值。

其次，深圳毗邻香港，与国际社会交往方便，信息比较灵通和丰富，有利于发展中外和海峡两岸的学术和信息交流。

最后，深圳的体制比内地灵活，人们对新的体制和新的事物易于接受，适应性较强，这种环境有利于研究院的活动和发展。

当然，深圳目前的条件对办好研究院还不够充分，例如，在文献资料、研究人才等方面，与北京等地区相比仍存在较大差距。因此，为了办好研究院，我们一方面要在深圳抓紧建设，创造条件；另一方面要善于发挥全国各地研究机构和研究人员的作用，加强合作，相互配合，取长补短，携手共进。

创办一个新的研究机构，不可能一蹴而就。但是，也不能等待一切条件都具备了以后再开展研究。我们应采取边建边干，由少及多，从小到大，逐步发展的方针，既要有一个明确的发展目标，又要脚踏实地，艰苦奋斗，排除万难，开拓前进。在筹备阶段，研究院的部分人员已对深圳的开发战略、企业集团与股份制、借鉴国外法规等课题着手进行调查研究，今后还将陆续研究一些比较重要的课题。

研究院虽然成立了，但这仅仅是千里之行的起步，今后的路很长，困难也很多，我们必须有充分的思想准备，坚定信心，知难而进，与各界人士一道，齐心协力，共同奋斗，争取在不长的时间内，把研究院建成一个成果丰硕、人才济济、手段先进、信息灵通的现代化研究机构。我们坚信，这个目标一定会实现！

谢谢诸位。

21 世纪的亚洲与中国[*]

一 和平与发展是当代世界两大历史潮流

今天距离 2001 年还有 12 年，我们正处在新旧世纪交替的历史转折点。值此重要时刻，我们有机会应日本每日新闻社和大阪青年会议所的邀请，参加大阪第九次国际讨论会，与各国有识之士欢聚一堂，在认真总结 20 世纪历史遗产的基础上，展望 21 世纪世界与亚洲的发展前景。这对于我们继往开来，开创人类历史发展的新纪元，确实是一项有特殊意义的工作。

回顾 20 世纪历史的发展，我们可以看到它具有以下两个根本的特点：第一，20 世纪是充满战争和革命的时代；第二，20 世纪是全世界以空前未有的速度实现工业化的时代。20 世纪的历史证明：和平是人类走向繁荣的必由之路，也可以说这是 20 世纪留给我们最主要的一项历史遗产。

20 世纪内接连发生的两次世界大战、原子弹的使用以及战前战后无数次局部战争，对人类造成的空前杀戮和对生产力造成的巨大破坏，人们尚且记忆犹新。至今，全世界人民依然处在核武器威胁之下，尽管美苏签署了《中导条约》，但第三次世界大战的危险依然存在。反对战争，争取

* 本文原载《管理世界》（双月刊）1989 年第 1 期。

和平，仍然是我们面临的共同任务。当然我们也要看到，美苏《中导条约》和阿富汗问题《日内瓦协议》的签订，证明国际形势正在朝着有利于和平的方向发展。只要世界人民坚持反对霸权主义，维护世界和平，防止爆发新的世界大战不是不可能的。

马克思主义与西方经济学在基本理论体系和许多原理上都是根本对立的。但也有一个难得的共同点，那就是判断文明的发展史上，很注重能源革命的作用。如果说 18 世纪以蒸汽机的发明为代表的英国工业革命开创了人类"煤炭文明时代"的话，那么促进 20 世纪工业化高度发展的则是"石油、电气文明时代"。而且在走向下一个世纪的今天，正同时发生着又一次文明的交替，它将被正在形成的"电子、信息文明时代"所取代。也就是说人类的生产力在 20 世纪经过第二次产业技术革命，取得长足发展以后，以电子、新材料、新能源、生物工程及超导等为代表的尖端技术，正在孕育着第三次产业技术革命，使人类的生产力在下一个世纪有更大的发展。

总而言之，当代世界的焦点，集中在东西南北关系上。东西关系的实质是和平问题，南北关系的实质是发展问题。和平与发展已经成为当代世界不可抗拒的两大历史潮流。和平与发展是密切相连的，没有和平的国际环境，也不可能有世界经济的繁荣。可是，随着东西缓和趋势的发展以及南北差距的日益扩大，解决南北合作的紧迫性和重要性正在日益增加。日本国的前外相，我的老朋友大来佐武郎先生在 1987 年联合国第七次贸发会上发表的讲演，就以六个方面全面阐述了目前南北关系问题的严重性和解决它的紧迫性，再次为世界敲响了警钟。

李鹏总理在 1988 年发表的政府工作报告中指出："我们全部的外交工作都是服务于和平与发展两大目标的。"1978 年中共十一届三中全会以来，通过对国际形势实际变化状况的分析，中国对战争与和平的看法有了变化，认为新的世界战争是可能避免的，可以争取到一个相当长期的世界和平，当然不排除会发生新的局部战争。正是基于这种判断，中国制定了一系列改革与开放的新经济政策，放手搞经济建设，并主动裁减 100 万军队。总之，中国值此世纪交替之际，为了顺应世界发展的历史潮流，全面地调整了外交、军事和经济方面的内外政策。

二　21 世纪亚洲的前景

　　亚洲在当今世界政治与经济中占有着极其重要的地位。在走向 21 世纪的历史过程中，亚洲的和平与稳定，直接关系着全世界范围内和平与发展两大历史任务的实现。当前以西太平洋地区为中心的亚太地区继 70 年代以后正处在战后第三次发展高潮。80 年代以来，在全世界被迫进行深刻的经济结构调整过程中，这一地区所表现出来的经济活力，正在引起全世界的关注和期待。中国作为一个亚洲国家，当然更加关心这个地区的和平、稳定与繁荣，更期待这一地区在下一个世纪发挥更大的作用。

　　在 20 世纪后半期以来的 30 年间，以日本、新兴工业国家与地区、东盟各国和中国为代表的亚洲各国，形成了三个梯度结构的雁行形态式的发展，改变了世界经济与贸易的格局。上述亚洲三个梯度国家与地区的经济增长，在很大程度上是以对美国扩大出口作为工业化起飞的引擎的。尽管隔着偌大的太平洋，但地处西太平洋地区的这些国家，比中南美地区各国更加敏感地捕捉美国市场需求的变化，建立和调整以出口为导向的工业结构，使大西洋沿岸的工业实力不断向太平洋沿岸转移。1985 年美国对太平洋地区的贸易总额超过了对大西洋地区的贸易，这正预示了世界经济的重心正开始实现由西向东的历史性转移。

　　从更大的时空范围来看，亚洲经济的起飞，标志着世界范围工业化革命的浪潮正进入一个新的阶段。如果说 19 世纪初英国的工业革命是人类社会出现工业化浪潮的第一个阶段，19 世纪中期以后美国、法国、德国的经济起飞是人类社会工业化浪潮的第二个阶段，19 世纪末期以来日本、意大利经济起飞是人类社会工业化浪潮的第三个阶段，那么在 20 世纪后半期出现的西太平洋地区的经济起飞，则是人类社会工业化浪潮的第四个阶段，亚太地区的发展确实正在成为世界经济新的增长据点，给人类社会进入新世纪带来巨大的希望。

　　对于亚太经济发展的前景，目前世界上存在比较乐观和比较慎重的两种观点。前者认为在过去 20—30 年间经济腾飞过程中显示出来的生机与活力今后还继续发挥作用；后者则认为在 80 年代世界经济调整过程中出现的债务危机的加剧、汇率激烈的变动，原油、初级产品及股票的下跌等，对该地区今后的发展将造成不利的影响。日本亚洲经济研究所会长筱原三代平先生在 1988 年 5 月份中国大连举行的第七次中日经济知识交流会上，曾对该地区的前景做过比较乐观的预测，他指出全球性的经济调整对亚太地区来说，有利的影响要大于不利的影响，亚太时代的到来只是时间问题。在走向 21 世纪过程中，亚太将成为推动新技术革命和形成长期波动的上升局面的中心地区，并在为亚太时代的到来创造着条件。

我认为亚洲发展的前景是光明的。但亚太地区能否成为 21 世纪世界政治与经济的中心，关键还要取决于以下两点：

第一，包括朝鲜半岛、台湾问题、柬埔寨和阿富汗问题在内的亚洲地区东西方缓和的局势能否持续发展下去。亚洲尽管经济活力很大，但鉴于历史、宗教、习俗、语言、社会制度和经济水平的差异，再加上超级大国各种形式的干预与争夺，使这一地区政治经济关系格外复杂，局部的利害冲突和不稳定因素很多，缺乏政治经济的向心力。在可以预见到的未来，还很难像欧洲共同体那样，实现由经济上的联合走向政治上的联合。

第二，亚洲地区南北之间的差距仍在扩大。尽管亚洲地区南北合作有所加强，但矛盾依然十分尖锐。特别是像中国和印度这样的世界人口大国，要摆脱目前贫困落后的状态，走上工业现代化的道路，依然面临着巨大的困难。亚洲南北合作能否有效地展开，亚洲发展中国家能否尽快摆脱贫困，不仅关系到亚洲的和平与稳定，而且关系着全世界的和平与发展。

总之，我们还不能轻率断言 21 世纪就是亚洲和太平洋的世纪。要使亚太地区成为世界政治与经济的中心，还要解决许多困难，跋涉漫长而曲折的道路。现实的问题不是盲目地去期待，而是要为这一天的早日到来脚踏实地去努力创造条件。当然，我们说还不能断言亚太地区很快就可以成为世界的中心，并不是否认该地区在世界上发挥越来越大的作用。这种作用主要表现在以下三个方面：

第一，亚太地区的经济活力，有助于促进世界经济的增长和贸易的扩大；而且以国际收支盈余为背景，在直接投资和国际金融方面，也将日益发挥更大的作用，从而成为促进世界走向繁荣的核心和动力。

第二，亚太地区发展中国家以出口为主导，通过出口和国内固定资产投资形成良性循环的工业化发展模式，为全世界发展中国家的经济起飞提供了宝贵经验。

第三，包括中国提出的"一国两制"在内，亚太地区各国为改善东西方关系所做的努力，以及该地区南北双方在产业、技术、贸易方面进行的合作，为全世界在不同社会制度与不同经济发展阶段上的国家进行和平共处合作事业，树立了典范，对全球正在产生着良好的示范效果。

三　21 世纪的中国

中国是一个拥有 10 亿人口的大国，同时经济、技术水平还十分落后，人均只有 300 多美元，是一个低收入的不发达国家。但是经过 10 年来的改革与开放，中国的经济正在崛起，并希望为人类作出更多的贡献。正如邓小平指出的那样，中国对人类作出贡献，是从两个方面讲的：一是我们摆脱了贫困，表明了占世界总人口 1/5 的国家做到了这件事，既可以为不发达国家提供如何谋求发展的经验，也可以对它们的发展提供较多的帮助；二是中国每发展一步，就使国际的和平力量增加一分。我们最需要和平，不希望战争，我们希望至少 20 年不打仗，更希望 70 年不打仗，使我们有一个从容进行现代化建设的和平环境。

为此，我们提出在本世纪内要做三件事情的目标，即要完成三大任务：第一是反对霸权主义，维护世界和平；第二是一心一意搞社会主义四个现代化建设，把中国发展起来；第三是要实现和平统一我们的国家，具体地讲，就是解决我国香港、澳门和台湾回归祖国的问题。但这三件事的关键问题是经济的现代化。我们有一个雄心壮志，从 80 年代起，用 20 年的时间使我国国民生产总值翻两番，把人均国民生产总值从现在的 300 多美元提高到 1000 美元。然后再花 50 年的时间，使人均国民生产总值达到中等发达国家的水平，让人民过上比较富裕的生活，基本实现经济现代化。

中国今后发展前景如何？这是国内外许多朋友十分关心的问题。1988年1月份以基辛格、布热津斯基为首的美国"一体化战略委员会"提出的题为《有选择的威慑》的报告中，预测中国在20年内有可能成为世界第二经济大国，国民生产总值届时将超过今天的日本，而仅居美国之后。我们认为这个估计过于乐观了。我在1985年4月主持研究并提出题为《2000年的中国》的报告中估计，2000年中国的国民生产总值约为11838亿美元，从目前的世界第8位提高到世界第6位或第5位。我今天依然认为，这个估计是比较现实和稳妥的。

为了实现我国为期70年的发展战略目标，我们正在全面进行经济管理体制的改革，以求在公有制的基础上建立有计划的商品经济。对此，我们坚持以下三个原则：第一，我们发展的是社会主义商品经济，它与资本主义商品经济的本质区别是坚持生产资料公有制；第二，要实现计划与市场的内在统一，也就是说要使计划工作建立在商品交换和价值规律的基础之上，逐步转变为以间接管理方式为主；第三，计划和市场的作用范围都是覆盖全社会的，要建立起"国家调控市场，市场引导企业"的新的经济运行机制。

目前世界范围的各种经济体制是走向趋同还是走向趋异，这是当代经济学十分关心的一个重大命题。美国著名经济学家克拉克·卡在《产业社会的去向——收敛还是扩散》一书中，曾对这一命题做了比较全面和深入的分析。事实上随着20世纪生产力的长足发展，人们对于现代社会主义和现代资本主义都在重新深化自己的认识，并且按照生产力发展的需要不断进行着调整。特别是在计划和市场的关系方面，正在互相取长补短，不断出现一种趋同的态势。但这决不意味着中国的经济体制改革和现代化建设，是放弃马克思主义原则，在搞资本主义。相反，中国正是在深刻认识到目前还是处在社会主义初级阶段，因此提出要克服"左"的积习和对马克思主义的僵化思想，从实际国情出发，把马克思主义基本原理和中国实际结合起来，创造一种中国式的社会主义。

中国的现代化事业是相当艰巨的事业，还需要几代人的艰苦努力和广泛的国际合作。但中国经济的发展有利于改变世界经济的面貌，中国社会的现代化建设必将对全世界和平与经济发展作出新贡献，而不会像有些人担心的那样会构成什么威胁。如果说有什么威胁的话，那仅仅是对战争势力、霸权主义以及不平等的旧的国际经济秩序，将成为一种遏制性的威胁。当然也有人担心中国经济的强大，将成为世界市场竞争的威胁。大家不都在说竞争是西方社会进步的动力和机制吗？为什么还害怕竞争呢？而且有这种担心的人也忽视了另外一个方面，即一个繁荣的中国，不是给西方的先进技术提供了一个更高水平的市场和更多的发展机会吗？

对于未来中国经济的富强，全世界都将不得不做出自己的反应和选择，这是一个严峻的事实。从战略观点上看，不外乎有三种选择：

第一种是不欢迎中国雄狮觉醒的"拿破仑"战略，即企图以政治、经济，甚至军事的手段，使中国继续沉睡下去。特别是可能利用不平等交换，耗费中国有限的财力，不给中国先进技术，限制中国工业品出口等方式，阻挠中国现代化的建设。具有这种想法的人在今天已经不多了，但确实还存在。

第二种是有限支持的战略。或者说又支持又限制，使中国经济只能得到有限的发展，使之成为可以永远推销产品的市场。持这种想法的人，既低估了中国的觉悟与能力，也低估了复杂的国际政治经济形势，正在不断为中国提供着进行国际合作的各种机会。

第三种是在平等互利的基础上，真诚进行国际合作的战略。这是一个互有所求，互相支持，共同走向繁荣的正确战略。中国人民是"饮水不忘掘井人"的。我们制定的一系列对外开放政策，就是欢迎来自世界各国真诚合作的。

展望 21 世纪的亚洲与中国，我们还应当特别提到发展中日友好合作关系的重要性。中日两国是近邻，有着 2000 多年友好往来的历史。日本是当今世界上第二经济大国，我们和世界许多发展中国家一样，期待日本今后在进一步发挥资金、设备供应国和发展中国家工业制成品进口国作用的同时，为发展中国家的工业现代化做出更多的贡献。中日两国也应当进一步加强经济、文化合作，在"和平共处、平等互利、互相信赖、长期稳定"十六字原则的基础上，发展友好关系。当前最为重要的是互相信赖。不久前竹下首相访问了中国，不久以后李鹏总理还将访问日本。我们希望通过中日两国首脑互访，进一步加强中日两国人民相互信赖的关系，为走向 21 世纪的友好奠定基础。当然我们的友好关系不是排他的，我们希望中日两国和亚洲乃至全世界各国都能亲密相处。

充分发挥大企业在社会主义
现代化建设中的骨干作用*

在国庆四十周年前夕，来京参加"中国工业四十年——大型企业发展成就展"的全国 240 多家大企业的领导同志，聚在一起举行这次盛会，座谈大企业在新形势下的发展和改革问题，是一次十分难得的机会。我想借此机会谈点意见，同大家商榷。

一　大企业在国民经济中的地位和作用

现代化生产的一个主要特征是生产的高度社会化。它也是我们建设社会主义的主要物质基础。对于组成社会经济系统最基本单位的企业，必须力求提高三个效益：即规模经济效益，解决生产要素在企业内部的优化配置问题；组织管理效益，解决企业内部的高效率运作问题；社会效益，解决企业与社会的关系问题，在提高企业效益的同时，相应地提高社会效益，正确解决国家、企业、个人三者的关系。显然，大企业在以上三方面都比中小企业有着天然的优势。大企业的产生是社会生产力发展到一定程度的必然产物，并对生产力的发展具有巨大的推动作用。

---

　*　本文是作者 1989 年 9 月 21 日在中国大型企业发展问题座谈会上的发言，原载《管理世界》（双月刊）1989 年第 6 期。

　　我国经过四十年的社会主义建设，大企业已经成为国民经济的骨干，对国民经济的发展，起着极为重要的作用。根据国家统计局 1988 年的资料，我国现有 10676 个大中型工业企业。其中最大的 500 家企业，占企业单位数虽然不足 5%，但拥有的固定资产占 44.2%，完成的工业总产值、工业净产值、销售收入分别占 40.9%、46.4%、42.2%，实现利税则占 52.1%。对国家的各项上交则占国内财政收入的 24.6%。这说明大企业在增加社会财富，扩大就业和为国家提供财政收入方面，具有无可替代的地位。

　　从大企业的行业分布来看，主要集中在能源、交通、原材料等基础产业部门。1986 年，固定资产原值在 10 亿元以上的工业企业共有 74 个，其中有 71 个就属于能源、原材料、交通行业，占 96%。也就是说，我国的大企业集中分布于严重制约国民经济发展的基础工业部门。因此有计划地促进大企业的进一步发展，对缓解"瓶颈"制约，改善产业结构，增加有效供给，起着极大的推进作用。

　　在技术装备、产品开发、管理水平与经济效益方面，大企业也具有显著的优势，并且代表着国家的高水平。1987 年，大型工业企业的资产装备率达 2.89 万元/人，为全国平均水平的 1.8 倍。就经济效益来看，1988 年全国工业企业与 500 家大工业企业比较：产值利税率前者为 15.7%，后者为 25.1%；销售收入利税率前者为 16.4%，后者为 24.7%；资金利税率前者为 20.5%，后者为 28.3%；人均创利税前者为 3130 元，后者为 9744 元，后者比前者高 2.18 倍。虽然许多大企业建于"一五"时期，有些设备已陈旧老化，但近年来技术改造工作进展较快，大量国外先进技术被引进、消化、吸收，许多产品完成了更新换代。大企业的管理水平也在不断提高，许多企业在管理的科学化、制度化方面进行了努力；使用电子计算机进行管理在大企业中已比较普遍；一些大企业已培育出社会主义的企业文化；一批社会主义的新型企业家开始出现。特别值得提出的是，在今年五六月份，北京发生的那场政治风波使许多企业受到冲击和影响。大企业经受住了严峻的考验。许多企业坚持生产，表现了工人阶级高度的组织纪律性与强烈的主人翁精神。

在深化企业改革过程中，大企业不仅率先进行改革，还创造了一系列新的经验，取得了很大成就。首都钢铁公司对承包制的建立与发展；鞍山钢铁公司对通过技术改造和集约化经营走内涵发展的道路；第一汽车制造厂、第二汽车制造厂对跨地区企业集团的经营；沈阳金杯汽车有限公司对试行股份制；大庆和吉林化学公司加强思想政治工作，物质文明和精神文明建设齐丰收，等等，都有创造性，为大企业的改革和发展，提供了宝贵的经验。

还有，近年来轻纺、电子等行业的企业集团发展迅速，比较著名的有万宝、达美、半球、赛格等。这些企业集团用资产联合或产品协作生产的办法，变小企业为大企业，变单一生产功能为生产、销售、开发、融资服务为一体的综合功能，取得了显著的成效。特别是在开拓海外市场，引进国外技术上，它比同一行业的中小企业具有更明显的优势。这种经验，也是值得重视的。

总之，大企业支撑着我国国民经济的发展，在很大程度上决定着我国国民经济发展的规模、水平与效益。中小企业以大企业为骨干，以产品、技术、市场为纽带建立广泛的、密切的联系，大企业的发展直接或间接地影响着众多的中小企业的发展。因此，大企业的发展是中小企业、乡镇企业所无法替代的。当然，中小型企业在国民经济发展中的作用，大型企业也是无法替代的。所以大企业和中小企业、乡镇企业的协调发展，乃是我国社会主义国民经济发展必须长期坚持的方针。

二　目前研讨大企业发展和改革的主要意义

近几年，大企业的发展与改革遇到了严峻的挑战，其发展速度不仅低于乡镇企业，而且与其在国民经济中的作用与地位很不相称。当前大企业的发展面临的困难主要有：能源、原材料、运输条件、资金等生产要素供应不足；国际国内市场不稳定；与乡镇中小企业特别是中外合资、合作企业，外资企业竞争条件不平等；与国家的行政关系和利益关系不明确而又多变，不合理的行政干预过多，等等。如与国际上的大企业相比，我国的大企业在规模、技术装备、管理水平、经济效益上，多数还处于落后的地位。

造成上述困难的原因，除了社会生产力水平低，经济过热造成供应紧张，法规不健全，难以形成有规则的市场环境等客观原因外，在认识上，对大企业在发展我国社会主义经济中的地位和作用缺乏必要的重视，也是一个重要原因。因此，在治理整顿和深化改革中如何促进大企业的发展，仍是一个亟待解决的问题。党的十三届四中全会把促进大企业的发展作为深化改革的一项重要任务，这是非常正确的。

三　在治理整顿中大企业的发展与改革

当前进行的治理整顿工作是为深化改革铺平道路。因为治理整顿的目的是巩固 10 年改革的成果，纠正改革中出现的某些偏差，建立和健全社会主义有计划的商品经济的秩序，消除出现社会腐败和分配不公的弊病。评价一种经济机制的有效性，不仅要看其开拓能力，还要看其调控能力。把治理整顿与改革开放对立起来的观点是错误的，把改革开放与发展对立起来的观点也是错误的。

治理整顿大体要用三年或长一点的时间。在这种形势下，大企业如何发展，如何改革是亟待研究解决的大问题。现提出几点看法，供大家讨论参考。

（一）提高对大企业重要性的认识

前一个时期，过于重视短期效益，把建设重点放到了"短平快"项目和乡镇中小企业上，忽视了大企业的发展。这种倾向，实际上导致投资过于分散，产业结构恶化，经济效益下降。充分认识大企业在国民经济发展中的骨干作用，是各级经济管理部门努力为大企业发展和改革创造良好环境的前提。

（二）充分发展社会主义有计划商品经济，是党的十三大确定的党在社会主义初级阶段的历史任务

这既是企业发展的目标，也是企业改革的目标。为实现这个目标奋

斗，既不是将我国引向像西方国家那样的市场经济；也不是返回到我们过去那样高度集中的指令性计划经济。而是走党中央和小平同志最近所指出的道路，即计划经济与市场调节相结合的道路。问题是如何结合？应当根据产业的不同，企业规模的不同，以及经济成分的不同，而采取不同的结合形式，即对以上几种不同情况，所采取的计划经济与市场调节的范围程度有所不同。

前面谈过，我国的大企业，尤其是特大型企业，绝大部分是属于能源、原材料、重型机械、交通运输等基础产业，而且都是社会主义的国营的企业。对于这类企业，在生产、供应、分配、价格等方面，计划经济和市场调节各自运用于哪种范围，达到何种程度，对活跃整个社会经济生活和提高经济效益更为有利，这确是一个值得认真探讨的大问题。有的同志主张，对这类大型企业实行计划单列，以大部分采取或全部采取计划调节的方式，以便为社会主义有计划的商品经济的发展，为其他企业实行程度不同的市场调节，创造基本条件。当然，它本身的经济活动也应充分利用价值规律和市场条件。这种主张的可行性如何，应当研究；如果可行，相应的承包方式应该如何进行，也应研究。

（三）制定和完善产业政策，促进大企业发展

政府制定产业政策，保证重点产业的发展来实现产业结构的优化，是宏观经济管理的一项重要任务。重点发展产业的选择一般要遵循有利于缓解"瓶颈"制约的原则，以提高宏观经济效益。目前贯彻这些原则，都有利于大企业的发展。执行产业政策，就是要产业改革地区化、地区改革产业化，变地区优惠为产业优惠。让重点发展的产业真正能够优先获得必要的生产要素，让长线产业及其企业真正受到限制。使产业间的竞争不平等，但保证了产业内的竞争平等。同时淡化、甚至取代现行的区域优惠政策，突破人为的市场分割，使大企业能凭借本身规模、技术、产品的优势，在市场竞争中更快地发展。

（四）发展企业集团，促进生产要素的优化组合

发展企业集团的现实意义主要是通过联合和兼并等方式，对资产存量重新进行组合，扩大企业的生产规模与功能，从而获得更大的规模经济效

益与管理效益。

当今世界上排名在前100位的大企业，几乎无一不是综合功能的企业集团。我国大企业的行业分布面太窄，其效益发挥，受到限制。以现有大企业为骨干，发展企业集团是大企业进一步发展的必由之路。

我国企业集团的发展，因受所有制、隶属关系、财务关系三不变的制约，存在着企业集团资产归属不明确，企业集团内部企业之间的法律关系不明确，因此利益主体也不明确的弊病。许多企业集团实际上是松散的企业联合体，难以发挥企业集团的优势。真正的企业集团应是以资产为纽带的利益共同体。它的发展有利于突破地区、部门、行业、所有制的壁垒，实现资产存量的优化组合；有利于技术进步和新产品开发，解决科学技术转化为生产力的问题；有利于发挥行业优势，提高产品在国际市场上的竞争力；有利于社会主义企业家的涌现和成熟。国家对企业集团的发展十分重视，正积极通过法规和政策对企业集团进行扶持和引导，使企业集团能迅速健康地发展。

在国民经济进行治理整顿、深化改革的关键时刻，我们在党中央的领导下，统一认识，团结一致，共同努力，就一定能够更充分地发挥大企业在国民经济中的骨干作用，将中国工业推向新的高度，取得社会主义建设事业的新成就。

中国经济的发展与展望

一　80 年代发展成就

80 年代，中国实行改革开放的方针，开创了国民经济发展的新时期，取得了巨大的成就。从 80 年代开始，根据我国经济发展的基本情况，现有的国情国力，经济发展的未来趋势，中国政府提出了国民经济发展三步走的远期设想：第一步，在 1980 年基础上，用 10 年左右的时间，实现国民生产总值翻一番，解决 10 亿多人民的温饱问题；第二步，再用 10 年左右的时间，到本世纪末使国民生产总值再翻一番，人均国民收入达到 1000 美元，人民生活达到小康水平，在人民温饱问题解决之后，衣、食、住、行条件将进一步改善、生活向多样化和初步丰富化发展；第三步，到下世纪中叶，使我国人均国民收入达到世界中等发达国家的水平，人民生活富裕、基本实现现代化。第一步目标已经提前两年顺利实现。我国政府正在制定"八五"计划和今后十年的中期发展规划，为实现第二步目标积极努力。

过去 10 年，我国国民经济实现了前所未有的高速增长。1979—1988 年间，国民生产总值的年平均增长速度达到 9.6%。与前 30 年 6.1% 的增长速度相比，高出 3.5 个百分点。与此同时，不合理的产业结构也得以初步调整。第一、第二、第三产业比例大体协调，第三产业的比重 10 年间上升 2.7 个百分点。近 10 年间，我国农业生产得到了迅速发展，1979—1988 年间，农业以 6.2% 速度增长，工业内部改变了以往片面发展重工业，忽视轻工业的方针，10 年间，轻工业比重上升了近 8 个百分点，轻重工业比例趋于协调。

10 年来，实行对外开放的方针，对外经济技术合作迅速发展，进出口总额由 1979 年的 206.4 亿美元增长到 1988 年的 1027.9 亿美元，年递增 17.2%。1981—1989 年间共引进技术 1 万多项，用汇达 300 亿美元，其中成套设备和软件技术项目 3646 项，用汇 191.3 亿美元。通过大规模的技术引进和消化吸收，大大缩短了同发达国家的技术差距，国家的整体技术经济实力有了显著提高。

在经济迅速发展的同时，人民的生活水平有了显著改善，农民人均纯收入由 1978 年的 134 元增加到 1988 年的 545 元。扣除物价因素十年间增长了 117%。城镇居民收入由 316 元增加到 1119 元，扣除物价因素增长 77%。城乡人均住房面积由 4.2 平方米增加到 8.8 平方米。

我国国民经济的高速增长，是在经济体制改革不断深入的推动下实现的。近 10 年来，在经济体制改革方面，力求探索一条适合中国国情的社会主义改革道路。首先，改变了过去那种过于单一的公有制格局，形成了与我国现阶段生产力发展水平相适应的多种所有制成分并举的格局。在坚持公有制为主体的前提下，集体经济、合作经济、个体经济、"三资"企业（包括外资的独资、中外合资和合作生产的企业）迅速发展。特别是乡镇企业异军突起，1979—1988 年间，乡镇企业产值以年平均 29.4% 的速度高速增长，比全国同期国民生产总值 9.6% 的增长速度高出近 20 个百分点。1988 年乡镇企业产值占全社会总产值的比重已高达 22%，相当于 1978 年全国的社会总产值。其次，在经济运行机制上改变了过去指令性计划无所不包的高度集权模式，寻求计划经济与市场调节有机结合的新的经济运行机制。近几年来，指令性计划控制的产品主要限于关系国计民生的重要产品，直接计划控制的产品已大幅度下降，大部分产品在计划的指导下由市场供求调节，国家直接分配的物资由 256 种下降到 20 种。计划管理的产品由占工业产值的 40% 下降到 20%；企业的经营机制已初步转变，改变了过去那种国家对企业统负盈亏、企业缺少经营自主权，从而也缺乏生产经营积极性的状况。通过扩大企业自主权、实行多种形式的承包经营责任制、租赁制以及部分企业和地方试行股份制，使所有权与经营权得以初步分离。企业职工的收入及企业自我发展能力与企业的经营状况相关，较好地调动了企业和广大职工的积极性，企业的市场竞争意识也大大增强。这一系列富有成效的改革，大大增强了我国社会主义经济的运行活力。

二　近期发展的展望

在我国国民经济发展取得巨大成就的同时，也产生了一些新的问题。从 1985 年以来一直存在通货膨胀、经济过热和结构失调问题，为此 1988 年下半年开始实行紧缩政策，到 1989 年秋季进一步明确提出用 3 年以及更多一些的时间实行治理整顿。所以要对过去一年来和今后两年的经济发展做出分析和展望，就必须对正在进行的治理整顿做出简要的描述和分析。

对中国目前的治理整顿，一些人存在种种误解。认为治理整顿是在改革道路上的倒退，放弃已有的改革成果，重新回到过去过分集中的老路上去，这些看法是不正确的和不符合实际的。这次治理整顿其目的在于解决过去一段时期经济发展中积累起来的一些问题，进一步理顺经济关系，为今后 10 年的发展创造适宜的环境。

1984 年下半年以来，整个经济一直在过热的状态下运行。由于投资规模和消费基金双膨胀，货币发行量剧增，财政连年赤字。再加上加工工业盲目发展，基础产业严重滞后，供求矛盾日益突出，致使通货膨胀日益加剧。1988 年全国零售物价总指数高达 18.5%，引起社会各界的不安。为了解决这些问题，从 1988 年第四季度开始实行紧缩的宏观政策，抑制工业增长速度、抑制过旺的社会需求，并积极推动产业结构和产品结构的调整。采取的主要措施是：实行紧缩的财政政策和信贷政策，控制信贷和财政支出的增长规模；大力压缩固定资产投资规模，1989 年，固定资产投资增长比上年回落了近 22 个百分点；控制消费基金增长，职工平均工资增幅比上年回落 8.9 个百分点；实行保值储蓄和提高存贷款利率，1989 年居民储蓄存款余额比上年增加 1/3 强。同时，还根据产业政策的要求，在资源分配方面优先满足基础产业和大型骨干企业技术改造的需求。

经过近一年的努力，治理整顿已经取得了明显成效。主要表现在：第一，过热的经济增长已经得到抑制。1989 年工业总产值增长速度由 1988 年的 20.8% 下降到 8.5%。实际上，从 1989 年 9 月起出现负增长，一直延续到 1990 年 1 月。今年 2 月起，工业生产出现回升，今年 1—8 月工业生产比上年同期增长 2.6%。第二，通货膨胀已经得到明显抑制。去年年初，零售物价指数曾高达 25% 左右，从去年二季度开始逐月回落，今年上半年全国零售物价指数比去年同期仅上涨 3%，是 1985 年以来最低的。第三，总供给和总需求实现大体平衡，扭转了 1985 年以来一直存在的总需求过旺的局面。第四，产业结构和产品结构得到了初步调整。1988 年能源、原材料等基础工业比上年增长 7.1%，速度比上年回落 3.1 个百分点；加工工业比上年增长 7.2%，速度回落 16 个百分点，出现了近十年来未曾有过的加工工业与基础产业同步增长的势头。

与此同时，治理整顿过程中也出现了一些紧迫的问题和矛盾。主要也是市场疲软和经济效益下降，去年下半年，出现部分工业品滞销（主要是前几年发展过热的家电类产品），到年底和今年上半年大部分产品普遍滞销。其中既有结构性的因素，又有紧缩力度一度过紧的原因。在市场疲软情况下，企业产品积压严重，一部分生产能力闲置，而企业又不能裁减员工；再加上原材料的价格上涨，许多企业出现效益下降。企业亏损额和亏损面迅速上升，利润普遍下降。这既对企业的近期发展造成不利影响，又使国家的财政收支平衡面临困难。

目前，我国的经济治理整顿已经进入一个新的阶段。经济过热已经抑制，通货膨胀率已降到预期水平，供求严重不协调的状况已经得到改善。显然，治理整顿的第一步目标已经达到。但是治理整顿第二步、标（消灭财政赤字、调整产业结构、提高经济效益）的实现仍需要做出更艰苦的努力。第一步目标的实现是靠财政和信贷的紧缩以及控制固定资产投资规模和消费基金的增长实现的；而要实现第二步目标仅依靠财政信贷的紧缩政策是难以完全奏效的。它要求我们在继续实行紧缩政策的同时，适当调整紧缩力度，有选择、有步骤地启动市场回升，并采取有效的结构政策改善供求结构，以及在进一步深化经济体制改革基础上理顺各种经济关系，使国民经济稳步地良性回升。

今后的治理整顿需要做好以下几方面的工作：

一是既要稳步地启动市场回升，又不致引发新的通货膨胀。这就要求提高政策操作水平，适时掌握好调整力度。考虑到近一段时期市场回升仍不理想，今后将继续适当松动力度，刺激需求，但工业生产的整个发展速度将控制在 7% 左右，防止再度过热和出现新的通货膨胀。

二是在启动市场过程中加强经济结构调整。首先，在启动需求时优先启动投资需求、控制消费基金的过速增长；其次在扩大投资需求时，抑制加工工业，支持基础工业和老企业的技术改造，把启动市场和结构调整二者有效地结合起来。

三是在启动市场过程中要注意提高企业的产品质量，增加适销对路的花色品种，提高经济效益、降低成本、增加利润，增加财政收入，以求得逐步消除财政赤字。要使企业提高经济效益，关键在于进一步深化改革。进一步完善承包经营责任制，促进企业间的联合，发展集团化经营，探索更有效的所有权与经营权分离形式，等等。

可以预料，只要在稳步地启动市场需求时能够有效地贯彻结构调整政策，能够在深化改革的基础上提高企业的经济效益，再用两年左右的时间完成治理整顿的任务是有可能的。治理整顿目标的顺利实现，将为我国 90 年代国民经济的持续、稳定、协调发展打下良好的基础。

三　中期展望

今后我国将继续奉行改革开放的总政策，在总结前 10 年经验教训和巩固已有的改革开放成果的基础上，进一步深化经济体制改革和扩大国际间的技术经济合作。在保持社会安定、经济稳定而协调地发展的条件下，稳定地实现我们的第二步、第三步发展目标。

（一）今后 10 年的经济发展总格局将是在保持适度增长的基础上加强产业结构调整和优化

据初步测算，今后 10 年只要保持 6% 的增长速度，即可实现到本世纪末国民生产总值再翻一番的目标。现在看来，今后 10 年所面临的主要问题不在于经济发展达到什么样的速度，而在于保持适度增长的条件下，通过有效的政策干预，使产业的部门结构、组织结构、技术结构不断优化，改变以往经济发展中的高速度和低效率并存的状况，使国民经济运行的微观和宏观效率得到实质性地改善，并为下一世纪的经济健康发展打下可靠的基础。在结构调整方面，首先，将加强对农业、能源、原材料、交通、运输等"瓶颈"部门的投资，考虑到这些部门目前欠账较多，且今后时期对这些部门产品的需求将快速增长，再加上这些部门资金密集、建设周期长，今后 10 年这些部门的短缺状况将依然存在，投资任务相当艰巨，资源向这些部门倾斜将是一项基本政策。其次，产业的组织结构和技术结构调整的任务也相当繁重。过去 10 年，乡镇企业快速发展中存在大量低技术水平企业扩张的倾向；在国外进口设备的冲击下国内机电工业发展滞后。这就要求今后 10 年把企业现代化和国内装备工业的进口替代和技术升级作为重要的技术政策。与此同时，还要继续解决好企业布点过分重复、规模过小、"大而全"、"小而全"的问题。大力推进企业间的横向联合和企业间的租赁兼并；扶持企业集团的成长，以企业集团化的方式改组工业，实现生产的专业化和集中化，实现资金存量的优化组合。如果说 80 年代经济发展仍然具有主要通过新企业布点求得发展的粗放式特征的话，那么，90 年代则应当把重点放到技术改造、技术结构升级和组织结构优化的内涵式发展上来。此外，大力发展出口产业仍将是今后 10 年产业倾斜的重点之一。中近期内，出口产业的重心仍是劳动密集型产业。轻纺工业的出口要注重提高产品质量和档次，提高加工深度，同时积极扩大机电产品出口比重，并注意发展高技术产业的出口。我们相信，再经过 10 年的努力，我国同国外的技术差距将会进一步缩小，经济实力将会进一步增强，人民生活达到小康水平的目标将如期实现。到那时，人均国民收入将达到 1000 美元的水平，要做到绝大多数人丰衣足食，安居乐业，有比较舒适的物质生活环境和健康多样的文化生活环境。

（二）进一步深化经济体制改革，完善计划经济与市场调节相结合的新经济运行机制

其中包括：积极推进价格改革，理顺价格机制。大部分产品实行国家指导下的市场价格，国家定价的产品也应遵从价值规律，充分发挥价格参数在优化资源配置方面的作用；进一步深化企业改革，完善企业经营机制，有条件的地方试行股份制，以实现所有权和经营权的有效分离和企业自负盈亏为企业经营制度改革的重点；进一步完善适应新经济运行机制的新的宏观管理体系，在计划、财政、信贷、税制等诸方面进一步深化改革，逐步形成行政手段、经济手段、法律手段有效结合的宏观管理体系。同时还要进一步完善社会保障制度，改变国家一切包下来的做法，完善养老金制度和待业、失业补助制度，为劳动力的流动和企业对劳动力的吐纳，以及推行企业破产制度创造条件。

我们已经积累了 10 年改革开放的丰富经验，中国人民已经从中获得了巨大利益，我们相信，在改革开放方针的指引下，后 10 年将会取得比前 10 年更大的成绩。

中国经济体制改革政策与
环境保护政策的协调

　　中国的经济体制改革是社会主义经济制度的自我发展和完善。其目的是消除排斥商品经济的僵化的单纯产品计划经济模式的种种弊端，逐步建立起富有生机和活力的公有制基础上的社会主义有计划商品经济模式，以促进社会生产力的大发展和人民生活水平的提高，更好地发挥社会主义制度的优越性。

　　十二年来，随着经济体制改革的进展，我国的经济建设和环境保护都取得了很大的成就。据统计，1989 年我国国民生产总值达到 15677 亿元，按可比价格，是 1980 年的 2.24 倍，平均年增长 9.4%。在此期间，我国污染物排放量虽然有所增长，但整体环境质量状况却没有大的变动，避免了国内外某些专家预测的"产值翻番，污染也翻番"局面的出现。可以说，这个时期是我国历史上经济发展最好的时期，也是环境保护最有成效的时期。下面，我准备简要介绍一下中国经济体制改革政策与环境保护政策的协调问题。

一　80 年代初以来，中国在环境保护政策方面的努力和成就

（一）转变战略

我们力求依据和谐发展意识和持续发展观念，把改革与发展结合起

来，把改革和发展与环境保护结合起来，实行既有利于经济发展，也有利于环境保护的发展战略。进入 80 年代以来，随着经济体制改革的进展，我国经济发展战略发生了重大的转变。其主要点，一是在发展方针上，强调持续和协调发展，注意调整和保持国民经济以及社会各方面的适当比例关系，并且把环境保护、维护生态平衡作为协调发展的重要内容；二是在发展目标的追求上，不只注意数量的增长，而且注意发展的质量，注意人民生活的改善，其中也包括环境条件和环境质量的改善；三是在对待发展速度和经济效益的关系上，强调以提高经济效益为中心，改变了过去片面追求产量、产值及其增长速度的倾向；四是在扩大再生产上，重点放在对现有企业的挖潜和技术改造上，即通过采取新工艺、新技术，扩大生产能力，提高经济效益，而不是一味地扩大基本建设规模。所有这些，对防治工业污染、改善环境质量，都极为有利。

（二）确立国策

中国是一个发展中的社会主义国家，是一个有 11 亿多人口的大国，每年新增 1500 多万人口，安排几百万人就业，压力很大；底子很薄，生产力、国民收入、人民生活水平都不高；资源供给能力制约较大，总体上说中国地大物博，但人均资源很稀缺。我国政府高度重视环境保护工作。但是在这样的国情背景下，国家不可能像发达国家那样，拿出很多钱来治理环境，只有主要靠发挥政策的威力。在 1983 年年底召开的第二次全国环境保护会议上，国务院正式决定把环境保护作为我国的一项基本国策。大家知道，中国为治理自己的国家，制定了很多政策，但是作为基本国策的，只有控制人口增长的计划生育政策和保护、改善环境的环境保护政策两项。在长期环境保护工作实践中，我国逐步发展形成了包括预防为主、防治结合、综合治理政策，谁污染谁治理政策和强化环境管理政策在内的比较完善的环境保护政策体系（其中强化环境管理政策是核心）。事实证明，这些环保政策是卓有成效的。

（三）制定方针

随着经济体制改革的深入进展，我们逐步吸取了过去经济发展中脱离国情、超越国力、急于求成、大起大落的教训，制定了长期持续、稳定、协调发展的战略方针。这一方针，不只适用于经济建设，而且还适用于科技、社会、人口、资源和环境建设。就是说它是包括经济、科技、社会、人口、资源、环境六大系统在内的长期持续、稳定、协调发展的方针。与此相适应，在 70 年代，我们制定了"全面规划，合理布局，综合利用，化害为利，依靠群众，大家动手，保护环境，造福人民"的 32 字方针；开发建设项目的环境保护设施与主体工程同时设计、同时施工、同时投产的"三同时"方针。进入 80 年代，我们又制定了经济建设，城乡建设和环境建设同步规划、同步实施、同步发展，以求达到经济效益、社会效益和环境效益相统一的"三同步"和"三效益"方针。在这些方针的指引下，从国家到地方，各级政府都相继制定出一批具体的政策、法规和标准，有力地推动了环境保护事业的发展。

（四）纳入计划

我国经济体制改革的目标之一是建立计划经济与市场调节相结合的经济运行机制。社会主义商品经济是有计划的，环境保护如果不纳入国家计划，一切美好的设想都不能实现。我国计划体制的改革，主要是针对原来计划体制集中过多、管得过死、忽视价值规律和市场的作用、投入与产出不挂钩，以及忽视环境保护等弊端展开的。为使环保工作纳入国家计划，我国在环境主管部门组织制定部门和地方环保年度计划、中期和长远环保规划的基础上，从第六个五年计划（1981—1985 年）开始将环境保护纳入国民经济和社会发展计划，其中规定了在建设的同时防治工业污染、保护江河湖泊水源和海洋水质、保护城市和农村环境、保护和改善生态环境方面的任务，并提出了包括政策、法规、监督管理和资金投入在内的各项措施。执行的结果，不仅初步控制住了污染急剧恶化的趋势，有一些污染指标还有所下降，成为新中国成立 40 年来环保工作最有成效的时期。接下来的第七个五年计划（1986—1990 年），我国继续将环保纳入国民经济和社会发展计划，而且重点突出，措施可行，执行结果也富有成效。

（五）完善体制

在总结多年实践经验的基础上，我们逐步明确了环境管理和环境建设是两个不同的概念：环境管理是指依照方针、政策和法规，对一切可能给环境带来不利影响的建设活动和社会活动进行监督，这是环境管理部门的基本职责；环境建设是指根据国家环保方针、政策、法规和计划的要求，采取的一切有利于环境保护的经济的和社会的措施，这是应该由国民经济的各个部门去做的。这一划分，促成了我国统一领导和管理下的分工协作的环境管理体制的建立和发展，使各行各业得以按照环境建设和环境管理的不同职能，各司其职，做好工作。可以说，这是我国经济体制改革中，环境管理体制改革的一个重大进展。据此，最近我国又实行了环境保护目标责任制的新制度，明确规定了省长对全省的环境质量负责，市长对全市的环境质量负责，县长对全县的环境质量负责，乡长对全乡的环境质量负责。这是对各级政府领导人做出的环境责任规定，具有重要意义。

（六）健全机构

我国环境保护机构的建立和健全，是经济体制改革的产物。多年的环境保护实践说明，再好的方针、政策、法规、规划，如果没有相应组织机构的保证，没有一支训练有素的环保队伍的监督执行，都是很难落实的。中国的环境管理机构，经历了从无到有、从小到大、从不健全到比较健全的发展过程。随着我国经济体制改革和国家机构改革的进展，我国环保机构逐步得到了强化。现在，我国有一个国务院环境保护委员会，由宋健国务委员任主任，有关各部委的负责人参加组成，负责全国环保战略、大政方针和总体战略的制定。作为政府机构，还有一个国务院直属的国家环境保护局，它也是国务院环委会的办事机构，负责全国环境保护的组织指导、规划协调和监督管理等宏观控制工作。各省、市、县、乡以及大中型企业，也都建立了相应的环境保护机构。全国上下，形成了环境管理机构的体系。其中，国家、省、市三级，还建起了环境科研、监测、宣传教育中心等配套机构。全国环保职工已近5万人。

（七）转变职能

我国经济体制改革的一项重要内容是简政放权，实行政企分开。目的是改变过去政府对企业管得过多过死的弊端，让企业真正成为相对独立的自主经营、自负盈亏的经济实体。这对政府部门来说，一条重要任务就是精简机构，转变职能。但是，环境保护机构过去是一个薄弱环节，在机构改革中不仅没有削弱，而且得到了加强。现在，国家环保局机关已由原来的100多人增加到300多人。同时，国家环保局还本着机构改革的主要着眼点是转变职能，做政府部门该做的事，不该做的事就不要去做的精神，使全局领导干部和全体工作人员明确了政府官员的职责、任务和要求，明确了国家环保局作为国务院环保工作的主管部门、国务院环委会的办事机构，其主要任务是宏观控制和指导，具体工作应交事业单位和地方去做的道理，并创造性地运用职位分析的方法进行了定职责、定编制、定机构的"三定"工作，向逐步建立具有中国特色的功能齐全、结构合理、运转协调、灵活高效的行政管理体系的目标前进了一大步。

（八）优化结构

以提高经济效益、社会效益和环境效益为核心，以合理开发利用自然资源、维护生态平衡和减轻环境污染为主要着眼点，进一步调整产品结构和产业结构，推动技术进步，为我国经济社会长期持续稳定协调发展打下必要的基础，是当前我国改革与发展的一个重大课题。我国环境问题很多。但无论是环境污染，还是生态破坏，归根到底都是资源的不合理开发利用造成的。因此，我国工业经济效益的提高，生态环境的改善，应以资源的节约和有效利用为主题方向。我国是一个资源相对缺乏的国家，过去那种通过大量投入物质资源来获取经济高速增长的做法不能再继续下去。我们要通过产品结构和产业结构的调整和优化，通过技术改造和技术革新，提高产品质量，提高经济效益，降低能源、原材料消耗，节约资源，减少污染。在这方面，我国已经制定并将继续制定一系列的政策，保证产品结构和产业结构向着有利于提高经济效益、社会效益和环境效益的方向调整和发展。

（九）理顺价格

价格改革是整个经济体制改革成败的关键。我们要利用治理整顿所创造的有利条件，抓住价格改革这个中心环节，不失时机地进行价格、税收、财政、金融、企业、劳动工资以及计划体制的综合配套改革，逐步建立起社会主义的统一市场、强有力的宏观调控体系以及具有自我约束能力的充满活力的微观经济机制。当前，我国"产品高价、原料低价、资源无价"的价格扭曲现象，依然严重存在。我们准备采用"管、调、放"结合的价格政策。无论是放开价格，还是调整价格，都要遵循和运用价值规律，体现计划与市场结合的特点。一方面，国家要通过对关系国计民生的产品和劳务价格的控制，尤其是对基础产业部门价格的控制，达到稳定物价、促进生产的目的；另一方面，也要在条件成熟时，及时逐步地调整和放开商品和劳务的价格，充分发挥价格调节供需的作用。鉴于当前条件尚不成熟，我们对能源、原材料的价格，还不得不实行一定程度的价格控制，但从长远来看，其价格总是要放开的。同时，我们必须看到，原料价格之所以偏低，最主要的原因是资源无价，从而使原料价格构成不完全造成的。要从根本上扭转价格严重扭曲的状况，必须确立自然资源有价的价值观、价值理论和合理定价方法。当然，这也是进行资源、生态、环境保护的关键性措施之一。

（十）改善核算

国民经济核算体系及其主要指标对经济社会发展具有明显的导向作用。科学、合理的核算和指标体系能够引导经济社会健康持续地发展，而片面的不合理的核算和指标体系，则可能把经济社会发展引入歧途。以产值及其增长速度为主要指标的现行国民经济核算体系存在很大的弊病，它不仅是单纯追求产值和速度，而忽视质量和效益的重要原因之一，也是造成资源损毁、生态破坏、环境恶化的重要原因之一。前几年，随着经济体制改革的深入，国务院成立了国民经济核算体系改革协调委员会及其办公室，也制定出了初步改革方案。现在看来，这个方案的思路还比较狭窄，至少它没有把自然资源的核算包括在内。因此，目前我们正在组织自然资源核算及其纳入国民经济核算体系的理论、原则、方法，以及实施方案的研究，资源资产概念的界定和建立自然资源资产产权管理制度的研究；通过社会投入增加和扩大自然资源再生产的资源产业群发展政策的研究等，以期从根本上寻求经济、社会和环境持续稳定协调发展的有效途径。

以上这十个方面，仅是举例说明我国经济体制改革政策与环境保护政策协调的情况，这些工作，有的我们基本做到了，有的正在做的过程中，有的则还处于设想、研究、探索阶段。不过，随着我国经济体制改革的深入发展，在促进经济发展的同时，我们有信心逐步把资源、生态、环境的保护工作做好。

二 经济与环境的协调发展

环境问题关系到全人类的共同利益。它是当今世界各国密切关注的热点之一。在经济发展过程中，必须将环境与发展紧密结合起来进行综合研究和决策，已经成为世界各国和国际社会的基本共识。历史发展表明：人类数量的增长，工业化的进程，已经导致地球生态环境的恶化。而地球生态环境是相互密切联系的，是超越国界的。如果破坏了人类赖以生存的生物圈，不管哪个国家、哪国人民都将丧失生存和发展的基地。因此，我们对保护环境，绝不能像中国成语所说的那样，"各人自扫门前雪，莫管他人瓦上霜"。而应当说是"同舟共济"。环境保护是全人类的共同事业。

环境恶化是长期形成的，特别是在发达国家实现工业化的历史过程中形成的，而且最多的工业污染也是来自这些国家。而在现阶段这些国家又具备了解决这个问题的充裕的资金和技术条件。因此，治理环境、保护环境，发达国家比不发达国家负有义不容辞的责任。

发达国家与发展中国家，由于不同的历史原因，在寻求经济与环境协调发展的过程中，面临不同的选择。发达国家已经实现了工业化，具备了治理污染所需的雄厚资金和高度发达的科学技术，因此，有条件通过"高投入，高科技"的途径，寻求经济与环境的协调发展。而发展中国家，一方面经济实力有限，另一方面科学技术水平相对比较落后。因此，难以采用发达国家那样的办法来寻求经济与环境的协调发展。发达国家应当从资金与技术方面支援不发达国家，在全球范围内采取协调行动，共同治理和改善环境。

中国是一个拥有 11 亿人口的发展中的社会主义国家，既存在有利条件，也面临严峻的挑战。中国不可能只依靠大量投资，而应依靠正确的政策，走出一条具有中国特色的经济环境协调发展的新路。90 年代，摆在中国人民面前的任务十分繁重和艰巨。如何在大力发展经济的同时，搞好环境保护工作，推动经济与环境的协调发展，已成为我国政府和人民一个十分重要的战略任务。中国在经济与环境协调发展方面所做的工作和取得的成就已为国际社会所公认，但是，在资金和技术方面还存在不少困难，今后将继续做好以下工作：

第一，牢固树立经济与环境协调发展的意识。经济与环境协调发展，绝不是少数人的事，而是全体人民的事业。无论是国家领导人，还是普通公民，都应高度关切人类赖以生存的环境，充分了解人类活动与环境的密切关系，并对保护环境持积极、负责的态度，自觉规范自己的行为。

第二，采取经济—环境协调发展的战略。强化环境管理这一指导思想和工作方针，是中国特色的环境保护道路的重要内容。经济建设、城乡建设与环境建设同步规划、同步实施、同步发展，实现经济效益、社会效益和环境效益的统一是极具中国特色的行之有效的环境管理政策，应当予以坚持和完善。同时，应当注重运用法律手段，强化环境管理，保障经济与环境的协调发展。

第三，进行城乡环境综合整治。在城市，要把城市环境保护和城市建设、经济发展紧密结合起来，调整城市布局，搞好城市规划和建设，防治城市污染。在农村，应积极开展农业环境保护工作，大力推行生态农业；合理开发利用农业自然资源；合理利用化肥和农药，严格执行环境影响评价制度；努力调整乡镇企业的产业结构、产品结构和技术结构，发展无污染的行业；不断强化农业环境保护工作的监督管理和法制建设。严禁城市污染向农村扩散。

第四，科学技术是经济与环境协调发展的巨大推动力。90 年代中国应当优先发展的环境科学技术包括，生态脆弱地区生态系统改善与恢复的科学研究和技术开发；污染治理技术与装备的研究和开发及全球环境变化的科学评价、影响评价与对策研究等。

第五，努力调整产业结构，优化生产要素的组合，实现货源的合理配置。努力进行技术改造，节省能源和原材料，并将技术改造的重点放在大中型企业，特别是污染严重的工业企业上。

　　第六，理顺资源价格，实行资源核算，促进资源产业的发展，以求合理开发、利用和保护自然资源。应当逐步扭转"资源无价，原料低价，加工构成品高价"的价格体系，充分发挥资源价格的激励作用，抑制浪费资源、破坏环境的行为。应积极推行资源核算制度，并将其纳入国民经济核算体系，努力制定能够反映经济与环境协调发展的新的指标体系。应强化资源产业的基础地位。将资源产业作为我国基础产业的基础来抓，通过诸如广泛植树造林，治水治沙，修建生态环境工程，建设自然资源保护区等社会投入，促进资源的发现、更新、增殖、恢复、保护和积累，以提高资源产业的供给能力，从根本上解决经济与环境的协调发展问题。

　　中国人口众多，国土辽阔，其环境问题解决的好坏，对全球环境状况将有直接影响。中国是第三世界的人口众多的国家，在治理工业污染、控制人口、植树造林、保护土地、生态农业以及沼气利用等方面，均有一些成功的经验，可以同第三世界国家交流经验。中国政府将一如既往地继续奉行改革开放政策，并且将比以往更加开放。欢迎在环境保护领域进行广泛的国际合作。

《中国通货膨胀研究》前言[*]

　　1985 年以来，我国出现了日益明显的通货膨胀，引起了举国上下的关注。通货膨胀问题，对人们的生活和心理产生了直接的影响，也影响了我国经济持续、稳定、协调地发展。深入地研究通货膨胀问题，提出符合我国实际情况的对策和措施，是摆在我国经济学界和经济工作部门的一项重要任务。

　　通货膨胀，是一个世界性的问题，特别是第二次世界大战以后，许多国家都把控制通货膨胀作为政府工作的重要任务。据世界银行对 100 个国家的统计，1973—1984 年，26 个低收入国家，平均年通货膨胀率为 5.9%；40 个中等收入国家，平均年通货膨胀率为 20.6%；5 个高收入的石油输出国，平均年通货膨胀率为 11.8%；19 个市场经济工业国，平均年通货膨胀率为 7.9%。从中可以看得出，这些国家都普遍地不同程度地存在着通货膨胀。在发达资本主义国家，在发展中国家，在社会主义国家，几乎在世界各国，通货膨胀以各种方式困扰着政府的经济工作，影响着人民的经济生活。

　　由于各国经济的发展水平有差异，经济体制不同，物价水平不一致，通货膨胀在各不同类型的国家里的表现也不尽相同，产生的影响也不尽相同。我们综合各方面的因素，按照国家发展程度不同划分了四种类型的通

---

　　*　本文是作者与高尚全合著的，该书由改革出版社 1990 年 10 月出版。

货膨胀：

第一，发达国家的通货膨胀。这些国家国内消费价格水平普遍比国际平均消费价格水平要高。在 1973— 1984 年战后高通货膨胀时期，通货膨胀率大多低于 10%，平均为 8% 左右，最近几年，这些国家的通货膨胀率在 4%—5%。发生通货膨胀的主要起因是需求拉动和成本推动。

第二，中等收入国家的通货膨胀。这些国家，在 1973—1984 年战后高通货膨胀时期，年通货膨胀率大多在 20% 左右；最近几年情况更为突出，1988 年世界 22 个高通货膨胀（超过 11%）国家中，发展中国家占 18 个，其中，通货膨胀率超过 200% 的有 5 个国家，最高的达到 714%，这类国家产生通货膨胀的原因，主要是供给不足、外债过多。

第三，低收入国家的通货膨胀。这些国家，主要是指尚处于农业发展阶段或工业化初期，一般物价水平的波动取决于农业生产的丰歉。这些国家的消费价格水平一般较低。在 1973—1984 年战后高通货膨胀时期，年均通货膨胀率不到 6%。低收入国家的通货膨胀，主要与农业歉收、出口不景气和贸易条件恶化有关。

第四，社会主义国家的通货膨胀。这些国家原来的价格由国家直接控制，消费价格水平低而稳定，通货膨胀表现为一种隐蔽的形式。随着社会主义国家改革开放的进行和一系列政策的调整，原来隐蔽的通货膨胀表面化、公开化，传统体制长期积累的问题和矛盾在较短的时间内释放出来，造成了通货膨胀新的压力。

到目前为止，研究发达国家通货膨胀的理论专著和对策建议，可以称得上是"汗牛充栋"，但对发展中国家特别是社会主义国家的通货膨胀的理论研究却一直比较薄弱，关于中国社会主义经济发展过程中的通货膨胀问题的研究，才刚刚起步，研究我国的通货膨胀问题，有着重大的理论意义和实践意义。

我国是一个发展中的社会主义大国。经济起飞阶段急剧的结构变动，产生了需求膨胀、供给不足的压力；长期被抑制和扭曲的货币与价格体制必须进行调整和改革，这样就把通货膨胀从原来的隐蔽状态转变为可以感觉、可以衡量的通货膨胀了。归结起来，造成我国通货膨胀的深层原因，主要有以下几个方面：

第一，我国人口众多，生产资源的可供量相对于人口来讲，严重不足。人口增长出现了几次大的失控，进一步加剧了资源供给的短缺状况。

第二，相对贫乏的生产资源，在区域分布和产业分布中又存在较为严重的失衡。能源、交通运输、原材料以及农业等部门的发展严重滞后，成为国民经济增长的"瓶颈"。再加上各地区、各部门、各企业追求"大而全"、"小而全"，既助长了需求膨胀，又造成了资源的浪费和滞存，抑制了有效供给的增长。

第三，传统体制下所形成的利益分配格局，在改革过程中发生了新的调整。各个利益主体在经济活动和体制转变中，有着保持和强化自身利益的强烈倾向，其结果是扩大了投资需求和消费需求。

第四，几十年来，我国经济中的各生产主体不计成本地扩大生产规模，在资源有限的条件下，不注重提高经济效益，大多醉心于外延扩大再生产。经过十年多的改革，这个问题仍然没能从根本上加以解决。

第五，在对外贸易中，有些产品是国内短缺的，由于转移一部分用于出口，则加剧了国内供不应求的矛盾，推动了物价上涨。同时又有许多进口商品过早、过多、过滥地进入我国的消费领域，引起了强烈的示范效应，刺激了消费需求的增长和消费档次的提高，在很大程度上超出了我们的国力和消费能力所能承受的水平。另外，几次汇率调整，人民币贬值，也在一定程度上推动了国内价格的上涨。

过去的几年，如果我们认真对待通货膨胀的问题，调整经济结构，提高经济效益，经济形势就不会像现在这样。但是，由于急于求成的思想一直没有很好地克服，经济持续过热，放松了银根，增加了财政赤字，忽视了需求管理和控制，最终出现了1988年以来的比较明显的通货膨胀。

我们面临的稳定、调整和发展经济的任务是十分艰巨的。从当前来看，我们要坚持稳定中求发展的方针。要保证农业生产的稳定增长，保持工业生产的适度增长，使市场和整个经济进入景气状态。在治理整顿中深化改革，在深化改革中促进治理整顿，继续坚持、完善和发展企业承包经营责任制，发展企业集团，改进和加强宏观调控体系，整顿经济秩序，推进各种探索性的改革试点，逐步建立计划经济与市场调节相结合的经济运行机制，发展有计划的商品经济。我们进行治理整顿也好，深化改革也好，从根本上来讲，都要着眼于促进国民经济的持续、稳定、协调发展。我们必须牢固地树立这样一个指导思想。

总之，研究我国的通货膨胀，要从我国的国情出发，要立足于我们这个进行改革开放的社会主义经济；要吸取国外解决通货膨胀问题的研究成果，深入探讨我国通货膨胀的一般性和特殊性，并提供切实可行的建议和对策。我们希望本书能起到抛砖引玉的作用，对我国经济学界研究通货膨胀问题能有一个新的推动，希望本书能和已有的及未来的有关著作一道，使我国通货膨胀的理论研究和对策研究得以丰富和发展。

中国的经济发展战略与经济调整[*]

　　中国是一个发展中的社会主义国家，中国人民历经 40 年的艰苦奋斗，使我国的经济和社会面貌发生了翻天覆地的变化，把一个一穷二白的半殖民地半封建国家，建成了一个独立自主和初步繁荣的社会主义国家。特别是十年的改革开放期间，我国的经济又取得举世公认的历史性进步。

　　正当人类准备敲启 21 世纪之门的时候，我们制定并实行了实现国民经济现代化的历史计划。我们有一个雄心壮志，也就是 1987 年中国共产党第十三次全国代表大会明确提出的中国现代化建设的三个战略阶段的构想：在第一阶段，中国要在 1990 年使国民生产总值比 1980 年翻一番，基本解决人民的温饱问题。这一目标已经基本达到。在第二阶段，即到本世纪末，使中国的国民生产总值再增长一倍，即比 1980 年翻两番，人民生活达到小康水平。目前，中国的现代化建设正处在这一阶段。在第三阶段，即到下世纪中叶左右，国民生产总值比 2000 年再翻两番，中国的人均国民生产总值达到中等发达国家水平，人民生活比较富裕，基本实现现代化。

　　那么，这一发展战略是怎样形成的呢？它具有哪些特点？在最近两三年内我们的具体部署又是什么呢？本文想就这些问题略加分析。

---

　　*　本文写于 1990 年 2 月，原载《管理世界》（双月刊）1990 年第 1 期。

一　中国经济发展新战略的形成

中国新的经济发展战略是逐步形成的，最初可以上溯到 1978 年。当年 12 月召开的中国共产党第十一届三中全会，标志着我国经济乃至整个社会发展的伟大转折，从此开辟了一个新的时期。在那次会议上做出的富有重大历史意义的决议，果断地停止长期沿用的"以阶级斗争为纲"这个不适宜于社会主义社会的口号，把工作重点转移到社会主义现代化建设上来。同时，鉴于十年动乱所造成的严重经济困难，提出以调整为中心的"调整、改革、整顿、提高"的八字方针，并制定了关于加快农业发展的决定。在中国经济发展战略上实现两个方面的转变。一是发展经济的目的的转变。通过社会主义生产目的的大讨论，纠正了多年来在相当程度上存在的为生产而生产的倾向，使整个经济工作逐步转到为满足人民物质和文化生活需要服务的轨道上来。二是达到这一目的具体道路和方式方法的转变，即：由盲目追求高速度，转向重视经济效益，由片面强调发展重工业，转向更多地注重发展农业和轻工业；由主要依靠扩大基本建设规模的外延粗放式经营，转向主要依靠发挥现有企业潜力和推进技术改造的内涵集约式经营；由片面追求产量，转向重视产品的品种、质量，特别是最终消费品的生产；由片面追求高积累转向比较注重人民的消费。

1982 年 9 月，中国共产党第十二次全国代表大会又进一步明确了我国在本世纪末的经济发展的战略目标、战略重点和战略步骤。从 1981 年到本世纪末的 20 年，我国经济建设总的奋斗目标是：在不断提高经济效益的前提下，力争使全国工农业的年总产值翻两番，即 2000 年的全国工农业的年总产值比 1980 年净增三倍。为了实现这一战略目标，要牢牢抓住大力增强农业、能源、交通、教育和科学技术这几个影响和带动国民经济全局的关键环节，把它们作为国民经济长期发展的战略重点。在战略部署上分两步走：前十年重点是准备条件，打好基础，解决历史遗留下来的问题，积蓄力量，为国民经济进一步发展创造条件；后十年重点是在奠定起来的良好基础上，进入一个新的经济振兴时期。

　　五年之后，在1987年10月召开的中国共产党第十三次全国代表大会上，中央又根据实践的经验进一步完善了上述战略思想，确立了现阶段中国经济发展的战略。进一步明确了在我国实行既与过去的产品经济相区别、又与西方的市场经济相区别的有计划的商品经济，以更好地建设有中国特色的社会主义。特别是在这次会议上制定了我国社会主义初级阶段的基本路线，即以经济建设为中心，坚持四项基本原则，坚持改革开放的总方针，这对实现上述发展战略具有根本的指导作用。

　　现在，我们正处在完成上述战略部署第二步的过程中。在这个承前启后的重要阶段，必须坚定不移地贯彻执行注重效益、提高质量、协调发展、稳定增长的战略。其基本要求是，努力提高产品质量，讲求产品适销对路，降低物质消耗和劳动消耗，实现生产要素合理配置，提高资金使用和资源利用的效率。归根到底，就是要从以粗放经营为主逐步转到以集约经营为主的轨道，大大提高劳动生产率。实现这一战略的基本措施是：第一，把发展科学技术和教育事业放在首要位置，使经济建设转到依靠科技进步和提高劳动者素质的轨道上来。第二，保持社会总需求与总供给的基本平衡，合理调整产业结构。调整产业结构的基本方向是：（1）坚持把农业放在十分重要的战略地位，全面发展农村经济；（2）在大力发展消费品工业的同时，充分重视基础工业和基础设施的建设，加快发展以电力为中心的能源工业，以钢铁、有色金属、化工原料为重点的原材料工业，以综合运输体系和信息传播体系为主轴的交通业和通信业；（3）努力振兴机械、电子工业，为现代化建设提供越来越多的先进技术装备；（4）以积极推行住宅商品化为契机，大力发展建筑业，使它逐步成为国民经济的一大支柱产业；（5）要重视发展第三产业，努力实现第一、第二、第三产业的协调发展。第三，进一步扩大对外开放的广度和深度，不断加强对外经济技术交流与合作。

　　我国现阶段的经济发展战略，是与对外开放紧密相连的。1988年初，党中央提出了沿海地区的发展战略，目的在于在国家计划的指导下，运用市场机制和更加开放的政策，加速沿海地区外向型经济的发展，带动其他地区经济的更好发展。沿海发展战略的提出，充实了我国经济发展的总体战略。

二 中国经济发展新战略的特点

中国经济发展新战略，概括地说具有两个根本性的特点。第一，它是发展与改革密切结合的战略；第二，它是在坚持自力更生基础上，大胆实行对外开放的战略。

首先，经济体制的改革是实现我国现代化的必由之路。我国改革以前实行的经济管理体制，是一种过于集中的、以行政管理为主的体制。这种体制，从它的基本形态来讲，类似苏联在 50 年代初期实行的那样一种体制。在新中国成立后的前十年，采取这种体制，曾经取得了重大成就，同时也暴露了这种体制的局限性。随着建设的发展，这种体制的弊病暴露得越来越多。主要是：（1）自上而下的指令性计划指标过多，管得过死；（2）使企业成为各级行政机构的附属物，基本上否定了企业的相对独立性，企业缺乏生机和活力；（3）阻碍以至割断经济自身的内在联系，往往造成产销脱节、产需脱节；（4）捧"铁饭碗"，吃"大锅饭"，搞平均主义，不负经济责任，不讲经济效果。这种经济体制，严重地束缚了生产力的发展。

中国的十年改革，取得了举世瞩目的成就。改革是从 1978 年在农村普遍实行家庭联产承包责任制开始的，随后扩展到工业和其他经济领域。在这些领域中，企业经营自主权不断扩大，承包制广泛实行，在坚持社会主义公有制为主的前提下，多种所有制经济开始形成，在改进宏观调控的同时，建立和充分运用市场机制。这些行之有效的改革措施，有力地推动了我国经济的发展。

我国经济体制改革和经济发展战略的实施是从中国的国情出发的。中国处在社会主义初级阶段，旧中国半殖民地半封建的社会制度，使生产力受到严重束缚和摧残，经济长期十分落后。新中国成立后，经过将近 40 年的建设，生产有了巨大的发展。但由于历史的原因以及六七十年代工作上的失误，我们没有取得应有的进步。生产力水平同发达的国家比，还有很大的差距，按人均水平计算，还明显低于某些发展中国家。这就决定了我们必须经历一个很长的阶段，才能实现工业、农业、科学技术和国防建设的现代化。我国人口众多，11 亿人中有 8 亿在农村，许多地区基本上还是用手工工具生产；我们已经有了相当规模的现代化工业，但整体的现代化水平还不高；有一部分经济发达的地区，如沿海各省，但同时存在着广大不发达地区和一些贫困地区；已经掌握少量具有世界先进水平的科学技术，但普遍的科技水平还比较低；教育事业有了很大发展，但至今半文盲和文盲还占人口的将近 1/4。我国现阶段，总的说来是逐步摆脱贫困、落后，实现经济高度发展，振兴中华的伟大历史阶段。

面对上述国情，我们要通过不断的经济体制改革，努力探索和创造一种适合中国国情的、能把计划经济和市场调节有机结合起来的社会主义商品经济运行机制，克服过去那种统得过死，集中过多的旧体制的种种弊病，力求在充分调动地方、企业和个人的积极性的基础上，自觉实行有计划、按比例地发展国民经济的方针。实现我国经济体制改革的中心环节是要转变企业的经营机制，同时还要积极而稳步地进行计划、投资、物资、价格、财政、金融、外贸体制等方面的配套改革，逐步建立起有计划的商品经济新体制的框架。为此，要实行所有权与经营权分离，把经营权真正交给企业。同时，适应企业专业化分工和规模经济的要求，积极发展横向经济联合，发展企业群体或企业集团，增强公有制企业，特别是大中型国营企业的活力，充分发挥它们的主体作用和骨干作用。要建立和培育综合的开放的市场体系，充分发挥市场机制在优化资源配置和促进商品经济发展中的积极调节作用。要制定和实施合理的产业政策，改革计划管理，逐步健全宏观经济调节体系。要以中央银行为领导，国家银行为主体，发展必要的金融机构，加强银行宏观调节的地位和作用。要改革财政税收体制，逐步实行合理的分税制，在坚持公有制为主体的前提下，继续发展个体经济、私营经济、中外合资、合作经济以及外资独营经济等多种所有制经济。

十年改革取得的巨大成绩，促进了我国经济现代化战略的实施，并且开辟了广阔的前景。同时，由于改革的复杂性及相对地缺乏经验，我们也遇到了一些困难，主要是农业生产连年徘徊，一般的加工工业增长过热，效益不高，过旺的需求超过有效供给，货币投放过多，通货膨胀，物价上涨幅度过大。目前我们进行的整顿经济秩序，治理经济环境，就是为了解决这些问题。解决这些问题的过程，实际上也是改革的过程。其主旨就是使我国经济发展战略得以更好地实施。

另外还要看到，我国经济发展战略的制定和实行，是同国际环境和对外开放的要求相衔接、相一致的。当代世界经济是商品经济高度发展、商品市场高度国际化的经济。任何一个国家和地区的经济发展都不可能离开世界经济的整体发展而获得成功。就经济发达的国家来说，它们不仅需要发展中国家的广阔市场来补充它们内部以及它们之间市场的不足，而且在不同程度上依赖于不发达国家的原材料等初级产品和基础产品。对于发展中国家来说，它们同其他发展中国家之间的贸易交流，特别是它们同发达国家的资金市场、高技术及高技术产品市场的联系，往往对它们经济发展的成功有重要的影响，跨国公司的巨大发展，世界金融市场的存在和扩展，使得国际经济联系更加紧密和重要了。显而易见，经济发展的物质需要正在猛烈冲击着思想上的偏见和制度上的障碍，使世界许多国家的经济纷纷改变原来封闭的状态，变成开放性的、有广泛而深刻的国际联系的经济。东西方国家经济发展中的联系障碍日渐减少，它们之间的联系越来越多。这样，就推动着世界东西和南北各方经济发展相互依赖和相互促进的新局面的形成。

我国的经济发展战略，既是与经济体制改革密切结合的战略，又是对外开放的战略。而对外开放，既是体制改革的重要内容，也是发展战略的组成部分。我国对外开放方针的贯彻实施，经历了逐步推进的过程，已初步形成了经济特区—沿海开放城市—沿海经济开放区—内地这样一种格局。这个方针的实行，已经给我国内地包括某些边远地区的经济发展以积极的推动。今后，我国将坚定不移地实行对外开放的方针。

大力发展进出口贸易和利用外国资金、物资和技术，是我国对外开放的基本内容。我国扩大进出口贸易和充分合理地利用外资，其特点和要求是怎样的呢？由于我国仍是经济和科技发展相对落后的国家，出口创汇能力的大小，在很大程度上决定着我国对外开放的范围和程度。因此，我们应根据国际市场的需要和我国的优势，积极发展具有竞争力、见效快、效益高的出口产业和产品，大力提高出口产品的质量，合理安排出口产品的结构，多方位地开拓国际市场，以争取出口贸易较快地持续增长。同时，积极发展旅游业，发展劳务出口和技术出口，努力增加非贸易外汇收入。而进口的重点，则要放在引进适用的先进技术和关键设备上。凡是适宜于国内生产的重大设备和其他产品，则立足于国内，并且努力提高产品的质量和性能。同时，积极发展替代进口产品的生产，采取必要的政策和措施，加快国产化进程。对于外国资金的利用，应根据偿还能力和国内资金、物资配套能力，保持适当的规模和合理的结构，以提高利用外资的综合经济效益。通过健全涉外经济立法，落实优惠政策，改善投资环境，吸引更多的外来投资，使外国企业家能够按照国际惯例在我国积极创办和经营企业。

实现经济现代化的战略，是中国一个长期的历史任务。中国需要一个持久和平的国际环境和良好稳定的内部环境。中国现实的经济发展水平和所处的国际政治经济环境，决定了中国的对外开放应当是而且也只能是全方位的开放。在当今世界经济中，与经济关系国际化趋势直接相联系的是世界经济发展的集团化与区域化。西欧经济共同体、东欧苏联经济互助组织，这是早已存在的事实，现在人们又在谈论北美经济圈、东亚经济圈等。中国现在不是任何世界经济集团的一员。顺应国际潮流，实行全方位开放，我们将继续坚持这个既定的方针。我们经济发展的战略也将在深化改革和全方位开放过程中不断完善和实现。

三　今后三年经济调整的方针与部署

在 80 年代，中国经济发展出现了一些新问题，主要是在国民经济高速发展过程中，由于投资需求和消费需求的过度膨胀，出现了明显的通货膨胀。1988 年全国零售物价指数比上一年增长了 18.5%，结果导致经济生活中出现了一些不稳定的因素和混乱现象。鉴于这种情况，我国决定对国民经济进行全面的治理与整顿，力求从根本上缓解社会总需求超过总供给的矛盾。最近中国共产党又召开了十三届五中全会，通过了《中共中央关于进一步治理整顿和深化改革的决定》。这次会议认为，党的十三届三中全会决定对国民经济进行治理整顿是正确的。经过一年多的努力，治理整顿已取得初步成效；过高的工业发展速度降了下来，农业获得了较好收成，国民经济在继续发展。今后应当继续坚定不移地执行治理整顿和深化改革的方针，这是克服当前经济困难，实现国民经济持续、稳定、协调发展的根本途径。

会议决定，用三年或者更长一点的时间，基本完成治理整顿任务。治理整顿的主要目标是：逐步降低通货膨胀率，使全国零售物价上涨幅度逐步下降到10%以下；扭转货币超经济发行的状况，逐步做到当年货币发行量与经济增长的需求相适应；努力实现财政收支平衡，逐步消灭财政赤字；在着力提高经济效益、经济素质和科技水平的基础上，保持适度的经济增长率，争取国民生产总值平均每年增长5%—6%；改善产业结构不合理状况，力争主要农产品生产逐步增长，能源、原材料供应紧张和运力不足的矛盾逐步缓解；进一步深化和完善各项改革措施，逐步建立符合计划经济与市场调节相结合原则的，经济、行政、法律手段综合运用的宏观调控体系。这次会议强调指出，我国的经济体制改革，是社会主义经济制度的自我完善。必须正确认识和处理治理整顿和深化改革的关系。治理整顿不仅将为改革深入和健康地进行创造必要的条件，而且它本身也需要改革的配合。在集中力量进行治理整顿期间，改革要围绕治理整顿来进行，并为它服务。对治理整顿不积极，就是对改革不积极。当前，要着重在企业承包经营责任制、财政包干体制、金融体制、外贸承包制等方面深化和完善改革。必须继续坚持对外开放的方针，积极利用外资和引进先进技术，更有成效地扩展对外贸易和经济技术交流。经济特区和沿海开放地区的基本政策措施不变，并在实践中逐步加以完善。

我们相信，中国人民和政府是有能力克服通货膨胀及当前经济上面临的各种困难的。这次经济调整，必然为我国90年代以及到下一个世纪中叶经济发展长远战略的实现奠定一个良好的基础。

计划经济和市场调节的几个问题*

计划经济和市场调节的关系，是一个重大的理论问题和实践问题。正确地认识和解决这一问题，关系到我国经济体制改革的方向，事关我国的经济体制改革是否坚持社会主义道路。把这个问题解决好，就能够发展有中国特色的社会主义。十年来，根据改革开放的总方针，中国的经济学界和经济工作部门在党的领导下，对这一问题进行了大胆探索，在理论和实践方面都取得了重要的进展。当然，要把计划经济与市场调节的优点结合起来，历史上还没有先例，也没有别的国家成功的经验可以借鉴。这只能靠我们运用马克思主义的智慧去探索、去创造。李鹏同志在七届人大三次会议上所作的《政府工作报告》对计划经济与市场调节的关系做了概括性的阐述，为我们正确地认识和解决这个问题指明了方向。

一

十年来，在如何处理计划和市场的关系问题上，中国经济学界提出了多种观点，其中影响比较大的是以下几种。

第一种是"板块论"。这种观点认为，社会主义经济应从总体上划分为两个部分，即计划调节部分和市场调节部分。计划调节部分又分为两

* 本文写于 1990 年 3 月。

类：一是指令性计划，二是指导性计划。前者的范围是关系到国计民生的重要产品中需要调拨分配的那部分产品和关系到全局的重大经济活动。对这些产品和活动，由国家实行带有强制性的计划；后者的范围指除指令性计划以外的大量商品和一般性的经济活动。国家对这些产品和活动规定发展方向，下达供所属企业参考的、不带强制性的计划，但是要通过价格、税收、信贷等经济手段加以调节。市场调节的范围则是上述两种计划之外的产品和经济活动，其适用范围主要是部分农副产品、日用小商品和服务修理业的劳务活动。有的经济学家形象地把"板块论"中计划和市场的关系比喻为"太极图"，即计划与市场是黑白分明、此消彼长。

第二种是"渗透论"。这种观点不赞成"板块论"的见解，认为计划和市场之间并不存在像"太极图"那样黑白分明、此消彼长的关系，而是你中有我，我中有你的互相"渗透"关系。

第三种是"覆盖论"。这种观点认为，市场是经济生活中客观存在的价值交换关系的综合，市场调节，就是承认企业的经营自主权，由它们在一定规则约束下展开竞争所形成的价格充当经济活动的基本参数。计划则是政府根据国民经济发展的客观要求，利用手中掌握的经济、法律、行政手段，自觉地运用经济规律保持国民经济持续稳定和协调地发展。根据这种对计划和市场的认识，"覆盖论"认为，社会主义有计划商品经济的体制，应该是计划与市场内在统一的体制，计划和市场的作用范围都是作用于全社会的。

去年以来，当中国经济进入调整时期后，经济学界又进一步讨论了计划和市场的关系。有的学者提出了"时空论"。认为在计划和市场的关系中，两者的地位、结合形式和作用范围不是一成不变的，而是随着时间和空间等具体条件的变化而变化。从时间上看，当社会总需求和社会总供给以及需求与供给间的结构大致平衡时，应以市场调节为主；当社会总需求和社会总供给严重失衡时，应以计划调节为主。从空间上看，在同一时间内，对供求矛盾突出并关系到国民经济全局的重要物资或产品，应以计划调节为主；对供求基本平衡的产品，可在计划指导下，由企业根据国家计划（指导性）和市场状况自主生产和交换；对于一般性商品，供应又较充分，供给与需求均不会出现大的波动，应放开经营，以市场调节为主。

二

1984 年 10 月，《中共中央关于经济体制改革的决定》明确指出，社会主义经济是公有制基础上的有计划商品经济。中国共产党十三大政治报告进一步阐明了计划和市场的关系与作用。李鹏同志最近在七届人大三次会议上所作的《政府工作报告》又根据新的经验概括了五个论点。这些都是中国人民几十年经济工作经验与教训的总结。这些论断过去推动了我国经济体制的改革，今后仍将指导着我国去建立新的有计划商品经济体制。

从广义或从宏观层次看，计划经济是指国家在公有制基础上根据国民经济发展的客观要求，利用经济、法律和行政手段协调国民经济的基本比例，实现国民经济稳定和持续发展的经济，简单说，计划经济就是按经济发展的客观比例对资源配置和经济运行进行自觉协调的经济；所谓市场调节则是指市场供求状况、市场参数成为引导企业行为的重要参数。从这一角度看的计划与市场的关系是相互渗透和覆盖全社会的。从计划经济利用市场调节的角度看，首先，国民经济计划的制订要考虑市场总供给与总需求的状况及变动趋势；其次，国民经济计划的有效实现要利用市场竞争和价值规律。根据 40 年来的经验，我国产业结构不合理、经济效益不高与忽视市场调节的作用有着直接的关系。再次，即便是指令性计划也要考虑企业的自身利益，计划价格也要反映商品在市场上的供求状况。从市场调节符合计划经济的要求看，首先，市场供求状况是在国家宏观调控的格局下形成的，即国家的计划（如国家预算计划、信贷计划、投资计划、工资计划等）影响着市场的供求格局；其次，企业自主生产也要受到国家经济手段、行政手段和指令性、指导性计划的影响，即便在完全放开的商品生产、流通中，国家制定的产业政策以及利率、税率、汇率、工资、价格、财政贴息等经济杠杆，对企业生产什么、生产多少、产品价格也将起到调节作用。总之，在广义和宏观层次上而言的计划与市场的结合，就是国家运用经济手段、法律手段和必要的行政手段来调节市场供求关系，创造相宜的经济运行环境，以此引导资源的有效配置。在这个层次上计划经济（对经济运行的自觉管理）和市场调节（利用市场机制和市场参数）完全能有机地结合起来。计划与市场不仅不像西方某些学者和政治家所断言的那样互不相容，而且结合的范围是广泛和普遍的，是包纳整个社会经济生活的各个方面和社会再生产的各个环节的；而且也不像国内有人讲的那样，计划与市场像"太极图"一样，黑白分明，此消彼长。

不过从狭义或者说微观，亦即从企业产品的生产和分配的具体管理方式而言，计划与市场结合的内容、结合的形式、结合的程度，要根据不同的情况有所不同。对于大多数企业而言，计划管理与市场调节有两种情况，一是某些产品的生产和分配由计划决定，而某些产品的生产和分配则放开，由企业根据市场供求状况和价格来自主决定；二是某种产品产量的一部分由计划来分配，所余部分则由市场来分配。根据计划是否具有强制性，计划管理部分又分为指令性计划部分和指导性计划部分，在这一层次上，计划（指指令性计划）与市场的关系在某种程度上虽有"非此即彼"（由指令性计划决定的就不能放开）和"此消彼长"（放开部分增加，指令性部分就减少）的特征。但也不能把计划与市场的关系说成是板块式的。因为即便在这一层次上，计划与市场的关系也具有"渗透"特征，即指令性计划也要利用价值规律、计划价格也要适应市场供求变动，自由生产部分也受国家财政、货币、工资、价格等政策的制约。在这一层次上，计划与市场相结合的具体原则是这样的：即根据产业的不同（新兴产业抑或衰老产业，主导产业抑或一般产业，短线产业抑或长线产业）、企业规模的不同（大企业抑或小企业）、产品供求状况的不同（供大于求的产品抑或供小于求的产品）、时期的不同（经济扩张时期抑或经济调整时期）以及所有制的不同，来确定计划调节与市场调节的内容、范围、程度、方式和数量比例。不这样做，就容易犯不分条件不同、不顾时空差异，要么计划包办一切，要么全都撒手不管的错误。

总之，计划与市场的关系是双层次的，在广义或宏观层次上，计划经济与市场调节是相互渗透并覆盖整个社会的，不看到这一点，就会忽视社会主义计划经济中市场调节的作用，看不到需要尽快地创立新计划管理体制的迫切性；在狭义或微观层次上，计划与市场的关系又要视具体情况而论，看不到这点就不能正确确定具体企业、具体产品的生产与分配的管理方式。只有在这两个层次上理解计划与市场的关系，并将其内在地统一起来，才能确保经济体制改革，尤其是计划体制改革进一步完善和深化，并进而保证社会主义经济的协调、稳定和持续发展。

双层次的计划与市场关系是互相联系而非相互排斥的。计划与市场的相互渗透和覆盖全社会是从宏观和整体角度而言，而计划与市场的替代和相互配合关系则是从微观和具体的产品角度而言。计划与市场在宏观层次上的相互渗透和覆盖全社会并不排斥微观层次上二者的相互替代；计划与市场在微观层次上的相互替代，也并不排斥它们相互配合与交融。正是这种双层次性保证了计划与市场双重关系的互补性。自觉地对价值规律的运用则是计划经济与市场调节的结合点。

计划与市场关系的双层次性恰恰是社会主义有计划商品经济的特征和它的优越性。虽然西方市场经济国家因政府的干预，而在宏观层次上具有某种程度的"市场经济＋行政协调"，但因其资本主义所有制基础的私有性，它的经济模式绝不能在微观层次实现计划与市场的结合。所以，也正是因为我国是社会主义公有制的经济，才使得我国的计划与市场关系具有能够互补的双层次结合关系。这是资本主义的政治家和经济学家们都不愿意承认的。他们总是期望社会主义国家在改革过程中把计划经济搞成西方那样的市场经济，并且以此作为评价我们的改革是成功还是失败的标准。这些人断言，每个国家只能选择计划经济或市场经济，而这两者是不能结合的，如果勉强结合，那不会是两者优点的结合，而只能是两者中坏的东西的结合，是注定要失败的。西方某些学者的这种武断观点，是不能令人信服的。虽然历史上还没有计划与市场有机结合的先例，缺乏成功的经验可资借鉴。但是，在 10 年改革过程中，我国经济已经在计划与市场结合方面进行了有益的尝试，促进了经济的发展，也为从理论上探索计划与市场关系提供了新的经验。

三

　　我国经济体制改革（在某种意义上计划管理体制改革是核心内容）是以下两个过程的统一，亦即经济体制改革一方面是减少指令性计划、改变过去国家集权过多的过程，另一方面是建立新的宏观调控体系、新的宏观管理方式和新的行为规则的过程。我国10年改革之所以取得伟大成绩，是由于"扩权让利"改革在很大程度上改变了国家（主要是中央政府）集权过多的弊端，从而调动了个人、企业和地方及部门的积极性的缘故。同时，企业自主权的扩大、决策权的分散、经济主体的多元化以及个人收入份额的提高，使企业和个人在资源配置中的作用增强，并进而形成了局部和分散的市场。这样，一方面促进了中国经济在改革初期的快速增长；另一方面在破除集中过多的旧体制的同时，却没相应和同步地建立起实现资源优化配置的新宏观调控体系、调控手段和市场机制赖以有效作用的行为规则。这就导致了以下两个方面的问题：一是管理"真空"的出现。旧的直接和集中的管理方式被打破，传统的行政协调功能减弱，而新的管理体系和新的行为准则又没形成。再加上过去的宏观管理部门只管范围缩小的计划内经济活动，而对指令性计划外经济活动控制不力，结果，权力扩大、自身利益增强的多元分散利益主体的不合理行为得不到有效控制和充分的调整，于是出现宏观管理的"真空"。二是新旧体制"摩擦"的加剧。中国经济体制改革的"先破后立"，导致了新旧体制转换期的拖长。因为在新的宏观调控体系、新的管理方式和新的行为规则确立以前，为了将国民经济的波动和失衡控制在一定幅度以内，就不得不保留和利用旧的管理体制，从而新旧体制长期并存，不能尽快确立与有计划商品经济相适应的新体制。新旧体制的并存使两种调节机制的优点都不能得到充分发挥，并造成市场秩序混乱等。主要由于这两方面的原因，十年来，我国在取得伟大成绩的同时，国民经济近年来也出现了一些问题，如通货膨胀率的提高、产业结构失衡的加剧、流通领域的混乱、经济效益的下降。然而这些问题，正如上面分析的那样，其原因不能简单地归结为"市场搞多了、计划搞少了"，更不能归结为经济体制改革本身。

如果以上的分析能成立的话，解决我们目前困难的根本出路不是停止计划管理体制的改革，更不能回到由国家的计划包办一切的老路上去，而只能是在深化计划管理体制改革的基础上，把改革的重心放到新宏观体系、新管理方式的建立上来；不是收回企业的自主权和否定市场调节的作用，恰恰相反，而是把改革重点放在宏观调控体系的建立、市场规则的确立和各方面专业市场的建立和完善上。在目前的治理整顿期间，为了协调严重失衡的产业结构、逐步降低过高的通货膨胀率和克服流通领域的混乱现象，中央相对集中一部分权力和一部分收入，并采取一些行政措施和增加一些指令性计划是完全必要的。但要从根本上解决问题，还必须进一步完善和深化经济体制改革。

我国今后经济体制改革应从以下几方面努力：

第一，建立新的宏观调控体系。在对传统管理体系、传统管理方式继续改革的同时，系统、配套地建立起与有计划商品经济相适应的新的管理体系、新的管理方式以及运用这些新的调控方式的新的组织和新的规则。

第二，根据产品性质、企业规模、产品供求状况、不同的所有制经济周期阶段来合理地确定各个产品、各个企业在不同时期计划与市场的结合形式。一般而言，对于关系国计民生大计、严重短缺的重要资源性产品和极少数必需消费品实行指令性计划，其余产品则一般要实行指导性计划或放开经营。

第三，建立市场规则，约束企业行为。利用市场机制、发挥市场调节作用，并不意味着一切都听命于市场。市场机制要有效地发挥作用，除去实行计划管理外，更重要的是建立竞争性的市场，确立统一的市场规则和发展多种专业市场。只有这样才能发挥市场调节生产和流通的积极作用。否则，市场调节就等于放任自流。

第四，进一步深化企业体制的改革。新的宏观调控体系要充分发挥作用，除去以上所说的内容外，还要进一步深化企业体制改革，逐步使国营企业真正实现自主经营和自负盈亏，只有这样，企业才会对经济调控信号和市场参数做出敏感的反应；也只有深化企业体制改革，特别是完善企业所有权与经营权分离的改革，企业才会在统一的市场规则约束下合理地从事经济活动，克服企业行为的短期化。

第五，积极准备并慎重推出价格改革。价格改革是经济体制改革的关键。资源能否得到合理的配置、经济效益能否提高，在很大程度上取决于价格是否合理，价格是否反映市场供求关系和国家的产业政策，并是否能尽快地从双轨价基本上转变为单轨价。检验计划经济与市场调节结合的好坏与否的根本标志，在于能否促进社会经济效益的提高，能否促进国民经济持续、稳定和协调的发展，而不是抽象的原则和模式。如果没有一个比较合理和单一的价格体系，而是像目前这样存在着双轨价和多轨价。结果，既造成市场秩序的混乱，又为贪污、腐败提供了条件。解决这个问题，无论从经济上还是从政治上来说，都是十分迫切和必要的。价格双轨制不解决，怎么能谈到两者的有机结合呢？我们应通过周密的准备，有步骤地进行价格改革。这一难关总是要过的，耽搁得太久，对我国经济的稳定发展和有序的运行不利。价格是否合理，是检验计划经济与市场调节结合得好与不好的一个重要标志。

积极发展与亚太地区的
技术经济合作[*]

从 60 年代开始，亚太地区经济发展取得了令世人瞩目的成就，一批又一批的国家和地区相继实现了经济起飞。目前，日本已成为世界经济技术强国，其经济增长率居发达国家之首；新加坡、韩国、中国台湾和香港在经过经济持续高速增长之后，已发展为新兴工业化地区；进入 80 年代后，除新加坡以外的东盟各国，特别是泰国和马来西亚的经济发展迅速，工业化取得了较大进展，正在向新兴工业化国家行列迈进。作为本地区最大的发展中国家，中国在过去改革、开放的 10 年里，取得了有目共睹的巨大成就。另外，苏联正致力于开发其远东地区，美、澳等发达国家近年来经济发展也取得了稳定的进步。

亚太许多国家和地区在经济发展中相继建立了外向型的发展模式，对国际市场的依赖性较大，国际市场的稳定对它们经济的发展至关重要。为使经济持续、稳定地增长，多年来有关国家无论是政府，还是产业界都一直在谋求与本地区国家和地区间双边或多边的经济合作，并就经济合作的方式、途径等，提出了很多设想。早在 60 年代，在学术界、财界和政府组织里就有人提出过各种关于太平洋地区经济合作的倡议和方案。1966年 4 月，由日本发起成立过东南亚开发部长会议；1967 年 8 月，成立了

* 本文原载《国际贸易》1990 年第 7 期。

东南亚国家联盟；1980 年 9 月在澳大利亚召开了第一次太平洋经济合作会议；此外，日本学者提出了"东亚经济圈"设想，80 年代韩国学者提出了"黄海经济圈"，等等。这些都有力地推动了这一地区经济的合作与发展。

亚太地区在经济迅速发展的同时，技术水平提高得也较快。目前这一地区各国和地区的技术发展层次与其经济发展的阶段性相对应，有明显的梯度。这种技术发展上的差距，为本地区技术转移和产业升级创造了条件，使本地区经济合作内容也呈多样化的发展。本地区技术合作大多是通过产业合作带动和实现的。在 80 年代以前，与本地区以垂直型分工为基础的产业合作相连，技术合作主要表现为单向性的技术转让。进入 80 年代，在经济合作步入以垂直和水平分工相结合的发展阶段后，技术合作也转入了引进与协作研究并存的新时期。

当今世界的主流是和平与发展，军事对抗和军备竞赛正逐步减弱，而围绕经济、技术竞争与合作所产生的一系列矛盾愈显突出，已经或正在成为各国关注的焦点。为迎接这一挑战和使太平洋地区经济持久的发展与繁荣，加强本地区经济技术合作已成为我们的一大迫切任务。对本地区未来经济技术合作发展的前景，我们有以下几点看法：

——合作的现实基础是资源互补，优势组合。美、日等发达国家是本地区重要的技术和资金供应国，发展中国家则具备自然资源和劳动力优势。另外，苏联和中国除具有一定的技术和人力优势外，又有丰富的自然资源。这种状况可使本地区的合作互为前提，彼此促进。合作顺利发展的关键在于，各方能否实现切合实际而又有利于相互合作的政策协调。

——经济、技术合作的步伐会进一步加快。一是因为各个不同的国家和地区都希望通过合作获取更多的国际比较利益；二是由于国际经济正加速向区域化、集团化方向发展，欧洲共同体统一大市场的实现，会给世界经济重心向本地区转移带来严峻的挑战。为使本地区内经济的持续高速增长，加强双边和多边协调是必然之举；三是已有的合作，如美、加自由贸易区，东南亚国家联盟等，也会推动本地区合作的进一步发展。

——在未来的合作中，合作形式和内容是呈多样化的。既有小区域合作，也会出现在少数领域大范围，甚至整个地区的合作。相关国家和地区已经发展起来的产业协作会继续加深。彼此间的优惠，特别是发达国家对发展中国家的优惠，在新时期将会进一步增多。合作内容除贸易外，在技术、金融等方面的合作可望继续得到加强，形成技经贸合作齐头并进的新局面。

——随着合作档次的提高，本地区的产业水平分工将会加快，使国际分工所呈现的不平衡将日益朝着相对平衡方向发展。

——技术在经济合作中的含量将大幅度提高，技术合作，特别是高技术及其产品研制方面的合作将会迅速增加，成为扩大经济合作的重要前提。

——本地区市场广阔，除拥有巨大的北美市场外，还有许多正在开发的潜在大市场，这会使本地区内部贸易继续增长。发展中国家制成品出口比重的继续提高，资源补偿性贸易的不断改善，将会使本地区贸易走向良性循环。

我们认为亚太地区的经济技术合作应充分考虑如下四条原则：第一，合作要以平等互利、共同发展为基础；第二，合作应以维护本地区和世界的稳定与安全为前提，任何不利于和平、进步的结盟都是不可取的；第三，应该照顾本地区多数国家——发展中国家的利益；第四，尊重本地区各国的文化和宗教信仰的自主性，在合作中求同存异，趋利避害。

中国作为亚太地区的大国，对本地区的稳定和发展具有十分重要的作用。我们正以积极的态度看待亚太地区经济、技术的合作。我们将始终如一地坚持改革开放的基本国策，愿在平等互利、共同发展的原则下，发展同亚太各国和地区间的经济技术合作关系。改革开放十年来，中国大陆对外经济取得了显著成效，投资环境不断得到改善，特别是与亚太地区的经贸关系发展更快，对外贸易和外来投资占前三位的都是亚太国家和地区。

中国拥有较为丰富的自然资源和劳动力资源，市场潜力巨大；同时，急需发展所需要的资金和技术。与本地区发达国家进行广泛的经济、技术合作，将会使双方从合作中获利。大陆已与香港建立了十分紧密的经贸关系，与台湾的经济合作也取得了较快的实质性进展，无疑，大陆与港台之间的经济联系会越来越密切。我们与其他新兴工业国在经济、技术领域的互补性也很强，具有广泛的合作前景。我们与这一地区的发展中国家尽管在经济上互补与竞争并存，但在技术方面的合作前景却十分广阔。

我们正在不断改善国内投资环境和完善对外经济政策，愿意加强与美、日等发达国家在较高层次上的合作。同时希望加深与本地区其他国家和地区经济、技术交流与合作。在合作中，应更多地强调共同利益和协调发展，避免过度竞争。我们愿为推动整个亚太地区的经济技术合作而努力，愿为这一地区的繁荣和稳定作出贡献！

抓住大陆桥开通的新契机，
促进陇兰经济带的开放与发展[*]

陇兰经济研究促进会第四次年会在这里举行，有幸参加这次会议，感到非常高兴。这次研究促进会的年会同国务院发展中心组织的西部地区发展与政策研讨会一起开，同时还邀请西部其他六个省区的负责同志参加，给我们大家提供了一个相互了解和交流意见的机会。来自陇海兰新沿线地带十一个省区和六七十个大中城市，以及国家有关部门和西部其他六省区的 300 多名政府工作人员、经济管理人员、专家学者会聚一堂，共商陇兰地带和西部地区未来时期经济发展和区域联合开发的大计，这是我国区域经济合作方面的一个盛举，也是整个国民经济中的一件大事。

陇兰经济研究促进会自从成立以来，已召开了三次大型会议。第一次是在陇兰经济带的中部——古都西安召开；第二次是在西端——新疆的伊犁召开；第三次理事会年会是在陇兰经济带的东端——新建的港口城市连云港市召开。这次又移师西进，在西部的工业重镇兰州市举行。理事会在沿线各城市易地召开，为这一地带内的各省区、各城市、各地区之间的互相了解和实地考察提供了良好的机会。自从陇兰经济研究促进会成立以来，这一地带多种形式的经济联合十分活跃。多层次的经济联合组织纷纷建立，比如，市长联席会，人民银行行长联席会，企业、行

＊ 本文是作者 1990 年 8 月 10 日在陇海兰新经济研究促进会第四次年会上的讲话。

业间的各种联合组织，等等。经济带内出现了联合办厂、联合加工、资金融通、物资互补、协调行动等诸多好的势头。特别是经济研究促进会成立两年来，对本地带内的经济发展战略进行了三次大规模的讨论、论证，对这一地带的发展战略、经济布局、分工协作等进行了综合性、整体性研究，为区域内的联合开发，协调发展，互惠互利，优化结构提供了一批有价值的研究成果，为这一地带未来时期经济发展的正确决策提供了科学的依据。

这次大会是在新的历史条件下召开的。首先，横贯陇兰经济带的新的欧亚大陆桥在今年9月即将贯通，这对这一地带的对外开放和经济发展将产生重大和意义深远的影响。怎样更好地利用这条大陆桥带动沿线地带的经济发展和对外开放是一个紧迫的现实课题；其次，我国正在制订"八五"计划和今后10年的中期发展规划，今后5—10年陇兰经济地带如何发展，本地带的经济发展怎样与全国的宏观发展目标相衔接。这些问题不仅对陇海兰新经济带的发展具有重要意义，对全国的经济发展也将具有重要意义。

一　新大陆桥的架通将使我国对外开放的格局由以往的 "单向开放"变为"双向开放",这将为陇兰沿线的 经济发展提供得天独厚的便利条件

今年9月中旬，我国北疆铁路与苏联境内的土西铁路实现接轨，这将形成东起我国连云港、西到西德汉堡和荷兰的阿姆斯特丹，横跨欧亚两大洲，连通太平洋和大西洋的，世界上跨度最大的大陆桥，全长为1万多公里，其中有将近一半在我国境内。这条通道，把我国内陆腹地的广大地区同欧亚两洲的许多国家在东、西两个方向上联系起来。

在大陆桥未开通之前，我国中、西部地区受地理条件的限制和受交通运输紧张的制约，对外开放受到很大的限制；而东部沿海地区则利用有利的地理位置和交通条件，开放的步伐较大。大陆桥架通后，我国对外开放

的格局将由以往的沿海单向开放转变为东、西部双向开放的新格局。特别是为处于大陆桥沿线的陇兰经济带在东、西两个方向提供了前所未有的交通便利。向西可直通欧洲，辐射到西亚和南亚；向东可从连云港出海，缩短了通往日本、东南亚、东北亚的运距，东、西辐射范围达 30 多个国家。

　　大陆桥的贯通，不仅为我国广大地区提供了便利的交通条件，而且为日本、东南亚等国同东欧、西欧、西亚、南亚各国间的相互贸易开辟了新的运输捷径。新兴的大陆桥集装箱运输同海运相比，具有缩短运输里程，加快运输速度，节约运费等显著优点。有关资料表明：利用大陆桥运输比海运可提前 1 个月到货，节约运费 20%—25%。而且这条新的大陆桥与已有的西伯利亚大陆桥相比，运距缩短 3000 公里，且具有不冻港，自然条件优良，便于管理等优点。近一段时期以来，日本以及韩国和我国台湾等地区的工商界人士对这条大陆桥的开通表现出极大的兴趣，已经派团实地考察准备利用这一运输通道。可以预料，这条新大陆桥，无论是直接效益，还是间接效益，都具有良好的前景。近 10 余年间，在日本高速增长的带动和影响下，亚洲相当一批新兴工业化国家和地区相继兴起，中国的改革开放大大地促进了经济增长，亚洲太平洋沿岸地区，特别是东亚地区将成为全世界经济增长最快的地区；世界海事、世界贸易中心正在出现逐步东移的趋势。前一时期，有不少人估计，到 21 世纪，亚太地区将会成为世界经济贸易的活动中心。最近一段时期，东欧和苏联的经济政治形势发生了急剧变化，西方发达国家的注意力又转向东欧地区，相应的资金、技术也将较大规模地涌入这一地区。又有不少人估计：欧洲地区仍将是世界的经济贸易中心。无论将来的实际发展情况如何，最近即将贯通的新大陆桥正好是连接亚洲太平洋沿岸地区和包括东欧在内的整个欧洲地区这两个未来经济贸易中心的最便利、最廉价的运输通道。

　　所以，新大陆桥的沟通为我国陇兰经济带的广大内陆腹地的对外开放和经济发展提供了新的历史机遇，并且对全国的产业布局也将产生重要影响。怎样抓住这个难得的机遇，有效地利用好这一便利的运输通道，怎样有效地组织好沿线地带广大地区和城市的对外开放，怎样真正地使我国的对外开放由东部的单向开放转变为东、西双向开放，这是摆在广大经济研究工作者和经济管理工作者面前的一项新的、非常重要又很现实的课题。特别是陇海兰新沿线地带的同志更应当深入地、系统地研究大陆桥贯通后这一地带对外开放所面临的新形势、新的机会和新的任务，建议我们这次大会也把这一问题作为重要内容加以研究。

西部地区是我国历史上最早实现对外交流的地区。两千多年前，漫长的丝绸之路就是连接东方和西方市场，交融东西文化的桥梁。西部地区众多的少数民族长期以来与相邻国家的民族保持着密切联系，这使西部地区的对外交往具有更多吸引力和多种方便条件。

当然，向西开放也不只是西部地区的事。仅仅依靠西部地区的力量是对付不了向西开放的外部世界。东部沿海地区10年来积累了对外开放的经验，在资金、技术、管理、人才、信息等方面也比西部具有较多的优势，在向西开放中，要加强东部与西部、中部地区联合，发挥自己的作用。联合开发利用资源，联合发展出口商品基地，联合创办外贸加工厂，联合开辟新的外贸通道和国际市场。陇海兰新地带已经呈现东西双向对外开放和东中西部联合协作的大趋势，今后在这方面是大有可为的。

二　在治理整顿中发挥区域经济横向联合和企业集团的优势

近两年来，我国贯彻治理整顿，深化改革的方针，已经取得了明显的成效。物价上涨幅度得到了控制，通货膨胀的治理效果显著，今年以来，夏粮丰收，出口创汇大幅度增加，上半年工业生产逐步回升，市场也有复苏的迹象，整个经济向好的方向发展。治理整顿深化改革的进展，为经济的稳定、政治的稳定、社会的稳定打下了良好的基础。有些同志认为，治理整顿实行双紧政策，加强宏观集中控制，使横向经济联合增加了难度，障碍和限制多了。这反映了一部分实际情况，但这种认识并不全面。发展横向经济联合，组织企业集团是社会化大生产发展的必然趋势，是发展社会主义有计划的商品经济的客观要求，也是治理整顿，深化改革的一项重要任务。社会化大生产要求行业间、地区间、企业间的合理分工和布局协调。一个省、一个地市不可能也不必要形成完整的封闭的经济体系。只能依据各地的基础，发挥自己的优势，通过地区间、企业间的互补、协作，形成自己有特色的产业优势。生产进入大批量以后，才能降低成本，保证质量，提高整体效益。区域联合和企业联合产生的优势和力量，肯定比一省、一地、一市和单个企业的优势和力量大得多，发展的路子也宽得多。我国经济运行体制是计划经济与市场调节相结合。我们国家不能搞西方那样的市场经济，这样搞不符合中国国情，会造成经济的混乱。但是多年的实践证明，如果搞传统的计划经济，高度集中，就会把经济搞得很死，不利于调动地方和企业的积极性，经济也不可能较快地发展。实际上，国家也不可能把一切经济活动都统在计划之内。而横向经济联合则是对与国家指令性计划相结合的指导性计划那部分非常广阔的经济领域进行调节和补充的极有效的形式。其中有些联合项目本来就是纳入国家或地方计划的。对于符合国家产业政策，而一省、一地、一市和单个企业因力量所限而办不成的事，几个地方、几个企业联合起来就可能办成。在联合过程中组织企业集团也是当前调整产业结构，克服经济困难的一个有效途径。它是大跨度、大范围的生产要素优化组合的有效形式。当前一些地方和企业在资金不足，原材料、能源、技术、市场遇到不少矛盾的情况下，调整产业结构、产品结构的难度比较大，进展比较慢。如果发挥地区间横向联合的作用，组成跨地区甚至跨行业的企业集团，使生产要素在地区间、部门间、企业间合理流动，各种优势在新的基础上优化组合，就可能解决一地一市、一个企业所难以解决的某些困难，促进产业结构和产品结构的调整，形成新的生产能力。因此，当前的经济调整为发展横向经济联合、组织企业集团提供了新的机遇。在治理整顿，深化改革中，不应当忽视或削弱横向经济联合的作用，而要注意保护和发挥区域经济联合的优势，使横向经济联合更好地为治理整顿，深化改革服务。

三　克服地区封锁抓好区域市场的联合开拓

陇海兰新地带的横向联合，应该利用铁路这个大动脉，以流通领域的联合为突破口，组织陇兰带的联合市场。发展社会主义商品经济，就要培育和扩大市场，把流通搞活。流通一头连接生产，一头连接消费，是经济活动的关键环节。流通领域的联合，必然促进各地商品的交换，互相补充，带来各种生产要素流动与协作，进一步发展到联合开发资源，联合组建企业集团等高级联合形式。现在组织区域联合市场遇到了障碍，主要阻力是近年来地方保护主义在不少地方抬头，形成人为的地区封锁。今年以来，由于市场疲软，不少企业产品积压，一些地方政府过分强调推销本地产品，排挤外地产品；对紧缺资源强调就地加工，限制出境；生产方面强调地区内部配套，限制与外地协作。许多地方采用行政的、经济的手段，双管齐下，设立壁垒，封疆自保。我们必须看到地方保护主义对经济发展的严重危害。一是分割了社会主义的统一市场。各地都保护本地产品，限制外地产品，最终形成"经济割据"的局面，阻碍全国经济的正常运行，势必拖整个生产力发展的后腿。二是影响了生产要素的合理流动和优化组合。地区间本来可以互补的无法互补，可以联合协作的难以联合协作。各地关门搞小而全，势必恶化资源配置结构。三是造成社会资源的严重浪费。全国不少名优工业产品，国家和地方为此投入了大量人财物资源，现在因人为的市场封锁而造成积压，不能充分利用先进的设备和技术；而一些地方的"五小"企业，技术水平低，产品质量差，却在行政手段保护下照样生产。这两个方面都造成资源的浪费。四是妨碍本地企业的素质提高和技术进步。实行地方保护虽然能帮助本地企业暂时解决一些困难，但是实际上起着扶劣限优的作用。本地企业在地方政府的"保护伞"下高枕无忧，没有市场竞争的压力，缺乏调整产品结构、提高产品质量、提高技术素质的动力，势必越来越落后。因此，最终也将阻碍自己的发展。在这个问题上，希望各地领导同志要放眼长远，考虑全局，从当地经济的长远发展和长远利益出发，为国民经济的整体利益负责。在当前治理整顿、调整产业结构和产品结构中，主动抛弃地方保护主义的"土政策"，拆除人为设置的"封锁线"，积极开展地区间的联合协作，共同努力开拓市场。

陇兰经济带内的许多省区和地市已经组织起来形成大范围的经济协作区，无疑是一种有远见的举动。我们衷心地希望陇兰经济地带的同志在大范围的区域联合方面创造出更多的好经验。

四　积极促进西部开发，保持国民经济的持续、稳定、协调发展

树立长期持续、稳定、协调发展经济的战略指导思想，是党的十三届五中全会总结我国 40 年来经济建设正反两方面的经验得出的正确结论，是我们曾经付出了巨大的代价而总结出来的。全国经济发展的指导思想要贯彻"持续、稳定、协调"这六个字，每一个地方、每一个行业的发展也要贯彻这六个字。贯彻"持续、稳定、协调"发展经济的方针，包含了几个层次的内容，其中主要的，一是把提高经济效益放在经济工作的首位，不片面追求过高的发展速度，防止大起大落；二是国民经济结构合理，各部类经济发展协调；三是各地区经济发展基本协调，形成合理分工、优势互补的经济布局。其中很重要的一个方面，就是正确处理东、中、西部地区经济发展的关系。

西部地区是全国产业合理布局中的重要组成部分。加快西部地区的资源开发和经济发展步伐，使西部、中部、东部协调发展，才能使整个国民经济持续、稳定、协调发展。我国西部地区包括内蒙古、广西、四川、贵州、云南、西藏、陕西、甘肃、青海、宁夏、新疆 11 个省、自治区，面积 652.7 万平方公里，占全国总面积的 2/3 还多；人口 3 亿多，约占全国总人口的 28.6%。新中国成立以来，国家对西部地区进行了大量的投入，使西部地区有了一定的工业基础和交通基础。"六五"时期以来，国家投资重点向东部沿海地区倾斜，加快了沿海地区对外经济技术合作的步伐，使东部地区的发展能力大大提高，收到了较高的投资效益。但是，也造成了东、西部经济发展差距的扩大。从长远看，沿海地区和拥有大量资源的内地发展的不平衡，不是人们所期望的，也不利于国民经济长期持续、稳定、协调地发展。西部地区是多种资源丰富的一块宝地，主要是能源、原材料工业的天然优势。如西北地区以黄河上游水电开发为中心，可以形成水火共济的能源、原材料综合生产基地；随着在新疆塔里木盆地发现大量

海相油层，我国石油开发的重点可能向新疆转移，在西北可以建立更大规模的石油化学工业基地。在西南，乌江流域水力资源丰富，铝、磷、煤等矿产资源与生物资源配套结合好，综合开发条件优越，可以贵州为中心建立能源、原材料基地；四川的三江流域，贵州和广西的红水河流域，都具有建立能源、原材料综合开发基地的优越条件。总之，西部地区是我国能源、原材料综合开发条件最好的地区。开发和加快发展西部，对于改善能源、原材料紧张状况，解决产业"瓶颈"问题具有重大意义。重点发展能源、原材料等基础工业，产业政策向基础产业倾斜，要落实到地区，就必须重视西部地区在全国产业结构合理格局中的重要地位和在我国工业化进程中的重要作用。西部地区又大多是我国少数民族聚集的地区，西部地区的经济发展关系到民族团结、边疆稳定和国防的巩固，关系到国家政治稳定，我们要从政策上予以高度的重视。

我们所说的西部开发与发展，不只是对西部有利，也不只是西部地区的事情。加快西部地区的资源开发和发展，建立起长期稳固的基础工业基地，是整个国民经济协调发展的需要，也使沿海地区的扩大对外开放能有一个坚强有力的后盾，使东部、中部、西部在经济上能有更广阔的互补合作的天地。中部地区具有能源、原材料开发条件的，当然更要开发和建设。如山西、陕北的能源基地，就是国家建设的重点之一。西部地区虽然一些大中城市具有较好的重加工工业优势和科技力量，但多数地区原有经济基础较差，改革开放步子较慢，在开发中必然遇到资金、技术、人才等困难。这就需要东部，中部从各方面的支援、协作。五六十年代，建设大西北和"三线"建设时，许多大项目都是上海、东北的大批干部、技术人员、工人来到这里建设起来的。西部在开发和发展中，要注意加强与东部、中部的经济技术合作。因此，我们说西部的开发与开放，是东、中、西部的联合开发，联合开放，使东、中、西部发挥各自优势协调发展。

当前，国家正在制订"八五"计划和今后十年规划，陇兰经济带和西部的其他省区也应当总结过去、规划未来，在全国经济发展的大背景下，确定本地区经济发展的目标、策略与步骤，实现本地区经济的振兴。

90 年代西部开发在全国经济发展总格局中的地位[*]

党的十一届三中全会以来的 10 年中，我国实行对内搞活，对外开放的正确方针，经济建设取得了举世公认的成就，无论是东部沿海地区，还是西部地区，过去 10 年经济发展都取得了巨大的成就，是以往 30 年任何一个时期所不可比拟的。当前，我国正在制定"八五"计划和今后 10 年的中期规划。在实行沿海地区发展战略的同时，中西部地区应当采取何种战略；90 年代西部地区发展在全国发展的总格局中占有何种地位；在全国产业结构调整中，西部地区应起什么作用；如何调动西部地区的一切积极因素，与东部、中部地区的发展相适应；怎样处理好东、中、西三大经济区之间的关系，以保证全国经济的持续、稳定、协调发展，这是各方面都很关心的重要大事。下面我想就这些问题，谈点很不成熟的意见，求教于各位。

回顾新中国成立以来西部开发的历史，从"一五"开始，西部地区在中央直接投资下，开始了工业化进程。30 多年来，西部以快于东、中部的增长速度，扩大了工业的总规模，提高了工业产值在社会总产值中的比重，也加大了西部工业在全国所占的份额。先进的生产要素主要集中于能源重化工和部分重加工工业，较快地形成了一批专门化程度高、外辐射

---

* 本文是作者 1990 年 8 月 10 日在"西部地区发展与政策研讨会"上的讲话。

能力强的工业行业，向全国输送了大量的工业产品，并为全国核工业、宇航工业的发展做出了重大贡献；形成了一批工业密集、实力较强的大中型工业城市和一批以军工机械电子为主的工业企业。总之，30 多年的建设，西部地区的工业化取得了史无前例的巨大成就。这是进一步推进西部地区工业化的重要依托。改革开放以来，西部地区和全国一样，也得到了很大的发展。尤其是进入 90 年代，为适应国家产业政策向能源、原材料、交通等基础产业倾斜的要求，拥有丰富能矿资源的西部应当为国家作出更大的贡献。

一　坚持国民经济持续稳定协调发展——把西部开发纳入整个国民经济结构调整的轨道

国民经济长期持续、稳定、协调发展的战略指导思想是总结我国 40 年来经济建设正反两方面经验得出的正确结论。党的十三届五中全会决议明确指出："我们任何时候都必须坚持从我国的基本国情出发，牢固树立持续、稳定、协调发展的指导思想，坚决防止片面追求过高的发展速度，始终把不断提高经济效益放在经济工作的首要位置上来。"

新中国成立以来，经过多年的努力，我国建立起独立的比较完整的工业和国民经济体系。但是，长期存在着农业基础薄弱、基础工业落后、加工工业重复发展，不少行业生产能力过剩等一系列结构性矛盾；并且由此引起周期性地大起大落的经济波动。40 年来，这种大的波动曾出现过 8 次，每一次都是伴随着经济扩张，农轻重结构和工业内部结构逐渐恶化，从而引起整个国民经济结构的失衡。随后不得不进行紧缩与调整，加强农业和基础工业，使农轻重结构和工业内部结构渐趋合理，国民经济结构再次恢复到相对平衡。造成这种经济周期波动的原因，从指导思想来说，是对社会主义建设急于求成，片面追求增长速度，而这又同"以阶级斗争为纲"的各种政治运动的一个接着一个有密切的关系，每次经济的大波动往往与每次的政治运动联结在一起；从经济工作的实践来看，是社会总需求大大超过社会总供给，以致在投资规模过度扩张之后，不得不骤然收缩，经济增长幅度波动很大，由此造成的损失是相当严重的。

　　1978 年年底召开的党的十一届三中全会确定把党和国家工作的重点转移到经济建设上来，实行改革、开放的方针，同时对经济发展战略做了重大的转变，把发展农业取得农轻重之间协调发展提到了首要地位。自 1978 年年末开始，在我国农村先后实行了家庭联产承包责任制，农业生产大幅度提高，农村商品经济迅速发展，推动了农村劳动力向非农产业转移，从而促进了乡镇企业的大发展。就工业本身来看，从"六五"时期开始，实行了轻工业"六优先"方针，实际上，这种轻工业优先发展持续到"七五"末期。这是在基础工业"瓶颈"早已存在并加剧短缺的情况下，使受制约程度较低的轻工业得到一定的发展。就地区来说，主要是对外开放优惠政策和投资的重点向东部沿海地区倾斜，而在这些地区发展的重点又基本上是各类加工工业。这样，在整个 80 年代，轻工业和乡镇企业得到迅速发展，而基础工业则相对地滞后，国民经济急需的西部地区的能源矿产资源也无力开发。

　　近 10 年来，能源、交通、原材料越来越紧张。虽然国家预算内投资很大一部分投入到能源、交通、原材料这些"瓶颈"部门，但是，一方面中央集中使用的财政收入比例逐年下降，因而中央政府不可能大幅度增加对基础产业的投入，当然，也不可能像过去几个五年计划那样，对西部地区大量投入；另一方面在能源、原材料等实行指令性计划的"上游产品"定价过低，甚至亏本；而实行市场调节的加工工业的"下游产品"价高利大的情况下，地方政府和企业手中所掌握的预算外资金几乎全部投入到短期回收的高附加价值的加工业特别是轻加工工业中去了。当然，各地方和企业的资金数量有限，也很难投入需要大量资金，回收周期又很长的能源、交通、原材料等基础产业。这样，就引起了加工工业生产能力膨胀，一般加工工业设备引进过多，特别是耐用消费品生产线引进过多，而且各省区的引进结构趋同。相反，急需引进的采掘工业、原材料工业的机器设备和先进关键设备却无力买进。因而使基础产业严重滞后于加工工业发展。

　　基础产业与加工工业的结构失衡是影响我国工业生产宏观经济效益下

降的根本原因之一。解决这种失衡，是治理整顿的一项根本任务。所以，坚持国民经济长期持续、稳定、协调发展的重要任务，就是要调整结构，使国民经济结构主要是产业结构协调发展。

从我国产业结构的现实矛盾出发，90 年代必须加强基础产业，重点解决产业结构失衡问题，也就是重点发展农业、能源、原材料和交通等基础产业和基础设施，缓解"瓶颈"产业的制约；并根据动态比较利益原则，重点保护扶持具有战略意义的产业，加强产业结构的转换能力和经济发展的后劲，为进入 21 世纪完成全国经济发展的第三步战略目标赢得主动。

由于能源、原材料工业空间布局的资源指向性，国家产业政策倾斜的重点落实到地区，就必须有计划地加速"两源兼富"的西部地区的开发。90 年代，西部地区在解决我国产业结构失衡方面肩负着重大的责任，必须为国家做出巨大的贡献。西部地区是我国能源、原材料综合开发条件最好的地区。如西北地区以黄河上游水电开发为先导，可以形成水火共济的能源、原材料综合生产基地；随着在新疆塔里木盆地发现大量"海相生油层"，使在塔里木盆地找到大型或特大型油气田成为可能，我国石油开发的重点有可能逐步向新疆转移，在西北地区将建立石油化学工业基地；在西南，乌江流域水力资源丰富，铝、磷、煤等矿产资源与生物资源并存，综合开发条件优越，建立贵州能源原材料基地，对改善我国西南能源，原材料紧张状况有重大意义；还有四川"三江"流域（金沙江、雅砻江、大渡河），广西红水河流域，都具有建立能源、原材料综合开发基地的优越条件。

在 90 年代，我国还面临着扶持若干战略产业进一步成长（如机电工业中的大型电机、输变电设备、矿山设备，航空工业中干线飞机，航天工业以及轿车等），且逐步实现产业结构高度化的任务。从 1953—1988 年的 36 年中，国家在西部地区的基建投资，累计达到 3500 多亿元，已形成固定资产 2400 多亿元；西部地区乡以上独立核算工业的工程技术人员占职工的比重，比全国平均高 19.2 个百分点。现在，西部地区经济形成了一个规模较大、体系相对完整的工业体系。这些以基础民用工业、军事工业和重加工工业为主体的庞大工业生产力，拥有生产重大装备和基础件的优势和较强的科技优势。这是我国国民经济的宝贵财富，也是我国装备工业的重要组成部分。"八五"计划和后 10 年，应当加快对大中型骨干企业的技术改造，用增量调动存量，变闲置的资产存量为现实生产力。西部现有的大中型骨干企业在生产重大装备和成套设备，投资类产品，出口创汇和替代进口的高技术产品等方面是大有可为的。同时，利用中央大中型骨干企业产品结构调整过程中的前向、后向和旁侧扩散效应带动地方中小型企业发展，并向能源、原材料工业渗透，发展能矿产品的深度加工。因此，充分利用西部已有资产存量优势，与东、中部的有关产业密切协作，对开发国民经济需要的重大装备和成套设备，改造技术落后的传统产业，达到出口创汇和"进口替代"节约外汇的目的，可以发挥重大的作用。

二　以经济开发促进西部稳定——为全国安定团结作出贡献

"中国需要稳定，稳定是压倒一切的。"保持政治稳定、经济稳定和社会稳定是全国人民的根本利益所在，而经济发展又是政治和社会稳定的基础。西部地区大多是我国少数民族聚集的地区，西部地区经济的持续稳定协调发展，关系到我国民族团结、边疆稳定和国防巩固。

在整个 80 年代，东、西部的发展差距扩大，这表现在西部新增固定资产、经济总量和人均产值以及社会发育程度等方面与东部的梯度差日益扩大。西部是我国地大物博之区，又是少数民族聚居之地，其中有 20 多个少数民族与境外同一民族跨国界而居。从社会稳定、民族团结、巩固国防来看，西部又是众多矛盾的潜在地。因此，对于东西部差距的发展趋势应从战略的高度予以足够的重视，积极采取措施。否则，任其发展下去，不仅不利于巩固和发展各民族之间的平等、团结、互助关系；而且对保持国民经济持续稳定协调发展也很不利。民族团结的基础是经济发展，只有经济发展了，各民族地区才能共同繁荣，才能有巩固的民族团结和稳定安全的边疆。以持续稳定协调发展的战略指导思想来考虑西部地区的经济开发，必须坚持各民族共同繁荣的原则。

随着西部的开发和开放，我们对来自境外的某些不安定因素始终要保持高度警惕。如我们在向中亚和西亚地区开放时，必须同时警惕"大土耳其主义"和"伊斯兰原教旨主义"渗入我国，并采取相应的防范措施；我国在向东南亚诸国开放时，要对贩毒、走私，以及犯罪侵入保持高度警惕。这些是保证我国边疆安全和西部政治、社会稳定的重要问题。当然，由于经济开发和向西开放而引起的某些负效应，我们既不能掉以轻心，也不能因噎废食，一出现问题就中止发展或从已有的进步中后退；而只能通过加强管理和进一步地发展来消除。

三　深化改革——西部开发要从深化改革中找出路

国家产业政策重点虽然向能源、交通、原材料等基础产业倾斜，但中央政府直接掌握的预算内投资额占整个国民经济基本建设投资的比重已下降到10%左右。中央政府不可能把有限的资金全部投入西部地区能矿资源的开发和交通建设，而只有通过加快改革的步伐才能找出一条西部开发的新路子。

首先是价格改革。由于价格体系不合理，在以资源产品与东部的加工产品交换过程中，西部地区处于相对的不利地位。这种状况既不利于西部发展，也不利于国民经济整体的长期协调稳定。从长远看，逐步调整资源产品价格过低的价格体系是保证基础产业优先发展的必要条件。在价格理顺之前，有必要对西部的资源、原材料产品，实行一定的价格补贴或利润返还，支持这些产业的再生产。这些补贴应当尽可能直接补给企业，补到再生产过程中去而不要补到消费基金中去。价格的合理化也是吸引东、中部发达地区资金投入西部能矿资源开发，从而不过分依赖中央直接投资的必要前提。

其次是进一步深化企业改革，搞活西部地区现有的大中型企业。西部地区已拥有相当数量的大型工业骨干企业，这些企业有两个特点：一是分属不同的中央主管部门；二是资金运动服从特定使用价值的生产需要。对这些大型企业管理体制进行改革，活跃资金存量，使这些受到行政壁垒和特定使用价值束缚的资金活跃起来。界定产权，实行资产优化组合，组建企业集团，在公有制企业中试行股份制是达到资金优化组合与集中的基本途径。从西部的具体情况看，试行股份制的必要性在于：（1）解决开发能矿资源所需资金，股份制形式有利于吸收与充分利用东部资金，吸收外国资金，以及各种社会闲置资金，包括民间游资、暂时闲置的生产资金和社会消费基金，从而实现利用少量资金推动大量资金；（2）股份制将促进"企业生企业"，形成西部发展的新的投资主体，促进企业群体素质的提高；（3）股份制将为西部产业结构调整，特别是存量结构调整和优化提供有利的条件。

再次是西部开发要坚持"富民"的原则，采取更灵活的多种所有制政策。生产力落后、人口聚集程度低、自然经济面广、少数民族众多是西部经济发展中必须正视的事实。特殊的条件决定，西部的社会经济关系与所有制基础应当具有与东部不同的特点，从现有所有制结构来看，西部地区公有制比重高于东部和全国平均水平，这就为西部多种所有制成分的发展，提供了一个比较大的空间。在坚持社会主义公有制为主体的前提下，与西部总体生产力发展水平相适应，个体、集体等非公有制、半公有制、初级公有制的所有制形式应当有个更快的发展。这样将有利于生产力发展，吸引东部地区"开发性移民"。

总之，改革开放以来在东部地区已经实行的行之有效的政策措施，应该也可以在西部地区实行。西部地区也可以考虑用沿海吸引外资的优惠政策不仅吸引外资，而且吸引东、中部发达地区的资金、技术、人才。如在西部地区建立经济开发区、边境贸易区、高技术工业园区等试点。

四　加快西部对外开放步伐——把西部沿边开放战略提上议事日程

90 年代，世界范围的经济结构调整将加速进行，竞争也将更趋激烈。日本在资金和技术方面已逐步居世界领先地位；美国因"产业空心化"，在制造业产品的国际贸易中处于不利地位，正积极在高技术的基础上振兴其庞大的制造产业；统一后的德国将在世界经济竞争中重振雄风；苏联把许多军事工业转向民品生产，并迅速向日本和韩国接近，以期得到资金和技术帮助，一旦完成结构调整和技术更新，将可能在经济上强大起来；亚洲"四小龙"的结构升级和泰国的崛起，强化了东南亚诸邻国、地区的竞争能力。我国面对迅速变化的国际形势和激烈的经济竞争，必须解决两大问题：一是迅速发展生产力，增强经济实力，迎接世界经济竞争的挑战；二是从国际贸易多元化角度考虑，利用对外开放，大步走向世界经济舞台，在高水平的竞争中促进我国工业化发展。

实行对外开放是我国长期坚持的方针，我国在沿海率先实行了开放政策，并且取得了显著成就。90 年代，我国和苏联的贸易关系将进一步发展，随着北疆铁路的兴建，欧亚大陆桥 9 月就能接通，这对我国西部地区的对外开放具有重大意义；随着东南亚局势的缓和，过一段时间有可能利用经过越南红河河谷走向世界的水道，重开广西至海防的铁路，利用澜沧江打开通往印度洋的通道，这一切将为西部地区对外开放展示广阔的背景。90 年代，我国在巩固、扩大沿海开放成果的基础上，要不失时机地加快西部地区开放步伐，把西部地区向西开放的问题提上议事日程，尽早实施沿边开放战略。西部除广西、内蒙古外，大多距海较远，东向对外开放有较大限制。但是，西部地区在向西开放中，发展与苏联、东欧、西亚、南亚、阿拉伯国家的交往，却拥有优越的区位条件。不仅一般物资交流可以扩大，而且世界伊斯兰金融体系的兴起与发展，海湾石油美元的东移，为西部利用外资提供了契机。

五　东、中、西部互相支援，协调发展
——形成国民经济良性循环

改革开放以来，我国经济在总体发展水平提高的同时，呈现出地区差距拉大的趋势。90 年代，如何对待这一问题，有三种不同做法：一是主张缩小这种差距；二是听其自然，实际上是扩大差距；三是努力缩小差距进一步扩大的趋势。看来后一种做法是近乎现实的。

过去 10 年，东部地区的经济增长速度明显高于全国平均水平。而西部大部分省区，以及中部地区的一些省区对此既表示理解，又表现出某种忧虑。对此国家在推行倾斜性发展战略的同时，已经采取了许多措施力图缩小不同地区间的差距，以及缩小由于经济增长水平的差异所带来的人民生活水平的差距，并收到了一定的效果。90 年代，应当继续采取切实有效的措施适当地控制这种差距扩大的趋势，以保证全国经济的持续、稳定、协调发展。当然，当前存在的这种地区差距是发展中的问题，应当在发展中解决。为了防止地区差距过分拉大的趋势，既不应当人为地去抑制发展水平较高的东部地区的经济增长；也不应当拔苗助长，把后进地区的经济增长一下提得很高，而是要消除体制上的弊端，减少政策上的不合理倾斜，创造平等竞争的条件，促进沿海地区经济向内地的扩散和辐射，使地区间协调发展。

在 90 年代，沿海地区经济发展的总体战略不应当改变，但政策的倾斜方式和力度要调整。要把中性的区域发展政策和倾斜的产业发展政策结合起来。发展区域间的经济技术协作，从东部与西部关系来看，我国东部经济技术水平比较高，但自然资源比较缺乏，西部经济技术水平低，但自然资源比较丰富；东部加工工业发达（特别是轻加工工业方面），这正是西部的薄弱环节；而西部在国防科技工业、重加工工业方面拥有科技人才和装备优势，这又是西部地区的长处；东部交通方便，信息灵通，对外交往比较发达，西部地区经济发展程度较低，交通信息闭塞，但向西对外开放有比较好的发展前景。这些方面都反映出东、西部之间具有互补性。这种状况必然要求加强"东西联合"，实现优势互补，促进东、西部共同繁荣。因此，应该鼓励东、西部之间开展各种形式的横向联合，以实现东、中、西协调发展。

沿海地区已经有了明确的经济发展战略，进入 90 年代，沿海新的一轮经济发展高潮即将到来，在这种情况下，当务之急是国家尽快制定西部地区经济发展战略，以利于与沿海的发展相协调。

当然，东、中、西三大地带的协调发展是以西部地区的经济效益的逐步提高为前提的。应当承认，东部地区由于技术和管理等方面的原因，其经济效益高于中、西部地区。不可否认其中包括了某些结构性的效益。但就同一行业，同一产品来讲，在成本、质量等方面西部与东部相比，还是有相当差距的。这个问题不解决，西部地区就无法与东部地区实现平等竞争，从而也不能实现长期的稳定发展。所以今后一段时期，西部地区应当把提高现有企业的经济效益作为重要内容，不仅要引进东部的资金，也要引进东部的技术和管理经验，提高西部的经济效益。这样，振兴西部才能有可靠的基础。

总之，西部地区经济发展必须纳入全国经济发展的总体中去考虑，从工业化和产业结构演变过程来看，西部地区是全国产业合理布局的重要组成部分，正确处理西部地区与中、东部地区经济发展的关系，是我国经济持续、稳定、协调发展的重要内容。

走计划与市场相结合的路子[*]

　　中央领导同志一再指出：经济体制改革要着重讨论如何正确处理计划与市场关系的问题。这确实抓住了问题的核心和本质。正确认识和解决这个问题，关系到我国经济体制改革的方向、目标、基本框架和实施步骤等诸多重要方面。这个问题解决好，我国经济就可以步入良性循环，走上持续、稳定、协调发展的轨道，找到有中国特色的社会主义的具体路子。解决不好，将无法摆脱目前的被动局面，甚至可能出现大的反复。

　　过去 40 年，特别是最近十年，我们对这个问题在理论和实践方面都进行了深入而有益的探索，并在若干重要方面有所突破，且取得了成功。在理论上已经明确了社会主义经济是公有制基础上有计划的商品经济；计划与市场都是覆盖全社会的，是统一的，而不是对立的；国家宏观管理由直接的行政控制向行政手段、经济手段、法律手段相结合的间接控制转变，企业应当成为相对独立的商品生产者和经营者，拥有相应的生产经营自主权，等等。在实践上，我们对传统的高度集中的计划经济体制进行改革，注重发挥价值规律和市场机制的作用，在农村实行家庭联产承包责任制和统分结合的双层经营体制；继续扩大了企业的自主权，并且给地方下放了权力，较好地调动了地方、企业和广大职工和农民群众的积极性，为我国社会主义经济注入了新的活力。

---

* 本文写于 1990 年 10 月。

　　但是，从实际经济生活来看，计划经济和市场调节怎样实现有机结合的问题还没有得到根本性解决，还有待于从理论和实践上进一步探索，下面就这个问题谈些初步的意见。

一　关于经济体制改革的三种基本思路

　　最近，人们对经济体制改革的思路众说纷纭，归纳起来，基本有三种：一是计划取向论；二是市场取向论；三是计划和市场的结合论。

　　主张计划取向的改革论者认为，过去10年的宏观失控，目前经济生活中多种弊端的产生，都直接或间接地与过分强调市场的作用有关。要想整顿经济秩序，必须强调计划的作用，恢复计划调节经济的机制。有的同志认为，市场经济、市场机制是与资本主义私有制联系在一起的，它与社会主义公有制格格不入，甚至是水火不相容的。甚至有人认为主张市场取向实质上就是放弃社会主义，去搞资本主义。

　　主张市场取向的改革论者认为，宏观经济的失控和目前经济生活中存在的问题，都直接或间接与传统的计划经济体制有关，特别是与对这种计划体制改革的很不彻底有关。要使我国经济步入健康的发展轨道，就必须大大削弱指令性计划，弱化各种行政控制，让市场机制调节经济过程。甚至认为主张计划取向的人就是要走老路，恢复传统的计划经济。如果这样，我国经济就将陷入困境，像目前的苏联和东欧那样。

　　以上两种看法，虽各有一定的道理，但在提法上存在不少值得斟酌的地方：

　　第一，无论是计划取向论，还是市场取向论，都容易给人一种计划和市场相互对立的感觉，实际上自觉不自觉地把二者对立起来，否定和排斥两者结合的可能性和必要性。

　　第二，计划取向和市场取向这种说法本身比较含糊，缺乏定义的准确性，容易给人造成一种误解。计划或市场"取向"取到何种程度的边界不清，这是因为过分强调计划取向，不易于和传统的高度集权体制相区分；过分强调市场取向又不易和西方的市场经济相区分。所以，无论从理论上看，还是从实践上看，这种提法容易引起混乱。

第三，计划取向和市场取向的说法容易给人形成一种主次的概念，似乎计划取向意味着计划与市场结合形式是一种以计划为主，市场为辅；市场取向则是以市场调节为主、计划调节为辅。而现在大家比较一致的看法是二者都是相互覆盖，有机结合，不是主次结合。

第四，单纯的"计划取向"或"市场取向"改革不利于克服目前的经济困难。如果片面地强调市场取向改革，而忽视必要的宏观管理和调控，则有可能加剧目前存在的某种失控局面，不利于经济发展。如果片面地强调计划取向，不注意通过深化改革，进一步发挥市场机制的作用，就有可能挫伤地方、企业和广大群众的积极性。虽然宏观失控的问题可以暂时得到一部分解决，但由于积极性下降可能导致经济效益进一步下降，也不利于走出目前的困境。实际上造成当前经济生活中某些弊端的原因，既有改革尚未深化、市场机制不灵的问题，也有计划管理手段欠缺的原因。例如，价格体制不合理导致产业结构失调，社会保障制度不健全，企业无法自由地吐纳劳动力，企业破产制度的推行也困难重重，存量资源难以优化组合，结构调整乏力，这些都需要深化改革加以解决。而近几年来出现的重复建设，规模过大，收入分配不公等问题主要属于宏观调控不力的问题。所以，当前改革中既要加强宏观调控，又要注意更好地发挥市场机制的作用，使两者更好地结合起来。

所以，我赞成第三种观点，要在计划和市场的有效结合上做文章。

二　计划与市场的结合形式

既然，目前的经济体制改革既不宜是单一的计划取向，又不宜是单一的市场取向，而是计划和市场的有机结合，那么，寻求两者间结合的有效形式则是当前深化改革的一项紧迫任务。

近几年来，经济学界对计划与市场的结合方式进行了多方面的探讨，提出了各种设想和观点，例如，板块论、渗透论、覆盖论、时空论、双层次调节论，等等。虽然这些观点尚有待完善，但它们各自从不同的侧面揭示了计划与市场结合的可能形式及其特征。

板块论强调计划与市场调节的不同领域，即某些方面由计划调节，某些方面由市场调节；渗透论则不同意板块论的说法，认为两种调节方式并不是黑白分明，而是你中有我，我中有你。覆盖论则更进一步，认为计划与市场不仅相互渗透，而且各自都是"覆盖全社会"的。时空论则进一步细化了这个问题，认为在不同的时间、不同的地点，不同的所有制、不同的供求条件下，两种调节方式的使用有所不同，供求平衡时以市场调节为主，供求不平衡时，以计划调节为主；某些产品以市场调节为主，某些产品以计划调节为主。"三资"企业、特区以市场调节为主，等等。通过这些讨论，使我们对计划与市场二者间的关系有了一个逐步明确的认识。虽然人们还存在一些分歧，但共同性的认识逐步增多了。

大家都认为，无论是计划或是市场，都需要尊重共同的经济规律，这就是价值规律和按比例发展的规律，这是两者结合的理论基础，既然这一点取得共识，那么两者结合的问题也就容易解决了。是否可以这样认为，计划调节和市场调节是一种双层次的分工格局，计划调节主要是解决宏观层次的问题，市场调节主要是解决微观层次的问题。

具体地说，计划调节具有五个特点：长期性、总量性、比例性、参数性以及关键性。

第一，长期性。一国经济发展的五年、十年以及更长时间的中长期发展规划以及实现这种规划要求的年度计划，应当通过国家计划加以反映，从而对微观、对企业和各经济单位的发展提供信息和指导，这是单个企业和经济单位无法预见的。

第二，总量性。主要包括宏观层次的总量指标：经济增长速度、就业水平、生活水平、通货膨胀率、货币发行量、信贷总量、国际收支、人均收入水平，等等。

第三，比例性。主要包括重大的经济比例以及产业部门比例。如总供给与总需求、消费与积累，第一、第二、第三产业比例，农轻重比例，不同地区间的协调发展，工业内部各产业部门的比例关系，等等。宏观上要有相应的产业政策、新技术开发政策对这些比例进行预测、监视，并及时加以引导和干预。

第四，参数性。国家计划的实现，主要是通过调节市场参数、诱导企业和各个经济单位加以实现，包括利率、价格、汇率、税率，等等。当然，必要时也可采取直接的行政手段。

第五，关键性。少数关系国计民生的重要产业、重要产品和重大建设项目要更多地借助于计划加以实现。这是社会主义制度的优点之一。

一般来说，属于微观领域的生产活动应当由市场加以调节。过去国家计划管理过多过细，造成供求脱节。十年改革中，注重发挥市场调节，产品大大丰富，花色品种增加，适销对路的产品也增多了。实践证明：微观领域由市场调节是正确的。

具体来讲，市场调节包括：

第一，除少数关系国计民生的重要产品由国家直接控制外，一般性的产品的简单再生产应当由市场调节。即：由企业根据市场供求状况、自主决策生产什么、生产多少、如何生产。这一点大部分中小型企业已开始做到。

第二，扩大再生产的权力也应当给予企业。目前，名义上企业有扩大再生产的自主权，实际上没有落实。主要是资金的分配仍然掌握在中央和地方各级政府手中，该发展的企业缺少资金而不能发展，不应当发展的项目又重复建设。

第三，资源存量的调整应当借助于市场调节来实现。比如通过有偿转让、租赁以及实行股份制等各种方式，实行企业间的兼并、联合、改组，可以突破"三不变"的限制，而有利于资产存量的优化组合。

总之，宏观的总量、比例、长期性问题应当通过计划加以控制，微观的简单再生产、扩大再生产、存量调整应由市场调节实现，以利于形成微观富有活力，宏观协调发展的良性发展格局。

这种宏观经济控制，对微观经济活动不但无害，而且大有益处。即使是实行市场经济的国家，在基础设施、社会保障、国防建设、高技术开发等方面，政府都是程度不同地介入和干预的。资本主义国家能够做到的，社会主义国家没有理由不能做到。某些西方学者和政治家一再宣称计划经济和市场经济不能结合，如果勉强结合，也只能是两者的缺点的结合，而不是两者优点的结合，并且以是否把计划经济变为市场经济作为对其改革成败的评价标准。这如果不是存心不良，也是一种偏见。当然，社会主义国家把两者的优点结合起来尚无先例，但人类社会的实践已向我们提出了这一伟大的历史任务，我们应当努力完成。

通过企业集团化深化经济体制改革[*]

一 企业集团化对走出经济困境具有重要作用

治理整顿已经取得明显成效，经济已经走出低谷，逐步回升。与此同时我国经济发展仍然面临着相当严峻的形势。最使人头痛的是市场疲软、效益下降。但是，就在这样的形势下，有些企业经营的情况却十分好。例如，武汉中国长江动力公司（集团）产值大幅度增长，利润稳步上升。1989 年全国工业生产增长回落，它保持 80％ 的增长速度，1990 年上半年，工业产值又增长 68％，生产同类产品的其他企业产品严重滞销，而该公司的订货已安排到 1992 年。又如，深圳的赛格集团，成立仅仅五年，已发展成为拥有成员企业 150 多家，总资产达 26 亿元，在国外有数十个分公司和分支机构的大型企业集团。1988 年工业产值为 24 亿元，1989 年增长到 29 亿元，1990 年完成 36 亿元左右，产品在市场上供不应求。

为什么在众多企业由于市场疲软而面临困境的同时，长江动力公司（集团）和赛格集团的产品却供不应求，企业的生产能够如此大幅度地增长呢？关键在于它们能够认真地研究如何深化企业改革、努力探索通过企业集团化使企业不断发展壮大的新路子。企业的集团化经营，使它们在新

＊ 本文写于 1991 年 4 月，原载《中国工业经济研究》1991 年第 4 期。

技术、新产品开发市场竞争中处于明显的有利地位，这正是别的企业经营困难，而它们却奇迹般地发展的奥秘所在。

从这两个典型看，企业集团化经营的最明显的优势是在集团内部设有专门的实力雄厚的技术开发研究机构，不断地推出适应市场需求变化的新产品；其次，集团企业有能力在全国范围内以及在国际范围内形成自己的产品销售网络，形成自己的市场营销体系。而这两点恰恰是单个企业所无法做到的。

当前，我国市场疲软，从企业组织结构上来讲，一个很重要的原因就是企业的集团化发展不够。许多行业中，同类企业都在低水平上重复生产，各自的产品开发能力都很弱，一旦紧缩，大家都吃不饱，而市场急需的产品又生产不出来。例如，机电行业目前能力闲置相当严重，但据估算约有20%—30%的机械产品依赖进口。同样地，消费品工业也存在严重的结构性矛盾。据商业部1990年上半年对645种主要商品供求情况分析，供不应求的品种仍占20%，有不少产品的供求缺口达30%—50%。如果我国的主要工业行业的企业能够按照客观的经济规律而不是主观的行政命令，逐步地而不是一窝蜂地以集团化的方式组织起来，进一步增强产品开发能力，企业就能够适应市场需求不断地开发新产品，积极开拓国内以至国际两个市场，当前的结构调整就可能顺利得多，整个工业的经济效益就会更好一些，从而使我们尽快地摆脱目前的困境。

二　发展企业集团有利于深化企业改革

政企分开是我国经济体制改革的一项基本任务。改革以来，我们一直寻求通过政企分开解决企业自负盈亏的问题。近几年虽然通过扩大企业经营自主权取得了一些进展，但不够理想，政企关系尚未理顺。但是，一些企业在组建企业集团过程中却出人意料地较好地解决了政企分开问题。例如，深圳的赛格集团对重庆789厂、江西834厂、北京计算机厂、上海地质仪器厂、株洲计算机研究所、哈尔滨市无线电四厂6家大中型企业实行租赁经营。集团与当地政府和主管部门签订租赁合同，每年交纳一定数量的租金并分得一定的利润，而这些租赁企业的人、财、物，产、供、销则由企业集团全权处理。使这 6 家企业一举实现了政企分离，走上了自负盈亏之路。

实行集团化经营，从工业管理体制上看，其实质是将过去的"政企关系"改变为集团内部的"企企关系"，即由企业管理企业，由企业投资创办企业。这将是我国工业管理体制方面的一场真正的革新。由企业管企业与由政府管理企业二者的不同之处在于：一是母公司与子公司之间的财务关系比较明确，按照经济原则确定各种关系，它的预算约束比较硬，不像政府管企业情况下企业吃国家"大锅饭"。二是管理的水平比较高，集团可以对下属企业提供技术、资金帮助，提供管理方面的咨询与指导，等等。如果我们能够有效地按照集团化原则改组工业组织，既可理顺政企关系，又可大大提高和改善我国的工业管理水平。

三　几种企业集团化形式的比较

早在 80 年代初期，我国就提出了企业集团化的问题，当时称为"企业间的横向经济联合"，其实质就是搞集团化经营。近十年来，我国企业集团化经历了三个阶段。与这三个阶段相对应，企业集团化的形式也具有三种不同的形态：

第一个时期是 1979 年开始到 1983 年为止，这一阶段主要是以行政性组合的方式组织专业化生产。也就是人们所讲的"装口袋"和"梳辫子"，把自己所管辖的一些企业组合成为公司。人们将它称之为行政性公司。实践证明，这种行政性公司没有达到在公司内部进行专业化改组的目的，只不过是多增加了一个管理层次，束缚了企业的手脚。今后我们在发展企业集团时要尽量避免重犯这种毛病。

第二个阶段是 1984 年前后开始，一直延续到 80 年代末期。这时出现了以名牌产品为龙头，企业自愿组织的企业集团。这一阶段的企业集团与前一阶段不同的是：不是按上级主管部门行政命令组建，而是根据企业互惠互利的原则自愿地组建；不是按行政隶属关系联合，而是根据生产经营过程中的经济的密切联系组成集团。它是以拥有名牌产品的主导厂为核心、零部件生产协作厂为联合对象的企业集团化模式。这种集团形式比行政性公司有很大进步，它是按照生产过程中技术经济协作关系组成的，易于组织专业化生产。但是，这种企业联合形式由于"三不变"原则（即隶属关系，财政渠道，所有制性质不变）的制约，进一步发展受到很大限制，有的甚至组织起来之后又被迫解体。这是由于企业集团内部所形成的较松散的联合，往往局限于保持固定的供货协作关系，按照主导厂的要求对零部件厂进行技术改造和技术指导，通过零部件扩散形成专业化生产。但是，由于协作厂家在行政上分别隶属于原来的不同的主管部门，财政上只对原来的上级财政部门负责，集团内很难形成资产一体化经营，主导厂无法对协作厂投入资金、技术进行改组，使横向联合局限在低水平又不很稳定的层次上。

从 1988 年以来，为了克服"三不变原则"对发展企业集团的限制，在一些地方开展了企业兼并和产权转让的试点，收到了一些明显的效果。这可称作企业集团化的第三种形式。它的优点是通过产权的赎买和让渡，便于资产经营一体化，达到了资产存量优化组合的目的。但是，企业兼并在大面积推广方面却遇到一些困难。主要是：

第一，企业的原有主管部门一般不愿意将所属企业被别的企业兼并，因为它的财政收入和产值都会由此受到损失。

第二，即使企业被兼并，在现存体制下，许多方面仍然需要当地政府给予帮助。但由于利益上的原因，当地政府难以将它与自己所属的企业一视同仁，从而使被兼并的企业在经营上遇到一些困难。

第三，兼并企业需要付出相当数量的资金，不易筹措。所以，企业兼并目前只是在个别地方试点，广泛地推广仍相当困难。

那么，在现有的条件下，企业集团化能不能找到更有效的形式呢？能不能通过企业集团化的发展，带动资源存量的优化组合，提高国民经济的整体效益，从而带动整个国民经济走上良性循环的路子呢？深圳赛格企业集团改革的实践已经给我们提供了很有启发的答案。这个企业集团在发展中出现了两种新的组织形式，一种是租赁联合型；另一种是控股公司型。

四　探索企业集团化的新路子

租赁联合型是实力雄厚的大企业通过资产租赁的形式将联合对象租赁过来实现资产经营一体化。赛格企业集团就是以租赁的形式，把内地的6家企业纳入赛格集团的一体化经营范围。租赁办法是，企业集团与租赁企业的上级主管部门或地方政府签订租赁合同，集团每年向地方政府交纳一定数量的租金，租金的计算方法是净资产值乘以一个百分比，为租金的基数（赛格集团租赁的哈尔滨无线电四厂租金定为2.28%），然后每年以5%—10%的幅度递增。对每年经营的净利润在集团和地方政府间按四六分（集团为六）。无论经营状况如何，租金必须如期交纳。地方政府只保留最终的财产所有权，经营权完全交给赛格集团。赛格集团对人、财、物，产、供、销全权负责。

这种租赁联合形式具有以下四个方面的优点：

第一，它把租赁双方的利益有效地结合起来，有利于调动双方的积极性。这与企业的兼并不同。在兼并的情况下，由于被兼并方利益受到影响，地方政府往往不愿采取这种方式；而松散联合，企业集团得不到实惠，不愿投入资金和技术；租赁式的联合恰好克服了二者的不足，使双方的利益紧密地联系起来。

第二，做到了优势互补，集团企业往往具有较强的科研力量，能够不断地开发出新产品；同时它有完善的销售网络，市场信息灵敏，市场开拓能力较强。这都是单个的中小企业所不具备的。而被租赁的企业则有生产能力的优势，有现成的生产设备和熟练的工人和技术力量。两者结合起来，使各自的优势得到互补。

第三，便于集团内部的统一经营。由于经营的全权交给集团企业，集团企业易于在内部进行专业化改组和相应技术改造，在集团内部进行资产存量的优化组合，发挥整体优势。从而也有利于在全国范围内调整产业结构和产品结构。

第四，租赁制真正使企业走上自负盈亏的道路。出租方与租赁方的关系通过租赁契约、经法律公证的形式固定下来。地方政府只向企业集团收取租金和税金，不对企业的财务状况负责，使企业真正置于市场竞争之下。这就解决了企业只负盈不负亏、吃"大锅饭"的问题。

这种租赁制是比承包制更为高级和更为先进的改革形式。承包制享受税前还贷的优惠，企业仍然吃国家的"大锅饭"，承包制往往是单个企业对主管部门承包，不利于产业结构的改善；而上面所讲的租赁制则没有这些缺点。

控股公司是赛格企业集团化过程中出现的另一种重要形式。

赛格集团成立五年以来，已发展成为拥有150多家成员企业的大型控股公司。其中22家属于赛格公司的独资企业（全民所有制企业），78家属于控股企业，其余58家属于松散联合的协作企业。在公司内部的管理方式上，独资企业实行监事会制度，股份企业实行董事会制度。董事会主要由股东组成，它负责企业长远发展的重大决策、总经理以及审计、监察室主任等的任命；总经理受董事会领导，负责日常的生产经营管理工作；党委起监督保证作用，不干预企业日常经营。

企业集团对所属企业的领导主要是通过控股来实现的。赛格公司对所属企业一般控股在45%左右，其余的30%的股票卖给其他企业，25%的股票卖给企业职工。1988年1月赛格集团把它所属的一个独资企业（达声工厂），改行股份制，就是按上述办法进行的，按资产净值的55%做股出售，每股价值10元，1989年升值为20元，按股票原值分红22%；现已升值为40元，这种股票尚未上市，但信誉很高。这个工厂以出售股票所得440万元，又用做企业自我发展的资金。这种集资办法效果是很好的。

实行这种股份制，其优点是极为明显的：

第一，便于在集团内部进行统一的生产经营指挥，总公司通过控股，直接任命董事长，按照总公司的意图进行生产经营活动，在整个集团内部进行资产存量优化和统一安排经营活动；

第二，集团内部不同企业之间相互持股，股权相互交叉，形成了利益共同体，增加了集团的凝聚力；

第三，通过适当数量的职工持股，既将一部分消费基金转化为积累资金（这比在银行储蓄更为稳定，不能随时抽走存款），又使职工感到自己是企业的所有者，把个人利益同企业命运联系在一起，更加关心企业的兴衰和命运，有利于调动全体职工的积极性。

控股公司是在企业股份化基础上形成的新型的企业集团化形式。看来这也是社会主义企业组织很有发展前途的·种组织方式。过去，我们曾经把股份制当做资本主义的东西，经过十年来经济改革的理论探讨和实践探索，逐步认识到股份制同商品经济一样，它是中性的，是现代化大生产条件下的一种先进的经济组织方式，不但资本主义可以利用它，社会主义也应该很好地利用它。特别是我国生产力很不发达，仍处在社会主义初级阶段，更应该利用一切适合我国国情的比较先进的经济组织方式发展社会生产力。

当然，在实行股份化过程中，有的主张将所有国有资产量化到个人，也有的主张一哄而上马上在所有企业普遍实现股份化，这当然是不正确的。但是，在不改变国有资产和公有财产的性质，在公有制占主导地位基础上经过试验，有步骤地实行社会主义的股份制，则应当积极加以提倡。如果说，在理论上人们对国有资产实行股份化管理仍在探索之中，全民企业普遍实行股份制还看不准或有许多困难的话，那么，在企业集团化过程中，国有资产股份化管理已经平稳地起步了。它既不会像价格改革那样可能引起社会震动，又不需要财政花钱或造成其他社会问题，反而，它使国有财产的管理更加完善，使中央、地方、企业之间的利益分配关系，有可能得到正确的处理，这就为我国今后的改革积累和创造新的经验。前一阶段，在发展企业集团化过程中，由于受到"三不变"原则的限制，集团内很难实现紧密联营。最近一些集团通过持股、控股和租赁等形式，避开了"三不变"所带来的障碍，顺利地实现了资产经营一体化。这种经验，值得重视。所以应当把组建集团和股份制试点结合起来进行。目前，我国的国有资产已经实现了多级管理，包括中央、省、市、县等，在各级层次上又分为不同的部门，国有资产多级管理的这种形式已经为国有资产的股份化提供了初步的条件。

另一方面，股份制又为企业集团化的发展创造了便利的条件。在未实行股份制的企业中，由于隶属关系和财政渠道的限制，企业之间很难实现有效的紧密联合。但在股份制的条件下，这些问题就迎刃而解了。不同投资者的经济利益以股份分红的形式得到保证；企业不是隶属于某个行政部门或某一地方政府，而是处于股东共同组成的董事会的领导之下，实行股份制后，企业之间的联合将会突破各种行政障碍的限制，不需要在企业与主管部门之间进行颇费时日的谈判，只要通过购买股权，达到控股的程度，即可实现资产一体化经营。

企业的集团化经营是现代社会大生产所要求的一种先进的产业组织形式，也是实现我国计划经济与市场调节相结合的一项重要内容。可以设想，如果我国主要行业的主要产品经营方面能形成若干个占市场份额很高的大型企业集团，国家对这些骨干集团实施调控即可实现有效的计划管理，从而大大减轻计划管理的难度，提高计划的有效性。所以，"八五"期间，应当把发展企业集团作为深化改革的一项重要内容，使产业组织结构不断优化，使资源存量优化组合，从而带动整个国民经济持续、稳定、协调地发展。

苏南经济活力之源[*]

今年 4 月,我到嘉定、昆山、苏州、无锡等地,就搞活企业和经济回升问题做了一些调查,发现苏南经济很有活力。现将调查中发现的几点值得注意的情况介绍如下:

一 苏南地区的整个经济形势是令人鼓舞的

从横向看,苏南地区的经济发展情况好于全国平均水平;从纵向看,今年一季度以来,经济恢复了正常增长,工业增长速度、销售收入和经济效益都比前两年有明显改善。与全国经济回升中的库存居高不下、效益改善缓慢的情况相比,苏南经济的良好发展显得格外引人注目。以无锡市为例,1990 年乡镇工业产值增长 12.59%,上交利税增长 11.3%,劳动生产率增长 16.65%,都大大高于全国的平均水平。今年一季度,无锡市工业产值增长 34%,销售收入增长 43.7%,销售收入增长快于工业产值的增长,这在全国是少见的,企业亏损面和亏损额也明显下降。苏州市的情况也大体相近,今年一季度村以上工业产值增长 28%,其中乡镇企业工业产值增长 38.4%,地方国营工业销售收入增长 14.4%,税利增长 21%,均表现出好的发展势头。

* 本文是作者 1991 年 4 月写的赴苏南调查报告。原载《经济管理》1991 年第 10 期。

　　苏南地区经济的良性回升，并不仅仅是由于近几个月来宏观政策的松动和市场购买力的回升，更重要的是，通过前两年的治理整顿，企业在加强"内功"上做文章，对产品结构进行了富有成效的调整，市场适应能力进一步增强。具体反映在：一是加强产品、产业结构调整，淘汰过时产品和落后产业。治理整顿期间，无锡市关停106家企业，并转87家企业。同时，增加固定资产投资11亿元，补充流动资金5.53亿元，用于发展适销对路的新产品，60%的固定资产投资用于技术改造（全国仅为35%左右）。同时适时地开发出一大批省优、市优的新产品。二是积极开拓国际市场。去年，在国内市场疲软的情况下，无锡市外贸供货比上年增长50.66%。

　　目前，苏南地区的乡镇企业正处于结构升级的过程中。这一地区的工业化正在有步骤地朝着集约化发展的方向前进，劳动力已经开始出现某种短缺，工业增长已经不再主要靠新增布点，产品正在向专业化、高档次、高水平方向发展。这个地区的人均国民收入已经超过1000美元。广大干部、群众的精神面貌很好，对实现"八五"计划和十年规划充满信心。

二　社会主义有计划的商品经济体系已具雏形，是苏南经济富有活力的根本原因

　　苏南地区之所以在治理整顿条件下能够积极进行结构调整，保持良好的发展，主要归因于它们在经济的调节方式、所有制构成、企业经营制度诸方面初步形成了适应社会主义有计划商品经济的运行机制。

　　首先，该地区经济的一个显著特点是商品经济发育程度高，市场调节的比重大。苏南地区指令性计划比重历来不高，近几年来，指令性计划的比重进一步下降。据苏州市统计，在工业产值中，指令性计划产品所占比重仅为5%左右；无锡市稍高一些，但指令性计划产品也仅为10%左右，其余大量的经济活动完全由市场调节。除了产成品由自己组织销售外，主要的生产资料也主要通过市场购入。该地区的商品流通组织相当发达，不仅形成了适应市场调节的产品推销网，而且生产资料的批发供应组织和渠

道也相当完备，商品经济已经初步纳入规范化的市场轨道。同时，该地区的劳务市场、资金市场、技术市场也相当活跃，广泛吸收外地、外省劳工和技术人员，广泛开展资金拆借，与许多高校、科研单位、大中型企业形成多种形式的技术经济协作关系。

由于各类市场发育较好，如此高的市场调节比重不但没有使经济生活出现紊乱，反而使产需结构更为衔接、资源配置更趋合理。同时，企业在激烈的市场竞争考验中，增强了对市场需求变化的适应能力，能够适时推出适销对路的新产品，对原材料涨价的消化能力也比较强，它们的产品没有因原材料涨价而"水涨船高"，而是始终保持合理的价格，使自己的产品在市场竞争中取胜。

其次，苏南地区以集体经济为主的所有制结构也是其经济富有活力的一个重要原因。在全部工业产值中，集体工业占2/3左右，全民所有制工业不足1/3，个体、联户、"三资"企业总共占大约5%的比重。如果考虑到现在的一些全民企业是在60年代和70年代由大集体企业升级形成的，在经营上仍然保留着某些集体企业的特征，则集体企业的比例更高。同时，值得注意的是，苏南地区在十年改革中，坚持走共同富裕的道路，个体经济、联户企业和"三资"企业的比重比全国8.6%的水平还低3.6个百分点，这是苏南经济的一个显著特色。

第三，在集体经济中，乡镇企业占绝对优势。苏南地区的集体企业主要是乡镇企业，目前苏南地区的工业总产值中，乡镇企业占60%，大大高于全国30%的水平。乡镇企业以其特有的经营机制，成为该地区经济中最为活跃的一支生力军。它实行自负盈亏，企业自己承担经营责任，压力变成了动力；在企业内部，职工没有铁饭碗和平均主义，真正实行按劳分配；企业是独立的生产经营者，政府不直接干预企业经营，企业能够自主地进行经营决策。地方的一些同志建议：搞活大中型企业，关键是下决心解决好大中型企业的经营机制问题，要使大中型企业按照自负盈亏的原则经营，在市场竞争中经受考验，激发企业自身的经营动力，仅仅着眼于政策上的优惠并不能真正搞活。我认为，这些意见具有重要的参考价值。

苏南地区的经验对我们处理好计划和市场的关系也是很有启发的。从微观层次看，该地区 90% 以上的经济活动是由市场调节的，但它在大的方面仍受国家计划的指导和管理，如信贷规模，投资规模与结构、收入分配的水平与结构，都是受国家计划管理的。所以，扩大微观领域的市场调节，与计划管理并不矛盾，也没有偏离社会主义方向，而是对社会主义经济运行方式的完善。

三　发展以集体所有制为主体的乡镇企业，是适合中国国情的社会主义现代化之路

以前，有些同志指责乡镇企业技术水平低，产品质量差，与城市大工业争原料、争市场，存在资源浪费现象。苏南地区经济发展的实绩，正在改变着乡镇企业的形象，这里，40% 的乡镇企业与城市工业和科研机构进行各种联合与协作，有效地纳入城市工业的专业化分工体系；许多企业的管理水平、技术装备水平、产品质量和档次，在全国处于领先地位。乡镇企业已成为我国经济中极为活跃的一个方面，它们具有以下两个明显的优点：

第一，把人口压力变成了经济发展的动力，创造了适合我国国情的农村劳动力转移方式——农村社会主义现代化的方式。我国人口众多，资金短缺，完全依赖国家安排就业、实现农村劳动力向工业和其他非农业部门的转移，显然是不可能的。所以，农村劳动力向工业部门的转移，是我国走向现代化过程中面临的一个极为困难的问题。苏南地区发展乡镇企业的成功经验，使我们看到了解决这一问题的希望。苏南地区人口密度大大高于全国平均水平，目前不但有效地实现了本地区农村劳动力向工业部门和其他非农业部门的转移，而且当地劳动力已经显出不足，开始吸收外地劳动力。所以，人口多不一定是负担，只要能够将压力转变成动力，这种动力就能成为推动我国经济现代化的积极力量。当然，这并不是说，我国的人口不要控制了，相反我国的人口压力已经很大，今后应该而且必须继续严格控制人口的增长。

第二，工农一体，城乡一体，走出了我国农村工业化、农村现代化的

独特道路。西方一些发达国家在工业化过程中，人口大量涌入城市，引起农业停滞，乡村凋敝，只好从不发达国家进口农副产品以支持结构平衡，过度的城市化引起了一系列社会问题。我国显然不能走这条路。我国人口多，吃饭问题很突出，农业发展必须与工业发展相适应，工业化也不能仅集中在城市，农村工业化的问题也十分紧迫。乡镇企业正是使工农一体、城乡一体，使广大农村逐步走上现代化之路的有效形式。苏南地区广大农民离土不离乡，离开田间走入工厂，成为现代工业的一员。乡镇企业的发展，不仅避免了西方那种过度城市化所固有的种种弊端，而且为当地农业生产的发展提供了可靠的保证。乡镇企业每年拿出相当数量的资金用于支农，改善农业生产条件，促进农业稳定增长。乡镇企业还有计划地发展农村各项文化教育事业和社会保障事业。同时，由于存在粮、肉、蛋、蔬菜的购销价格倒挂，乡镇企业每年都拿出一部分资金对农业生产者给予补贴，对稳定城市物价作出了贡献。

总之，乡镇企业是目前我国国民经济中富有活力的一个方面，并必将成为我国经济现代化的一支积极的推动力量。1978 年，全国乡镇工业产值占工业总产值的 10%，1990 年已达到 30% 以上。有人估计，到本世纪末，乡镇工业产值占全部工业产值的比重可望达到 50% 以上。乡镇企业的快速成长，既为我国经济现代化增添了物质基础，又为我国解决劳动力就业，实现城乡一体化发展开辟了新路，并将对建立适应社会主义有计划商品经济发展的新的经济运行机制产生积极的影响，创造有益的经验。

搞活大中型企业的几点意见[*]

一 搞活大中型企业的重大意义

自从治理整顿以来，党中央和国务院提出把搞活大中型企业作为经济工作的一项重要内容。党的十三届七中全会以及七届人大四次会议，又把搞活大中型企业作为今后五年以及十年改革和发展的一项重大的任务。正确地领会中央的这一战略意图，正确地认识搞活大中型企业的重要性，采取切实可行的措施把这一工作做好，对于顺利地完成治理整顿任务，圆满实现"八五"计划和十年规划，保持国民经济持续、稳定、协调发展具有重大意义。

首先，大中型企业是我国国民经济的命脉所在。

据有关统计数字：1989 年，国营大中型工业企业虽然仅占工业企业总户数的 0.13%，但实现利税却占 61.1%；国家财政收入的 80% 左右来自国营大中型企业；从产品产量看，一些重要的工业产品都是或大部分是大中型企业提供的。原油、铁路机车全部由大中型企业生产；由大中型企业生产的成品油、发电量、钢、拖拉机、货车、发电设备占 90% 以上；汽车、生铁、钢材产量占 80% 以上，原煤产量占 50% 左右。新中国成立

＊ 本文原载《改革与理论》（双月刊）1991 年第 4 期。

以来，国家对大、中型企业固定资产投资累计占全部工业基本建设投资总额的 67.2%。从生产工艺、技术装备来看，国营大、中型企业集中了国内先进的技术装备，集结了国内优秀的产业大军，从科技人才的拥有度看，近 95% 以上的科技人员聚集在国营大、中型企业。这使国营大、中型企业代表和反映了我国经济的整体水平与实力，成为我国社会主义现代化的经济基础和支柱。也正是由于大、中型企业提供的能源、原材料和先进的生产技术设备，才为大批的小企业、乡镇企业以及其他各种成分的企业的蓬勃发展创造了条件，从一定意义上说，这些企业的发展得益于大、中型企业的基础作用和支柱作用。

其次，搞活大中型企业是坚持社会主义公有经济为主导的要求。大中型企业绝大部分是全民所有制企业，大中型企业的活力如何，反映了全民所有制企业的形象，决定着全民所有制企业的前途与命运，实际上，也关系着社会主义经济改革的方向。只有真正搞活大中型企业，全民所有制经济的主导地位才能巩固。

最后，近几年来，大中型企业、特别是全民所有制企业的效益下降，经营状况恶化已经成为一个极为紧迫问题。过去 10 年间，全国工业产值增长速度为年平均 12%，其中，全民所有制工业为 7%。全民所有制工业的速度大大低于全国的平均速度。全民所有制工业产值的比重过去 10 年间下降了近 20 个百分点，即平均每年以两个百分点的速度下降。与此同时，全民所有制企业的经济效益近几年不仅没有明显改善反而不断下降。1990 年预算内国营工业企业实现利税当年下降 18.5%，其中利润下降 58%，企业亏损面达到 30% 左右，亏损额增加 1.3 倍。今年一季度，在生产回升的情况下，亏损面进一步扩大，达到 40.1%。如果再加上有相当一部分企业存在虚盈实亏的现象，问题就更加严重。

大中型的全民所有制企业没有中小型的集体企业和乡镇企业活，这已经是一个不容回避的现实。只有正视这个现实，分析其原因，并采取正确的政策和措施，才能扭转目前这种非常被动状况。否则，大中型企业的主导地位就可能受到损害，社会主义公有经济的地位难以巩固。所以，搞活大中型企业既是一个紧迫的现实问题，又是一个事关社会主义前途命运的具有深远影响的重大战略问题。

二　搞活企业的标准

从经济体制改革以来，我们一直讲搞活企业。搞活企业已经是一个人所共知的术语，但是，它的确切的意义是什么，评价某个企业是否搞活的标准是什么？人们见解不一。

有的同志把利润率高低作为企业是否搞活的标准，并依此对企业进行分类和评价，如认为利润率高的企业是有活力的企业，利润不高或存在亏损的企业，是没有搞活或缺少活力的企业。当然，在各类企业处于平等竞争的条件下，利润率的高低，确实在一定程度上反映其经营状况及其活力。但是，在我国传统体制下，或在目前双重体制及比价关系又极不合理的情况下，利润率的高低并不能全面地充分地反映企业的经营状况。有的企业虽然利润率较高，但是这不是主要依靠企业技术进步，劳动生产率的提高，物质消耗的降低以及新产品开发实现的，而是在种种政策保护下形成的；有的企业亏损主要也不是经营性的，而是政策性的。所以在企业不能自主地进行生产决策，不能自主地决定价格的情况下，仅仅利润率的高低并不能成为衡量企业是否有活力的基本标准。

那么，企业是否有活力，究竟有没有标准呢？

企业的活力，是否可以用五句话加以概括，即：产品竞争力、市场应变力、科技开发力、资产增值力和企业凝聚力。如果这五个力具备了，企业就必然是充满生机的。

目前，我国大中型企业经营困难重重，与缺乏这五个力有直接的关系。首先，产品竞争力差，从国内市场看，大中型企业除了在竞争意识上不强，存在对国家的依赖心理外，产品竞争力不高也是一个重要原因。实际上，在国内市场竞争中，大中型国营企业已经竞争不过乡镇企业，原有的一些市场也被乡镇企业所取代。当然就更谈不上国际竞争了。对市场的应变能力更差，这在治理整顿中已表现得十分明显。一旦国家实行紧缩，企业只能坐以待毙，这与乡镇企业积极进行产业结构和产品结构调整形成明显的对比。从科研实力的角度看，大中型企业在开发力量上具有明显的优势，但是这种优势并没有发挥出来，众多的科技人员和完善的科研设施并没有产生出不断创新的适销对路的产品。许多企业的资产不但没有增值，甚至还在吃老本。同时，在许多企业中，生产管理不善，劳动纪律松弛，各种消耗很多，浪费惊人，干群关系不好，企业自身的凝聚力自然也就不强。

我们搞活大中型企业，就应当围绕这些问题开展工作。需要在体制上解决的就从体制上解决，需要政策上改善的，就从政策上改进，需要在管理上加强的，就解决管理方面的问题。搞活企业需要通过不同的方法和运用不同的手段。

三　当前企业所面临的一些困难

按照自主经营、自负盈亏的原则搞活大中型企业是今后企业改革的一个基本方向。搞活大中型企业不仅仅是一个体制问题，同时也是一个政策操作问题。所以，搞活大中型企业既要强调深化改革，又要提高政策操作水平；既要着眼于长远目标，也不能放松近期目标。特别是在当前企业尚未达到自负盈亏、各种经济关系尚未理顺的条件下，运用各种政策为企业经营创造良好的环境显得格外重要，这就要求对企业当前所面临的困难，以及造成这些困难的原因进行具体分析，以利于采取相应的对策。

目前，企业所面临的主要困难，特别是大中型企业所面临的困难，主要是：

第一，资金紧缺，企业普遍流动资金不足，大、中型企业尤为紧张。企业流动资金定额大多是1983年核定的，1983年以来，生产资料价格指数上涨80%以上，工资费用增长一倍左右，大大增大了流动资金需要量，但是定额流动资金并未增加。再加上大中型企业留利水平低，以及企业留利并没有相应地转化为流动资金，大、中型企业自有流动资金约占20%，有的仅为10%左右，正常情况下大、中型企业的流动资金80%左右靠银行贷款，因此，治理整顿以来的一刀切似的紧缩更增加了大、中型企业的资金紧张，"三角债"拖欠严重。两年来虽然投放了不少资金，采取了不少措施清欠，但大、中型企业的资金紧缺问题仍未从根本上解决。

第二，企业普遍后劲匮乏，设备老化，大、中型企业，尤其是老企业问题更严重。如辽宁省现有工业设备中，30%处于40年代水平，居五六十年代水平的占60%，只有10%的工业设备达到七八十年代的水平。大、中型骨干企业主要设备达到国际先进水平的仅占7.2%，达到国内先进水平的仅占18.3%，比全国平均水平还低5个和3.5个百分点。吉林省还有相当一些企业的设备处于30年代水平。上海市纺织行业中95%以上的企业是新中国成立前建厂的，12万台专业主机设备中50%以上超龄服役，厂房中有一半超过折旧年限，有14%左右已是危房。许多大、中型企业设备陈旧、工艺落后，产品结构不合理，厂房年久失修，公用设施，各种管道腐蚀严重，到处跑、冒、滴、漏，企业不仅谈不上发展后劲，参与国际市场竞争，甚至连简单再生产也难以维持。

第三，产品滞销，特别是治理整顿以来，企业库存增加，许多企业产品生产出来压在仓库里，同时一些企业严重开工不足，处于停产半停产状态。某些企业的产品滞销主要归因于产品落后，不适销对路，企业对市场的应变能力差。

第四，成本上升、效益下降。由于原材料价格上升和不少企业物耗增加，企业开工不足，固定费用比重上升，职工收入增长快于劳动生产率增长，库存增加和利率上升，利息支出增加等等诸多因素，企业成本急剧上升，利润大幅度下降。既影响国家财政收入的完成，又不利于企业自身的发展。

造成企业目前困难的原因是多方面的：

首先，大、中型企业的经营机制还没有根本性地转变。改革以来，企业作为独立的商品生产者和经营者的地位虽然得到确认，重新构造企业的经营机制，使其成为自主经营、自负盈亏、自我发展、自我约束的机体的目标也早就明确提出，但是大、中型企业基本上仍未解脱对行政主管部门的依附关系，企业尚未成为独立的生产经营者。10年改革在指导思想上存在的一个问题，是对改革的目标认识不统一，指导思想上的模糊和急于求成造成了企业改革不稳定，以致改革的步子快而不稳，改革的措施多而无序，一些决策不配套，有时甚至互相掣肘。这个问题在今天依然困扰着企业的发展。企业既缺少自我发展的能力，又缺少自我发展的动力，也缺少自我约束的本能，这是目前企业存在种种困难的内部原因。

其次，宏观经济失控，经济发展过热，摊子铺得过大，产业结构失衡，使企业所面临的外部经营环境恶化。过度的重复建设使本来就不合理的产业和产品结构更加失调，同时造成资金和资源的紧张与浪费共存。这些问题在汽车、纺织、彩电、冰箱行业表现尤为突出。

第三，各种经济关系尚未理顺。如价格体系不合理、价格双轨制、执行国家指定性计划价格的产品定价过低，造成企业间分配上的严重不合理，大中型企业和中小企业相比，赋税以及各种负担较重，企业留利水平较低。国家税种、税率不规范，也造成企业间负担不平衡。在财政包干信贷包干情况下，地方利益得到强化，搞地区保护和市场分割，妨碍商品的正常流通，妨碍了全国统一市场的形成，降低了整体的资源配置效率。

四　当前搞活大中型企业需要采取的主要措施

治理整顿以来，特别是去年以来，党中央和国务院在搞活大中型企业方面采取了一系列措施，进行了卓有成效的努力，大中型企业的经营状况已经有了一些初步改善。在今年一季度新增产值中，大中型企业和全民所有制企业的比重呈现出回升趋势。

但是，我们也应当认识到，搞活大中型企业仍面临不少的困难和问题。目前在搞活企业方面所采取的一些措施是应急的。要真正把大中型企业搞活，使国营大中型企业焕发生机与活力，真正发挥它在国民经济中的主导骨干作用，还必须深化改革，配套改革，从企业内部机制上，外部条件上解决方方面面的问题，即解决深层次问题，如果认识不到这一点，仅是寄希望于国家，一味地靠放权让利来搞活企业是不现实的，也是不可能从根本上搞活的。或者寄希望于回到原来高度集中、单一计划的管理体制下，依靠国家"保"和"包"，企业也是不可能活起来的。企业本身具有真正的企业的机制，外部也有适于真正的企业运营的条件，企业才能作为真正的企业存在。否则，只是企业本身具备了企业的机制，外部条件不规范，真正的企业不可能出现，或者只有外部条件，而没有企业本身的机制，真正的企业也不可能活下来，只有把建立适合有计划的商品经济发展的企业的"四自"机制，同建立适合有计划的商品经济运行的宏观调控体制，建立适合真正的企业运营的外部环境、市场体系三个层次的改革结合起来，同步配套地进行，企业才能真正地活起来，我们整个有计划的商品经济才能正常运转起来，这是搞活企业的根本途径。

当前和今后一段时期内，搞活大中型企业需要做好以下几方面的工作。

（一）理顺企业内部关系，发挥企业自身的经营动力

解决企业内部的问题，治理企业内部的气候，是一个十分重要的问题，在同样的外部条件下，有的企业效益好，有的企业效益差，就在于这一关键因素不同，企业对此必须给以足够的重视。这是一个目前和长远都要认真抓的工作，需要企业根据自己的情况，区分轻重缓急有步骤地进行。

首先，要加强和改进企业的内部管理。主要包括：（1）协调好厂长、书记、职代会、工会之间的关系，特别是厂长与党委书记的关系，从制度上理顺企业的领导体制，坚持"企业法"，坚持实行厂长负责制。（2）加强企业内部的各项基础管理工作，特别是定额管理工作，建立、健全财会制度和其他各项规章制度。（3）建立科学合理的管理方式，提高经营管理水平。（4）注意挖潜革新，采用新技术、新工艺，提高生产力水平。降低消耗、降低成本，在加强成本核算的基础上，进一步搞好成本预测、成本计划及成本分析等工作。（5）提高产品质量、开发新产品，靠新产品和高质量开拓市场，占领市场，赢得用户，提高效益。（6）树立企业精神，弘扬企业文化，增强企业的凝聚力。

同时要深化企业改革。在企业经营机制改革上，要稳步走。对实行承包制，税利分流等，争议的核心问题在于国家、企业、职工的利益分配。选择的着眼点应是有利于企业生产经营、国家发展、人民生活的提高。目

前为稳定起见，面上的企业要完善承包制，但是从长远来看，税利分流、股份制有助于规范国家和企业的关系，适合有计划商品经济的发展。因此，要创造条件，逐步实行税利分流、股份制。

当前，要切实做好企业产权界定和评估工作，为从根本上实现政企分开创造条件。国家作为管理者收取税费，作为所有者获得资产收益——利润。国有资产管理局对国有资产的产权、经营和收益负责，使国家从对具体经营事务的干预中解脱出来，使企业摆脱过多的不必要的行政干预，能够更有成效地运营。

（二）　为企业自主经营创造良好的政策环境和体制条件

首先，通过正确的政策引导，使大中型企业逐步摆脱目前的困境，步入良性循环的轨道。

当前普遍困扰企业的问题主要是资金紧缺和产品销售不畅两大问题。企业资金紧张的原因主要是企业自有资金太少。前几年的经济过热，五个人饭十个人吃。治理整顿以来一刀切地紧缩，加剧了大中型企业资金紧张和三角债拖欠严重的状况，两年来虽然投放了不少资金，采取了不少措施"清欠"，也未能奏效。解决企业资金问题，目前可考虑如下办法：（1）重新核定企业流动资金定额，在这个基础上，对一些有发展前途的重点大中型企业基本给以补足，对一些无力给以补充的大中型企业，应由银行贷款给以保证，这部分贷款利率可考虑低于行业平均资金利润率。（2）鼓励有发展前途的企业发行债券、股票筹集资金。（3）鞭策企业节约资金占用，并健全企业补充流动资金的机制。

产品销售问题，一方面仍要继续从流通、消费、投资诸方面适当启动，如要流通部门增加对产成品的收购；在符合产业结构要求，总量不失控的情况下，增加投资，特别是技术改造的投资，使正在进行的项目尽快完成，投入使用；另一方面要在对流通环节治理整顿的同时，坚持多种经济形式，多种渠道经营的原则，鼓励国营商业和其他各种成分的商业企业一起开拓市场，搞活流通。再一方面，还要进一步打破地区封锁，疏通梗阻，扩展市场，加快商品流通。最后，产品销售不畅从根本上说是前几年经济过热的恶果，其根本性地解决则和资金问题一样，必须深入调整企业结构和产业、产品结构，从而实现总量平衡和结构合理，使资源有效配置，生产协调发展。

要下决心进行结构调整，目前企业处境困难乃至经济领域很多问题都和摊子过大、结构不合理相关，只有下决心调整结构，解决眼前困扰企业的资金问题、市场问题，长远来看，经济持续、稳定、协调发展的问题才可望解决。

在这个问题上，应重视以大中型企业为核心组建和发展企业集团，并以此推动产品结构、产业结构、企业结构调整，实现总量平衡和资源合理配置。当然，在发展企业集团的过程中，应认真总结已有的经验，解决制约企业集团发展的问题，推动企业集团发展并使之规范化。

其次，积极推进价格、财税、金融、流通、计划等诸方面的改革。

价格不合理是多年来困扰企业的大问题，应利用疲软契机，出台一些价格改革措施，理顺一些价格关系，在生产资料价格问题上，主要应该考虑的问题是：（1）原材料差价过大，国家制定了最高限价后，最高限价就成了交易价，两个差距很大的价格的长期并存，带来了不少问题，应逐步使双轨价格趋一，并使各种商品的比价合理。（2）一些产品的计划价格也相差悬殊，应调到合理水平。（3）制定价格应定死最终价格而不是出厂价。这样可制约中间环节转手倒卖牟取暴利，对理顺流通渠道和生产、流通关系也具有积极作用，也有利于生产企业降低成本，提高生产力，从而解决靠价格得效益的问题。

税收改革要简化税种，规范税种、税率，制止乱摊派。要逐步规范银行职能和经营手段，使专业银行企业化改革有利于企业发展，经济社会发展，和整个企业机制改革、外部宏观调控改革配套。疏导流通渠道，减少流通环节，打破地区封锁。

逐步改财政包干体制为分税制，规范国家和地方、部门的关系，破除地区封锁的利益基础，使结构调整、企业集团的组建顺利进行，使地区比较优势充分发挥并很好合作，使资源能得到合理配置。

在有计划的商品经济中，计划调控具有十分重要的意义，但是计划调控决不是照搬传统的计划模式，而要对其加以完善。（1）注意计划一定要体现客观经济规律，按客观经济规律办事。（2）国家对计划要信守合同，保证对产品的计划收购和对计划产品原材料的供应。（3）对因计划比重不同造成的企业的地区利益失衡，采取措施解决。（4）计划调控要逐步和市场调节有机结合。

第三，坚持政企分开，规范政府和企业职能。建立健全社会保障制度（当前特别是退休养老、医疗、待业保险），逐步实现住房商品化，帮助企业从"企业办社会"的非正常状态中走出来。大中型企业，尤其是老企业负担都很重。退休工人多，待业子弟多，医疗费用开支多。企业对工人从生到死几乎全包了。托儿所、幼儿园，从小学到中学，医院等社会所有的部门几乎无所不有。企业背着如此沉重的包袱，如何能运转轻松，充满活力？建立健全社会保障制度，住房商品化改革也可以创造工人、科技人才流动的条件，使合同用工制度得以实行，使人尽其才，使生产力中最活跃的因素——人焕发积极性。

同时进行国家机构改革，简化和规范国家对企业的管理手段和管理程序，改变多头对企业的管理体制。规范政府部门职能，提高政府部门工作效率，改善和加强政府对经济的宏观调控。

健全法制，依靠法规、法令来规范社会经济行为和企业运行。制定和执行公司法、银行法、企业法、破产法、劳动法、票据法等规范企业形式、责任和运营的法规，制定规范政府部门、官员行为的各项法规。法制健全，政府依法管理，不仅使企业行为有了规范和保护，也会使政府的"为政清廉"有了法律保证。

中国经济体制改革的现状和
展望以及我的经济观[*]

从 70 年代以来，中国经济改革以其独有的方式和成就引起世人的瞩目，改革的实际进展比人们所认识到的要大得多，改革的实际内容也比理论描述的要丰富得多。这着重表现在：（1）农村改革取得了巨大成功，极大地提高了农民的生产积极性。（2）以公有制为主体的多种经济成分共存，增强了我国经济的活力。（3）计划经济与市场调节相结合的新运行机制正在逐步确立。（4）价格作为一种重要的经济参数，在经济调节中作用逐步增强。（5）企业的经营方式发生了重要的变化，企业逐步由统负盈亏向自负盈亏转变。

我国经济体制改革虽然取得了重大进展，但在不同领域、不同地区，改革进展得很不平衡，适应社会主义商品经济的新的管理体制尚未完全确立，经济生活中面临着许多复杂矛盾，改革还需完成一系列攻坚任务。

今后改革的基本方向，关键在于实现计划经济和市场调节的有机结合。为此必须做到：（1）深化企业改革，完善企业经营机制。（2）加速市场发育，完善社会主义市场体系。（3）转变政府管理职能，完善社会主义宏观管理体系。

---

* 本文是作者 1991 年 12 月为《我的经济观》一书撰写的文章，该书由江苏人民出版社 1991 年 12 月出版。

　　计划经济与商品经济并不是相互排斥的，两者是可以内在地统一起来，融为一体的。计划经济是社会主义的基本属性，商品经济也是社会主义的内在属性，所以，我们把社会主义经济称之为有计划的商品经济。

　　如何在保持社会主义制度性质的前提下，按照商品经济的原则组织社会的经济活动是我们目前和今后相当一段时间面临的一项重大任务。这个问题集中地表现为如何正确处理计划与市场的关系问题。计划侧重于解决宏观层次的重大比例关系和反映社会主义制度要求的生产关系的调节；市场应当对日常的生产经营活动进行调节。市场以计划为指导，计划以市场为基础。

一　中国的经济体制改革已经取得重要进展

　　我国社会主义改革是社会主义制度自我完善和发展，它的基本目标是改革传统的高度集中的经济体制，大力发展社会主义有计划的商品经济，建立计划经济与市场调节相结合的经济运行机制，既要把微观搞活，又要保持宏观比例的协调，把计划与市场两者的优点结合起来，而避免两者的缺点。我国的改革一直是沿着这一方向前进的，而且今后的改革将继续朝着这一方向努力，以求得确立社会主义有计划的商品经济的新体制。现在人们比较关注的问题是经过十余年改革，中国经济的现实运行在多大程度上摆脱了传统的集中模式，在多大程度上引入了新的经济运行机制。对这个问题，中国经济学界是存在着不同的看法的。有的人认为，目前经济生活中起主导作用的仍然是以指令性计划和直接的行政干预为主的旧经济体制；有的人则认为，经济生活中的市场机制的作用已逐步增强，国家宏观管理的方式也发生了重大的变化，旧体制已不再像过去那样占据主导地位，我们已经迈入新体制的大门。我基本上赞成后一种看法。我国经济体制改革中，虽然没有像某些人所设想的那样在很短时间一揽子地过渡，但是局部的、渐进的改革始终没有停步，新体制的因素在探索中不断地成长和完善。这里提供以下一些具体情况来说明。

（一）农村改革取得了极大的成功

在保持土地公有的基础上，普遍推行了以家庭为单位的联产承包经营责任制。在保证完成国家农产品征购任务的前提下，农民生产什么，如何生产以及农产品的分配完全由农民家庭决定，实现了所有权与经营权的有效分离。农民取得了自身独立的利益以及具有比较充分的生产经营自主权，极大地调动了农民的积极性。过去十年间，农业总产值以每年 5.9% 的速度递增。正是由于农村的成功改革，才使我国十余年来人民生活的提高具备了可靠的物质基础。有人认为中国农村改革是向着私有化方向发展的，这是不符合实际的。我国农村的土地是公有的，大型水利设施、大型农机具都是公有的，还有乡镇企业以及农业产前产后服务体系都是集体性质的。所以我国农村改革是在公有制基础上经营方式的自我完善。

（二）以公有制为主体的多种经济成分（即多种所有制形式）共存，增强了我国经济的活力

在过去传统体制时期，片面追求纯而又纯的公有制，到 1978 年，全民所有制工业的产值高达 78%，再加上城镇集体所有制工业（实际上类似于全民的管理办法），两者相加，几乎囊括了工业总产值的全部。当时这些企业都是吃大锅饭和端铁饭碗，缺少经济活力。改革以来，在实行公有制经济为主体的前提下，大量发展乡镇企业，运用优惠政策鼓励中外合营、中外合资，以及外国独资企业，并鼓励城乡个体经济和私营企业作为社会主义经济的补充而加以发展。到 1990 年，"三资"企业和个体企业、私营企业产值比重达到工业总产值的 8.6%，乡镇企业产值占 30%。我们有时听到这样一种说法，认为中国的企业还没有脱离政府的庇护和干预，不能自主经营，从而缺少活力，这种说法显然是过于笼统的和不切实际的。事实上，占工业产值 40% 的乡镇企业、"三资"企业和其他经济成分的企业已经成为独立的商品生产者和经营者。至于国营企业也正向独立的商品生产者和经营者这个方向转变。应当指出，我们在实行多种经济成分共存的同时，仍然保持了公有经济的主导地位，国有经济加上集体经济的工业产值目前占全部工业产值的 90% 以上。

（三）计划经济与市场调节相结合的新运行机制正在逐步确立

在全民所有制的内部，指令性计划的比重逐步降低，具有计划调节与市场调节相结合的显著特征的指导性计划日益成为一种重要的计划形式，因而市场调节的作用逐步增强。国家计委下达的指令性计划产品品种，由1984年的120种减少到65种，国务院各专业部门下达的指令性计划产品品种从1984年的1900种下降到1988年的380种，各省下达的指令性计划产品也大大减少。全国指令性计划工业产品的产值比重已从1984年的80%以上下降到1988年的16.2%，而指导性计划的产值比重为42.9%，其余40.9%为计划指导下的市场调节[①]。实际上，考虑到指导性计划并不具备充分的约束力，它在很大程度上可由企业根据市场供求状况调整，实际上，大部分工业企业的生产经营决策权已经实现了计划指导下的市场调节。与此同时，适应社会主义商品经济发展的宏观调控手段正在建立和健全，如国家运用控制信贷和货币发行量实现总供给和总需求的平衡，运用利率、税率、价格、汇率等手段进行结构调整，并注重对各行业和整个国民经济的预测、监督和调控，等等。

（四）价格作为一种重要的经济参数，在经济调节中的作用逐步增强

在经济体制改革之前无论是农副产品，还是工业品；无论是生活资料，还是生产资料，基本上都是由国家定价的。到1985年，在全部产品和服务中，国家定价和市场定价大体各占50%左右。目前有人估计在全部产品和服务的价值总额中，国家定价大体占25%，其余75%左右为国家指导价和市场价[②]。在农产品收购总额中，国家定价占25%，国家指导价占23%，市场价占52%。消费零售总额中，国家定价占30%，国家指导价占25%，市场价占45%；生产资料出厂价格总额中，国家定价占60%，其余40%为指导价和市场价。但在实际执行中，国家定价部分存在很大的弹性。以煤炭和冶金产品为例，煤炭产品计划调拨和市场采购的数量约各占50%，而计划调拨的部分，执行计划内平价的仅为36.5%左

---

① 《国务院发展研究中心材料》1990年第72号。
② 《经济研究》1990年第11期，第5页。

右。冶金产品的钢材 1989 年统配比重为 37.5%，而其中计划内平价为 71%，高价为 29%，全部钢材中只有 26.6% 执行国家计划内平价，其余则为市场价、指导价和计划内高价。可见，即使是生产资料，价格在相当程度上已由市场供求所决定[①]。所以上述判断并不是完全没有根据的。当然，这个数据可能与实际有某些出入。

（五）企业的经营方式发生了重要变化，企业逐步由统负盈亏向自负盈亏转变

传统体制下那种企业既没有自身独立的经济利益，又缺少必要的生产经营自主权的状况已成为历史陈迹，十年来围绕搞活企业这个中心环节进行了一系列卓有成效的改革，使企业在自主经营、自负盈亏的方向上迈出了实质性的步子。目前，企业改革的主要形式是承包制。承包制的核心内容是使企业与国家之间的财务关系以一种特定的方式确定下来，硬化了企业的预算约束。它包括：首先对企业核定一个承包（上交利税）基数，然后根据对企业的未来经营的预期，确定新增利润中上交国家的相应比例。这样，企业的留利水平以及职工的收入相应地与企业的经营成果相联系，并且使国家和企业间的分配关系以一种确定的形式固定下来，企业取得了自身的独立利益；与此同时，除了少数企业完成国家指令性计划外，大部分企业生产什么、如何生产，主要由企业根据市场供求状况在国家计划指导下自主决策。虽然目前实行的承包制在解决政企分离方面存在不少问题，但是，它与传统体制下政企不分相比，已经有了实质性的变化，并且成为新旧体制转变过程中一种较为有效的过渡形式。

除了大部分企业实行承包制之外，租赁经营和股份制也有了初步发展。租赁制主要在一些经营不善的小型工业和小型商业企业中进行。承租人向国家交付一定的租金，企业按自负盈亏经营，这部分企业比重不大。近几年来，股份制在全国各地都有一些发展，企业在产权关系明确的基础上实行自主经营，已经显示出较强的发展潜力和生命力。预计，在试点取得经验的基础上，今后，以国家控股、企业相互控股为主要内容并辅以个

---

① 《成本与价格资料》1991 年第 1 期。

人买股的股份制有可能成为我国社会主义经济中的公有制企业的一种重要的形式。

总的来看，中国经济的运行机制已经发生了重大的意义深远的变化，中国改革的实际进展比人们所认识到的要大得多，改革的实际内容也比理论所描述的要丰富得多。改革已经成为各级领导和广大群众的自觉行动。我国改革已经取得的成就，使我们满怀信心地看到社会主义改革成功的希望。

二　当前经济体制中存在的主要问题

我国经济改革虽然已经取得重大进展，但是在不同领域、不同地区，改革进行得很不平衡，适应社会主义商品经济的新的管理体制尚未完全确立，经济生活中面临着许多复杂矛盾，改革还需要完成一系列攻坚任务。当前存在的主要问题是：

（一）大中型企业尚未完全搞活

近几年来，企业经济效益下降，特别是大中型全民所有制企业效益下降更为严重。究其原因，既有外部环境的影响，又有其内部经营机制的影响。从外部看，大中型企业一般承担指令性计划比较多，而计划内产品通常执行国家定价，价格较低。再加上大中型企业利税负担比小企业、乡镇企业和"三资"企业高。从内部经营机制看，大中型企业的自负盈亏程度比较低，企业自身的经营动力也不足。目前实行的承包制虽然比传统体制时期那种国家对企业统负盈亏的状况大有改进，但是企业（特别是全民所有制大中型企业）在相当程度上仍存在负盈不负亏的问题，即企业出现经营亏损时，政府仍然对其进行支持和保护，特别是企业经营者对企业的盈亏不承担直接责任，这是某些企业经营效率不高的一个根本原因。

（二）价格体系和价格形成机制很不合理，制约着资源配置结构的优化

价格体系不合理主要是国家定价的生产资料比价过低，造成短线部门越来越短。以下一组数字可以看出，国家定价与市场价的背离程度：煤炭

市场价比计划价高出 1.7 倍，原油计划外限价比计划价高出 2.48 倍，钢材市场价比计划价高出 80%，基础化工产品市场价比计划价高出 11%—65%。由于原材料产品价格偏低，即使生产这类产品的企业严重亏损，自身缺少发展能力，也不利于吸引社会资金向这些短线部门转移，加剧供给短缺状况；同时由于这些基础材料的价格过低，使用部门也不注意节约，造成很大浪费。价格体系和价格形成机制不合理，使产业结构调整极为困难。

（三）资金分散化倾向严重

目前的资金分散化表现是多层次的：首先是两个比重降低（即在国民收入中国家财政收入所占份额下降和在国家财政收入中中央财政比例下降），导致国家承担的重点建设项目资金严重不足，宏观调控能力下降。其次，在层层承包的资金分配体制下，资金被分散分配到大大小小的行政区域和企事业单位中去，而又缺少必要的要素流动机制，阻塞了资金集中的正常渠道。使得单位投资规模过小，重复建设严重。生产不是走向集中，而是在某种程度上趋于分散。

（四）适应商品经济要求的新的宏观管理体系很不完善

过去，在传统体制下，中央掌握大部分资金和物资，主要利用指令性计划等直接的行政手段管理经济。目前，直接的控制手段已非常有限，而间接的调控手段很不健全，某些行政管理部门对间接管理尚不熟悉。近几年来，通过控制货币发行量、信贷规模、利率等手段，在总量控制方面已取得了一些经验。但在结构调整，特别是产业结构、技术结构、组织结构的调整中，宏观的间接调控非常乏力。

三 今后改革的基本方向与策略

我国经济体制改革已经走过了 12 年探索的历程，并取得了重大进展。最近召开的中共十三届七中全会通过的"十年规划和八五计划的建议"，提出了今后 10 年改革的基本目标和基本原则，其中最重要的一个目标是：再经过 10 年的努力，初步建立适应以公有制为基础的社会主义有计划商品经济发展的，计划经济和市场调节相结合的经济体制和运行机制。这表明：今后 5—10 年，中国的改革绝不会倒退，也不会停滞，而是在巩固已有改革成果的基础上再大踏步前进，实现由传统体制向新体制的过渡。这将是一项非常艰巨的任务，完成这一任务没有现成经验可循，只能依靠我们在理论和实践上进行大胆探索和创造性的工作。

今后改革的基本方向是实现计划经济和市场调节的有机结合，考虑到我国目前市场发育尚不充分，在经济生活的许多方面旧体制的因素还不同程度地存在，今后改革的基本趋势是实现计划职能的转变（即由指令性计划为主的直接计划向指导性计划为主的间接计划转变）和促进市场发育，即进一步缩小指令性计划的范围，适当扩大指导性计划的范围，更多地发挥市场机制的作用。

目前仍有一些人对计划经济和市场调节能否有机结合表示怀疑以至反对。一些人认为只有放弃计划经济并实行私有化，实行纯粹的市场经济，才是出路。这是一种历史的大倒退，我们当然坚决反对。有一些人认为社会主义公有制与市场机制不相容，因而不赞成扩大市场机制的作用，甚至把当前双重体制转变过程中出现的一些问题和矛盾完全归罪于市场，主张和强调恢复传统计划经济体制和扩大指令性计划。这两种观点虽然各自出于不同的目的，但都对计划和市场结合持否定态度。我认为这两种观点都是缺少现实依据的。恰恰相反，国内外的许多经验已经表明计划与市场相结合是优化资源配置的一种有效形式。即使在西方发达国家，第二次世界大战以后，政府通过各种方式干预经济已成为一种普遍的趋势，有些国家还明确地提出制定经济、技术和社会发展中长期规划，早期的自由市场经济已经逐步发展成为有些国家所谓的"混合经济"。我国 10 年来改革的成就，更生动地说明了计划与市场相结合的可能性和优越性。没有 10 年的改革，中国就不会有过去 10 年的高速增长，也不会有今天比较丰富的市场供给。所以，按照计划与市场相结合的原则探索有中国特色的社会主义改革道路将是大有希望的。

为了实现这一目标，今后 5—10 年，我国经济体制改革将在以下几个方面进行：

第一，深化企业改革，完善企业经营机制。目前，企业改革的主要任务是搞活大中型企业，提高经济效益。既要完善企业经营的外部环境，又要完善企业内部管理，挖掘潜力，向企业内部要效益。并逐步使企业成为自负盈亏的生产经营者。解决全民所有制企业的自负盈亏问题，主要将从利税分流入手，使企业平等赋税和平等竞争，并进一步实行政企分离，使企业经营自主权真正落实。在产权制度方面进行股份制试点，改善国有资产管理方式；改善企业领导制度，内部人事、劳动、分配制度相应地改革，为企业自负盈亏创造条件。并依法实施破产制度。当企业无力偿债时应当依法宣布破产。考虑到社会稳定的目标，国家应当有控制有选择地对一些经营效率很低的企业给予淘汰，以真正发挥市场优胜劣汰的作用。但同时必须相应地建立失业保险制度。

第二，加速市场发育，完善社会主义市场体系。形成遵从价值规律和供求规律的、在国家计划指导下的、自动的市场调节机制。首先要积极稳妥地推进价格改革，逐步理顺价格体系，建立和健全合理的价格形成机制和价格管理体制。基本方向是除关系国计民生的少数重要产品和劳务价格由国家管理（但国家定价也要反映价值规律和供求规律的要求），大量的一般产品由市场调节。中近期内要解决粮食购销价格倒挂问题和调整生产资料价格，生产资料价格逐步取消双轨制。有些产品价格要逐步同国际市场价格相适应。同时要进一步完善市场体系。在完善消费品市场，扩大生产资料市场的同时，大力发展资金市场、技术市场、信息市场、房地产市场和劳务市场，完善市场规则，健全市场秩序。

第三，转变政府管理职能，完善社会主义宏观管理体系。建立新的宏观调控体系的重点是改革和完善社会主义计划管理体制。一方面计划工作由过去直接的指令性计划为主向间接的指导性计划为主转变；另一方面改变目前计划覆盖不全的状况，使计划能够对全社会经济活动进行有效的预测、规划、指导和调控。各部门由直接管理所属企业向行业管理转变，搞好行业规划，制定行业政策，并在财政、税收、银行、外贸、劳动工资等方面进行相应改革。使宏观管理方式和宏观调控能力与商品经济的发展要求相适应。

我们相信，按照发展社会主义有计划商品经济的要求，在巩固现有改革成果的基础上，再经过5—10年的努力，确立计划经济和市场调节有机结合的新体制的目标将会如期实现。

四　对社会主义经济形态和经济运行机制的基本看法

下面我想着重谈一下我的经济观，即我对社会主义经济形态和经济运行机制的基本看法。

几十年来的社会主义经济改革涉及一个重大的理论问题，即社会主义经济是不是商品经济；如果是商品经济，那么它本身具有什么样的特征。围绕这些问题，我们已经进行了数十年的争论与探索。目前虽然人们对社会主义经济是商品经济这一命题基本上取得了共识，但是人们在对这个问题的具体的理解和解释上仍有很大的差别。有的人认为，社会主义经济本质上是计划经济，计划经济才是社会主义经济的本质属性，商品经济是一种非本质的外在的属性，仍然把商品经济属性看做是附加在社会主义经济上的，甚至有的人把计划经济和商品经济对立起来，对社会主义经济是不是商品经济都是持怀疑态度的。也有的人否定社会主义计划经济的基本属性，认为计划经济与商品经济不相容；既然承认社会主义的商品经济性质，社会主义就不再具有计划经济的属性。我对这两种观点都是不赞成的。我认为，计划经济和商品经济并不是相互排斥的，两者是可以内在地统一起来的，计划经济是社会主义的基本属性，商品经济也是社会主义的内在属性，所以，我们把社会主义经济称之为有计划的商品经济。

社会主义经济的计划属性是由我们的社会主义基本经济制度所决定的。我们实行公有制为主体的所有制结构决定了在生产资料的共同占有基础上广大劳动者根本利益的一致性。这一方面使我们能够按照社会的共同利益有计划按比例地发展社会主义经济，实现社会资源的合理配置；另一方面，社会主义公有制也要求我们在宏观上有效地协调全社会各方面的利益关系，在按劳分配的基础上实现共同富裕，保证现实生产关系的社会主义制度性质。当然，这里所讲的计划属性，并不是指保持传统体制下那种高度集中的指令性计划，而是指在发展社会主义商品经济的条件下，国家对基本的社会经济关系，即马克思所讲的那种以人与人之间的关系所表现的生产关系应当进行有效的调节；国家对国民经济的重要经济比例关系，如产业结构、供求关系、区域布局、发展速度等等进行有效调节，保证社会主义经济持续、稳定、协调发展。只要这些方面国家能够进行有效的调节和控制，就能够确保社会主义经济的计划性质，而且社会主义的优越性才能得到充分的发挥。在这一点上我们不应当有丝毫的动摇与怀疑，这也是我们与否定计划经济，主张完全市场化和私有化的人们的根本区别。

肯定社会主义经济的计划性质的同时，我们还应当认识到，社会主义经济同时也是一种商品经济，是有计划的商品经济，商品经济也是社会主义经济内在的基本属性。

社会主义经济为什么有商品经济的属性呢？我认为有两方面的原因：

一方面，社会主义存在商品经济产生和发展的重要基础与条件——社会分工。列宁曾经在《俄国资本主义的发展》中指出：社会分工是商品经济的基础。加工工业与采掘工业分离开来，它们各自再分为一些细小的部门，各个部门生产商品形式的特种产品，并同其他一切部门进行交换。这样，商品经济的发展使各个独立工业部门的数量增加了。

当然，社会分工只是商品生产存在的一般前提。如果仅仅存在社会分工而不存在具有独立经济利益的不同经济主体，不存在社会劳动与局部劳动之间的矛盾，就只会有统一经济主体内部的交换，而不会有不同的商品生产者之间的商品交换。那么，社会主义经济中是否存在有独立经济利益的不同经济主体呢？答案应当是肯定的。

首先，在社会主义条件下，存在全民所有制和集体所有制两种公有经济成分，还存在个体、私营、"三资"企业，个体、私营、"三资"企业等非公有经济成分是具有独立经济利益的商品生产者是不言而喻的，集体经济无疑也是独立的商品生产者。无论它们与国家之间，还是它们相互之间，在经济关系上都是以等价交换为基础的商品经济关系。不承认这种商品经济关系，就会在实践中采取损害农民及其他劳动者集体经济利益的政策，就不利于社会主义经济的发展。

　　其次，即使就全民所有制内部的国营企业来说，它们之间也应当遵守等价交换原则。在社会主义这一历史阶段，劳动仍然是人们的主要谋生手段，劳动能力是劳动者的"天然特权"，因此，在劳动者之间仍然存在根本利益一致前提下的物质利益差别。正如马克思所讲的，这种利益差别应当按照等价交换原则来调节。在现代分工体系下，一个劳动者只能完成某一产品的一道或几道工序，不能独立地提供整个产品，产品是由不同劳动者组织起来的企业生产出来的。因而，劳动者之间等量劳动相交换的关系首先以企业之间产品的等价交换表现出来。这就决定了每个国营企业存在着不同于其他国营企业的相对独立的经济利益，国营企业在相互的经济关系上，不能不以相对独立的商品生产者来相互对待。它们之间的关系，只能采取等价补偿和等价交换的原则，这个原则是商品经济的基本原则。这样，社会主义经济中普遍存在商品经济关系就不难理解了。如果说，生产资料的社会主义公有制带来劳动者之间物质利益的根本一致，是实行计划经济的客观依据的话，那么劳动者之间的物质利益的上述差别，则是社会主义内在地具有商品经济属性的直接原因。

　　另一方面，有的同志不同意把社会主义经济看做商品经济，其理由是在社会主义社会，劳动力已经不是商品，土地、河流、矿藏等一般也不再作为买卖对象。实际上，劳动力虽然不是商品，但劳动者的报酬却要通过等价交换原则加以实现，作为劳动力成果的产品经过等价交换原则在市场上实现其价值后，劳动报酬才能实现，所以劳动报酬的高低也通过等价交换进行评价。土地的使用实行有偿使用，表明土地使用权的转让也服从等价交换原则。况且，劳动力在简单商品经济中也并不是商品，劳动力、土地、河流、矿藏是否可以买卖并不是商品经济的标志，它只能说明，社会主义条件下，商品经济关系受到某些限制，并不能由此否定社会主义具有商品经济的属性。

　　还有的人认为，如果把社会主义经济看做是商品经济，那么，国营企业就以商品生产经营者的身份出现，成为一种独立的经济实体，这就意味着否定全民所有制，否定了社会主义国家代表全体人民对生产资料行使所有权，否定了全体劳动者共同占有生产资料和联合劳动的关系。这种看法，也是不正确的。全民所有制作为独立的商品生产者出现，并不影响生产资料的国有性质，它们改变的只是全民所有制企业的经营方式。全民所有制企业自主经营后，所有权仍然是国家的，企业只是对国有财产行使经营权，而且自负盈亏后，企业更加关心其经营成果，有利于提高国有财产的使用效率，更好地实现国有财产增值，不但不会影响或改变生产资料的公共占有，而且会更加巩固和发展社会主义的公有经济。

社会主义经济既有计划经济的内在属性，又有商品经济的内在属性，这两种属性不是相互排斥的，也不是各自分开的，而是融为一体，内在地统一起来的。这种内在的统一性，就使得社会主义商品经济既具有商品经济的属性，又具有反映社会主义制度要求的，区别于简单商品生产和资本主义商品生产的一些新的特征。

社会主义商品经济的特点反映在三个方面：一是公有制，无论全民所有制，还是集体所有制，都是广大劳动者共同占有生产资料，在公有制内部不存在一部分人因占有生产资料而对另一部分人的剥削。目前实行多种经济成分共存，个体经济是自食其力的，不存在剥削问题，少量私营经济也是在国家政府的管理和监督下进行经济活动，它们是对社会主义经济的有益补充。经济的主导方面仍是公有制，目前我国公有经济比重为90%以上。这样，市场活动的主体不再是占有生产资料的私人资本家，而是共同占有生产资料的社会主义企业之间和社会主义的劳动者之间，按照等价交换原则进行平等竞争。二是实行按劳分配，由于实行公有制为主体，这样由于财产分配不平等导致的一部分人占有另一部分人劳动成果的现象已不再存在，社会成员的收入主要与其劳动贡献相联系，当然在实行多种经济成分共存的条件下，一定程度的财产收入存在是允许的，但不是主要方面。同时国家还运用各种再分配手段保证劳动者收入分配的大体平等。三是经济的计划性质。当然，这种计划性不再是国家通过指令性计划干预企业的生产经营活动，而是运用经济手段、法律手段、信息手段和行政手段有效地调节经济运行，协调重大的经济比例关系，使国民经济健康地发展。

上述三点构成了社会主义商品经济的特殊形式，我们通常讲社会主义是有计划的商品经济，就是这个含义。有计划，并不是指国家要恢复指令性计划方式把企业管死。我认为，我们所讲的有计划或坚持计划经济的性质是一个广泛的概念，它实际上是社会主义生产关系的同义语，广义的计划经济就是包括了公有制为主体，按劳分配，重大经济比例的宏观调控等内容在内的，它是我国经济的社会主义性质的总概括。

　　理论上明确计划经济、商品经济都是社会主义经济的内在属性，两者又是内在地统一的，对于我们进一步深化改革，逐步确立新的经济体制具有重要意义。经过过去十余年的改革，我们已经取得了重要进展，但是有计划的商品经济的新体制尚未完全确立。如何在保持社会主义制度性质的前提下，按照商品经济的原则组织社会的经济活动是我们目前和今后相当一段时间面临的一项重大任务。这个问题集中地表现为如何正确处理计划与市场的关系问题。在这个问题上我觉得需要澄清一个基本认识，市场不是资本主义所特有，市场也是社会主义的内在属性。有的同志承认社会主义是商品经济，而把社会主义商品经济只理解为存在商品交换和商品货币关系，而不承认社会主义市场。我认为这是不正确的。商品经济与市场是天然地联结在一起的，商品经济就是等价交换，等价交换只有在市场上才能实现。所以，正如同商品经济是社会主义的内在属性一样，市场也是社会主义经济内在的属性。当然，在现实经济的运行中，计划和市场各自发挥何种职能和作用，如何发挥它们各自的长处，避免各自的缺陷，使两者有机结合起来，在理论和实践上仍需要进行进一步探索。在具体结合上，有的同志对计划强调得多一些，有的同志对市场强调得多一些。我认为计划和市场各自有不同的职能，一般来说，计划侧重于解决宏观层次的重大比例关系和反映社会主义制度要求的生产关系的调节，市场应当对日常的生产经营活动进行调节。市场以计划为指导，计划以市场为基础。社会主义市场与私有制基础上完全放任的市场不同，应当在接受宏观计划指导的范围内发挥其作用。计划也不再是像传统体制下那种直接干预企业生产经营活动的指令性为主的计划，而是尊重价值规律和反映供求关系的，承认市场调节作用的间接管理为主的计划。首先，计划的制订不能以主观意志决定，应当以市场需求为前提，在充分了解供求信息、科学预测需求变化基础上使计划科学合理；同时计划的实施，不是主要通过直接命令的方式，而是通过经济手段、法律手段引导企业和市场，使整个经济活动纳入计划的轨道。

要发展社会主义商品经济，扩大市场的调节作用，就必须确立新型的社会主义市场主体。这就要求公有制企业真正按照自主经营、自负盈亏原则从事生产经营活动，这就涉及公有制企业的产权制度、企业领导制度、劳动人事制度、内部管理和分配制度，以及经营制度的相应改革；发展社会主义商品经济，必须完善社会主义市场体系，价格作为一种市场参数应当基本上由反映价值规律和供求关系的市场来决定，各种要素市场也应当相应地发展。当然，在发展社会主义市场的同时，应当进一步完善和改进我们的计划工作，要确立适应社会主义市场的新的计划管理方式。加强计划的科学性，运用多种调控手段，保证宏观重要经济比例的协调，使社会资源更加优化合理地配置，同时，宏观调控和计划管理的另一个重要职能是协调社会主义各方面的经济关系，保证现实生产关系的社会主义制度性质。

要重视发展旅游产业 *

一 旅游业的发展，首先要解决人们对旅游产业的思想认识问题

这是一个很重要的问题，如果对旅游产业的重要性没有充分的认识，旅游业一定发展不起来。我认为旅游业是我国国民经济中的一个很重要的产业部门，不能把旅游业仅仅看做是一般的吃、喝、玩、乐的服务行业。旅游业虽不直接生产供人们消费的物质产品，但它通过为旅游者提供各种服务、设施和物品来满足人们的精神消费、文化消费的需要，这必然会促进社会主义精神文明建设、促进社会主义商品经济的发展，带动其他有关行业的发展，如促进交通、建筑、商品、餐饮等行业的发展。过去人们把旅游业仅仅看做是吃喝玩乐的一般服务业，主要是由于在观念上只承认直接生产物质财富的才是经济产业。殊不知，为满足人们精神文化需求而提供的各种高级的服务、设施、物品，也是一项重要产业。这个问题要明确，要从理论上认识清楚，旅游业不是吃、喝、玩、乐的行业，它是人们物质、精神、文化生活中不可缺少的一部分，是一个重要的很有发展前途的产业。

---

* 本文写于 1991 年。

二   旅游业是一个朝阳产业

它是随我国经济的不断发展，人们生活的不断改善而蒸蒸日上的产业。它不像其他有些产业有朝阳产业和夕阳产业的更换，可以说，旅游业永远是一个朝阳产业。经济发展了，人民生活提高了，对旅游的需求也日益扩大。当然，旅游业也可能在一定时期和一定范围内受到社会政治、经济种种因素的干扰而产生波动或不景气，但这种不景气是暂时的，只要产生这种不景气的因素消失了，旅游业仍会继续发展，永远不会被淘汰。所以它永远是一项朝阳产业，一项具有远大发展前途的产业。

三   我国的旅游资源十分丰富

在我国，不论是自然风光和人文资源，品位很高，内容丰富，分布面广，乃世界所罕见，这是大力发展中国旅游业的极好的客观条件。经过这十年来的努力，我们的服务设施也有很大改善，如各地兴建了一批饭店，民航、铁路交通事业也有很大发展，因此，可以说，我们现在发展旅游业的主客观条件均较好，应该抓住这一时机，充分利用各种有利条件，大力发展旅游业。

四   要重视国内旅游业

不仅要大力发展国际旅游业，而且要重视国内旅游业。随着国内生产的发展和人民生活的提高，国内旅游消费市场将逐步拓宽，国内游客会日益增多，这比国际游客的数量要大得多。我们现在某些地区和部门把主要力量放在发展国际旅游上，对国内旅游不够重视，有的甚至不把国内旅游看做是自己的业务范围。如饭店建设就没有考虑国内游客的需要。应当看到，国内旅游消费市场潜力很大，中国有 11 亿人口，开展省内、省际旅游会涉及上千万人。这同居民的消费结构变化也有关，开始时人们的消费主要对象放在吃、住、用、穿等生活必需品上。发展到一定程度，人们就产生了旅游欲望；从近距离旅游，发展到远距离旅游，甚至想去海外旅游。目前全国城乡居民的银行存款约有 8000 亿元，加上手头上的现金，总共约有 10000 亿元，如何引导居民消费，买房是一条出路，引导他们旅游消费也是一条重要出路。发展国内旅游，既可丰富居民的精神物质生活，又可为国家回笼大量货币。

五　旅游业是第三产业中的大项

根据全国国民经济和社会发展十年规划和"八五"计划发展纲要，第三产业在整个国民经济中的比重要大大提高。据了解，上海的第三产业在国民生产总值中的比重将从 1990 年的 30% 提高至 2000 年的 40%。旅游业是第三产业中的一项重要产业，它的发展——不能脱离总的社会经济发展水平，但可考虑适度超前，在基本适应总的目标前提下适度超前是必需的，这对提高第三产业在国民生产总值中的比重有好处，当然，近年来部分地区饭店盖得过多，档次过高，这方面的教训也要认真吸取。

总之，要充分认识发展旅游业的重要性，不仅要看到它能为国家创造一定数量的外汇，解决一部分人的就业，带动有关关联行业的发展，提高第三产业在国民经济中的比重，扩大对外开放度，增进同各国人民之间的友谊，等等，而且要看到旅游业这一新兴产业所具有最本质意义的特点就是组织大规模的人流，而人流必然会带动物流、财流、交通流和信息流，而这一社会功能是任何一个现代化的社会组织所必须具备的。

对我国市场形势的分析[*]

　　我国经济发展中正呈现出一些前所未有的现象，不少长期供不应求的商品和短线物资都出现了一定程度的宽松。比如，长期以来供应紧张的粮食、煤炭都超过正常的库存量，钢材及有色金属产品库存的增长也超过生产增长；消费品市场，特别是以家用电器为代表的耐用消费品市场和纺织品市场也出现了全面的持续的供大于求的态势。与此同时，物价涨幅已趋于正常水平，有的地方（如广东）还有所下降。居民储蓄继续高额增长。长期紧张的外汇储备额也达到了较高的水平。

　　上述种种情况表明，从市场供求关系及交易中买卖双方的地位来看，是否可以认为目前我国出现了一定程度的"买方市场"，而不宜再像一年前那样，继续把它笼统地视之为"市场疲软"了。这个问题是值得深入探讨的。正确地认识这个问题，对我们正确地判断当前的经济形势，并采取正确的方针政策，引导经济进入良性循环具有重要的意义。

　　目前出现的这种一定程度的"买方市场"在传统体制下是不可能出现的。因为传统体制的特征是供给不足、商品短缺，这也是我们改革初见成效的反映，是人们一直求之不得的一个目标。相对"卖方市场"而言，这种"买方市场"的形成，更有利于满足消费者多方面的需求，有利于形成市场竞争环境，使企业加快产品更新换代，促进技术进步和产品结构

　　*　本文原载《中国工业经济研究》1992 年第 1 期。

的调整，同时，也为进一步深化改革创造了一个比较宽松的环境。

这种情况的出现，既是体制改革所产生的结果，也有政策调整方面的因素。党的十一届三中全会以来我国改革开放，调动了地方、企业和劳动者的积极性，产品的供给能力大大增强。从体制方面看，一是所有制结构方面以公有制为主的多种经济成分共存、经济活力大增，特别是乡镇企业十分活跃；二是推行家庭承包经营责任制，农村改革取得了重大突破，农业生产出现了五业兴旺的局面；三是国有企业管理制度改革也取得了一定的进展，指令性计划控制范围缩小，行政干预减弱，按照指令性计划安排生产和按计划价格销售的产品在国民经济中所占的比重已经明显降低，企业有了较大的经营自主权和明显的利润意识，企业的竞争力和对市场的适应能力也有了明显改善。这种一定程度"买方市场"的形成，在很大程度上也是近几年治理整顿过程中宏观经济政策积极调整和引导的结果。通过财政金融双紧方针的实施，总需求膨胀的状况有了很大的缓解，固定资产投资规模得到有效控制，消费需求的增长也趋于平稳。同时，通过各种刺激经济增长的措施，农业连续两年丰收，工业生产也走出低谷，增长速度逐步趋于正常。随着治理整顿的不断深入，我国经济环境有了较大的改善。

但是，目前无论从企业的经营状况来说，还是从宏观调控和行政指导来说，还未能认清这种新形势，未能使自己的工作完全适应已经变化了的新情况。不少人的认识和观念仍然停留在产品经济、商品短缺的水平上，用旧的思维方式来分析目前变化了的形势。例如，有的同志习惯于企业生产什么，国家就包销什么的旧的做法。在市场滞销的情况下，不是考虑生产是否适合需求，并调整产品结构，而是继续维持那些已经卖不出去的产品的生产。还有，当前存在的产品积压本来是一部分企业产品不适应需求，而又勉强维持生产所造成的"买方市场"下的新现象，而一些同志仍然认为是"市场疲软"，总需求不足。同样，在宏观政策导向上也未能适应新的形势，不是抓紧时机切实进行产业结构，尤其是产品结构的调整，并下大力气对那些产品长期无销路、严重亏损的企业实行关停并转，而是着力于增拨收购产成品的流动资金，这只能造成滞销产品的进一步积压。实际上，目前的库存积压已经不能用疲软还是不疲软加以解释，社会商品零售额以13%的速度增加，难道能说是疲软吗？乡镇企业以30%的速度增长，而且它们的销路相当好。所以目前库存积压在很大程度上是某些企业对市场的适应能力不强，还不适应"买方市场"出现这一新的形势。而且我们宏观政策上也未能及时地适应这一新的形势。当然，我们讲一定程度的"买方市场"出现，只是从供求之间的关系和经济运行方式变化的角度分析的。由于当前经济生活中仍存在一些严峻的问题，所以目前出现的一定程度的"买方市场"是不稳定的。如居民收入增长快于生产增长，经济效益下降的状况仍未明显好转，财政状况也不容乐观，加之贷款大幅度增长的同时，通货膨胀的压力也在不断加大；由于"三角债"屡清屡欠以及一些企业还贷能力不足，在一定程度上酝酿着信用危机。这些问题需要我们依据变化了的形势，从新的角度分析，从新的角度寻求解决。由于人们对形势的认识不同，对当前应采取的政策也就有不同的主张，对目前的形势，我们面临着三种不同的选择，并将产生三种不同的结果：第一种是放松控制，进一步扩大投资需求和消费需求，这必然会导致新一轮的经济过热，重蹈以往的覆辙，目前出现的一定程度的"买方市场"稍纵即逝，这是最危险的。第二种是用扩大收购的办法维持生产，这样，那些不适销对路的产品势必越积压越多，引起进一步的效益下降和财政恶化，这也是难以为继的。第三种是使企业、政府管理部门和宏观政策顺应新的形势，因势利导，通过产品结构和产业结构的调整，使经济步入良性循环。我们应当采取第三种选择。应当珍惜这种来之不易的一定程度的"买方市场"，在改革开放方面继续努力，兴利除弊，解决目前所面临的困难，逐步理顺经济关系，为长期保持"买方市场"的格局奠定制度基础。

首先，要搞好宏观调控。需要做好以下几项工作：

一是继续坚持总量平衡的方针，不能放松对总需求的控制，特别是不能由于部分企业产品滞销而采取过分松动的政策。继续控制信贷规模和货币发行量。以造成"买方市场"继续健康发展下去的宏观环境。

二是把宏观调控的重点转向调整经济结构，努力调整好产品结构、企业结构、产业结构和区域结构。要下大决心对那些长期经营不善、产品难以销售、亏损严重的企业坚决实行关停并转，对企业职工进行适当安置，生活上做适当的安排，并进一步促进失业保障制度的建立和发展。积极推进企业的兼并与联合，促进专业化分工、促进有竞争力的企业集团的形成，积极调整存量结构。与此同时，要采取果断措施坚决制止增量结构的扭曲；对生产能力大大过剩的长线部门要按产业政策的要求，严格控制再铺新摊子，并从政策方面扶持其转产适销对路的产品，促进产品的结构升级。在这方面要经济手段和行政手段兼施，切实加强纪律性，对严重的违纪行为，要绳之以纪律。在区域结构方面，主要是协调好以加工工业为主要产业的东部沿海省份与以原料业为主要产业的西部和中部省份的利益关系，使其能够在平等竞争的基础上发挥各自的比较优势，促进资源的合理配置和流动。

三是在市场环境方面，要利用目前市场供求关系相对宽松的有利环境，继续进行比价关系的调整和价格形成机制的改革。对库存积压严重的物资，包括煤炭、钢材等，要通过价格调整缩小计划内价格和计划外价格的差距，同时对那些条件成熟的产品和行业，适时放开价格，进行价格并轨，理顺价格体系，发挥价格信号对资源优化配置的导向作用。同时要整顿市场纪律，抓紧"三角债"清理工作，防止出现信用危机。要优先保证列入计划的基本建设和技术改造资金的到位，尽快把市场搞活，把资金用活。

其次，搞活大中型企业和搞活全民所有制企业的思路要由输血方式转变为增强其造血机制。前一阶段，由于大中型企业在经营方面存在一些困难，国家给予必要的扶持是应当的。但是在一定程度的"买方市场"出现的情况下，企业生存的关键因素是其产品的竞争力。如果自身的竞争力不强，国家对其增加贷款，只能进一步增加库存，况且，国家财力也无力长期背包袱。所以搞活企业的重点是要帮助大中型企业进行技术改造，更新设备和技术，开发新产品。同时要减轻大中型企业的负担。企业所承担的各种社会福利，包括退休金、公共福利设施等要实行社会统筹和经营。目前许多地方在这方面已迈出了不小的改革步子，应在总结经验的基础上进行推广。从长期看，进一步深化改革，要在理顺政企关系、所有者与经营者关系的基础上，实现企业的自主经营、自负盈亏、自我发展和自我约束。为此，要改革大中型企业的管理体制，积极探索公有制企业在新形势下的实现形式（如股份制、租赁制，等等），使大中型企业在经营机制上适应商品经济和"买方市场"的新的形势。

再次，政府要为企业创造平等竞争的环境。在一定程度的"买方市场"出现的情况下，国营企业面临的形势更加严峻了。搞不好，由于竞争力不足，其萎缩的可能性是存在的。大中型企业缺乏活力，除了体制方面的原因外，税负方面比乡镇企业重、其他方面的竞争条件不平等也是重要原因。目前，解决这一问题，不能再用减税让利的办法，因为这是国家财政已经无法承担的。可行的办法是在完善税制、完善市场规则和完善市场秩序方面做好工作，改变大中型企业税负过重而对其他企业过度优惠的不合理状况，使国营企业与乡镇企业在赋税、价格等诸方面有一个平等的环境。

最后，应加快住房、医疗、养老、待业等社会保障和福利制度改革。这是进一步深化改革的先决条件。应当认识到，一定程度的"买方市场"的出现，对我们的改革提出了更加紧迫的要求，只有通过深化改革特别是深化企业改革，才能进一步适应目前的新的形势，才能因势利导地克服目前的困难，保持国民经济的持续、稳定、协调发展。

90 年代的中部发展[*]

一 中部地区在全国经济发展中的地位和作用

中部地区在全国经济发展中的地位和作用，首先表现在它的重要地理位置。中国有一句古话是："得中原者得天下，失中原者失天下。"这不仅仅是从其军事上的战略地位而言，而且与其经济地位密切相关。即使在对外开放的今天，中部地区在经济上仍不失其重要的战略地位，而且它的发展对国家的安定、民族的繁荣有着重要的影响。

从产业的地区分布来看，中部地区的农业、能源和原材料工业在全国的产业结构中占有重要的位置。它以发达的农业和充足廉价的能源、原材料支持全国，特别是支持东部的率先发展。离开中部的发展谈全国的发展是缺乏基础的，离开中部的发展谈国家产业结构的优化调整也是片面的。中部地区是我国的内陆腹地，最能体现中国特色。如果中部发展缓慢，整个国家的经济基础就不稳。

在过去几十年的经济发展中，中部地区一直是我国重要的农副产品生产和输出基地，能源、原材料的生产和输出基地，为基本解决我国人民的温饱问题，为在全国初步建立起较为完整的工业体系和国民经济体系，都

是做出了突出的贡献的。对于这一点，中部地区的同志是深有体会的，我想东部和西部的同志也会是认同的，中央更是清楚的。我们以"基础"二字来形容中部地区在全国经济发展中的历史地位和作用，是实事求是的，这也是值得中部的同志自豪的。

从历史的角度来考察，中部地区是中华民族文化的摇篮，也是政治、经济的中心地区，这种历史地位，是其他地区难以比拟的。但从现实来看，东部地区通过实施沿海开放战略，在经济上获得迅速发展，西部地区也正积极通过"沿边开放"、"资源开发"战略来谋求发展，中部地区在全国总体经济格局中的基础地位受到严重影响。正如亚洲"四小龙"对我国产生的影响一样，中部地区面对周围地区的发展与"崛起"，也面临一种危机，一种挑战，一种紧迫感。

90年代，我国的经济进入一个新的发展时期。我们的改革要深化，对外开放要进一步扩大，国民经济的总体素质要提高，产业结构要优化，整个经济要逐步转入持续、稳定、协调发展的轨道。在这个新的历史阶段，国家赋予中部地区的使命，不是减轻而是加重了。这主要体现在如下几个方面：

第一，中部地区在我国工业化进程中的基础作用将进一步强化。一方面，中部地区较为发达的农业基础既为该地区农副产品加工工业以及支农工业的发展提供了极为有利的条件，也为我们国家的继续工业化、为我们国家的持续稳定发展提供了保障；另一方面，90年代我国能源、原材料的供应仍将以中部地区的生产基地为主要依托。中部地区需要通过结构的转换和升级，促进这些产业的继续发展，使之在国民经济中的基础作用得到巩固和加强。

第二，中部地区对沿海地区进一步开放发展的支撑作用将更加明显。中部地区的特殊地理位置，使之成为沿海地区对外开放的重要后方。随着沿海地区对外开放的进一步扩大，由比较利益形成的经济联系，将使沿海地区对中部的依赖更加明显，中部地区将以更大的规模从物质资源和人力资源上对东部的对外开放加以支持。

第三，中部地区在促进全国各地区协调发展、共同富裕过程中的作用将更为突出。中部地区人口密度大，经济总量大，是我国经济发展的中坚力量。加上区位优越，搞好中部地区的发展，将对整个国家的经济发展格局产生重要的影响，并对本世纪末达到小康生活水平形成最有力的支持。

总之，90 年代中部地区在全国经济发展中的战略地位与 80 年代相比，将是上升而不是下降，这应是制定 90 年代发展战略的一个基本出发点。

二　90 年代中部地区经济发展的有利条件和不利因素

90 年代中部地区发展具有许多有利条件，这是振兴中部地区经济的信心和力量所在。有以下几个方面：

第一，中部地区具有良好的农业基础。从一个国家来说，农业是整个国民经济发展的基础，尤其是国家工业化的基础，这已为发达国家和许多发展中国家的经验和教训所证实。从一个地区来说也是如此。中部地区的农业基础，将对促进本地区的工业化进程形成有力的支持。尽管目前中部的一些农业大省因受农业内部结构、农产品价格以及管理体制等问题的影响而面临困难，但只要搞好农业结构的调整，抓紧对传统农业的改造，深化改革，农业这个基础就会作为促进这些地区经济发展的有利条件表现出来，而决不会成为包袱。

第二，中部地区具有较好的能源、原材料基础。随着我国价格改革和物资分配体制改革的进展，这个有利条件将变得更为明显。

第三，中部地区具有较为完整的工业基础。与西部相比，中部地区工业的集中度较高，门类较为齐全，与当地经济融合得较好，与东部发达地区的经济联系也更为广泛，这对于今后的发展无疑是一个良好的起点。

第四，是中部地区的人才基础。中部地区历史文化悠久，因此成为一个人才辈出的地方。这对于中部地区依靠科技进步，促进经济的发展具有重要的意义。

此外，国家的宏观政策、环境，包括改革的深化和对外开放的扩大，重视农业、能源、原材料等基础产业的发展，都将是有利于中部地区的发展的。

90 年代中部地区发展也存在一些不利因素，也是值得我们注意的。

第一，历史形成的农业经营和农业结构，以及现有的农产品价格体系，不利于农业的持续稳定发展。由于农产品价格的调整需要一个过程，工农业产品价格的"剪刀差"在短期内难以消除，农业积累低和缺乏资金的状况，在近期内难以有较大改观，加之农业内部的生产结构也难以在短期内做大幅度调整，这就加大了解决问题的难度，使之成为中部地区几个农业大省将长期面临的困难。

第二，工业结构不合理、经济效益低，是影响中部地区发展的另一不利因素。由此引起的资金短缺，又影响了企业的技术改造能力，结构的调整和上等级将面临长期的困难，整个经济难以进入一个良性循环的轨道。

第三，在对外开放方面，东部已经实行的一些行之有效的政策在中部还没有推广，再加上中部地区特殊的地理条件和交通条件，企业的低素质和基础设施的不足，以及未来对中部的政策不可能再像过去对沿海那样倾斜，都可能使中部地区在对外开放中缺乏竞争力和对外资的吸引力。

第四，由于利益分配格局与发挥资源优势相悖，中部地区作为农业大省、资源大省，而财政十分紧张，这使地方政府在调整产业结构、引导经济行为上力不从心，弱化了政府在发展农业，促进工业化进程中的积极作用。

此外，开放的观念、竞争的观念、商品经济意识的相对薄弱，也可能是制约中部地区经济发展的一个不利因素，对此也应有足够的注意。

三　中部地区的经济发展战略

自从中央提出沿海地区的发展战略之后，中部地区、西部地区在全国经济发展中扮演什么样的角色，就引起了人们的关注与思考。特别是近几年来，西部地区提出"沿边开放"、"资源开发"的战略，使西部地区经济呈现出一种加速发展的态势，在全国乃至国际上引起人们的注目。在这种形势下，如何在全国区域政策、发展政策的指导下，制定出符合中部地区特点的区域发展战略，就显得十分紧迫了。这对于促进中部地区的发展，是十分必要的，对于完善我国的区域发展战略和区域政策体系，也是很有意义的。

近几年来，中部地区各省市对自己的发展战略做了大量的研究，都确定了自己相应的发展目标和政策。但是，中部地区作为一个整体，它在全国经济分工中应当处于什么样的地位，国家在整体上对中部地区应当有一个什么样的政策，特别是如何根据中部各省的资源条件和产业现状以及发展目标，对其采取一些符合区情特点的政策加以引导和扶持，还需深入研究和探讨。研究中部发展战略，仅仅就中部论中部是不够的，要在全国的整体发展战略中找到它应有的位置和应起的作用，才能对中部发展战略有个正确的把握。

从全国的角度研究各地区的发展战略有几种不同的理论，第一种是人们所熟知的"梯度发展理论"。梯度发展理论主张把全国分为东、中、西部三大地带，通过政策倾斜和扩大开放，使东部地区优先发展，在东部地区发展的基础上，资金、技术逐步向中部地区转移扩散，然后再向西部地区转移扩散。整个经济从发展水平上看，呈现东、中、西依次递减的梯度差。这种梯度理论，单纯强调了东部地区对全国经济发展的带动作用，对中部和西部地区发展的基本格局、地位和作用缺乏应有的描述。

第二种是重点转移论，即有的同志认为，在 80 年代，我国经济发展的重点是东部地区，90 年代经济发展的重点应当转移到中部地区来，下个世纪再逐步向西转移。

第三种是主张齐头并进，使东、中、西三大地带大体保持相同的发展速度，经济发展在区域上不分主次。

这些观点实质上的分歧在于：在一定时期内，一国的经济发展在区域上应不应当有重点，或者重点如何选择的问题。从生产力发展规律和各国的发展经验看，不同地区由于各自的地理位置、资源条件、生产的分工与协作、经济发展阶段的不同，在一定时期内经济的发展速度是不同的，如果过分地强求一律，各个地区齐头并进，必然会造成资金使用过于分散、低水平的重复建设，结果谁也发展不起来。像我国这样幅员广大，人均收入水平低而资金不足的发展中国家，根据经济发展的规律，允许一些地区率先发展，以此带动各地经济的尽快发展，既符合生产力的发展规律，又符合全国人民的长远利益。至于说，哪些地区应当发展快一些，哪些地区应当慢一些，这也不是完全由人们的主观意志所决定，或者说不是完全由国家的政策所决定的。东部沿海地区近几年发展较快，既与国家在财力上支持有关，也与这些地区所享受的一些优惠的政策有关，同时，也与这些地区原来的经济发展基础较好，商品经济比较发达，地理位置优越，便于吸收外资，以及人们的商品经济观念较强等诸多因素有关。我们不应该人为地抑制沿海地区的发展，以此为代价来发展中部和西部地区。而是应通过改革开放促进中部和西部的发展，实现共同富裕。

所以，在处理东、中、西三大地带的关系上，齐头并进是不可取的。先发展东部，再依次发展中部、西部的梯度开发模式，也不是一个全面的说法。至于简单地按阶段将重点西移，则是一种机械式的倾斜，脱离了我国生产力布局的现实。

处理好东、中、西三大地带经济发展的关系，最基本的一条，就是要按照生产力发展的内在要求，使社会资源得到最合理的利用。中央在《国民经济和社会发展十年规划和第八个五年计划纲要》中提出，地区经济布局应遵循"统筹规划，合理分工，优势互补，协调发展，利益兼顾，共同富裕"的方针，并提出"地区经济朝着合理分工、各展所长、优势互补、协调发展的方向前进"。我认为，这些原则既符合生产力发展的规律，又符合共同富裕的社会主义原则，处理地区经济关系应当遵照这些原则，制定中部地区的经济发展战略也应当遵循这些原则。

按照这些原则，中部地区发展关键要在合理分工、各展所长上下工夫。大家在"中部发展战略研究纪要"中所提出的中部发展战略也是体现了这个原则的。当然"优势产业"也是一个动态的概念，过去的优势不一定是现在的优势，目前的潜在优势将来有可能发展成为现实的优势。中部地区确定自己的优势产业，应当从现有的产业状况，中部地区在全国产业中的分工，以及未来全国产业结构的变动中来确立自己的优势产业。既要从现实出发，又要着眼于未来。确立中部地区的优势产业可以从如下几个方面考虑：

一是走发展优质高效农业的路子。中部地区具有发展农业的优越的自然条件，而且这些地区具有农业精耕细作的优良传统。随着人民生活水平向小康水平过渡，人们对农产品的品种质量将提出更高的要求，随着农业结构的调整，农产品的附加价值将逐步提高，发展优质高效农业，是中部地区产业发展中的一项重要内容。

二是延长产业链，提高产品的加工深度。注重发展以农副产品为原料的食品工业、饲料工业、酿造工业和轻纺工业；注重发展以煤炭及其他资源与原料的深加工，使当地的资源输出逐步转变为制成品输出。

三是促进产业结构的转换与升级。中部地区已有相当可观的工业基础和较完整的工业体系。但这些工业目前由于技术水平低、竞争力不强，经济效益不高。通过技术改造，这些工业实现升级换代，将成为带动中部经济振兴的支柱产业，并成为在全国产业分工中具有地区优势的重要产业。

四是大力发展高新技术产业，利用中部地区人才方面的优势，创办高新技术开发区，使高新技术产业带动传统产业发展。

中部地区选择这样的战略，既立足于现实，又着眼于未来；既具有现实的可行性，又使得中部地区逐步由资源输出型的地位向具有综合经济优势的地位转变。

根据上述讨论，中部地区的发展战略及其目标是否包括以下内容：加快改革、开放的步伐，发挥地区的综合优势，促进结构的转换与升级，保持不低于全国平均水平的发展速度，争取提前实现小康水平。要实现这样一个战略目标，需要实现以下几个方面的战略转变：

第一，实现由产品经济向社会主义商品经济转变。应该看到，中部地区与东部地区近几年发展差距拉大的一个重要原因，是中部地区仍在相当程度上保持着产品经济的色彩，人们的观念以及经济管理的体制，都不能适应发展社会主义商品经济的需要。要振兴中部，囿于以往产品经济的办法是不行的，发展社会主义商品经济是唯一的出路。

第二，实现由温饱型的产业结构向小康型的产业结构转变。如中部的农业具有典型的温饱型特征，只注重产量，不注重质量，不注重品种。农产品是如此，其他工业品也是如此，这是中部地区产品缺乏竞争力的一个重要原因。结构转换就是要在注重品种、质量、档次上下工夫，使之符合消费和生产的新的要求。

第三，实现从注重单项优势向综合优势转变。以往中部地区的资源优势比较单一，如产粮省突出粮食产量、产煤省突出煤炭产量，没有形成与资源优势相关联的优势产业群。实现向综合优势的转变，就是为了发挥产业的综合效益，使地区经济走向良性循环。

第四，实现由重速度向重效益的转变。传统体制的一个很大弊端就是注重发展速度，而忽视经济效益。目前，我们经济生活中仍然存在这个问题，中部地区这个问题同样存在，甚至更严重一些。这个问题不解决，自己在国内国际市场上的竞争地位就确立不起来，优势产业也就难以形成。

第五，实现由粗放式发展向集约式发展转变。改变以往的粗放式发展，根本点在于依靠科技发展生产力，使中部地区的整体技术水平逐步提高，这是振兴中部，缩小与东部地区差距的关键所在。

第六，实现由以往较为单一的所有制结构向公有制为主体的多种经济成分共存的所有制结构转变。中部地区与东部地区相比，一个明显的差别是工业集中在城市，农村的乡镇企业尚不发达，农村劳动力向第二、第三产业转换缓慢。在中部地区工业化过程中，大力发展集体经济的乡镇企业和其他所有制成分企业，促进农村经济乃至整个经济的发展，是该地区结构转换与升级的一个重要内容。

四　扩大改革开放是实现中部地区发展战略的根本保证

中部地区与东部的差距表现在很多方面，但最基本或最主要的差距可能是改革与开放方面的差距。内地开放程度比沿海地区低是一个明显的事实，同时，应当看到，在改革方面，内地也有许多方面是落后于沿海的。特别是从企业经营机制看，内地企业受传统管理体制的影响仍然较大，企业活力较低。这也是中部地区工业经济效益不高，缺乏竞争力的主要原因之一。

中央领导同志最近反复强调，要加快和扩大改革开放的步伐。只有扩大改革开放，社会主义事业才有希望。同样，只有扩大和加快改革开放，振兴中部才有希望。

随着全国开放程度的提高，内地省份扩大开放是个不可逆转的趋势。但是，内陆地区怎样实行对外开放，是一个很值得认真研究的问题。内地的一些省份，对外经济自主权将逐步扩大，以及其他一些外贸和对外合作政策也可以逐步得到解决。可以说，通过进一步扩大开放，内地与沿海地区在开放方面享受平等的待遇应当是能够做到的。但是沿海地区独特的地理条件是内地无法比拟的。在相同的政策条件下，沿海地区的开放优势更为明显。怎样才能切实有效地推动内地的开放呢？这次会议上有的同志提出：是否可以考虑在一定的条件下，让出部分国内市场以吸引外商到内地投资。比如，内地国营企业的技术改造，可考虑与外商合资、换代的产品在国内销售。这是否可以作为内陆地区开放政策的一个特殊方面加以考虑，希望大家能进一步研究，包括对一些细节的研究。如果各地都用搞经济开发区这种单一形式吸引外资，就可能会造成盲目竞争，效果也不会好。内陆地区不可能完全走沿海地区那样的对外开放的路子，需要探索新路子，而且可以是形式多样。

中共中央关于今后《十年发展规划和八五计划纲要》的建议中提出，今后十年初步确立计划经济与市场调节相结合的社会主义新经济体制。这是一个十分艰巨的任务。对于中部地区来讲，深化经济体制改革的问题显得更为紧迫。只有深化经济改革，才能为振兴中部创造可靠的体制条件。中部地区经济改革是否应当注意解决好以下几个问题：

一是真正解决好企业的经营机制转换问题。中部地区国营经济比重比沿海地区高。国营经济能否焕发活力，直接决定着中部地区的经济状况。国务院把转变企业经营机制作为今年深化改革的主要任务。我们应当围绕转变国营企业经营机制，采取切实措施，推广一些地区和企业的有效经验，使企业焕发活力。这是实现现有工业结构升级的基本前提。

二是大力发展股份经济以及发展多种融资手段，为振兴中部筹集必要的资金。中部地区目前资金相对短缺，各省的财政也比较困难，仅仅依靠政府和企业自身的资金来解决结构转换与升级的问题，看来是相当困难的。通过发展股份经济，一方面可以广泛动员社会资金、弥补国家和当地资金的不足；另一方面也有利于吸收东部以及区外其他地区的资金，以及国外资金，从而大大拓宽资金来源。特别应注意以类似于吸引外资的优惠政策来吸收东部地区的投资者到中部合办和独办企业，吸引东部资金、技术向中部转移。这些都需要通过进一步深化改革，从体制和政策上加以完善。

三是打破地区封锁，形成全国性的统一市场。在前一段治理整顿过程中，各地的地区保护有所抬头。从长远看，地区保护，把本地与其他地区隔离开来，只能保护落后，不利于自己的发展。中部地区要实现经济振兴，就应打破地区封锁，把工作的重点放到提高本地产业和产品的竞争力上。产品要打出去，也要敢于让人家来竞争。这样，才能在全国统一市场中，享受分工协作的好处，并使经济具有竞争力。

对中部地区的发展战略，我研究不够，今天只是抛砖引玉。欢迎大家批评指正。并希望大家继续努力，为中部地区的振兴与繁荣共同奋斗。

提高国情研究水平，为改革开放服务

国情，就是一个国家的总体及各个方面的客观情况。人们从事任何社会经济活动都必须认识和把握国情。脱离了国情，就会走到唯心主义的道路上去，无论是革命还是建设，都不可能取得成功，必然遭受失败。几十年来，我国建设的经验教训也充分证明，对国情是否有全面的了解和正确的认识，直接决定着社会经济发展战略和各项方针政策的正确与否，影响着整个社会主义建设事业的成败。

国情研究，涉及一个国家的政治、经济、科技、文化等各个领域，是一项具有综合性的科学研究工作。国情研究水平的高低，与一个国家社会经济发展状况和科学研究状况有着直接的联系，在一定程度上反映了社会经济发展水平和科学研究水平。新中国成立以后，我们对国情的研究经历了比较曲折的过程。党的十一届三中全会以来，我们认真总结了"一五"时期社会主义建设和社会主义改造的经验，吸取了"大跃进"、"文化大革命"的教训，逐步明确了社会主义现代化为什么要走自己的道路和如何走自己的道路，国情研究进入了一个新阶段。

老一辈无产阶级革命家十分重视国情问题。邓小平同志 1978 年 12 月 13 日所作的《解放思想，实事求是，团结一致向前看》的讲话中指出：必须"根据我国的实际情况，确定实现四个现代化的具体道路、方针、

* 本文原载《中国国情国力》1992 年第 1 期。

方法和措施"。以后，他在《坚持四项基本原则》的讲话中又指出："过去搞民主革命，要适合中国情况，走毛泽东同志开辟的农村包围城市的道路。现在搞建设，也要适合中国情况，走出一条中国式的现代化道路。"在党的十二大开幕词中，邓小平同志又指出："我们的现代化建设，必须从中国的实际出发。无论是革命还是建设，都要注意学习和借鉴外国经验。但是，照抄照搬别国经验，别国模式，从来不能得到成功。"陈云同志在1979年3月的一次会议上也指出："我们搞四个现代化，建设社会主义强国，是在什么情况下进行的。讲实事求是，先要把'实事'搞清楚。这个问题不搞清楚，什么事情也搞不好。"

十多年来，我们在国情研究方面取得了较大的进展，如"当代中国"、"2000年的中国"等研究，对中国的社会、经济、科技发展过程进行了比较系统的回顾，科学评价了现阶段我国的社会、经济、科技发展水平，对中国发展的前景做了预测，使国情研究达到了一个新水平。

同时，我们在介绍别国情况，开展国际比较研究等方面也有了一个良好开端。经过十多年的研究和实践，我们对现阶段的基本国情诸如人口状况、自然资源、社会经济科技发展水平及管理体制等已经有了比较深刻的认识。正是在此基础上，我们才能够始终坚持四项基本原则这个立国之本，坚定不移地走改革开放这一强国之路，使社会主义制度不断完善和发展，国家经济实力不断增强。

研究、分析国情，必须注意国情作为被认识对象所具有的特点，这主要包括：

第一，客观性。一个国家的国情，是人类社会发展变化的必然性的表现，是不以人们的意志为转移的客观存在。无论人们认识与否，国情都要影响社会经济活动。人们不能以自己的主观意愿来判断、评价国情对社会经济发展的作用。

第二，系统性。国情是一个庞大的系统，包括社会经济制度、生产力状况、科技文化水平、自然环境、资源条件以及历史沿革、文化渊源、民族传统、国际交往等等方面的内容，各个方面的因素之间有着内在的联系，它们互相影响和制约。

第三，动态性。一个国家的国情也是不断发展变化的，而非绝对固定或静止的。由于内部因素、外部因素的变动，经常导致国情出现这样、那样的变化。因此，国情也是处于运动过程中的。

从这些主要特点出发，我们在研究分析国情时，就要坚持"两点论"，反对"一点论"，注意抓住主要矛盾，尽可能把握各种国情因素的内在联系，这样，国情研究才能深入，得出的结论才能符合客观实际，才是正确的。

在一个国家社会经济发展的不同时期，国情研究有着不同的重点。从我国现阶段发展经济、深化改革的需要来看，国情研究应当把重点放到改革开放以来各种社会经济因素的变动及其相互影响方面，正确揭示社会经济因素变动的实质及规律性，为推进改革开放，建设有中国特色的社会主义服务。

当前，需要研究的一些主要问题是：社会经济机制在运行中发生了哪些变化；资源的配置发生了哪些变化；利益格局处于何种状态；社会结构的变动状况如何；人民群众的思想观念有什么变化，等等。

总之，国情研究是我国科学研究中的一个薄弱环节，需要研究的问题很多，这就需要广大理论工作者和实际工作者共同努力，使国情研究能够广泛、深入地开展起来，不断提高研究水平，逐步深化我们对国情的认识，保证决策的科学化，进而促进社会主义有计划商品经济的顺利发展。

关于增强大中型企业活力的几点意见[*]

改革十二年以来，党和政府一直把搞活企业作为经济工作的一项重要任务，特别是治理整顿以来，把增强大中型企业活力放到了更加突出的地位。应当说，目前我国企业的整体活力状态，包括大中型企业在内，与改革前相比已经有了明显的改善。但是，有相当一部分企业，特别是一些国营大中型企业仍然活力不足。近几年出现了产品滞销、库存积压、成本上升、效益下降，亏损额和亏损面扩大的现象，这不仅不利于改善国家的财政收支状况，而且也导致经济循环不畅，不利于国民经济持续、稳定、协调发展，不利于树立社会主义经济的良好形象。

正确把握企业活力的标准，有利于我们在搞活企业工作中确立正确的思路，并采取正确的方针、政策。

一　关于企业活力的标准

根据目前我国的大中型企业的现实情况看，有一部分企业是富有活力的，据估计这部分企业占20％左右，活力严重不足的大约有30％，其余的经营状况表现一般。为什么在同样的体制条件下，在大体相同的政策环境下，有的企业搞得生气勃勃，富有活力，而有的企业却经营困难呢？根

* 本文原载《管理世界》（双月刊）1992 年第 1 期。

据我们的调查，凡是那些经营状况好的企业，都非常注重新产品开发，及时灵敏地把握市场需求信息，根据市场需求的变化，不断开发满足国内外市场需求的适销对路的新产品，产品竞争力很强。有相当一部分企业在市场疲软的情况下，产值、税金、利润仍大幅度增长。这些企业一般来讲都具有一个坚强有力的领导班子，领导班子内部团结、廉洁奉公、具有很强的开拓进取精神，在职工中享有威信；职工士气很高，具有很强的凝聚力。根据这些企业所具有的特征看，企业活力的标准可以概括为六句话：产品有竞争力，市场有应变力，科研有开发力，资产有增值力，领导有团结力，职工有凝聚力。如果一个企业在这六个方面具有很强的能力，它就必然是充满勃勃生机的。同时，从这些企业身上，我们看到了搞活大中型企业的希望，只要措施得力，政策对头，大中型企业不但能够搞活，而且由于它在人才、技术、装备和规模上的优势，它应当和能够经营得更好。

从另一方面看，一些经营状况不佳的企业，往往都习惯于传统体制下那种企业生产什么都由国家包销的做法，不能适应有计划的商品经济的新形势，不注重新产品开发，不注重捕获瞬息万变的市场需求信息。因而，它们在市场疲软和市场变化的情况下，产品缺乏竞争力，出现产品滞销和生产能力闲置，陷入经营困境。这些企业领导班子往往存在这样那样的问题，职工人心涣散，劳动纪律松弛，生产浪费严重。所以，搞活这些企业，就要从增强上述"六个力"入手。

有的同志把搞活企业仅仅看做是一个解决外部条件的问题。实际上仅仅解决外部条件是不够的，在逐步理顺外部关系的同时，关键在眼睛向内，充分调动企业内部的各种积极因素，才能形成旺盛的市场竞争力。我国的企业是如此，国外的企业也是如此。我最近看到一个材料，有人对日本和美国企业的活力进行研究和比较，得出的结论是：一个企业的活力水平取决于企业文化、经营者决策能力、企业经营战略、内部组织制度、市场销售状况等多种因素。研究表明：富有活力的企业的特征是：（1）经营思想渗透度较高，即使企业的经营思想广泛向员工灌输，以提高员工士气；（2）开拓型企业家所经营的企业比管理型企业家所经营的企业更具有活力；（3）产品革新和技术开发程度高于其他企业，这些企业往往有

5—6 个产品开发组同时进行新产品开发；（4）多角化经营，有活力的企业往往具有由 3—5 个战略产品组成的主导产品群；（5）在市场上产品的占有率较高，等等。这些特征与前边所讲的"六个力"是基本一致的，"六个力"反映了企业的综合经营能力。

二　增强企业活力的关键在于转变经营机制

从当前的实际情况看，搞活企业关键在于转变和完善企业经营机制。经营机制是人们比较熟悉的一个概念。所谓完善经营机制，就是按照社会主义有计划的商品经济的要求，理顺企业经营活动中的各种责、权、利关系，使企业成为自主经营、自负盈亏、自我发展、自我约束的经济实体。完善企业的经营机制，既要理顺外部关系，更要解决好内部机制，解决外部关系是为了更好地健全企业的内部机制，使企业自身的竞争力得到更好的发挥。具体地讲，完善企业经营机制至少包括以下四个内容：

（一）　解决好动力机制或激励机制

解决动力机制首先要提高企业参与市场竞争的主动性和创造性，在优胜劣汰的竞争下，保持企业旺盛的竞争力；对企业内部员工形成有效的激励手段，通过有效的劳动考核和人事任免制度，真正贯彻按劳分配的政策，做到"奖勤罚懒"，打破大锅饭，从而调动全体职工积极奉献、奋发向上的精神。在这方面，许多富有活力的企业已经创造了不少好的经验，有的企业在不突破国家工资控制总额的前提下，实行内部工资制，职工的收入与其岗位的劳动贡献挂钩，较好地解决了过去长期未能解决的企业内部分配不公的问题；有的企业针对普遍存在的冗员过多，出工不出力的现象，按岗位工作量设定员工，裁减多余人员。被减下来的人员进入企业内部劳务市场。经过培训，条件合格者可重新上岗，或寻找新的就业机会。在进入劳务市场期间，只领取部分工资或生活费用。这样，职工为取得劳动岗位形成竞争；还有的企业注重从工人中提拔干部，对职工定期进行岗位技术考核和评定技术等级，大大激发了职工钻研技术、献身本职工作的热情。还有的企业对技术人员实行项目成果奖励，调动了技术人员进行产品和技术开发的积极性。凡是这样做的企业，职工的劳动态度、工作热情、士气和凝聚力都大大提高。

（二）形成有效的约束机制

目前在搞活企业过程中存在一个很大的问题是：一方面企业的经营自主权没有完全落实；另一方面一些企业对已经获得的自主权又不能正确使用，突出的表现是收入严重向个人倾斜，职工收入增长超过劳动生产率的增长，不但影响了正常的企业积累，而且有的企业不惜挤占流动资金和借贷举债增加职工收入，以牺牲企业的未来发展谋求职工眼前利益。还有的企业不注意精打细算，节约开支，花钱大手大脚，不计效果，成本任意列支，有的用公费请客送礼，公费旅游，在生产和建设的诸环节上存在严重的浪费现象。这些现象的存在关键在于还没有形成对企业的有效约束机制。解决这些问题，既要从体制上逐步解决企业的自负盈亏问题，克服企业对国家的依赖心理，并逐步解决政府对企业经营承担无限责任的问题。政府在对企业放权的同时，应当对企业的行为用法律手段加以规范，强化企业对国家所承担的责任，今后应逐步解决好约束机制，以提高企业的自我约束能力。

（三）完善企业的积累机制

在近几年的经济体制改革过程中，企业独立的利益机制正在初步形成，主要反映在职工收入与经营成果联系起来。但是企业的积累机制尚未形成，这是目前企业机制中的一个薄弱环节。大中型企业缺乏活力，很大程度上与此相联系。企业收入除去职工收入和利税及各种费用上交之后，积累所剩无几，企业无力更新技术和设备，无力发展新型产品，导致竞争力下降。解决这个问题的关键是对大中型企业应确保它的净收入中有一定比例范围的资金用于积累以扩大再生产。为此：（1）应当在对国有资产重估的基础上适当提高折旧率，企业折旧应当逐步免交按比例提取的能源交通建设基金和预算外调节基金；（2）制止职工收入增长超过劳动生产率增长的现象，严格保证企业留利中用于积累的比例；（3）精兵简政，搞活企业。精兵简政包括两方面的任务：一是解决企业内部职能科室人员膨胀，二线、三线人员过多的问题，减少非生产人员的比重。近几年来，由于企业非生产人员比重上升很快，企业管理费占生产成本的比重由 1980 年的 7.7% 上升到 1990 年的 15.7%。这个问题不解决，企业很难摆脱成本高、效益低的状况。二是要解决国家行政事业单位人员膨胀，对财政支出形成的压力。目前一方面国家财政支大于收，另一方面企业又负担过重，其中一个重要原因是国家行政事业单位人员及经费增长超过国民收入的增长。我国 1980—1990 年间，按现价计算的国民收入平均每年增长 14.6%，而同期行政事业费增长 17.5%，行政事业费占财政支出的增长比重由 1978 年的 4.4% 上升到 1990 年的 9.7%，行政机关人员占总人口的比重由 4.85% 上升到 9.44%。应当看到，迅速膨胀的行政事业费支出与企业积累不足之间是密切相关的，要达到财政收支平衡和减轻企业税负，必须下决心精减行政机关人员和压缩行政事业费的支出。

（四）　宏观调控机制

搞好大中型企业，除了要理顺企业的内部经营机制外，政府也应当通过积极有效的宏观政策引导，努力为企业经营创造一个良好的政策和体制环境。当前要突出做好以下几方面的工作：（1）稳步推进价格改革，通过理顺比价关系和完善价格形成机制解决产品比价不合理问题，改变指令性计划产品价格偏低的状况，改变大中型企业在价格方面的不利地位。（2）进一步落实企业自主权和创造各类企业平等竞争的条件，包括减少指令性计划比重，适当降低国营企业所得税率。（3）赋予一些条件成熟的企业外贸自主权。（4）通过积极的政策引导，为搞活企业创造适宜的政策和经济环境，积极搞好三角债清理工作，严格结算纪律，通过积极的产业政策和总量控制的政策，使总供给和总需求大体平衡，抑制长线，扶持短线，优化结构，等等。

应当指出，当前搞好大中型企业，既需要理顺政企关系，解决好外部机制问题，又需要企业眼睛向内，在深化企业内部改革、完善企业内部管理上下工夫。而且解决内部机制是主要的。我们的一些大中型企业，一方面活力不足；另一方面又蕴藏着巨大的潜力，只要把这些潜力有效地发挥出来，就会尽快地走出目前的经营困境。

三　抓好领导班子和职工队伍的建设

在搞活企业的过程中，人的因素是最主要的，好的经济机制只有在人的积极性充分调动起来的前提下，才能充分发挥作用。所以要把搞好领导班子建设和职工队伍建设，作为首要任务来抓。首先，一个企业经营的好坏，与企业的领导班子状况如何有很大的关系。企业的经营战略是否正确，职工的积极性是否调动起来，日常的生产经营活动是否能够有效地加以组织，这些都取决于领导班子的经营能力、进取精神和他们在群众中的威信。除了经营素质和开拓精神外，领导班子还必须公正廉洁，有凝聚力，这是我们在企业调查中感受很深的一个问题，也是我们社会主义企业不同于资本主义企业的一个重要差别。所以，当前搞活企业，应当把企业领导班子建设作为一项突出任务来抓，要解决一些企业领导班子内部不团结，厂长、书记的"中心"和"核心"之争的问题，真正把精力用于生产经营活动上，对书记、厂长相互扯皮的企业尽快在组织上采取措施，也可以考虑用一身二任的办法加以解决。要选择那些政治上立场坚定，具有开拓精神和事业心，廉洁奉公为群众所信赖的优秀人才管理企业；对那些经营不善、活力不足的企业，应当从领导班子分析和寻找原因；对那些以各种手段以权谋私，损公肥私，对国家财产造成严重损失的经营者，不仅应从领导岗位上撤换下来，而且应当追究法律责任。

与此同时，应当把职工队伍的建设作为搞活企业的重要内容。职工素质不高也是当前企业活力不足的重要原因，一些企业的职工不注意钻研业务，技术操作水平低，设备不能很好地利用，产品质量不能保证；同时职工的精神状态也不佳，某些企业士气涣散，出工不出力的现象严重存在。解决这些问题，既要注重物质鼓励，又要从加强教育和劳动人事管理制度上加以解决。同时，还要发挥思想政治工作的优势，大力加强政治思想工作。近几年来，国外的管理理论和管理实践中非常重视职工参与管理，并把职工士气、企业文化作为衡量企业活力的主要指标。日本的工人参与管理是从我们过去的"两参一改三结合"中受到启发，并加以完善的。它构成日本企业竞争力旺盛的一个基本原因。我们的国营大中型企业是社会主义公有经济，应当在企业管理中发挥我们的政治优势，在企业中形成一支思想和技术业务素质过硬的，以主人翁的精神勇于奉献的、凝聚力很强的职工队伍。全心全意依靠工人阶级，这是搞好企业的根本。

中国经济的发展问题[*]

一　80 年代发展成就与政策

十余年来，我国的经济发展成就是巨大的。过去十年平均每年国民生产总值增长 9％，比前 28 年的 6.5％ 的增长率高出 2.5 个百分点。这个速度远高于同期世界平均 2.8％ 的水平，属于世界经济增长最快的国家之一。

过去十年的经济增长，具有以下三个显著的特点：

第一，农业保持了较高的增长。由于实行农业经营体制的改革，将过去的人民公社制度改变为以农民家庭为单位的联产承包责任制，调动了广大农民的生产积极性。过去十年农业每年增长 5.6％，高于世界平均 2.3％ 的速度，谷物产量 1980 年为 2.8 亿吨，1990 年达到近 4.39 亿吨，新增谷物产量占世界同期新增谷物的 29％；猪、牛肉产量和蛋产量在十年间实物量都增加了一倍以上，牛奶产量增长 265％，农业的稳定增长，为改善人民生活，为国民经济的稳定增长创造了有利的条件。

第二，乡镇企业高速增长，对整个经济的增长起了重要作用。十年间乡镇企业年平均增长速度在 20％ 以上。乡镇企业的增长不仅对整个国民

＊　本文原载《管理世界》（双月刊）1992 年第 2 期。

经济的增长作出了贡献，而且也构成了中国工业化和农村现代化的独特的道路。西方国家农业劳动力向工业部门转移是通过农村人口的城市化实现的，中国有 8 亿农业人口，完全通过城市化解决劳动力的转移显然是不可能的。而乡镇企业创造了离土不离乡、广大农村逐步走上工业化和现代化的独特形式。

第三，与国际间的技术经济合作迅速扩大，由过去的封闭半封闭状态进入了国际市场。通过兴办经济特区、开放 14 个沿海城市、13 个沿海开发区，初步形成了从沿海到内地依次推进的对外开放格局，大大增强了参与国际分工和国际竞争的能力。外贸进出口总额 1978 年仅为 206.4 亿美元，1990 年上升到 1154.1 亿美元，增长 4.6 倍。进出口总额占国民生产总值的比重达到 30% 左右。同时，采取多种优惠政策鼓励外商投资，十年间共吸引外商投资 189.8 亿美元，借用外国贷款 458.2 亿美元。引进外资的同时，大力引进国外的先进技术和管理经验，逐步缩小了同国外的技术经济差距。

经济发展之所以能取得这些成就，与我们十余年来卓有成效的体制改革和正确的发展政策是分不开的。

首先，改革开放以来，实行多种经济成分共存的方针，在坚持公有经济为主体的前提下，允许多种经济成分共存。近十年来，鼓励发展"三资"企业、允许个体经济和私有经济发展。这些企业目前已占全部工业的 10% 左右，乡镇企业迅速发展到目前的 30% 左右，也就是说占工业产值 40% 左右的乡镇企业、"三资"企业、私营和个体经济，完全是近十年才迅速发展起来的。

其次，经济管理体制正在逐步由以往的高度集中的管理体制向有计划的商品经济过渡。在经济生活中逐步扩大了市场机制的调节作用。目前国家指令性计划产品的产值仅占全部产值的 16% 左右，其余 43% 是指导性计划，41% 为完全市场调节。从价格决定形式看，市场定价的约占 50%，其余部分中国家定价和浮动价各占一半左右，市场机制已经在我们的经济生活中发挥着重要的作用。

除了体制改革方面的因素外，我国在发展政策上也做了许多重大的调整且取得了明显的效果。

首先，改变了以往片面注重发展重工业忽视轻工业的政策，在 80 年代初的短短两三年内，轻工业在整个工业产值中的比重就上升了 8 个百分点，一举扭转了消费品长期短缺的状态。

其次，针对我国过去第三产业严重落后的状况，提出优先发展第三产业的政策。在过去十年间，第三产业在国民生产总值中的比重由 20.6% 上升到 26.5%，特别是房地产业、金融业、信息业等过去未形成独立产业的部门有了较快的发展。与此同时，在 80 年代初，我们提出了由以往的高投入低产出的粗放式发展向在提高技术水平和提高经济效益基础上的集约化发展的转变的任务，这是一个指导我们经济工作的重要的发展政策。

二 发展中存在的问题及今后任务

在取得很大成就的同时，我国经济发展过程中也存在着一些颇为紧迫的问题，主要表现为以下几个方面：

第一，传统的高度集中的计划经济体制所形成的高投入低产出的粗放式发展模式尚未完全改变，一个突出的反映是近一段时期以来，经济效益下降。一些企业的利税率下降，利税水平的下降，除了经济效益方面存在一些问题之外，还有职工收入增长过快，资金由过去的无偿使用变为有偿使用后企业的利息负担加重，以及原材料价格上涨等多种因素的影响。

第二，经济结构尚不合理。突出的问题是：基础产业与加工工业的矛盾比较突出，能源、交通、原材料等基础部门发展相对缓慢。加工工业能力相对过大。同时，在加工工业内部又存在项目重复建设过多、规模过小、技术水平低的问题，不利于提高产品质量、档次，无法实现规模经济效益，造成资源浪费。这是造成目前经济效益不高的一个重要原因。

第三，经济发展中存在大起大落的现象。过去十年间，经济出现了两次大的波动。1984 年下半年到 1985 年上半年，出现了投资需求和消费需求的双膨胀，引起通货膨胀。到了 1988 年下半年，经济再度过热，供求关系更加紧张，经济结构也严重恶化，通货膨胀率达到20%。于是采取治理整顿的方针。通过去年以来宏观政策的调控，工业生产实现了稳步回升，1991年上半年以来增长速度为13.5%，增长趋于正常。与此同时，通货膨胀也得到了有效抑制，1990年物价上涨率仅为2.1%，1991年上半年物价上涨率为1.8%。但是，这种大起大落对经济生活带来了一系列消极的影响，造成了社会资源的浪费。

经济生活中存在的这些问题，既有政策方面的原因，也有体制方面的原因。这些问题需要通过深化经济改革和完善宏观政策加以逐步解决。

前不久，中央制定了我国第八个五年计划和十年发展规划，确定了今后5—10年的发展战略目标和主要的发展政策。

战略目标：在80年代初、中期，我国就提出了国民经济发展两步走，以后又进一步扩展为三步走的战略设想。即第一步，用10年左右的时间，使国民生产总值在1980年的基础上翻一番，解决人民生活的温饱问题；第二步再用10年左右的时间，到本世纪末使国民生产总值在1980年的基础上翻两番，使人民过上小康水平的生活；第三步在实现两个翻番的基础上，再经过几十年的艰苦努力，到下世纪中叶，使我国人均国民生产总值达到中等发达国家的水平。

经过过去10多年的努力，在改革开放方针的指导下，第一步发展目标已经提前两年实现，这样，第二个翻番的实现在时间上就更主动一些，用12年时间再翻一番，今后每年国民生产总值增长速度只要保持6%即可。所以，从速度看，今后10年实现第二个翻番是有把握的，搞得好速度还可以高一些。

发展政策：根据前10年的经验和我国目前经济发展中面临的问题，今后在发展政策上需要重点做好以下几个方面的工作：

第一，采取有效措施，始终保持总供给与总需求的大体平衡，实现国民经济的持续、稳定、协调发展。实现供求平衡，主要是控制固定资产投资规模，使其与国力相适应；控制消费基金的过快增长，使其与劳动生产率的增长相适应。同时要控制好信贷规模和货币发行量。

第二，把优化结构作为经济发展的重要内容。首先，要优先发展农业、能源、原材料、交通运输等基础产业部门，采取各种措施筹集这些基础产业部门的发展资金，到本世纪末，使基础产业部门基本适应国民经济的发展要求。其次，对加工工业要适当地限制规模，下决心调整好内部结构，特别是调整好产品结构，使消费品的生产结构与消费结构相适应。通过产品结构的调整，带动技术结构的升级，使加工工业不断向高附加价值的方面发展。特别是要积极支持高新技术产业的发展，并运用高新技术改造传统产业。

第三，提高经济效益和搞好大中型企业是90年代我国经济发展的紧迫任务。大中型企业是我国国民经济的支柱，并代表和反映着我国的工业技术水平和实力。今后，要从体制和政策两个方面采取有效措施，使大中型企业焕发活力。为此，既要理顺国家和企业间的关系，使大中型企业真正走上自负盈亏、自主经营之路，在市场竞争中发展壮大；又要为大中型企业创造与其他企业平等竞争的环境，改变目前大中型企业赋税相对过重和生产经营决策权不落实的状况。

体制环境和对外开放：90年代，我们将继续实行改革开放政策，为经济发展创造比80年代更加有利的体制环境。在"八五"计划和十年规划中，已经确定再经过10年的努力，初步确立社会主义有计划的商品经济的新体制。进一步缩小指令性计划的比重，扩大指导性计划的范围，更多地发挥市场调节的作用。与此相联系，要进一步搞好价格改革，大部分产品实行市场定价，通过合理的比价关系和宏观的计划引导，使资源得到合理配置，并进一步发展和完善消费品市场、生产资料市场、资金市场、技术市场、劳务市场，等等。

与此同时，进一步扩大对外开放。继续办好经济特区和各种开放区，运用优惠政策吸收国外资金、技术和管理经验；支持出口创汇产业的发展，提高出口产品的质量、档次，扩大同世界各国的技术经济交流。我们相信，在改革开放方针的正确指引下，90年代我国经济发展目标将如期实现，并为我国下个世纪经济的振兴奠定坚实的基础。

90 年代我国经济发展面临的转折[*]

一 我国经济运行的现状和问题

经过三年的治理整顿和深化改革，我国经济运行状态已明显改善，整个经济越过 1990 年的谷底，1991 年呈现加速回升势头，在保持供需总量基本平衡、市场物价基本稳定的状态下，主要经济总量指标基本恢复到正常水平。截至 1991 年年底，我国经济发展中的主要特点和成就，可以概括为以下几方面：

——社会总需求和总供给保持基本平衡的较大幅度增长，物价总水平继续保持基本稳定。据统计局测算，1991 年总供给（以国民生产总值计算）增长 7%，高于上年增长 5.2% 的水平，超过计划增长 4.5% 的水平，总需求超过总供给的差率可以控制在 5% 的正常范围内。物价总水平（以社会商品零售物价指数计算）全年平均上升幅度为 3% 左右，低于计划上涨 6% 的水平。

——固定资产投资明显回升。全社会固定资产投资总额全年将达 5200 多亿元，扣除物价因素，实际增长 10% 左右。从整体上看，情况基本正常，但盲目重复建设的过热苗头开始显露，需要加强调控和引导。

---

　* 本文原载《管理世界》（双月刊）1992 年第 3 期。

——出口总额大幅度增长。按海关统计，全年达 719 亿美元，在上年增长 18.2% 的基础上再增长约 16%，继续快于国内销售的增长幅度。

——国内销售趋向活跃。全年全社会商品零售总额达 9400 亿元，突破计划指标 350 亿元，增长 13.2%，其中城市销售增长 16.1%，农村销售增长 10.4%，扣除物价因素，实际增长分别约为 10% 和 6%。在城市销售增长中，集团消费增长快于居民消费增长；在农村销售增长中，农用生产资料的增长快于消费品的增长，作为居民的消费品的销售增长基本平稳。生产资料市场转旺，全年物资部系统生产资料销售额将比上年增长 25% 左右。

——农业生产获较好收成。在大灾之年农业总产值增长 3% 左右。其他主要农副产品的产量也可完成或超额完成生产计划，畜牧业、渔业、林业都持续增长。

——工业生产回升加快。乡以上工业，各季都保持了 13%—14% 的增长幅度，全部工业总产值全年增长 14% 左右，大大高于计划增长 6% 和上年实际增长 7.8% 的水平。工业生产结构有所改善，主要是全民所有制工业的增长率由上年的 3% 提高到 9.5% 左右。产品结构的调整取得新的进展。第三季度以后，企业实现利税比前几个月增加，亏损额减少。

——经济改革迈出较大步伐。一是大幅度地调高了 25 年来从未动过的平价粮油的销价；二是在调低汇率基础上取消出口补贴，实行各类外贸企业自主经营、自负盈亏的新体制；三是制定了搞好国营大中型企业的 20 条措施。此外，还对一些工业基础产品和劳务价格进行了调整，对若干生产资料的双轨价格进行了并轨；各地在住房、医疗、社会保障等制度改革方面、商品市场和金融市场的改革试点方面等，都取得了新的进展。

1991 年经济运行中也存在一些突出的矛盾和问题，主要是：

——结构调整进展迟缓，经济效益继续下降，产品积压和"三角债"困扰仍很严重。结构失衡的主要表现，一是收入分配继续向职工个人倾斜，企业利润下降、亏损加重同职工收入较大幅度地增长形成鲜明的反差，工资侵蚀利润的情况严重存在。其表现为职工工资总额比上年增长 13% 左右，银行工资性现金支出增长 16.8% 左右，而经济增长只为 7% 左右。二是产品结构、产业结构、企业组织结构调整缓慢，造成供需总量之间、生产结构与消费结构之间互相脱节和错位。其表现为总供给中部分供给并未在市场上得到实现；而城乡居民的银行储蓄存款却大量增加。

——财政赤字扩大，贷款规模和货币发行量增长过快，通货膨胀的潜在压力增大。全年银行新增贷款总额突破 2850 亿元，超过原计划 750 亿元，比上年增长近 20%。由于新增贷款从 1990 年第二季度开始连续 20 个月保持 20% 左右的增幅，货币发行突破计划加大了通货膨胀的潜在压力。

二 今年的经济预测和改革发展思路

1992 年及今后几年的经济发展存在两种可能性：一是保持稳定增长，逐步走上正常发展的轨道；二是片面追求发展速度，可能开始重现盲目生产、重复建设的过热局面，经过一些时日的积累，促使通货膨胀反弹。我们认为，由于目前经济结构存在扭曲、经济体制存在外延扩张的内在冲力，引发后一种局面的危险性是存在的。但是，只要我们认真重视历史经验，在加强宏观调控、保持经济环境相对宽松的基础上，加快改革步伐，着力优化结构、提高效益，就能促成前一种可能性的出现。

我们预测，今年国民经济将继续好转，保持增长势头，国民生产总值将增长 7% 左右，农业总产值如无特大自然灾害将增长 3.5% 左右，工业总产值将增长 10% 或更多一些，全社会固定资产投资将增长 11% 左右，社会商品零售总额将增长 10% 左右，零售物价总水平将上升 6% 左右。

为了推动国民经济从本年度顺利转入正常发展轨道，近期需要在中央统一部署下，加大改革力度，加快改革步伐，为我国经济和科技发展创造一个比较宽松的宏观环境。

我们的改革是社会主义制度的自我完善，其目的是要建立和巩固具有中国特色、符合中国国情的社会主义。改革的方向是建立社会主义的有计划的商品经济新体制和计划经济与市场调节相结合的运行机制。改革进程中要正确处理改革、发展和稳定的关系，改革是为了促进社会生产力的发展，这里面包括速度、结构、效益和分配等等要素。只有均衡配套地实施改革，才能大大推动我国综合生产力的提高。检验某项改革是否正确，是否成功，要以是否促进发展为标准，而不是以满足某种模式做判断。有的模式和理论还在探索中，可以有不同的看法，但不能作为检验的标准。改革和发展都要受到外部条件的约束，尤其要受社会稳定的制约，没有社会稳定就失去了改革和发展的基本条件，就无法实现改革和发展。所以我们要十分珍视来之不易的社会稳定的局面，并使这个局面为加快改革和发展服务。

在改革开放的 10 多年中，包括治理整顿期间，我们有许多改革措施已陆续出台，去年也推出了一些重大改革。今年，我们要抓住实现新的转折的好时机，把经济工作的重点放在调整结构和提高效益上，加快深化改革和经济发展的进程。根据当前的经济运行实际，我们需要注意以下的一些问题：

——稳住经济回升势头。历史经验表明，无论是投资领域还是工业生产领域，大干快上，不能持久，还会造成损失浪费，更不利于深化改革、解决深层矛盾。而现行体制又具有这种数量扩张的内在冲动。因此，在形势好转面前，仍然需要采取稳健的宏观经济政策，保持适度增长。固定资产投资要在严格控制总规模的基础上，按照国家产业政策，调整投资结构，向基础设施和技术改造倾斜。要优先安排续建、收尾项目和现有企业的技术改造项目，严格控制新上项目和停建后的复建项目。在安排投资上，要同清理"三角债"结合起来，资金不落实的项目不能立项。实行投资倾斜同实行限产压库工作也应当结合起来，凡生产限产淘汰产品的企业都不得新建和扩建，技术改造也要有计划有目标地进行。

——继续加强农业。治理整顿以来，已经采取的加强农业的政策措施很及时，收到了实效。需要注意的是近些年来城市和农村、工人和农民，在收入方面出现的一些反差。如农民增产不增收甚至减收，而工人则少增产多增收甚至减产不减收。农民和城镇职工收入差距，由 1978 年的 1∶2.23，1984 年缩小为 1∶2.17，到 1990 年又扩大为 1∶2.22。这种情况导致的市场疲软，实质是农村市场不太景气。这些问题需要解决。一种办法是提高收购价；另一种办法是在种植业中，包括在粮食、油料、棉花生产中，提倡由数量型增长适度转向优质高效型发展。同时，要开展多种经营，积极扶持和正确引导乡镇企业的发展，以增加农民的非农业收入。

——克服财政困难。改革以来，财政一直比较困难，近些年来还有加重之势。赤字扩大必然对经济发展产生多方面的消极影响，也是酿成通货膨胀的重要因素之一。财政收入占国民收入比重不断下降的一个重要原因是公私税负不统一。为摆脱财政困境，急需统一公私税负。同时，为规范中央与地方、国家与企业、企业与工人的收入分配关系，应当把地方财政包干制、企业承包制和工效挂钩。

——继续控制信贷规模。近三年来，银行贷款累计增加 7130 亿元，相当于 1988 年贷款余额的 67.5%，近 20 个月来贷款增长率连续高达 20%，增势迅猛，全年现金投放增长 20% 以上。尽管居民储蓄增加、商品库存充足，可以缓解通胀的潜在压力。但是，贷款的长期过多增长，对经济发展终将留下后患。为了防止通胀的压力加大，今年贷款规模只能压缩，不能膨胀，注重提高资金使用效益。

——转变企业经营机制。把企业引向市场，使它们成为内有开发创新活力、外有市场竞争压力的自主经营、自负盈亏的生产者和经营者。同时，为了给企业创造平等竞争的外部条件，还要积极稳妥地推进价格改革。继续提高能源、原材料、交通运输、粮食等基础产品和劳务的价格，调整粮食和其他需要补贴的消费品的销价，加快生产资料双轨价格的并轨工作，继续放开那些供求基本平衡、供求弹性较大的消费品价格。还要从提高房租入手推进住房制度的改革，积极推进社会保障制度、工资制度、劳动制度、财政体制、金融体制等方面的改革。

三　科学技术与经济发展问题

科学技术是生产力，这是马克思主义的一个基本观点。早在 100 多年前马克思就明确指出："生产力中也包括科学"，"社会的劳动生产力，首先是科学的力量"。毛泽东同志也有过类似的论述，他在 1963 年提出：

科学技术这一仗一定要打，而且必须打好。邓小平同志在 1978 年召开的全国科学大会上重申了这个马克思主义的基本观点，1988 年他又总结了第二次世界大战后，特别是七八十年代以来，世界科技和经济发展的趋势和新经验，明确提出了"科学技术是生产力，而且是第一生产力"的准确论断。这个论断丰富和发展了马克思主义关于科学技术和关于生产力的学说，揭示了科学技术对当代生产力进步和社会经济发展的首要变革作用，对我国社会主义现代化建设具有极其重大而深远的意义。

一个世纪以来，无产阶级革命导师和我国老一辈无产阶级革命家关于科学技术和社会生产力的经典性的论断，已为科学技术进步和经济社会发展的历史进程所证实，特别是为正在世界范围内兴起的新科技革命对当代人类生产方式、生活方式、思维方式的巨大作用所证实，我们清楚地看到：科学技术与经济活动的联系日益紧密；高新技术发展改变了各国的产业结构和经济格局；发达国家与发展中国家的经济发展水平的差距，主要是科技创造、开发和应用的差距。今天没有一个国家和地区能够置身于科学技术发展的潮流之外，也没有一个国家和地区不谋求通过科学技术促进经济社会的发展。因此，我们党提出"经济建设必须依靠科学技术，科学技术必须面向经济建设"的方针。最近一个时期，尤其是"七五"期间，我国的科技工作在面向经济建设主战场、跟踪世界高科技发展和推进基础研究与应用研究三个层次上都取得了进展。覆盖三个层次的一批科学计划，如"科技攻关计划"、"丰收计划"、"星火计划"、"国家科技成果重点推广计划"，"燎原计划"、"863 计划"、"火炬计划"以及国家自然科学基金和其他的基础研究计划都在顺利实施，经济增长中科技进步的贡献日益加大，全社会对科学技术是第一生产力的认识不断加深，这些可喜的变化都为我国经济的进一步发展打下了良好的基础。

现在，经过治理整顿我国经济正朝着第二步战略目标迈进。"八五"、"九五"期间，要在人口、资源、环境、需求的诸多压力下，实现国民经济的高质量发展，必须更加依靠和把握科学技术这个最有力武器。

根据 13 年来的改革进程和近期我国的科技能力、产业结构、资本存量、人力资源等要素状况，在跨世纪之前的八九年中，为进一步实现计划经济与市场调节相结合，科学技术与经济建设相联系，在此提出一些需要注意的问题：

——注入高新技术，改善产业技术构成。

高新技术逐步取代相形见绌的陈旧技术是技术发展的客观规律，是不可逆转的总趋势。正是这种替代推动了产业的进化和经济的发展。许多国家和地区的成长过程表明：吸收、消化、利用、创新现有的高新技术迅速替代严重落后的陈旧技术，以更快的步伐提高本国和本地区的技术构成，是发展本国经济的有效途径。我们的产业和企业在注入高新技术上应该及时、果断地做出决策，有选择、有重点地利用能够提高生产效率和经济效益的最新科技成果，使我国产业的技术构成在 90 年代得到明显的改善。

——发展高新技术产业，促进产业结构优化。

近 20 年来，高新技术产业在各发达国家和新兴工业化国家和地区获得了超常的发展，若干技术含量高、附加价值高的现代产业正使这些国家和地区的产业结构日益升级和优化。目前我国的产业结构还相当落后，不利于国民经济进一步的发展。为尽快促成我国产业结构升级，除了充分利用高新技术改造传统产业外，还必须着重培育和推动以高新技术为基础的高技术产业部门的成长。

——强化技术创新，提高产业竞争力。

当代科技和经济的发展本质上是由持续的技术进步所推动的。技术进步是一系列技术创新活动促成的产业技术能力和经济增长质量的提高。技术创新是科技进步和经济发展的源泉。广义而言，技术创新不只是科学技术领域的创造发明活动，而是广泛涉及科技、经济、社会各领域的综合现象。它对知识生产、物质建设、精神塑造等都具有不可或缺的推动作用。一个国家和地区的经济活力在很大程度上决定于它的技术创新能力，许多国家都在建立和强化提高产业竞争力的技术创新体制。我国也需要创建促进创新的良好宏观环境，大力推动以技术创新为标志的科技进步，全面提高我国产业的国际竞争力。

——支持科技发展，增加全社会的科技投入。

这几年"科技兴省"、"科技兴市"、"科技兴农"、"科技兴化"等等纷纷提出，普遍把依靠科技作为振兴地区、行业、产业的重大战略措施。这反映了各方面对科技在经济社会发展中的作用的确认，是思想认识上的一个重要转变。以加大对科技的投入换取物质生产和知识生产更大的产出，在我国的某些企业集团和科技型企业中已有成功案例，现在需要提请全社会支持科技发展，从国家、地区、产业、行业、企业等各个渠道逐步追加面向科技的投入，以激励科技对我国经济社会发展作出更大的贡献。

——创造必要条件，发挥科技人员积极性。

科技人员是科学技术的载体，是开发应用科学技术的主导力量。科技人员的基本素质和精神状态直接影响科技工作的质量和效率。我国是一个发展中国家，在科技物质装备和资金投入方面无法和发达国家相比，但创造一个支持科技活动，尊重科技人员，保护科技成果的社会风尚是应该的，也是可以做到的。这几年，在国家财政困难的情况下，已经采取了一些具体措施改善科技人员的工作、学习和生活条件。不过，总的来讲，许多方面还难以尽如人意。今后，党和政府将进一步创造必要条件，让广大科技人员施展聪明才智。在艰苦奋斗中锻炼成长起来的我国科技队伍，一定会在实现第二步战略目标的伟大事业中，充分发挥积极性和创造性，为我们的国家和人民建树新的业绩。

以提高效益为目的的工业
调整与技术进步[*]

  80 年代以来，随着经济体制改革不断深化和对外开放不断扩大，中国经济发展取得了举世公认的重要成就。这些成就主要反映在：国民生产总值以每年平均 9% 的速度增长，不仅与世界各国的增长速度相比是较高的，而且是我国四十余年来经济增长最为迅速的时期；成功地进行了经济结构的调整，农业得到了加强，轻工业严重滞后的状况迅速扭转，人民生活消费品品种和数量大大丰富，物价稳定、市场繁荣；随着大规模的技术引进和国内技术开发能力的增强，国民经济的整体技术水平有了显著提高，无论是大型成套设备技术还是一般工业技术，都比 80 年代之前有了长足的发展；随着经济体制改革的深入，企业参与市场的能力和参与市场的程度大大提高，国民经济的整体活力显著增强。但与此同时，经济发展中存在一些问题，有四个方面：一是国民经济质的改善（如产品质量、加工深度、附加价值程度）方面进展相对滞后；二是主要依靠大规模外延性投入支持增长，资源及生产要素的优化分配与再组合发展面临的体制障碍还未完全消除；三是过去长期形成的基础设施落后、基础产业滞后、地区结构趋同、某些加工工业生产能力过剩等结构性矛盾依然突出；四是技术进步在经济发展过程中的作用仍没有得到应有的发挥，技术引进后的

  * 本文原载《经济研究参考》1992 年第 97 期。

消化吸收与国产化进展并不理想，技术改进动力不足，技术普及与扩散渠道仍不畅通，技术进步下的生产率提高速度不明显。这些反映了中国经济发展战略处于转变时期的特征。

90 年代，中国经济发展处在一个重要的历史阶段。在这一阶段中，我们必须完成提高国民经济总体素质，奠定实现工业化的基础，建立与完善使国民经济持续、稳定、协调发展的社会经济秩序，力争经济有一个较快的增长速度，同时使人民生活不断得到改善。

完成 90 年代的发展任务，必须实现发展模式从速度型向效益型的转变；核心目标应当是提高经济效益，使社会生产从粗放转换到集约化与内涵扩大为主的道路上来。

90 年代的中国工业化过程应当结合中国国情确定自己的发展模式。中国作为一个发展中国家在国际竞争与国际分工中的现实地位、需求发展与资源条件的现实矛盾、商品经济的发展水平与市场发育程度、体制特点以及社会发展目标决定，中国必须把提高国民经济整体效益放到重要的突出位置。

中国在 90 年代提高国民经济整体效益的努力应当注重以下三个侧重点。

一　产业结构调整与整体效益的提高

产业结构调整的基本目标，应当是在建立良性社会再生产条件的基础上实现生产结构的优化组合，提高结构效益。

在中国长期的经济发展过程中，产业结构失衡始终是妨碍国民经济正常发展的最主要问题之一。50 年代末和 70 年代末的轻、重工业比例失衡曾导致国民经济的两次全面大调整。80 年代初、中期，在轻重矛盾有所缓解的条件下，能源、原材料工业发展严重滞后的问题又暴露了出来。在整个 80 年代，基础设施和基础产业始终是制约国民经济正常发展的"瓶颈"。毫无疑问，中国 90 年代产业结构调整的任务一是克服"瓶颈"，二是适应市场发展需要，实现社会再生产的良性循环。

80 年代，中国在克服"瓶颈"的结构调整上经过了一定的努力。但是应当说，调整结果与理想目标的差距仍相当大；在一定程度上结构的失衡度还有扩大的趋势。90 年代，我们有必要采取一些新的有力措施，加速这一调整过程，为下一世纪中国经济的腾飞创造条件。

加速产业结构调整的措施应当考虑如下几点：一是制定和强化有利于结构调整的政策，加速价格改革的进程，以利于市场价格信号对结构调整的正确引导。二是促进社会存量资金向有利于结构调整的方面流动，鼓励以企业或企业集团为主体跨地区、跨行业的投资，实行谁投资谁享受优惠、谁优先受益的政策，把结构调整的任务从国家或政府一家扩散为以企业和企业集团为主体，发挥市场作用。三是在对外开放上要强调对基础产业和技术进步的支持，开辟产业"特区"，坚决、大胆地向一些产业引入大型跨国公司资本，大大加大"瓶颈"产业的资金投入规模，特别是在水力等可再生资源、核电等新能源方面的外资投入规模。四是努力发展资源导向型企业的国际化经营和海外投资，一方面引进外资促进国内开发；另一方面到海外去开发和建立自己的资源、原材料供应基地，特别是沿海地区的一些耗能大户，应当把外向型战略与国家整体的结构调整战略有机地结合起来，通过双向投资实现利润与廉价资源产品双获益。五是坚决调整加工产业的内部结构，把调整重点从一般地控制规模转换到延伸产业链、提高加工层次上来，努力增加高附加价值产品比重，通过高加工度化使国民经济发展不断摆脱资源投入增长速度的限制。六是重视未来消费结构对生产结构的要求，努力实现供给对需求的预先调整，并注重新兴产业的发展和对传统产业的替代。

90 年代优化产业结构和提高结构效益，除努力发展基础产业和完善基础设施外还应当加上以下三个方面的重点：一是特别应当重视制造业中装备业对轻工业、农业的武装，提高国民经济的装备水平和运行效率。二是注意对产业间生产力、技术基础发展严重不平衡的调整，及时淘汰落后技术，在技术结构合理化的基础上使各种投入要素在不同产业的生产力不断趋于接近，把中国产业结构调整引向解决深层次的矛盾。三是特别注意对劳动力资源的合理利用，尽量减少工业化过程中结构转换引起的社会震动，高度重视中国资源要素结构的特殊性，鼓励劳动密集型产业向劳动密集和技术密集相结合的方向发展。

中国 90 年代产业结构调整的任务相当艰巨。除以上主要措施外，许多重要工业部门的内部结构，如石油工业的采储比结构，钢铁工业的采矿与冶炼、铁与钢结构等，都需要进行深入的调整。

二　社会生产组织的集中化与整体效益的提高

组织结构调整的基本方向是规模经济基础上的集中化。

工业化过程中集中化的核心是利用规模经济和发展专业化协作，这不仅包括更经济的大型技术手段导致大企业日益增多，而且包括大量高度专业化的中、小企业围绕大企业形成的紧密分工。集中化的实质是同类社会生产的优化组合。历史经验证明，没有哪一个国家可以绕过社会生产的集中化阶段而实现工业化。90 年代，中国工业发展的基本任务，一是完成基础产业的发展，实现生产手段的彻底改造；二是大规模提高劳动生产率与其他要素的生产率，降低单位产品的成本。实现这两个目标的组织保证只能是专业化基础上的集中化。

中国是一个发展中国家，从 80 年代的情况看，集中化一方面已成为工业化过程的迫切需要；另一方面又面临很多特殊障碍。这种障碍主要表现为集中不足与过度集中并存；竞争不足与过度竞争并存。中国的集中不足与过度集中并存表现在：一方面，原有体制下的"条、块"分割导致大量重复建设、重复生产，非标准化、通用化产品大量存在；小批量、非经济规模的中、小企业在基础产业生产中占据着过大的份额，企业之间缺乏按内在经济联系发生再组合的正常渠道，相当多的重要产业存在着分散生产状况，地方产业结构趋同化现象十分明显等，形成典型的集中不足；另一方面，由于历史原因，存在着一大批高度封闭的全能式大型、特大型企业，这些规模巨大的企业与地方经济的再生产联系十分薄弱，社会专业化水平很低，设备、人才利用不充分的状况相当普遍，表现为一种畸形的集中。中国的竞争不足与过度竞争并存表现在：一方面，地方保护主义和行政性壁垒的封锁下落后企业无法通过竞争实现淘汰，企业内在活力不足导致生产者缺乏参与竞争的内在动力，企业外部环境不完善导致无法开展正常竞争等，形成典型的竞争不足状态；另一方面，竞争规则不完善导致竞争秩序混乱，在市场已经明显过剩情况下一些地方和企业仍在千方百计地引进新的生产能力和扩大生产规模，名、优产品受到伪、劣产品的严重冲击等，呈现出一种产业组织不完善状态下的过度竞争。

集中化是完成中国工业化目标的一个关键性的战略措施。毫无疑问，扭转上述这种不经济的社会生产组织状态已经成为中国90年代经济发展和体制改革的重要任务之一。从目前已有的经验看，中国社会生产组织的集中化主要要靠大力发展突破行政性壁垒限制的企业集团、实行严格的产业政策引导和完善市场竞争秩序三方面措施。其中企业集团的发展是中国工业生产走上规模经济之路的关键措施。

80年代，中国企业集团已经有了初步的发展。但目前的企业集团一般还都停留在生产联合阶段。90年代应当坚持在市场中形成和发展企业的原则，企业集团的发展方向应当是从初级阶段的生产联合走向高级阶段的资金联合，完成从生产集中到资金集中的转变。首先，中国90年代基础产业的发展需要决定，资金将成为制约生产发展速度与规模的主要要素，技术要素的投入极大地依赖于资金的投放规模。目前中国的实际状况已经清楚地说明，赋予强大的资金统一支配能力是增强各部门企业集团活力和实现自我发展的关键。其次，在对外开放不断扩大的过程中，企业或企业集团正在成为参与国际竞争的主角，通过80年代的发展，中国企业在生产过程中的技术性障碍已经初步排除，在国际竞争中企业资金实力不强的问题日益暴露了出来，增强大企业国际竞争的资金实力已成为外向型经济发展面临的新课题。再次，中国原有体制下的企业，实质上大都不过是以使用价值生产分工相区别的工厂，而不是相对独立的价值再生产单位，在这种地位下，企业的内在动力与外在行为很难满足有计划的商品经济的需要。要造就真正的企业，就需要发展以资金运动为动力与行为机制的企业集团。复次，中国原有体制的重要弊病之一是在"条、块"行政隶属关系下，企业的资金既无法灵活地寻找与利用当地或跨地区的有利发展机会，也没有充分的跨部门机会选择和规模再组合的余地，从而很难实现按内在经济联系组织再生产。对原体制进行改革，现实困难是必须找到一种能够替代原有行政隶属部门的大规模经济活动的组织力量，依靠这一力量实现大、中、小企业并存与合理分工，提高主要工业部门的市场集中度。以资金联合为基础的企业集团是承担这一职能的最有效形式。最后，中国工业资金的现实状况是，一方面增量严重不足，另一方面已投下的存量潜力远未充分发挥。资金联合基础上的企业集团将成为新的积累与投资主体，一方面通过增强积累机制，统一资金融通和不断向边际生产力较高的领域追加投入挖掘存量潜力；另一方面通过跨地区、跨部门的要素优化组合实现产业结构的存量调整。

90 年代，企业集团从生产联合走向资金联合具有重大战略意义。如果在未来的 10 年内能够形成一批具有强大实力与规模的工业资金集团，那将对中国的工业化产生极大推动作用。需要提出的是，在中国产业组织合理化的过程中需要有宏观政策体系的条件，需要建立、健全和完善社会保障体系。

三　产业技术改造与整体效益提高

80 年代，中国工业在技术进步方面的新特点与新发展的主要体现，一是在一些重要产业大规模引进了具有先进水平的成套设备、技术工艺，使中国工业总体的技术水平明显提高；二是有重点地加强了对工业企业技术装备的改造，这一时期是新中国成立以来设备与技术更新、改造速度最快、规模最大的阶段；三是通过沿海重点发展、"三线地区"的"军转民"和企业集团的发展，技术改造与生产重新组合结合了起来，促进了技术扩散和原有技术、设备潜力的发挥；四是在迎接"第三次产业革命"的讨论中，把技术进步与产业结构的转换结合了起来，探索了在经济赶超过程中领先技术进步跨越某些发展阶段的可能性；五是以航天技术商业化为标志，中国高技术产品开始以有力的竞争姿态进入国际市场。

但是，中国 80 年代技术发展过程中的不足也很明显：一是缺乏统一规划与有力的产业政策引导，出现了同一层次的大量重复引进；二是技术结构选择与技术改造重点不明确，重要基础产业的主体技术、重大节能技术等方面的进步不理想；三是技术设备的应用产业与制造产业之间的技术联系没有得到应有的加强，引进技术的消化吸收与国产化进展缓慢；四是高技术产业的发展战略存在一定的片面性，尚有待于进一步完善。

总结 80 年代的经验、教训，结合 90 年代的发展任务，中国工业领域的技术改造与技术发展战略应当把重点放在以下几个方面。

第一，把技术改造的主要对象转移到重点产业上来，着重抓好若干基础产业主体技术的更新换代，以带动整个国民经济的技术进步。

80 年代，中国钢铁、有色、化工、石化、机电以及汽车等产业都引进了一些具有先进水平的大型项目，但这些引进项目所代表的先进技术在产业内部大都处于孤立状态，产业整体的技术水平提高有限，产业内部企业之间的技术差距趋向拉大。90 年代，中国应当借鉴日本五六十年代三次"产业合理化"技术改造过程的经验，迅速把技术改造的重点从个别企业的成套引进转移到产业主体技术的普遍改造上来，在这些产业加快淘汰落后技术的步伐。例如，在钢铁工业大大提高电炉钢、联铸联轧比重。通过十年左右的一个周期，使中国冶金、化工等若干基础产业的技术水平、成本水平、集约化水平、能源及资源消耗水平以及质量水平都能达到或趋近于 80 年代国际先进水平。90 年代是中国工业化过程中完成这一任务的重要阶段，迈出这一步，对国民经济整体生产手段的彻底改造、对出口产业的发展、对下一阶段发展战略的实施都具有十分重要的意义。

第二，进一步强化企业自我改造的动力机制，提高企业自我改造的能力，把技术进步与企业制度改革结合起来，使技术改造和技术更新成为企业的自觉行为和持续不断的过程。

从 80 年代末的情况看，企业已经获得了一定的技术改造自主权；目前改造的障碍主要在于两方面：一是企业近年来减利增支因素不断增加，负担太重，实际上没有自我改造的财力；二是企业缺乏注重长远利益的动力机制和客观约束，企业行为趋向于短期化。要采取切实措施保证企业利益落到实处，支持企业技改资金的筹集；同时应当注重建立与强化企业技术改造的外在约束机制，包括经济机制、行政机制和法律机制。

强化企业技术改造的动力机制并不是简单地在企业承包合同中增加相应条款就能解决的，它涉及经济体制深层次改革的许多方面。因而应当把企业技术改造与企业改革结合起来，通过深化改革逐步把技术改造从外部强制变成企业的自我要求。

第三，把技术进步与企业组织结构的改造密切结合起来。

90年代，基础产业是中国工业发展的重点；与此相适应，企业组织结构调整的主要目标是集中化。集中化是基础产业发展过程中以高度专业化为前提采用先进技术的组织保证，技术进步是集中化和规模经济的物质基础。因此，中国90年代的工业技术政策一定要充分考虑集中化和规模经济的要求，在重要产业的技术设备和工艺选择上应当明确规定最小最优规模标准。特别是在钢铁、化工、汽车等产业，一定要坚持经济规模起点。

第四，大力加强产业间的技术联系，加快对引进技术的消化吸收与再开发速度。

90年代，对引进技术的消化吸收已成为摆在我们面前的一项迫切任务。在基础产业，80年代初期引进的许多大型项目已经接近于技术更新期；在家电产业，同水平重复引进导致的生产能力过剩不仅没有抑制住产业膨胀趋势，相反，相当多的厂家已在考虑继续引进更先进、更高档次的生产线，以在供大于求的市场面前扩大本企业的份额；对汽车等产业的强烈需求已导致许多低水平、小批量企业的出现。在这样的形势面前，我们一方面要加快引进技术的消化吸收与再开发，重点是改造产品结构，提高质量和降低成本；另一方面要加强对技术引进的总体规划和对有市场需求的引进，重点应放在对国民经济的装备业、满足未来消费结构的新型消费品业和新兴高技术产业的发展上。

从中国实际情况看，加快引进技术的消化吸收，关键在两方面：一是加强产业间的技术联系，特别是技术应用产业与技术设备制造产业的联系，例如打破"条块"体制，建立相互投资的企业集团；二是加强国家的产业政策引导和产业保护，例如，在对引进先进技术采取鼓励政策的同时，规定凡已引进技术的企业都必须拿出一定数量的资金投资于引进技术的再开发。

关于建立社会主义市场体系的几个问题[*]

十余年的经济体制改革，改变了那种主要由高度集中的计划来配置资源的体制，市场在调节生产、组织流通和引导消费中的作用越来越大。但是也要看到，我国的市场组织尚不健全，市场体系尚不完善，市场法规也是不完备的。要在我国真正建立起社会主义市场经济的新体制，还需要花大力气来建立和完善我国的社会主义市场体系，这是保证社会主义市场经济得以顺利发展的必要条件。对此，我准备从以下三个方面谈谈自己的看法。

一 建立市场体系是我国经济体制改革的重要内容

在传统的高度集中的计划体制下，虽然也像有些同志所讲的那样，我国并没根绝商品生产和流通。但不能不承认，那时我们在指导思想上不承认社会主义是商品经济，同时又把指令性计划作为计划经济的基本形式。在这种理论的指导下，我们不仅用计划分配、计划调拨来代替、取消生产资料的市场交换，而且试图用计划收购、计划调拨和计划配给来取代消费品的市场交换和商品性流通。在过去几十年间，我们主要靠指令性计划来管理经济，从而企业的一切生产活动均要听命于计划部门和主管机关，国

---

* 本文原载《理论学习与研究》（双月刊）1992 年第 5 期。

营企业不过是社会这个大工厂的车间。在这种"大工厂"体制下，同企业是一个"车间"相适应的市场也就没有任何存身的机会。因此，在传统体制下，否认企业的自主权和独立性，是与排斥市场的作用紧紧联系在一起的，是一个事物的两个方面。

以上这种高度集中的传统体制，是随着城市工商业社会主义改造的基本完成在"一五"末期基本确立起来的。随着这种体制的运转，当时人们对这种体制集中过多的弊端就有所认识，并在实践中探索解决这一弊端的途径。这在毛泽东同志1956年写的《论十大关系》一文中有所阐述。遗憾的是，限于理论认识的不足和主客观条件的限制，对这种体制弊病的认识只限于中央集中得过多方面，着重从中央与地方的权力划分来寻找解决问题的途径，而没有看到传统体制的根本弊病不是中央管多了还是地方管多了，而是忽视、排斥市场机制在配置资源中的积极作用，是计划管多了，市场管理少了。正是由于理论认识上的限制，1979年以前的三次体制调整都没有把握住经济改革的中心环节：在扩大企业自主权的同时，发挥市场调节生产、组织流通、引导消费和鼓励创新的作用，而只是围绕中央与地方的关系，下放或上收企业。

粉碎"四人帮"后，全党和全国人民在解放思想的旗帜指引下，较彻底地清算了传统经济体制得以确立的思想基础，对传统体制弊端的认识更加深入。以党的十一届三中全会为标志，拉开了我国经济体制全面改革的序幕。随着经济体制改革的不断展开，对市场机制和市场体系的认识也不断深入，从而越来越把建立市场机制和完善市场体系作为我国经济体制改革的重要内容。所谓"市场取向"概念，就是指改革的这种动向，改革中新老模式转换的方向。在党的十一届三中全会的公报中，第一次明确提出了要"在统一计划指导下重视价值规律的作用"。后来在《关于第六个五年计划的报告》中就明确为"计划经济为主，市场调节为辅"。这是首次承认市场调节在我国资源配置中的作用。1984年10月党的十二届三中全会所通过的《中共中央关于经济体制的决定》又进一步发展为：社会主义经济是公有制基础上的有计划的商品经济，实行计划经济不等于指令性为主，要实行指令性计划、指导性计划和市场调节相结合的原则。这种提法充分肯定了市场调节的地位。1985 年 9 月党的全国代表会议所通过的《中共中央关于制定国民经济和社会发展第七个五年计划的建议》，更进一步把完善市场体系明确为与经济体制改革三个方面有联系的重要内容之一；明确提出，建立新型的社会主义经济体制，要进一步发展社会主义的有计划的商品市场，逐步完善市场体系；国家对企业的管理逐步由直接控制为主转向间接控制为主。1987 年 10 月党的十三大所通过的政治报告，不仅进一步明确了新的经济体制的三个方面：搞活企业、建立市场体系和实行间接调控，而且对它们之间的关系也进行了科学的概括。这样，到 1987 年党的十三大，市场在国民经济运行中的重要作用终于得到肯定。与此相应，包括价格改革和完善各种市场的工作就更加展开和逐步深入。最近，小平同志的南方谈话和江泽民同志在中央党校的重要讲话，都对计划和市场的关系做了精辟的说明，这对我们加快市场体系的建设和完善具有重要的指导意义。

要加快市场体系建设，发挥市场机制的作用，有一点必须明确，即是说由市场来配置资源决不等于简单的放开。市场机制要充分、有效地发挥作用，需要相应的组织建设和制度的创造，包括（1）建立统一、规范有序的商品市场、金融证券市场、劳动力市场、技术市场、房地产市场；（2）建立适应不同交易目的、协调配合、规范健全的现货市场与期货市场、批发与零售市场；（3）制定规范各种市场交易活动的法规，包括主体法（如证券公司法）和行为法（如公平竞争法）；（4）发展与物流、货币流、信息流相关的基础设施，如交通、通信、仓储设施和交易场所等。上述几个方面的内容大致都可归为建立市场体系的范畴。显然，没有市场体系的建立和完善，就谈不上市场机制发挥有效的作用，更谈不上计划与市场的有机结合。前几年，我们经济生活中所出现的一些问题，如经济结构失衡、流通领域混乱都或多或少地与市场体系不健全、不完善有关。如果我们准备在不太长的时间内，初步建立起宏观调控下的市场协调机制，实现计划与市场的有机结合，就必须认真总结近年来市场建设中的经验和教训，进一步加快市场体系建设的步子。

二　十年来我国市场体系的发展情况及存在的问题

首先介绍一下我国几种主要市场的发展情况。

（一）商品市场的完善和发展

传统的高度集中的计划体制对市场机制的排斥，在商品流通领域主要表现为市场长期处于压抑和萎缩状态。随着十余年来商业和物资流通体制的改革，我国的商品市场发展迅速，并逐渐形成了一定程度的商品市场体系。

第一，社会商品流通中市场调节的范围和比重逐步扩大。首先拓宽了消费品流通市场调节的范围。到 1989 年，商业部系统的实行指令性计划管理的商品从原来的 188 种减少到 11 种，其中工业品 6 种，农产品 5 种，其余基本上实行市场调节。1981 年国务院批转《关于工业品生产资料市场管理暂行规定》，给予生产资料生产企业一定程度的自销权，从而打破了生产资料流通靠指令性计划"包打天下"的局面。目前，由国家计委负责平衡、分配的生产资料已从 1978 年的 256 种减为 22 种，由部门实行指令性计划分配的原材料和机电产品由 316 种减为 45 种。由于从"七五"时期起，国家对重要生产资料的流通普遍实行了计划外部分实行市场调节的管理办法，所以，在国家统配的 22 种生产资料中，由指令性计划调拨和分配的比重均降到 50% 以下。大致而言，目前全社会商品流通中，70% 的品种、60% 的销售额已属市场交易。

与大部分的商品流通由计划分配转为市场交易相适应，我国商品价格体系和价格形成机制均发生重大变化。目前，绝大部分消费品都已实行市场价格。至于生产资料价格，相当部分的工业制成品实行了市场价格。初级产品则普遍实行价格"双轨制"。近年来，不仅实行市场价的部分所占比重逐步上升，而且，计划价与市场价的差距也不断缩小。

第二，商品市场组织创新和制度建设有所发展。随着国家对生产资料流通管理的放宽，打破了由物资专业公司独家经营的局面。1979 年以后，一些大中城市相继开设了一大批生产资料商场，并可采取现货交易和远期合同等多种交易方式，成交活动不受行政区划、行政部门的限制，也不受企业所有制性质的限制，用户可以自由选购。这标志着我国有形生产资料市场开始萌芽。随着国家统配物资的种类和比重逐步缩减，生产资料流通中横向联合和协调也有了较大的发展。目前全国共有多种形式的生产资料流通联合组织 8200 多个，其中紧密型的 470 个。1984 年后，以城市为依托的物资贸易中心开始出现，并发展迅速。截至 1990 年，全国地、市以上的物资贸易中心发展到近 400 多家，营业额达到数百亿元。通过几年的实践，多数物资贸易中心的商品辐射、信息交流和多种服务的功能在不断完善和增强，大型物资贸易中心正在逐步办成重要生产资料的批发市场。1989 年以来，我国又在苏州、沈阳进行组建综合商社或大型物资流通企业集团的试点工作，在无锡进行物资流通综合配套改革试点。最近，国家有关部门在深圳开始进行生产资料保税市场和有色金属期货市场的试点工作。总的来看，我国生产资料市场初具规模，不同形式、不同层次的专业性和综合性生产资料市场的格局初步形成。

在工业消费品和农副产品流通领域，国营商业、供销社及有关政府部门组建了一批工业消费品和农副产品贸易中心，其中有综合性的，也有专业性的，并按开放型自由流通的方式和原则营运。目前，全国工业消费品贸易中心已发展到 900 家。1990 年在郑州组建了第一家国家级粮食批发市场，以现货批发为主，发展远期合同贸易，并逐步引入期货市场机制。1979 年以来，城乡集市贸易发展迅速，目前约 21% 的社会商品零售是在集市贸易市场上成交的。集贸市场的购销方式已由基本上是零售、现货交易转向既有零售，又有批发；既有现货交易，又有远期交易等多种交易方式转变。有些集贸市场，如福建石狮市场、河北白沟市场，已发展到跨地区、远距离辐射的商品集散、批发中心。

（二）金融市场的建立和发展

第一，建立中央银行体制，充分发挥货币政策在资源配置中的作用。1983 年前，中国人民银行既担负管理金融事业的职能，又承担对工商企业的存、贷款业务和国内贸易结算业务。这种职能双重化不利于中国人民银行充分承担起金融宏观调控的功能。为了和政府职能由直接控制向间接调控转换相适应，1983 年 9 月，国务院决定由中国人民银行专门行使中央银行职能，将货币发行和信贷分开，不再兼办工商信贷和储蓄业务，以加强对货币的调节和对金融机构的管理和监督，更好地为宏观经济决策服务。与此同时，分设中国工商银行，承担原来由中国人民银行办理的工商信贷和储蓄业务。从此，一个以中央银行（中国人民银行）为领导，以国家专业银行（中国工商银行、中国银行、中国农业银行、中国建设银行）为骨干的二级银行体制开始形成。

第二，建立多种金融机构，创造金融市场主体。随着经济的发展、运行主体多元化和国民收入分散化，为了充分地吸收分散化的资金和在竞争的基础上优化资金的配置，就需要建立多种金融机构，形成金融市场。这是充分发挥货币政策在宏观调控作用中的组织前提。

建立多种金融机构包括建立新型的银行机构和建立其他非银行金融机构。就前者而言，1986 年，国务院决定重新恢复、组建交通银行。交通银行是以公股为主的股份银行，经营人民币和外汇业务的综合性银行。稍后又相继成立了中信实业银行、发展银行和地方性的住房储蓄银行。就后者而言，包括：（1）恢复中国人民保险公司。（2）发展城市信用合作组织。1989 年全国共有 3409 家城市信用社。（3）建立各种信托投资机构。1979 年，首先成立了中国国际信托投资公司。此后，各种信托投资公司、融资公司、租赁公司、财务公司相继在各地成立。1988 年年末，各类金融公司已达 745 家。（4）开办邮政储蓄。到 1989 年年底，邮政储蓄网点达到 15483 个。储蓄存款余额已达 191 亿元。

第三，发展多种形式的金融市场。我国的信用过去由国家银行垄断，排斥商业信用，禁止各种融资活动。然而，改革以来，随着信用形式、融资结构的多样化，金融市场出现成为必然。目前我国的金融市场由以银行同业拆借为主的短期金融市场和各类债券为主的长期金融市场构成。

短期金融市场的建立和发展。我国的短期金融市场包括票据贴现市场、同业拆借市场和短期债券市场。

1980 年年初，上海首先进行了商业票据承兑贴现的试验，1985 年，这项业务推广到全国；同业拆借市场是从 1986 年开始的。其特征是利用资金运动的时间差、地区差来调剂资金的供求。1987 年拆借规模为 2400 多亿元。这两年更有新的发展。目前，除个别地区外，都建立了以城市为依托的拆借市场，形成了若干跨地区、跨系统、多层次的融资网络；企业短期债券市场是在 1987 年金融紧缩的前提下，首先在 27 个城市进行试点，1989 年企业短期融资债券发行额为 30 亿元。

建立和发展长期金融市场。为了促进分散投资主体的形成和建立投资主体收益—风险对称机制，利用金融中介集中资金和调节投资流向是国家间接控制的重要内容。到 1989 年年底，包括国库券、国家重点建设债券、金融债券和企业债券、股票在内，我国各种债券累计发行额已突破 1000 亿元。在证券发行有较大发展的同时，证券流通市场也开始出现。1988 年 4 月，经国务院批准，在沈阳、上海、哈尔滨、武汉、重庆、广州、深圳 7 个城市进行了首批开放国库券市场的试点。同年 6 月，又确定 54 个城市作为第二批试点城市。目前我国从事证券转让业务的交易机构有 346 家，全年转让额为 50 多亿元。并在深圳和上海建立了比较规范的两家证券交易所。

（三）房地产市场的发展

房地产市场是指房、地产业的劳动产品通过交易，实现其价值和使用价值的过程。房地产市场的业务主要有房地产的买卖、租赁、抵押三种流通方式。房地产市场又可再进一步分为房产市场和地产市场。房产市场主要是对住房进行租赁、买卖和抵押，地产市场的业务则是将平整和开发的土地，出售或租赁给用地单位或个人。1983 年年底，在经济体制改革的推动下，深圳、佛山、江门等城市率先开展了各种房地产经营业务。六届人大二次会议所通过的《政府工作报告》肯定了房地产业是一个新型产业，房地产市场是大力发展的市场。在此形势下，各地房地产管理部门和其他有关部门纷纷成立各种房地产开发公司。到目前为止，全国已有各类房地产开发企业 2400 多个。一些房地产开发公司业务已到达海外房地产市场，如珠江实业总公司、广东省信托房地产开发公司、深圳经济特区房地产公司等在我国香港和澳门、美国、加拿大、澳大利亚、马来西亚和泰国等地投资房地产业。

总体来看，我国的房地产市场尚处于初级阶段。其特点：（1）房产供不应求，商品房源不足；（2）市场经营以租赁为主，售买为辅；（3）租赁市场以租公房为主；（4）不仅住宅商品化程度低，而且售房价格与居民收入相比过高，直接影响了一般居民的购买能力；（5）住宅的非市场分配和低房租制。这种发育不全、程度较低的房地产市场非常不适应经济体制改革的要求。我们需要结合住宅体制的改革，进一步加快房地产市场的发展。

（四）劳动力市场的发展

近年来，我国的劳动力市场伴随着经济体制改革和劳动制度改革有了迅速发展。城乡劳动力的流动和交流日趋频繁，市场机制开始发挥对劳动力资源部门间、地区间和职业间流通的调节作用。我国的劳动力市场目前有两类。一类是有组织的劳动力市场，它多以职业介绍所、劳动服务公司、人才交流中心等机构为中介，沟通劳动者和用人单位的联系。另一类是无组织的劳动力市场，如大城市街头的保姆市场和木匠市场，由劳动者和用户直接见面、洽谈，确定劳务关系。

我国市场体系建设近年来确实有了很大的发展，但也存在着一些问题。主要有：

1. 市场间发育不同步，非商品市场建设严重滞后

目前，我国市场体系建设的基本格局是商品市场发育程度相对较高，而非商品市场，特别是金融市场、劳务市场发展不足，从而严重影响了市场体系整体效率的提高。有计划的商品经济的核心是在国家计划的宏观指导下，主要靠市场来配置资源。资源主要是生产资料和劳动力，而在商品经济条件下，资金的分配在很大程度上就是生产资料和劳动力的分配，所以，金融市场和劳动力市场的发育状况是实现市场调节的关键。目前的实际情况是，就金融市场而言，间接融资市场还带有很强的计划分配资金的印记，而直接体现为资金的市场分配的直接融资在我国则刚刚起步。就劳动力市场而言，全民所有制内部存量状态的劳动力流动性极低，增量劳动力调整带有很大的计划分配性质。这种状况限制了企业根据市场变动调整产品结构和在部门间转移的能力。

2. 部门、地方对市场的分割、封锁严重，难以形成统一的市场

由于我国几十年来是按行政部门、行政地区来组织经济和管理经济，所以我国的市场，无论是商品市场还是非商品市场都存在着严重部门分割和地区分割。商品、资金、劳动力、技术在部门间、地区间的流动不仅受到很大的限制，商品市场、金融市场、劳动力市场也被分割成局部的和地方性的市场。当本部门、本地区某种资源供不应求时，就限制它的流出，反过来，当对某种资源的需求不足时，则限制其他市场资源的流入。这种市场分割和封锁极大地降低了市场配置资源的效率。

3. 市场主体行为不端正，交易秩序混乱

由于预算软约束和政企不分，我国商品市场和非商品市场的参与者的市场行为都程度不同地存在着一些问题。出现了许多靠行政权力支持的公司，它们一只眼睛盯着国家，一只眼睛盯着市场，以公权谋商利，流通环节交易行为不规范；企业之间的竞争不公平和低水平过度竞争，以次充好、冒名顶替的不良行为时有发生；国营商业机构、国家银行和管理职能与经营职能冲突；企业负盈不负亏，自我积累、自我发展意识不强。正是由于存在这些不合理的行为，我国市场组织化程度较低，市场混乱现象较为严重。

4. 市场组织和市场法规建设滞后

就市场组织而言，市场发育程度较低，现代化的交易组织或交易形式发展不足。我国的商品市场，多现货交易，少期货市场；多"骡马大会式"的商品订货会，少规范和发达的批发市场。我国的金融市场则是多间接融资市场，少直接融资市场，证券交易市场更为落后：多短期融资市场，少长期融资市场，多债券发行市场，少证券交易市场。我国的劳动力市场则是多无组织的供需直接交易市场，少以中介机构为媒介的有组织的市场。房地产市场则多为福利型低租赁市场，少商品型住宅买卖市场。

就市场法规而言，一些相当于市场建设基本法的法规，如公平交易法、反垄断法、公司法、证券法、劳工法等还没有制定出来；已经颁布实施的一些法规，如经济合同法，保护消费者利益的规定和城乡集市贸易管理办法、条例等，还都不十分完善，有的是地区性的，有的已不适应市场的发展变化；对已经实施的市场法规，也存在有法不依、执法不严的现象。

三 加快改革与发展步伐，推进
社会主义市场体系的形成

为了加快我国社会主义市场体系的建设，我们需要抓好以下几个方面的工作：

（一）大力发展金融业、保险业、房地产业和信息咨询等，促进金融市场、房地产市场、劳动力市场和技术市场的发展

我国非商品市场发育程度的严重滞后，是与我们长期以来否认这些部门的生产性、排斥它们的发展有着直接的关系。所以，要改变非商品市场发展滞后的局面，就必须像小平同志最近讲的那样，进一步解放思想，在改革和开放的基础上大力发展上述第三产业。金融业发展的重点是在进一步深化银行体制改革、提高银行内部竞争性和效率的基础上，加快以证券发行、交易为中心的直接融资市场的发展。劳动力市场发展的关键是进一步改革我国的劳动人事和工资制度，赋予企业较大的用工权和职工的流动权。在此同时，大力发展社会保障事业和就业介绍、培训机构。房地产市场发展的关键是通过住宅制度改革，将福利型住房制度改为商品型住宅制度，建立起既能平衡供求，又利于房地产业自我积累、自我发展的新体制。

（二）进一步改革宏观管理体制，打破行政部门、行政区划对社会主义统一市场的分割

部门对市场的分割，在商品市场方面主要表现为内贸与外贸分家，商业与物资分设。随着近年来流通体制的改革，商业与物资相互分割和相互封锁的状况有了较大改变，但内外贸分家的格局基本如旧。今后，要逐渐打破这种界限，通过试点，建立起一批内外贸兼营的大型流通企业。这样做有利于把国内市场和国际市场联系起来，发挥两类部门的综合优势。在金融市场方面，部门分割主要表现为几家国家二级银行分专业或部门设置。近年来，它们之间的业务虽也开始交叉，但相互间的竞争仍然不够。改革的方向应是改这些专业性银行为分别从事一般工商贷款业务的商业银行和专门从事长期投资业务的发展银行或投资银行。这些做法，既可以解决银行业的部门分割，又可解决国家二级银行所面临的经营职能和管理职能冲突的问题。打破地区对市场分割和封锁的关键，是地方政府不再继续干预各类企业的自主经营活动。为了实现这一目标，需要对目前的"分灶吃饭"式财政包干体制进行改革，切断地方政府干预本地企业经济活动的利益纽带。

（三）进一步加快产权、劳动、人事、工资和计划体制的改革

要切实把竞争性部门的企业推向市场，比较彻底地解决我国市场主体软预算约束和政企不分的弊端，消除市场主体行为不合理的体制根源。同时，在保证总供给和总需求基本平衡的基础上，进一步放开价格，逐渐取消价格双轨制，为市场主体的行为提供单一和真实的信号。

（四）大力发展新的市场组织，加快市场法规的建设

农副产品市场的发展，应在充分利用目前已经发展起来的多元化流通网络和多重的市场组织基础上，大力发展大型批发市场，在现货批发的基础上发展远期合同交易，并逐步引入期货市场；工业消费品市场建设的重点是将批发业务转到生产集中、消费分散的商品上。发展总经销等新的购销形式，改造现有的工业品贸易中心，将其办成有形的工业消费品批发市场；工业生产资料市场的发展要把改造订货会与建立国家级物资交易所结合起来，大力发展产销直接见面和城市集中的物资配送中心。金融市场要稳步发展规范的证券交易市场；劳动力市场要大力发展职业信息中心和职业介绍所等新兴的有组织的市场。

在组织创新的同时，加快市场立法工作，特别是一些确定市场主体法律地位的主体法，如公司法、证券公司法和交易规范的行为法，如公平竞争法、反垄断法、证券交易法要早日出台。地区之间自行制定的一些市场法规要尽早统一化，以保证统一的市场秩序的形成。

（五）大力发展市场基础设施的建设

要加强通信、港口、仓储和商业网点的建设，逐步形成布局合理、联系通畅、节省高效的物流网、信息网和资金网络。

　　如何加快我国社会主义市场体系的建设是个大题目，需要经济理论界、实际工作部门的同志们通力合作，解放思想，认真总结改革以来的经验和教训，借鉴国外市场体系建设中的成功经验，在今后的工作中大胆地去探索、去创造。只要我们这样努力地去做，符合我国国情的社会主义市场体系就一定会迅速发展起来并逐渐趋向完善，一定会更有力地促进我国社会主义商品经济的大发展。

发展社会主义市场经济，完善
计划与市场相结合的新体制[*]

　　计划和市场的关系，是经济体制改革的一个核心问题。十四年来，我国的经济改革，始终是围绕着改革以往的高度集中的指令性计划管理体制，扩大市场机制的调节作用的方向进行的。早在 1979 年，邓小平同志就讲过社会主义也可以搞市场经济；今年，他在南方谈话中又进一步提出发展社会主义市场经济的问题。这是对社会主义改革理论的又一重大突破，我国的改革开放事业从此进入了一个新的发展时期。

　　发展社会主义经济，是建设有中国特色的社会主义的一项根本性内容。我们所要建立的社会主义市场经济新体制，既不同于以往苏联的高度集中的计划经济体制，也不同于西方私有制基础上的市场经济体制，而是依据中国国情，依据中国生产力水平的现状，把有效的市场机制和有效的宏观管理结合起来的新的经济体制。在这方面，我们已经取得了许多宝贵的经验，需要认真总结。同时，也应当看到，在社会主义条件下发展市场经济，是一项前无古人的事业，需要我们根据马克思主义原理，认真总结过去十多年改革的经验，探索社会主义市场经济中计划与市场结合的具体形式。

---

　　* 本文写于 1992 年 10 月 22 日，原载《经济管理》1992 年第 11 期。

一

自从马克思提出有计划地组织全社会生产和经济活动的重要思想以来，计划和市场问题就引起人们的普遍关注。特别是1917年社会主义在俄国的成功，使这个问题真正提上了议事日程，变得更加突出和重要。20年代初期，列宁从当时苏联的实际出发，实行了著名的新经济政策，改变了战时共产主义流行一时的"直接过渡"做法，"转而采取市场"的经济形式，通过灵活机动的手段来实现计划。列宁逝世以后，由于理论认识上的局限，那种排斥市场机制、排斥商品经济，主张把国民经济当做一个大工厂来管理的思想占了统治地位，并在这种思想的指导下形成了高度集中的计划经济体制。第二次世界大战后，新出现的许多社会主义国家也相继照搬了这种排斥市场的计划经济体制。客观地说，这种高度集中的计划经济体制，对于新生的社会主义国家迅速集中和动员资源，在帝国主义和各种敌对势力的包围中较快地进行大规模的重点建设，为以后的经济和科技发展奠定坚实的物质基础，起了积极的作用。看不到这一点是不符合马克思主义历史唯物论的。但也应该看到，这一计划经济体制存在着资源配置效率不高的严重弊端，特别是当初期工业化的任务基本完成以后，它的弊端表现得越来越突出。从微观上看，由于企业缺乏自主权，企业的创新动机微弱，同时由于排斥市场竞争，企业缺乏提高效益的压力；从宏观上讲，由于计划配置资源所形成的产品结构和产业结构与市场上的需求结构严重脱节，在部门间、地区间资源配置效益偏低；脱离实际和急于求成的计划脱离了国力和国情，结果导致国民经济比例关系失调。所有这一切都说明，以往的排斥市场机制的计划经济日益束缚着生产力的发展。所以，在50年代以后，苏联和东欧一些国家陆续开始了经济体制改革，形成了几次改革浪潮，在扩大企业权限、鼓励企业参与市场竞争等方面都取得了不同程度的进展。但从总体上说，仍没有找到计划和市场在社会主义经济中结合的正确途径和有效形式。这些国家不仅未能摆脱原有的经济困境，而且被商品严重短缺、通货膨胀、外债剧增等问题所困扰。在一定意义上可以说，苏联、东欧国家的解体，在很大程度上与没有能够在社会主义范畴内找到计划与市场有效结合的途径和形式有关。这从另外一方面说明了正确解决计划和市场关系问题的极端重要性。

以往计划体制的弊端，我们党在"八大"前后已开始有所认识。1956 年，毛泽东同志在《论十大关系》中对计划体制中权力过分集中的问题提出了尖锐批评。随后不久，他还谈到过要重视对商品经济、价值规律的研究。以后，虽然多次进行了旨在调动各方面积极性的体制调整，但由于"左"的指导思想的干扰，都未能取得实质性进展。1978 年党的十一届三中全会以后，在邓小平同志的倡导下，我们党恢复了马克思主义实事求是的思想路线，开始从理论上对如何消除以往计划体制的弊端、建立符合我国国情的社会主义新经济体制进行了大胆的探索。十余年来，尽管有某些反复，但从整体上看，我们对社会主义经济中计划与市场关系的认识是不断进步、不断深化的。改革之初，我们破除了把市场调节与社会主义对立起来，把指令性计划等同于计划经济的观念，第一次提出了计划经济要与市场调节相结合的观点，并在实践中付诸实施。这一理论进步，是社会主义经济思想的重大发展，其历史意义重大。80 年代中期，在改革逐步深化和理论研究深入的基础上，党的十二届三中全会通过的《中共中央关于经济体制改革的决定》郑重指出，我国是有计划的商品经济，并随之提出了我国经济体制改革的重点任务之一就是逐步完善市场体系。1987 年，党的"十三大"又在进一步总结改革开放经验的基础上，明确了确定社会主义新经济体制的具体设想。进入 90 年代以来，随着改革的深化，党和政府对计划和市场关系的认识进一步深化。江泽民同志在《庆祝中国共产党成立七十周年大会上的讲话》中指出："计划与市场，作为调节经济的手段，是建立在社会化大生产基础上的商品经济发展所客观需要的，因此在一定范围内运用这些手段，不是区别社会主义经济与资本主义经济的标志。"

在现代经济生活中，不仅存在着日趋复杂和细致的社会分工，劳动者和各个经济组织还具有独立的经济利益。所以，在社会主义条件下，必然广泛存在着商品货币关系，必然存在着市场。面对着无限丰富、复杂多变、千姿百态的需求，若想使成千上万个企业的生产都符合需要，就必须根据市场的变化，决定生产什么、生产多少、如何生产、在什么地方生产，亦即要靠市场来调节资源的配置。从这个意义上说，社会主义商品经济也就是社会主义市场经济。商品经济不可能脱离市场而存在，即使在社会主义高级阶段亦将如此。当然，我们所要建立的社会主义市场经济体制，在所有制结构和分配方式上，与资本主义的市场经济体制有很大的不同。我们一方面坚持公有制的主导地位，另一方面努力实现共同富裕。

我们要大力发展的市场经济，也绝不是古典资本主义时期那种原始和落后的市场经济；我们要确立的市场经济体制，也不是排斥计划、排斥国家对国民经济自觉管理的市场经济体制。完全自由的市场经济，目前在西方资本主义国家实际上也不存在，何况我国国民经济是以公有制为主导的。更重要的是，我国的政治制度保证了我们有可能对国民经济的协调发展和宏观平衡进行科学的计划调节。从另一个角度看，现实经济生活的计划调节或主动管理也是内生的。所以，计划和市场都是社会主义经济内在的东西，二者不可分割地联系在一起，作用融合在一起，并且都是覆盖全社会的，渗透在经济生活的各个方面。只是由于它们功能不同，作用方式不同，因而在不同层次、不同领域结合的方式和具体形式有差异罢了。一般而言，计划主要从宏观、总量和结构等方面解决重大资源配置和重大社会利益关系的调整，以及国家整体的重大发展战略；市场主要在微观领域、日常的生产经营活动和有关的资源配置方面发挥作用。总之，只有承认我国必须发展社会主义市场经济，只有肯定计划与市场都是社会主义经济内生的，才能正确认识和处理计划与市场的关系；同时，只有承认计划与市场作用机制的差异、作用层次的不同，才能有效地把计划和市场有机结合起来，发挥各自的长处，补充各自的不足。以上两方面应是我们处理社会主义计划与市场关系问题的基本共识。

二

由于处理计划和市场的关系问题，是建立社会主义市场经济体制的核心，所以，十余年来在理论认识不断加深的同时，在实际改革过程中对计划与市场的关系进行了以下五个方面的探索：

（一）下放权利，改变过度集中的决策体制

从决策角度看，排斥市场的旧体制的最大弊端，就是权力过于集中。而市场机制从本质上说，是一种分权决策机制。从这个角度看，权力分散是形成市场，或者说是市场成为资源配置形式的首要条件。因为，如果成千上万个商品生产经营者不能根据市场需求的变动和成本条件自主地进行生产、交换和投资决策，也就谈不上由市场来配置资源。这也正是我们在评价改革初始阶段采取的分权让利措施时，应把握的一个基本出发点。

决策的分权改革，集中地表现为指令性计划的大幅度减少。高度集中的计划经济体制运作的基本特征，就是靠大量的指令性计划实现资源的分配和调节社会再生产活动，宏观的资源产业配置、区域配置由计划决定，企业生产什么、生产多少和为谁生产，也由计划决定。由于微观领域生产品种繁多，且需求情况多变，自上而下的计划不仅科学性差，且时效低下，导致资源浪费严重。同时，企业缺乏活力和动力，要搞活企业就必须对企业扩权，要扩权就要减少束缚企业活动空间的指令性计划。从1979年起，国家在生产和流通领域的指令性计划逐步减少，目前国家计委管理的工业生产指令性产品品种，已由以往的120多种左右减少到60种左右，国家统配物资品种由125种减少到26种，商业部门计划收购的品种由188种减为23种，在全部社会商品中，由计划决定生产、按计划价格交易的商品已降到30%以下。

（二）调整和放开价格

如果说对企业扩权让利是创造市场行为主体的必要前提，那么价格放开，使之能灵活地反映市场供求关系的变动，则是市场有效地配置资源的重要条件。如果只把价格作为一种计算或核算工具，它的逆向调节可能表现得并不明显。但若在企业有了相应的自主权，特别是对其自身利益有所关心的条件下，价格仍是固定的，不合理的，这时市场调节的作用就将是负向的和低效的。因此，扩大企业自主权势必要求同时放开价格。1990年以来，价格改革在以下几个方面迈出了重大步子：第一，对部分电子和

机械工业产品实行了浮动价格，先后放开小商品和大部分日用工业品价格；第二，在相当大的范围内放开了城市的农副产品销售价格，使整个消费品市场中，除粮、油等少数农副产品外，已基本上由价格来调节生产和需求；第三，逐步提高了严重偏低的生产资料价格，并对暂时不能放开价格的生产资料实行"双轨制"。

到 1987 年，双轨制价格占全部生产资料种类的 40%，交易额占 75%以上。价格双轨制是排斥以往体制，向计划与市场结合体制过渡的一种典型表现。其实质是，在生产资料生产和流通领域计划体制依然存在的条件下，允许价格在一定范围内成为刺激生产、进而配置资源的信号。当然，由于它的过渡性，这里的计划和市场的结合尚属板块式的，并存在着许多摩擦。总之，通过生产资料价格的放开、调升和实行双轨制，在生产资料生产和流通中，价格已成为重要的调节工具和资源配置形式。

（三）改革国家流通部门统购包销的单一流通形式，开放的、多渠道的流通网络初步形成

与生产上的直接计划相适应，在旧体制下，大部分工业品的生产与销售是被割裂开的。企业的产品统统由国家流通部门（物资、商业、外贸）收购，至于是否适销对路，就是国家的事了。在这种单一的流通体制下，供需总量脱节、结构失衡是司空见惯之事。随着生产企业和流通企业自主权的扩大和对其独立利益的承认，这种高度集中的单一的流通体制自然也就难以维持下去。企业自销、商业选购、产销一体化等流通形式也就应运而生。同时，由于联通供需的需要，由此产生的流通收益的刺激及国家政策的放开，使流通领域的非国有成分迅速发展，于是初步形成了以国营流通部门为主导的、多种成分参与的流通体制。这种多渠道的流通体制，是市场机制在商品市场上发挥调节作用的必要条件，也是近年来流通领域计划和市场得以初步结合的重要原因。

（四）发展和培育市场体系

市场要有效地配置资源，不仅要求价格具有较大弹性，而且要求市场是一个发达和健全的体系，即不仅要有商品市场，而且有劳务市场和金融市场。这样才能把劳动力和资金配置到需要发展的行业和竞争活力强的企

业。从商品市场的建设来看，目前我国已有农产品市场 1 万多个，日用工业品批发市场 3000 多个，大型钢材市场 200 多个，生产资料贸易中心近400 家。我国的金融市场已初具规模。在银行系统集中和分配资金能力大大增强的同时，以银行同业拆借为主的短期金融市场，以各类债券为主的长期金融市场和以证券流通为主的证券市场开始形成。据不完全统计，目前全国主要从事证券交易业务的机构已达 300 多家。在劳务市场方面，在国有经济中的存量部分实行优化组合的同时，增量部分实行全员合同工制和临时工制。这样，非国有经济部分和国有经济劳动力的增量部分已初步形成了地方性的劳务市场，从而为市场参与配置资源起了积极的作用。目前，全国县、市以上劳动部门已建立劳务市场服务机构 8000 多个。

（五）　建立初步的宏观间接调控体系

对企业和地方扩权并放开价格，并不意味着中央政府对经济放任不管，而是从过去对企业生产和流通的直接控制转为通过宏观管理来间接调控企业。改革十多年来，我国在建立新的调控手段和形成新的管理方式方面所进行的改革是：（1）建立中央银行体制，充分发挥货币政策在宏观调控中的作用，建立了以中央银行（中国人民银行）为领导，以国家专业银行为骨干的二级银行体制；（2）国家预算内基本建设投资由预算拨款改为建设银行贷款，尝试用经济手段调控投资；（3）实行税制改革，发挥税收调节生产、流通、分配和消费的作用；（4）建立、健全各类经济法规，把经济管理纳入法治的轨道。以上几方面的改革，使我们积累了实行新的宏观管理的经验，检验了我国宏观调控手段的功效，同时也发现了今后应予完善的问题。

十余年来，对计划体制以上五方面的改革，使我们的经济运行机制发生了重大变化。过于集中的权力和利益结构向相对分散的方向转化，地方政府及各类经济实体的权力和利益有所增强；单一的由行政机构确定资源配置向二元化的方向转化，市场信息在资源配置中的作用明显增强；单纯依靠行政机构和行政手段进行运作的直接计划控制向计划调节与市场调节并存转化，经济手段、间接调控在政府的宏观经济管理中开始发挥重要作用；纵向的"金字塔"式的行政协调的组织体系仍然存在，同时也开始出现横向的市场自行组织机制。由于这四方面的变化，我国目前实际运行着的经济运行机制，既非改革前的单一计划机制，也不是政府宏观调控下的一元的市场机制，而是一个计划与市场虽已结合，但尚未有机融合在一起的二元机制。

这种二元机制或双重体制与以往的计划体制相比，是一个历史的进步，它带来了80年代我国经济的高速成长。但是，这一二元机制与我们要建立的社会主义市场经济体制有较大的距离，主要是市场的分割和市场体系不健全。市场的分割或封锁，主要表现为不同的部门和行政区划之间的条块分割。这种分割在生产领域表现为各地方和部门不顾本地的资源和生产经济条件，大上价高利大的"短平快"项目，造成分散生产，重复布点，破坏了统一市场的形成。在流通方面，当产品供不应求时，阻止本地产品流出；当供大于求时，阻止外地产品流入。市场的不健全，主要表现在各类商品市场有所发育的同时，要素市场与之极不对称。资金、劳务、技术、信息和房地产等各类要素市场的发育严重滞后，使市场调节的功能难以正常发挥。

现阶段计划与市场结构中的摩擦，一是表现在投资上，由于价格的不合理，国家的产业政策和区域政策受到市场引导的独立经济实体投资行为的冲击，形成中央投资意图与地方或企业投资方向的不一致；二是表现在生产上，计划内生产任务价格偏低，受到市场调节部分的冲击；三是表现在价格上，一些商品双轨价格之间的悬殊价差形成计划价严重偏低，市场价严重偏高的"双重扭曲"；四是表现在商品流通上，计划内调拨部分与市场调节部分相互影响、相互制约；五是表现在金融上，与经济实体身份相应的经营功能和与国家专业银行身份相应的调控功能冲突；六是表现在企业行为上，政企分开虽已起步，但企业仍普遍存在一边盯着政府一边盯着市场的"双重依赖"的状态。

1978—1988年这十年，是我国经济增长最快、人民生活水平提高最快的十年；同时，随着市场配置资源功能的增强，消费者偏好在资源配置中的作用也随之增强，供给与需求的偏差迅速缩小。这两方面的变化，不仅是改革的巨大成果，也是我们进一步推进改革，建立计划与市场有机结合机制的物质基础。不看到这点，就不能充分估计十年改革的伟大成就。然而，如果只看到这点，而看不到这种二元体制因内摩擦引起的种种弊端，看不到解决这些弊端的必然性和迫切性，就会贻误建立社会主义市场经济体制的时机。

双重体制共存所产生的这些问题表明，在一个不太长的时间内，通过深化改革建立起有计划的商品经济的新体制，是摆在我们面前的一项重要的历史使命。

三

为了完成这一历史使命，中近期促进计划和市场有机结合的战略任务可以表述如下：在保持政治和社会稳定的前提下，争取在三到五年内建立起一个竞争性企业制度、有序市场和国家调控相结合的市场经济新体制。在这里，竞争性企业是指所有的企业都真正放开，成为由市场决定其生存和发展的真正自负盈亏的企业；有序市场是指打破条块分割的、组织健全和法规完备的市场；宏观调控是指国家主要运用经济手段、法律手段和必要的行政手段对国民经济实施的有效调节。为了实现这一战略任务，近期应深化和完善以下几个方面的改革：

（一）深化企业体制改革，使企业真正成为自主经营、自负盈亏、自我发展、自我约束的商品生产者

企业既是经济主体，又是国家调控的对象。计划和市场要结合好，关键是企业能对市场信息、国家调控做出迅速的反应。要做到这点，就要探索国有企业产权制度的改革，以解决国有企业预算约束软化以及承包后出现的企业行为短期化倾向。要达到这一目的，现代股份公司可能是一种较好的形式。从目前的承包制向国家控股和国家机构、社会团体及职工参股转化，可采取以下几种形式：（1）新建企业凡是集资兴建的，应当考虑转化为股份制，投资者根据资金比例取得相应的利润份额和决策权力。（2）有条件的老企业，可利用与外资和内资合作的机会转化为股份制。从这几年的试点情况看，应严格防止借股份制之机将利润转化为工资。所有国有企业的股份制试点，要妥善安排，有序进行，不应一哄而上。

国有企业实行股份制，不可能一下子全面铺开。对于目前的大部分企业来讲，最急迫的是促进存量结构的调整和提高经济效益，使那些资不抵债、亏损严重、产品低劣、货不对路的企业停产或破产，或被其他经营好的企业兼并。对于经营不好、亏损严重的企业而言，它们破产的困难和压力主要不在国家，因为它们破产既能减轻财政的包袱，又会使厂房设备、劳动力得到更好的利用。破产的压力主要来自职工，因为职工在失业之后收入受到较大影响。加之我国实行的是就业、福利、保障三位一体的体制，就业机会的丧失亦即福利和保障的损失。这样，国家出于政治安定的需要，往往会维持不应存在下去的企业的生产。所以，要调整存量结构，就要设法缓解企业破产给职工带来的收入、福利和保障的损失。这就要求我们加快劳动保障、职工福利体制的改革，一方面把企业负担的福利、救济和保障功能交给社会；另一方面由个人、社会和企业共同建立失业救济和保险基金。

（二）继续推进价格体制的改革

没有合理的价格体系，就谈不上有效的市场调节。所以，一定要充分利用几年来连续的供求基本平衡、双轨价差大幅度缩小的有利时机，在控制住总需求的基础上，把绝大部分生产资料的价格放开，取消双轨制。国家重点建设和重点大型企业所需要的原材料可以实行国家订货，保量不保价的办法。价格并轨的基本原则是：凡是供求基本平衡的商品，计划轨要向市场轨靠，即放开价格；产品供求差距很大、计划价大大低于市场价的商品，主要是基础工业产品，则较大幅度地提高计划价格水平，并通过调价、简化计划价格形式，逐步实现单一综合计划价。

放开价格是市场有效调节的条件，但价格放开并不等于形成市场。在理顺价格体系的同时，要积极发展多种有利于产品顺畅、稳定流转的新型流通组织形式。在农副产品和生产资料的重点产销区，要努力完善现有的各类现货市场，通过组建有组织、有指导的批发市场，提高现货市场的组织程度。同时，在大力发展远期合同的基础上，有条件地引入期货市场机制，发展期货贸易。鼓励和发展产供销之间的联营、联购和联销等多种形式的横向联合；大力发展交通、仓储设施和信息贸易的建设；结合金融、财政和劳动体制的改革，促进金融市场、劳务市场、房地产市场等市场体系的建立和完善，努力改变目前我国市场发育中要素市场严重滞后的不协调状况。

（三）建立、健全市场法

计划与市场有机结合的一个条件，是企业的市场活动要依法而行、有法可依，服从相应的行为规范。我国目前市场竞争的低效和混乱，多与市场法制不健全有关。要在清理现有法规的基础上，抓紧制定维护市场秩序、约束企业行为的基本法规，如公司法、公平竞争法等，并在此基础上强化司法工作。

（四）改进计划工作，增强国家的宏观调控能力

这对于我们这样一个区域之间差别很大、市场发育尚未成熟的发展中大国而言，努力使计划真正符合经济规律，是完全必要的。如果说没有市场的计划调控是没有基础的计划调控的话，那么，没有国家调控的市场则是低效和盲目的市场。计划与市场结合得好，不仅要形成市场和完善市场，而且要改进和完善计划工作并提高国家的宏观调控能力、改进计划方式，提高计划的科学性，使计划尽可能符合实际需要，切实把握住经济发展的方向。同时，还要建立科学的计划决策程序。重大比例关系的调整，重大项目的确定和重大经济政策的出台，都要按程序确定，要有咨询、有比较、有论证；并建立计划决策责任制，违反决策程序并造成重大失误的决策人，应承担相应的责任。在增强国家宏观调控能力方面，从这几年的经验看，最重要的是通过调控投资控制住总需求，实现供需的基本平衡。只要总需求控制住了，其他方面的工作就容易做了。此外，还要有好的产业政策，要运用财政贴息、国家扶持、税收优惠等手段保证其实现。达到产业结构的合理化；要通过财权、事权的合理划分，形成一个统一管理、分级调控的纵向管理体制。在管好大事的基础上，给予省级政府相应的和必要的调控权，以发挥地方发展经济的积极性和创造性，建立符合当地实际的各具特色的计划与市场结合形式。

中国经济的改革、开放与发展[*]

自从 1979 年实行改革开放的政策以来，中国经济保持了持续的高速增长。这与世界经济的低速徘徊和其他一些国家出现的社会动荡、生产下降形成了明显的对比。中国改革开放与发展所取得的成就，既为世界人民所注目，也使中国人民特别是企业界、经济界的人士备受鼓舞。1992 年年初，邓小平南方谈话以来，中国又掀起了一轮新的改革开放与发展的高潮。展望 90 年代，中国经济的前景更加看好，这不仅为中国加快现代化的步伐提供了难得的历史机遇，也为国外工商业家发展和扩大与中国的经济合作展示了良好的前景。下面我想借《中国经济年鉴》1992 年刊出版的机会，就中国的改革开放与发展问题做一简要的介绍。

一　经济体制改革

中国的经济体制改革走了一条不同于其他国家的独特的道路。改革的基本方向是从以往的高度集中的指令性计划经济体制向社会主义市场经济体制转变，改革一直是以减少指令性计划、扩大市场调节作用的方向前进的。如果对中国的改革分阶段和分层次看，改革是在以下三个不同的领域有步骤地推进的：

---

* 本文原载《中国经济年鉴》(1992)，经济管理出版社 1993 年版。

　　首先，在 70 年代末 80 年代初期进行了农村改革，废除了人民公社制度，实行以农户家庭经营为主要形式的联产承包责任制。实际上是把公有土地的使用权分给农户，农户在承担上交有关税费的前提下，自主经营。这一改革非常成功。近几年又发展了各种农业产前、产后服务，农产品加工、运输、农业技术推广等多种形式的农业合作组织，农业生产正在由以往的自然经济向商品经济转变。

　　其次，鼓励多种经济成分发展，乡镇企业、"三资"企业、个体和私营经济按照市场经济的原则和方式从事经营。这就使中国经济在原有的计划系统之外较快形成市场调节能够有效发挥作用的局部性领域。到 1991 年年底，整个工业产值中国有制工业产值比重为 52.2%，非国有工业产值为 47.8%，这后一部分经济活动基本上由市场调节。

　　最后，在国有经济部门，通过扩大企业自主权，减少指令性计划，转变经营机制等一系列改革，使企业向自主经营、自负盈亏的独立的商品生产和经营者转变。这方面的改革难度较大，但已经有了明显的进展。国家对企业下达的指令性计划明显减少，通过承包制和利税分流，政府与企业间的财务关系也以比较规范的形式加以固定，再加上股份制试点，资金市场以及各种市场的形成，企业内部劳动人事、分配制度的改革，国有企业已经在相当大的程度上实现了市场调节。

　　总的来看，在整个经济活动中，市场调节的比重已占主要方面。截至 1990 年年底，指令性计划的工业品比重已由改革前的 80% 下降到 16.2%，指令性计划价格所占的产值比重也降到 25%—30% 左右。当然，目前经济改革中仍然存在一些问题，如国有企业的自主经营、自负盈亏问题还没有完全解决，市场发育尚需一个过程，新的间接管理为主的宏观调控体系有待于进一步完善。

　　90 年代，中国将在巩固前十年经济改革成果的基础上，进一步加快改革步伐，逐步确立社会主义市场经济的新体制，主要做好以下一些工作：（1）进一步减少指令性计划，除少数关系国计民生的重要产品外，其余大多数产品基本由市场调节；（2）价格改革迈出较大步伐，进一步调整能源、交通、原材料价格，并使双轨制价格向市场价过渡，形成市场定价的价格制度；（3）进一步转换国有企业的经营机制，扩大股份制试点，国有企业按照市场经济的原则进行经营；（4）完善消费品市场，发展生产资料市场、金融市场、房地产市场、劳务市场、技术市场等，加快社会主义市场体系的发育；（5）对财政、金融、计划、投资体制进行相应改革，完善间接调控体系；（6）完善市场法规的建设，完善社会保障制度和保障体系。通过这一系列的改革，社会主义市场经济的基本框架将可能基本形成，并逐步地完善起来。

二　对外开放

十余年来中国的对外开放有两个显著的特点：一是成功地创办经济特区和沿海开放城市以及经济开发区；二是大力发展外向型经济，进出口贸易额迅速增长。

实践证明，在中国这样一个市场发育程度较低的国家，选择某些城市和区域采取优惠政策吸收国外资金、技术和管理经验，实行优先发展的决策是完全正确的。中国深圳、珠海、汕头、厦门以及海南省等经济特区的增长率远远高出全国平均水平，十余年间，GNP 增长数十倍，14 个沿海开放城市和沿海开放地区也成为中国经济最活跃的地区。

与此同时，中国利用劳动力丰富和现有的资源优势，大力发展劳动密集型的出口创汇产业，扩大与世界各国的技术经济合作，大大增强了中国参与国际合作和国际分工的竞争能力。从 1979—1991 年间，中国共吸引外资 796.29 亿美元，其中国外贷款 527.43 亿美元，外商直接和其他投资 268.86 亿美元。外贸进出口总额由 1978 年的 206.4 亿美元，增加到 1991 年的 1357 亿美元，增加了 5.58 倍，进出口总额占国民生产总值的比重由 1978 年的 10% 增加到 1991 年的 36.4%。

进入 90 年代以来，中国对外开放进一步加快了步伐，中央提出把开发上海浦东作为 90 年代对外开放的一项重要任务，浦东开发实行比特区更加优惠的政策。全国的对外开放在巩固 80 年代开放成果的基础上，在开放的广度深度上都要有更大的进展。具体体现在以下几个方面：

第一，在继续实行"沿海开放"的同时，进一步扩大"沿江"（长江流域等）开放，"沿边"（对周边国家）开放，扩大内地省份和城市的开放。前不久，国务院已宣布内地的西安、哈尔滨等十余个省会城市享受沿海开放城市同等优惠的政策。

第二，进一步改善投资环境，除了在交通、运输、能源以及其他基础设施方面为外商投资创造适宜的条件外，还要进一步通过体制改革，创造适宜的政策环境和体制环境。特别是加强法制建设，运用法律手段管理经济，为外商经营特别是保护外商投资者的权益创造良好的法制条件。

第三，在工业部门扩大对外开放的同时，逐步和适当地允许外商在中国从事外贸经营，开办外资商业企业，从事运输业、金融业，等等，以此扩大中国经济与国际经济的接触面，使各类产业在国际竞争中提高素质。当然，这些领域的开放要有选择、有步骤地在适当的范围内进行。

第四，扩大对外开放的深度。适应加入关贸总协定的要求，进一步开放国内产品市场，包括降低一些产品的关税，取消进口行政审查，进一步进行汇率制度改革，改变人民币多种汇价的状况，向人民币自由兑换过渡。同时进一步鼓励国内企业参与国际竞争，赋予企业外贸经营权，允许企业到境外投资以及直接从事各种经营活动。

三　经济发展

由于实行一系列改革开放的正确政策，极大地促进了中国生产力的发展。从 1979—1991 年的 12 年间，中国经济保持了持续的高速增长，GNP 的年平均增长速度为 8.6%。分阶段来看，1979—1982 年间增长率平均为 7% 左右，1983—1988 年间为 11.3%，1989—1991 年间为 5.4%。

80 年代初期，经济增长主要是在农业和轻纺工业的带动下增长的。1979—1983 年间，由于农村推行家庭联产承包责任制，农业总产值每年以 7.7% 的速度增长。在同一时期，为了改变以往过分突出发展重工业忽视轻工业的倾向，优先发展轻工业，使轻工业的增长速度高于重工业 3 个百分点左右，轻重工业的比例由 1978 年的 43.1∶56.9 变为 1982 年的

50.2：49.8，经过三四年的调整，轻重工业比例大体协调了。

进入 80 年代中期后，以集体经济为特征的乡镇企业的发展特别引人注目，1984—1988 年间，城乡集体工业总产值每年平均增长 27.4%，全民所有制工业增长为 10.4%。通过这一段时期的高速发展，中国经济不仅总量规模上迅速扩大，而且产品的品种、档次、技术水平的提高都有了长足的进展。

由于前一段时期的高速增长，宏观调控不力，1988 年出现严重的通货膨胀。从 1988 年开始进行了为期三年的治理整顿，这一时期的治理整顿是比较成功的，总供给和总需求已大体平衡，通货膨胀率由 1988 年的 18.5% 降到 1990 年的 2.1%。1991 年国民经济稳步回升，当年 GNP 增长 7%，物价指数为 2.9%。

1992 年上半年，经济形势继续好转，上半年 GNP 增长大约为 10%，工业总产值增长 18.2%，产销形势良好，经济效益也有所提高。中国经济在治理整顿后又进入了一个新的高速增长时期。

一些研究部门对中国 90 年代国民经济的发展速度进行了预测，认为整个 90 年代 GNP 可保持 9% 左右的速度。从资金供给、物资保障、基础设施的配套等条件来看，实现这样的增长速度是可能的。90 年代的总的发展政策是：优先发展交通运输、能源等基础产业，注重发展高新技术产业、外向型企业，带动整个国民经济在优化结构、提高效率的基础上健康发展。